Springer-Lehrbuch

Springer
*Berlin
Heidelberg
New York
Barcelona
Hongkong
London
Mailand
Paris
Singapur
Tokio*

Klaus Laubenthal

Sexualstraftaten

Die Delikte gegen
die sexuelle Selbstbestimmung

 Springer

Professor Dr. Klaus Laubenthal
Universität Würzburg
Lehrstuhl für Kriminologie und Strafrecht
Josef-Stangl-Platz 2
D-97070 Würzburg
E-mail: L-laubenthal@jura.uni-wuerzburg.de

ISBN 3-540-67834-4 Springer-Verlag Berlin Heidelberg New York

Die Deutsche Bibliothek – CIP-Einheitsaufnahme
Laubenthal, Klaus: Sexualstraftaten: die Delikte gegen die sexuelle Selbstbestimmung /
Klaus Laubenthal. – Berlin; Heidelberg; New York; Barcelona; Hongkong; London; Mai-
land; Paris; Singapur; Tokio: Springer, 2000
   (Springer-Lehrbuch)
   ISBN 3-540-67834-4

Springer-Verlag Berlin Heidelberg New York
ein Unternehmen der BertelsmannSpringer Science+Business Media GmbH

© Springer-Verlag Berlin Heidelberg 2000
Printed in Italy

SPIN 10510625   64/2202-5 4 3 2 1 0 – Gedruckt auf säurefreiem Papier

Vorwort

Das vorliegende Lehrbuch soll zum einen Studierenden der Rechtswissenschaft einen Überblick über die Delikte gegen die sexuelle Selbstbestimmung vermitteln, zum anderen den in der Rechtspflege tätigen und mit Sexualstraftaten befassten Richtern, Staatsanwälten und Verteidigern eine Argumentations- und Entscheidungshilfe geben. Es wendet sich ferner an alle anderen Berufsgruppen, die mit Fragen des Sexualstrafrechts konfrontiert sind.

Für die engagierte und vorzügliche Mithilfe am Zustandekommen dieses Buches habe ich mich bei meinem gesamten Lehrstuhlteam zu bedanken. Das betrifft vor allem meinen wissenschaftlichen Assistenten Dr. Helmut Baier, die wissenschaftlichen Mitarbeiterinnen Daniela Elger, Stefanie Mühlfeld und Birgit Wiedenmann, den wissenschaftlichen Mitarbeiter Volker Stiebig sowie die studentische Hilfskraft Angelika Türk. Mein ganz besonderer Dank gilt schließlich meiner Sekretärin Frau Helga Bieber für ihren nie nachlassenden Einsatz und die vielfältige Betreuung von Mannschaft und Werk.

Würzburg, im Juni 2000   Klaus Laubenthal

Inhaltsverzeichnis

Abkürzungen

a.A.	andere(r) Ansicht
Abs.	Absatz
a.F.	alte Fassung
AfP	Archiv für Presserecht
AG	Amtsgericht
AIDS	Acquired Immunodeficiency Syndrome
Alt.	Alternative
Anm.	Anmerkung
Art.	Artikel
Aufl.	Auflage
AuslG	Ausländergesetz
BayGVBl.	Bayerisches Gesetz- und Verordnungsblatt
BayObLG	Bayerisches Oberstes Landesgericht
BayVerfGH	Bayerischer Verfassungsgerichtshof
Bd.	Band
ber.	berichtigt
Beschl. v.	Beschluss vom
BewHi	Bewährungshilfe
BezG	Bezirksgericht
BGB	Bürgerliches Gesetzbuch
BGBl.	Bundesgesetzblatt
BGH	Bundesgerichtshof
BGHGSSt.	Großer Senat in Strafsachen beim Bundesgerichtshof
BGHR	BGH-Rechtsprechung – Strafsachen
BGHSt.	Entscheidungen des Bundesgerichtshofes in Strafsachen
BPS	Bundesprüfstelle für jugendgefährdende Schriften
BR-Drs.	Drucksache des Bundesrates
BSHG	Bundessozialhilfegesetz
BT-Drs.	Drucksache des Deutschen Bundestages
BtMG	Gesetz über den Verkehr mit Betäubungsmitteln
Buchst.	Buchstabe
BVerfG	Bundesverfassungsgericht
BVerfGE	Entscheidungen des Bundesverfassungsgerichts
BVerwG	Bundesverwaltungsgericht
BZRG	Bundeszentralregistergesetz
bzw.	beziehungsweise
CR	Computer und Recht

ders.	derselbe
d.h.	das heißt
dies.	dieselbe
DRiZ	Deutsche Richterzeitung
EGStGB	Einführungsgesetz zum Strafgesetzbuch
evtl.	eventuell
f.	folgende
FamRZ	Zeitschrift für das gesamte Familienrecht
ff.	fortfolgende
FSKJ	Freiwillige Selbstkontrolle der Filmwirtschaft, Jugendprüfung
FSM	Freiwillige Selbstkontrolle Multimedia-Diensteanbieter e. V.
GA	Golddammer's Archiv für Strafrecht
gem.	gemäß
GeschlKrG	Gesetz zur Bekämpfung der Geschlechtskrankheiten
GewArch	Gewerbearchiv
GG	Grundgesetz für die Bundesrepublik Deutschland
GjSM	Gesetz über die Verbreitung jugendgefährdender Schriften und Medieninhalte
GVG	Gerichtsverfassungsgesetz
Hrsg.	Herausgeber
i.d.F.	in der Fassung
i.d.R.	in der Regel
i.e.S.	im engeren Sinne
i.S.	im Sinne
IuKDG	Informations- und Kommunikationsdienste-Gesetz
i.V.m.	in Verbindung mit
JA	Juristische Arbeitsblätter
JGG	Jugendgerichtsgesetz
JK	Jura-Kartei
JÖSchG	Gesetz zum Schutze der Jugend in der Öffentlichkeit (Jugendschutzgesetz)
JR	Juristische Rundschau
JuS	Juristische Schulung
JZ	Juristenzeitung
Kap.	Kapitel
KG	Kammergericht
KJ	Kritische Justiz
KK-OWiG	Karlsruher Kommentar zum Ordnungswidrigkeitengesetz
KrimJ	Kriminologisches Journal
krit.	kritisch
KritV	Kritische Vierteljahresschrift für Gesetzgebung und Rechtswissenschaft
LG	Landgericht
LK-StGB	Leipziger Kommentar zum Strafgesetzbuch

MDR	Monatsschrift für Deutsches Recht
MDStV	Staatsvertrag über Mediendienste (Mediendienste-Staatsvertrag)
MedR	Medizinrecht
MMR	MultiMedia und Recht, Zeitschrift für Informations-, Telekommunikations- und Medienrecht
MschrKrim	Monatsschrift für Kriminologie und Strafrechtsreform
m. w. Nachw.	mit weiteren Nachweisen
n.F.	neue Fassung
NJ	Neue Justiz
NJW	Neue Juristische Wochenschrift
NK-StGB	Nomos Kommentar zum Strafgesetzbuch
Nr.	Nummer
Nrn.	Nummern
NStZ	Neue Zeitschrift für Strafrecht
NStE	Neue Entscheidungssammlung für Strafrecht
NStZ-RR	NStZ-Rechtsprechungs-Report
NVwZ	Neue Zeitschrift für Verwaltungsrecht
OLG	Oberlandesgericht
OWiG	Gesetz über Ordnungswidrigkeiten
Prot.	Protokoll
PsychThG	Gesetz über die Berufe des Psychologischen Psychotherapeuten und des Kinder- und Jugendlichenpsychotherapeuten (Psychotherapeutengesetz)
Rdn.	Randnummer
RGBl.	Reichsgesetzblatt
RGSt.	Entscheidungen des Reichsgerichts in Strafsachen
RStGB	Reichsstrafgesetzbuch
RStV	Staatsvertrag über den Rundfunk im vereinten Deutschland (Rundfunkstaatsvertrag)
S.	Seite(n)/Satz
SGB	Sozialgesetzbuch
SK-StGB	Systematischer Kommentar zum Strafgesetzbuch
sog.	sogenannte(r/s)
SchlHA	Schleswig-Holsteinische Anzeigen
StÄG	Strafrechtsänderungsgesetz
StGB	Strafgesetzbuch
StGB-DDR	Strafgesetzbuch der Deutschen Demokratischen Republik
StPO	Strafprozessordnung
StrRG	Gesetz zur Reform des Strafrechts
StrVert	Strafverteidiger
StVollzG	Strafvollzugsgesetz
Tab.	Tabelle
TDG	Gesetz über die Nutzung von Telediensten (Teledienstegesetz)

u.a.	unter anderem/n, und andere
usw.	und so weiter
vgl.	vergleiche
WaffG	Waffengesetz
WDO	Wehrdisziplinarordnung
wistra	Zeitschrift für Wirtschaft, Steuer, Strafrecht
z.B.	zum Beispiel
ZfJ	Zentralblatt für Jugendrecht
ZfStrVo	Zeitschrift für Strafvollzug
zit.	zitiert
ZPO	Zivilprozessordnung
ZRP	Zeitschrift für Rechtspolitik
ZStW	Zeitschrift für die gesamte Strafrechtswissenschaft
ZUM	Zeitschrift für Urheber- und Medienrecht

1. Einleitung

Die **Sexualstraftaten** sind in den vergangenen Jahren vermehrt **in den Blick-** 1
punkt des öffentlichen Interesses gerückt. Vor allem der von den USA ausge-
henden Frauenbewegung ist es seit den siebziger Jahren des 20. Jahrhunderts
gelungen, die Bereiche der sexualbezogenen Gewaltanwendung und Erniedrigung
von Frauen sowie des sexuellen Missbrauchs von Kindern und Jugendlichen zu
enttabuisieren und zu Gegenständen gesellschaftlicher, kriminalpolitischer bzw.
wissenschaftlicher Debatten zu machen. In den neunziger Jahren in Deutschland
und dem benachbarten Ausland bekannt gewordene Aufsehen erregende Fälle
sexuellen Kindesmissbrauchs mit anschließender Tötung der Opfer haben zu einer
weiteren Sensibilisierung geführt. Das Internet und andere Computernetze ermöglichen heute eine neue Qualität des Zugangs zu Informationen und Bildern, der
sich in nicht unerheblicher Zahl die Anbieter kinderpornographischen Materials
bedienen. Neben der Verbreitung illegaler Inhalte wurden durch die neuen Medi-
en auch die Kommunikations- und Akquisitionsformen für Straftaten erweitert,
die dann außerhalb der Datennetze stattfinden (z.B. Angebote im Internet, Kinder
zum Zweck des sexuellen Missbrauchs zu vermitteln).

Ebenso wie die Thematik des Sexuellen insgesamt haben auch sexuelle Über- 2
griffe und andere Verstöße gegen die Normen des Sexualstrafrechts längst den
Bereich des Unaussprechlichen oder Verschämten verlassen. Sexualbezogenes
kriminelles Verhalten und seine präventive sowie repressive Bekämpfung werden
heute offen angesprochen und diskutiert. Angesichts dieser **Enttabuisierung der**
Sexualdelinquenz erstaunt es, dass in der deutschsprachigen strafrechtswissen-
schaftlichen Literatur bislang keine selbständige aktuelle Abhandlung über die
Sexualstraftaten vorliegt. Zusammenhängende Erörterungen zu den Delikten gegen die sexuelle Selbstbestimmung enthalten lediglich die gängigen Kommentare
zum Strafgesetzbuch[1] sowie einige Lehrbücher[2] zum Besonderen Teil des Strafgesetzbuches. Doch selbst hier stößt man noch auf Werke über die Delikte gegen die
Person, in denen sich kein eigenes Kapitel über die Straftaten gegen die sexuelle
Selbstbestimmung findet.[3]

Solche Lücken soll das vorliegende Lehrbuch über die Sexualstraftaten zumin- 3
dest verringern. Gegenstand der nachfolgenden Erörterungen sind dabei die im

---

[1]   Siehe Horn in: SK-StGB, 1998, §§ 174 ff.; Lackner/Kühl, 1999, §§ 174 ff.; Laufhütte
in: LK-StGB, 1995, §§ 174 ff.; Lenckner in: Schönke/Schröder, 1997, §§ 174 ff.;
Tröndle/Fischer, 1999, §§ 174 ff.

[2]   Vgl. Gössel, 1987, S. 261 ff.; Maurach/Schroeder/Maiwald, 1995, S. 162 ff.; Otto,
1998, S. 337 ff.

[3]   Siehe etwa Krey, 1998; Küpper, 1996; Rengier, 1999a; Wessels/Hettinger, 1999.

13. Abschnitt des deutschen Strafgesetzbuches ausdrücklich als solche normierten **„Straftaten gegen die sexuelle Selbstbestimmung"**. Nicht gesondert behandelt werden dagegen in anderen Abschnitten des Besonderen Teils des Strafgesetzbuches normierte Delikte, die von der Tatbestandsgestaltung her neben weiteren Schutzzwecken auch einen Sexualbezug aufweisen (z.B. Beischlaf zwischen Verwandten gem. § 173 StGB als eine Straftat gegen den Personenstand oder der Sexualmord nach § 211 Abs. 2 StGB als vorsätzliche Tötung zur Befriedigung des Geschlechtstriebs) oder denen im Einzelfall eine geschlechtliche Tätermotivation zugrunde liegen kann (z.B. sexuell motivierte Brandstiftung oder Sachbeschädigung).

2. Allgemeine Grundlagen

Ein menschliches Verhalten ist nicht von Natur aus kriminell. Es erhält die Eigenschaft „kriminell" erst durch seinen Bezug zu einer Strafrechtsnorm.[1] Was eine Straftat bildet, lässt sich nur innerhalb einer ganz bestimmten Kultur- und Sozialsituation feststellen[2], in welcher der jeweilige Gesetzgeber eine normative Wertentscheidung trifft. Das Verbrechen stellt damit eine Wertungsgröße dar, und der Normgeber als Inhaber des Definitionsmonopols für strafwürdiges Unrecht muss die Wertung für die Rechtsgemeinschaft in allgemein verbindlicher Weise vornehmen. Dabei verbietet das pluralistische Bild unserer heutigen Gesellschaft, der legislatorischen Wertung die Vorstellungen einer einzigen Gruppe innerhalb der Sozialgemeinschaft zugrunde zu legen. Es muss eine zum Straftatbestand führende **gravierende Sozialschädlichkeit** aus den grundlegenden Notwendigkeiten zur Sicherung des Zusammenlebens in der rechtlichen Gemeinschaft selbst nachgewiesen sein.[3]

2.1 Trennung von Immoralität und Sozialschädlichkeit

Gerade bei den Sexualstraftaten wurde der in den sechziger Jahren des 20. Jahrhunderts erfolgte Durchbruch des **Wertpluralismus** in der deutschen Rechts- und Sozialordnung für den Bereich des Strafrechts besonders deutlich.

2.1.1 Delikte „wider die Sittlichkeit"

Die seit In-Kraft-Treten des Reichsstrafgesetzbuches von 1871 dort im 13. Abschnitt als „Verbrechen und Vergehen wider die Sittlichkeit" umschriebenen §§ 171 bis 184b waren zuvor wesentlich geprägt vom Begriff der **unzüchtigen Handlungen.** Darunter verstand man solche Betätigungen, „denen ein geschlechtlicher Charakter beiwohnt, die von wollüstiger Absicht getragen und die objektiv geeignet sind, das allgemeine normale Scham- und Sittlichkeitsgefühl in

4

5

6

---

[1]   Dazu Zipf, 1980, S. 89 ff.
[2]   Siehe bereits Hegel, Grundlinien der Philosophie des Rechts, § 218: „Ein Strafkodex gehört ... vornehmlich seiner Zeit und dem Zustand der bürgerlichen Gesellschaft in ihr an."
[3]   Jescheck/Weigend, 1996, S. 50.

geschlechtlicher Beziehung zu verletzen."[4] Kriterien für die strafrechtliche Relevanz waren die **sittliche Anstößigkeit** oder die **Immoralität** eines Verhaltens.

7   Bis hin zur Reform des 13. Abschnitts des Strafgesetzbuches durch das 1. StrRG v. 25.6.1969[5] sowie vor allem durch das 4. StrRG v. 23.11.1973[6] bestand die Neigung zu einer Identifizierung von Strafrecht und Moral – Peinliches, Unanständiges oder Anstößiges wurde im Zweifel auch für strafwürdig erachtet.[7] Selbst noch in dem im Jahre 1962 von der deutschen Bundesregierung vorgelegten „Entwurf eines Strafgesetzbuches – E 1962"[8] wird in der Entwurfsbegründung auf die „unbestreitbare Erkenntnis" hingewiesen, „dass die Reinheit und Gesundheit des Geschlechtslebens eine außerordentlich wichtige Voraussetzung für den Bestand des Volkes und die Bewahrung der natürlichen Lebensordnung ist", eine gesetzgeberische Fehlleistung beim strafrechtlichen Schutz sei gerade bei den Sittlichkeitsdelikten geeignet, „zwischen der allgemeinen Überzeugung und dem Gesetz eine Kluft aufzureißen und das sittliche Empfinden des Volkes zu trüben und zu verwirren."[9]

8   Auch die Rechtsprechung des Reichsgerichts[10] war ebenso wie zunächst die des Bundesgerichtshofs einem **monistischen Wertrigorismus** verfallen, wonach nur e i n e mögliche Gestaltungsform des sozialen Zusammenlebens für mit der Sittenordnung vereinbar erklärt wurde. Die höchstrichterliche Praxis verstand die **Sittlichkeitsdelikte** noch als **Instrumente zur Verteidigung einer Sexualmoral**.[11] Dabei stellte Geschlechtliches per se grundsätzlich etwas Missbilligenswertes dar, das diesen Charakter erst dort verlor, wo die beteiligten Partner miteinander in ehelicher Verbundenheit handelten. Nur ausnahmsweise sollten den Geschlechtsverkehr ausübende Verlobte dann nicht gegen die geschlechtliche Zucht verstoßen, wenn sie ernsthaft zur Ehe entschlossen und sich ihrer Verantwortung bewusst waren, der Eheschließung aber zwingende, von den Verlobten nicht zu verantwortende und in absehbarer Zeit auch nicht zu behebende Hindernisse entgegenstanden.[12]

Der Große Senat des BGH ging noch davon aus, dass die „Normen des Sittengesetzes ... aus sich selbst heraus" gelten. Die Verbindlichkeit der Normen des für den Menschen erkennbaren Sittengesetzes beruhe „auf der vorgegebenen und hinzunehmenden Ordnung der Werte und der das menschliche Zusammenleben regierenden Sollenssätze; sie gelten unabhängig davon, ob diejenigen, an die sie sich mit dem Anspruch auf Befolgung wenden, sie wirklich befolgen und anerkennen oder nicht; ihr Inhalt kann sich nicht deswegen ändern, weil die Anschauungen über das, was gilt, wechseln."[13]

---

4   Daude, 1926, Anm. 31 zu § 174 RStGB.
5   BGBl. I 1969, S. 645 ff.
6   BGBl. I 1973, S. 1725 ff.
7   Hanack, 1968, S. 28 f.
8   BT-Drs. IV/650.
9   BT-Drs. IV/650, S. 359.
10   Siehe z.B. RGSt. 8, S. 172; 71, S. 109 ff.; 73, S. 78 ff.
11   Dazu Bockelmann, 1972, S. 396 ff.
12   So BGHSt. 6, S. 46 ff.; noch einschränkender BGHSt. 17, S. 230 ff.
13   BGHSt. 6, S. 52.

Begriffe wie „Sexualmoral", „Sittlichkeit" oder „Sittenordnung" als Versuche   **9**
einer normativen Objektivierung führten jedoch bei ihrer Konkretisierung vielfach
zu Schwierigkeiten. Das Wesen der sexuellen Moral in einer Gemeinschaft muss
nicht durchweg mit dem übereinstimmen, was Richter oberster Gerichtshöfe dafür
halten. In ihrem Werk „Straftaten gegen die Person" haben Simson/Geerds 1969
im Gegensatz zur überkommenen Rechtsprechung des BGH deshalb konstatiert:
„Da es geschriebene Sittengesetze im wörtlichen und allgemeinen Sinn im außer-
religiösen Rechtsbereich nicht gibt, taucht ... die unbeantwortete Frage auf, ob und
wie sich die gültigen weltlichen Sittennormen erkennen lassen, wenn sich die
Allgemeinheit oder die überwältigende Mehrheit der Bevölkerung nicht oder nicht
mehr zu ihnen bekennt. Vor allem ... ist die Grundfrage zu klären, ob die Sittlichkeit und ihre Normen absolute und unveränderliche Werte bilden oder ob sie kul-
turgeschichtlichen Wandlungen, Entwicklungen und Umwertungen unterliegen
und entsprechend zu relativieren sind."[14]

2.1.2 Maxime: Rechtsgüterschutz

Von seiner Diffamierung der Sexualität kehrte der BGH schließlich Ende der   **10**
sechziger Jahre nach einem späten Umdenkungsprozess ab, als er 1969 im sog.
Fanny-Hill-Urteil zu der auf den **Wertpluralismus** gestützten Ansicht gelangte:
„Die Anschauungen darüber, was ... gemeinschaftsschädlich wirkt und wo demnach die Toleranzgrenze gegenüber geschlechtsbezogenen Darstellungen zu ziehen ist, sind zeitbedingt und damit dem Wandel unterworfen."[15] In der gleichen
Entscheidung vollzieht der BGH eine Abkehr von der überkommenen Auffassung, das Strafrecht habe die allgemeine Sittenordnung zu schützen: „Das Strafge-
setz hat nicht die Aufgabe, auf geschlechtlichem Gebiet einen moralischen Stan-
dard des erwachsenen Bürgers durchzusetzen, sondern es hat die Sozialordnung
der Gemeinschaft vor Störungen und groben Belästigungen zu schützen."[16]
Der BGH wies in seinem Urteil von 1969 nunmehr darauf hin, dass „die Recht-   **11**
sprechung nicht an einer tief greifenden und nachhaltigen Änderung der allgemeinen Anschauungen über die Toleranzgrenze gegenüber geschlechtsbezogenen
Äußerungen vorbeigehen"[17] konnte. Ein grundlegender Wandel in der Einstellung
der Öffentlichkeit zur Sexualität insgesamt als Folge einer – auch mit dem Begriff
der sexuellen Revolution bezeichneten[18] – Entwicklung zu einer **Bejahung von**
Geschlechtlichkeit hat seit den sechziger Jahren zu faktisch veränderten gesellschaftlichen Toleranzspielräumen, einer Pluralität von Lebensformen und Erleb-
nismöglichkeiten sowie divergierenden Moralvorstellungen geführt. Parallel hierzu erhob sich schon seit Ende der fünfziger Jahre zunehmend Kritik am damals

---

[14] Simson/Geerds, 1969, S. 352 f.
[15] BGHSt. 23, S. 42.
[16] BGHSt. 23, S. 43 f.; siehe auch BGHSt. 24, S. 319.
[17] BGHSt. 23, S. 43.
[18] Dazu Mayer H., 1972, S. 131 ff.

geltenden Sexualstrafrecht[19], die sich zu einer umfassenden Reformdebatte mit dem Ziel einer Integration des veränderten Bildes von Sexualität ausweitete.

12   Maßgeblichen Einfluss auf die Reformdiskussionen nahmen der auch die Sexualdelikte betreffende „Alternativ-Entwurf eines Strafgesetzbuches" von 1968[20] sowie der 47. Deutsche Juristentag 1968, auf dem sich die strafrechtliche Abteilung[21] mit der Reformbedürftigkeit des damals geltenden Sexualstrafrechts befasste. Angesagt war der Bruch mit jener aus den Vorstellungen des 19. und des beginnenden 20. Jahrhunderts erwachsenen Tradition, in der sexualstrafrechtliche Normen vor allem dem Zweck zu dienen hatten, moralische Prinzipien durchzusetzen und damit die menschliche Sexualität zu reglementieren.[22] Nicht mehr Schutz von Schamgefühlen und Sittlichkeit, sondern eine **Beschränkung der Pönalisierung auf gravierende sozialschädliche Verhaltensweisen**[23] bildete den Leitgedanken der Reformbemühungen. Der Rechtsgüterschutz, demgemäß eine Handlung unbeschadet ihrer möglichen Unsittlichkeit nur dann sozialschädlich ist, wenn sie ein Rechtsgut verletzt[24], sollte auch im Bereich des Sexualstrafrechts zur Maxime werden.

13   Die Trennung von Immoralität und Sozialschädlichkeit nahm der Gesetzgeber mit dem 4. StrRG 1973[25] vor, dem auch die Einsicht in die **Ultima Ratio-Funktion des Strafrechts** zugrunde lag.[26] Gegenstand der Tatbestände ist seitdem nicht mehr unmoralisches oder ethisch verwerfliches Verhalten ausschließlich um seiner selbst willen. Das Strafrecht kommt nur noch zur Anwendung, wenn bestimmte Rechtsgüter des Einzelnen oder der Allgemeinheit gefährdet bzw. verletzt werden, und dies allein dann, wenn andere, weniger einschneidende Mittel nicht ausreichen.[27]

2.2 Oberbegriff: Straftaten gegen die sexuelle Selbstbestimmung

14   Der 13. Abschnitt des StGB (§§ 174 bis 184c) erhielt mit dem 4. StrRG die neue Überschrift: „Straftaten gegen die sexuelle Selbstbestimmung". Durch die Wahl

---

19   Siehe Jäger H., 1957, S. 29 ff.; Klug, 1963, S. 27 ff.
20   Baumann/Brauneck/Grünwald u.a., 1968, S. 5 ff.
21   Siehe Gutachten von Hanack, 1968, sowie die Referate von Just-Dahlmann, Lackner und Pallin in: Verhandlungen des 47. Deutschen Juristentages, Bd. II, Sitzungsberichte, 1969, K 7 ff., 27 ff., 55 ff.
22   Sick, 1993, S. 78.
23   Baumann/Brauneck/Grünwald u.a., 1968, S. 9; siehe auch Gemeinsame Schlusssitzung des 47. Deutschen Juristentages, Bd. II, Sitzungsberichte, 1969, P 4.
24   Bockelmann, 1972, S. 412: „Selbst der schwerste Verstoß gegen sittliche Normen ist nicht sozialschädlich, wenn er keinen Rechtsgüterschaden anrichtet, und die moralisch indifferente, ja selbst die sittlich gute Handlung ist sozialschädlich, wenn sie eine Rechtsgutsverletzung zur Folge hat."
25   Dazu Dreher, 1974, S. 45 ff.
26   BT-Drs. VI/1552, S. 9 f.
27   Sturm, 1974, S. 1.

dieses Oberbegriffs[28] wollte der Gesetzgeber seine Abkehr vom Schutzgut der Erhaltung von Sittlichkeit verdeutlichen, wobei das Gesetz vor der Strafrechtsreform den Begriff der Sittlichkeit im verkürzten Sinne der geschlechtlichen Sittlichkeit verwandt hatte. Mit der neuen Überschrift sollte auch zum Ausdruck kommen, dass an das in den einzelnen Vorschriften des 13. Abschnitts geschützte Rechtsgut anzuknüpfen ist.[29] Das „einheitliche Rechtsgut der sexuellen Selbstbestimmung" konkretisiere sich – so der Sonderausschuss für die Strafrechtsreform – „in den einzelnen Tatbeständen in verschiedener Weise"[30].

Der Abschnittstitel „Straftaten gegen die sexuelle Selbstbestimmung" war **15** schon während des Gesetzgebungsverfahrens heftig umstritten und musste sich letztlich gegen eine Vielzahl von Gegenvorschlägen[31] durchsetzen. Seine Befürworter[32] gehen davon aus, dass mit diesem Begriff Freiheits- und Missbrauchstatbestände ebenso erfasst werden wie Tatbestände, die vor sexuellen Belästigungen, einer Aufdrängung von Vorgängen mit Sexualbezug und entsprechenden Darstellungen gegen den Willen des Betroffenen schützen sollen oder den Jugendschutz im Sinne einer ungestörten sexuellen Entwicklung junger Menschen betreffen. Dabei ist der Oberbegriff der sexuellen Selbstbestimmung nicht in umfassendem Sinne als „Selbstbestimmung auf sexuellem Gebiet" – d.h. eine Freiheit zu sexuellen Handlungen – zu sehen.[33] Denn dies wäre in der sozialen Realität häufig nur zum Nachteil anderer Personen möglich. Das Recht auf sexuelle Selbstbestimmung im strafrechtlichen Sinne muss vielmehr als ein **Abwehrrecht** des Einzelnen verstanden werden. Es enthält die **Freiheit vor Fremdbestimmung auf sexuellem Gebiet**[34], d.h., dem potentiellen Opfer sollen die psychischen und physischen Bedingungen für seine Fähigkeit erhalten bleiben, selbst zu entscheiden, ob es von einer Person zu einem bestimmten Zeitpunkt an einem konkreten Ort in ein sexualbezogenes Geschehen involviert werden will oder nicht.[35]

Der Gesetzgeber hat im 13. Abschnitt des StGB deutlich gemacht, dass der Ti- **16** telumschreibung eine gewisse Abstraktheit innewohnt. Denn die geschützten Rechtsgüter der einzelnen Tatbestände der Straftaten gegen die sexuelle Selbstbestimmung müssen konkret festgelegt werden. Dies folgt aus § 184c Nr. 1 StGB, wonach sexuelle Handlungen im Sinne des Gesetzes nur solche sind, die im Hinblick auf das j e w e i l s g e s c h ü t z t e R e c h t s g u t von einiger Erheblichkeit sind. Damit wird es notwendig, bezüglich der Abschnittsüberschrift von den **Delikten gegen die sexuelle Selbstbestimmung im weiteren Sinne** zu sprechen. Geht es bei den Tatbeständen der §§ 174 bis 184b StGB um die Freiheit vor

---

28 Siehe dazu bereits Schroeder, 1971, S. 14 f.
29 BT-Drs. VII/514, S. 5.
30 BT-Drs. VII/514, S. 12.
31 Diskutiert wurden: „Sexualstraftaten", „Sexualbezogene Straftaten", „Straftaten im sexuellen Bereich", „Straftaten im Bereich des Sexuallebens", „Straftaten gegen die sexuelle Freiheit", „Straftaten im Zusammenhang mit der Sexualität" (Nachweise bei Sick, 1993, S. 79 f.).
32 Siehe Maurach/Schroeder/Maiwald, 1995, S. 165 f.; Schroeder, 1974, S. 877 f.
33 Schroeder, 1975, S. 18; dazu auch Baurmann, 1996, S. 53 f.
34 Ilg, 1997, S. 27; Sick, 1991, S. 51.
35 Horn in: SK-StGB, 1998, § 177 Rdn. 2.

sexuellen Handlungen insgesamt, so ergibt eine nähere Spezifizierung der Schutz-
richtungen der einzelnen Normen, dass der Schutzgegenstand nach der Art der
Tatbestände wechselt und man zu Delikten (§§ 177 bis 179, 174a Abs. 2, 174c
StGB) gelangt, bei denen die Freiheit der sexuellen Selbstbestimmung auch in
engerem Sinne das geschützte Rechtsgut darstellt.

2.3 Gesetzliche Entwicklung

17   Mit dem am 1.1.1974 in Kraft getretenen **4. StRG**[36] hat sich der Gesetzgeber im
Bereich des 13. Abschnitts des Strafgesetzbuches auf die Strafbarkeit der aus
seiner Sicht zum damaligen Zeitpunkt zweifelsfrei sozialschädlichen Verhaltensweisen beschränkt. Vor allem die Freiheit des Einzelnen vor Beeinträchtigung
seiner sexuellen Selbstbestimmung sowie der Jugendschutz stellten wesentliche
Anliegen der Legislative dar.[37] Hinzu kamen der Schutz der in Abhängigkeitsverhältnissen befindlichen Personen vor sexuellen Übergriffen sowie die Vermeidung
von Belästigungen Unbeteiligter. Sich prostituierende Personen wurden fortan vor
freiheitsbeeinträchtigenden Handlungen – auf der Täterseite begangen aus kom-
merziellen Interessen – strafrechtlich geschützt.

2.3.1 Veränderungen in Einzelbereichen

18   Vor allem Schwierigkeiten der Justizbehörden bei der Strafverfolgung in Einzel-
bereichen der Sexualdelikte, eine vermehrte Sensibilisierung der Öffentlichkeit im
Hinblick auf den sexuellen Missbrauch von Kindern sowie politische Veränderungen haben in der ersten Hälfte der neunziger Jahre zu Ergänzungen und Umge-
staltungen in einzelnen Bereichen des Sexualstrafrechts geführt:

19   – Mit dem **26. StÄG** vom 14.7.1992[38] wurde insbesondere der **Schutz ausländischer Frauen und Mädchen** vor sexueller Ausbeutung durch international und
arbeitsteilig agierende Täter verbessert.[39]

20   – Das **27. StÄG** vom 23.7.1993[40] hat die Strafdrohung für die Herstellung und
Verbreitung **kinderpornographischer Darstellungen** verschärft und die Besitzverschaffung solcher Produkte unter Strafe gestellt. Im Bereich des sexuellen Missbrauchs von Kindern wurde zudem die Geltung der einschlägigen
Strafnormen auf Auslandstaten Deutscher gegenüber ausländischen Kindern
erstreckt.[41]

---

[36] BGBl. I 1973, S. 1725.
[37] Siehe BT-Drs. VI/1552, S. 9.
[38] BGBl. I 1992, S. 1255.
[39] Dazu Schroeder, 1995, S. 231 ff.
[40] BGBl. I 1993, S. 1346.
[41] Dazu Schroeder, 1993, S. 2581 ff.

– Das **29. StÄG** vom 31.5.1994[42] hob den aufgrund des Einigungsvertrages nur   **21**
in den alten Bundesländern geltenden § 175 StGB auf und bewirkte damit die
Abschaffung der Strafbarkeit homosexueller Handlungen.[43] Zugleich hat
der Gesetzgeber den in den neuen Bundesländern fortgeltenden § 149
StGB-DDR (Sexueller Missbrauch von Jugendlichen) außer Kraft gesetzt. Geschaffen wurde eine geschlechtsneutral gefasste Vorschrift zum Schutz von Jugendlichen unter 16 Jahren vor bestimmten Formen des sexuellen Missbrauchs
durch Erwachsene.[44]

– Um innerhalb der Familie begangene Sexualdelikte an Kindern und Jugendli-   **22**
chen strafrechtlich besser erfassen zu können, ordnete das **30. StÄG** vom
23.6.1994[45] für die Straftaten des sexuellen Missbrauchs von Kindern, der
Vergewaltigung, sexuellen Nötigung und des sexuellen Missbrauchs widerstandsunfähiger Personen gem. § 78b Abs. 1 Nr. 1 StGB das **Ruhen der Ver-
jährung** bis zur Vollendung des 18. Lebensjahres des Opfers an.[46]

2.3.2 Das 33. Strafrechtsänderungsgesetz 1997

Der mit Gewalt oder durch Drohung mit gegenwärtiger Gefahr für Leib oder Le-   **23**
ben erzwungene B e i s c h l a f mit einer Frau fand noch im 4. StrRG eine besondere Hervorhebung im Bereich der Delikte gewaltsam vorgenommener Se-
xualhandlungen. Grund hierfür war die besondere Schwere des Eingriffs in das
Recht auf sexuelle Selbstbestimmung des weiblichen Opfers.

Vor allem der **Frauenbewegung** kommt das Verdienst zu, seit Mitte der sieb-   **24**
ziger Jahre – ausgehend von den USA[47] – den Vergewaltigungstatbestand und die
besondere Situation der Betroffenen enttabuisiert und in das Blickfeld der kriminalpolitischen und wissenschaftlichen Debatte gerückt zu haben. Auch die in
Deutschland geführte Diskussion[48] um das Thema **sexuelle Gewalt** verdeutlichte,
dass über die bislang im Gesetz benannten Nötigungsmittel hinaus auch andere
Vorgehensweisen der Täter vergleichbar massive Eingriffe in das Recht auf sexuelle Selbstbestimmung des Einzelnen darstellen können und andere Sexualprakti-
ken vom Opfer gleichermaßen wie der erzwungene Beischlaf als erniedrigend
empfunden werden.

Da solche Verhaltensweisen aber als bloße sexuelle Nötigungen mit einer mil-   **25**
deren Strafe bedroht waren, hat der Gesetzgeber mit dem **33. StÄG** vom

---

42 BGBl. I 1994, S. 1168.
43 Siehe auch Kap. 5.4.
44 Dazu Frank, 1997, S. 241 ff.; Kusch/Mössle, 1994, S. 1504 ff.; Schroeder, 1994,
    S. 1501 ff.
45 BGBl. I 1994, S. 1310.
46 Dazu Geppert, 1996, S. 62.
47 Vgl. z.B. Brownmiller, 1975.
48 Siehe etwa Abel, 1988; Arbeitskreis „Sexuelle Gewalt" beim Komitee für Grundrechte
    und Demokratie, 1985; Brownmiller, 1978; Degler, 1981; Frommel, 1987, S. 242 ff.;
    Heiliger/Engelfried, 1995; Janshen, 1991; Sick, 1993, S. 95 ff.; Weis, 1982.

1.7.1997[49] diese Diskrepanz beseitigt.[50] Mit dem Ziel, einen möglichst **umfassenden Schutz der sexuellen Selbstbestimmung** zu erreichen[51], wurden die alten Tatbestände der §§ 177 und 178 StGB zu einem einheitlichen Tatbestand „Sexuelle Nötigung; Vergewaltigung" zusammengefasst und die Opfer besonders erniedrigender sexueller Handlungen den Opfern des erzwungenen Beischlafs gleichgestellt. Als drittes Nötigungsmittel gilt nunmehr – gerade auch zum verbesserten Schutz behinderter Menschen[52] – das „Ausnutzen einer Lage, in der das Opfer der Einwirkung des Täters schutzlos ausgeliefert ist." Der Gesetzgeber hat zudem den neuen Tatbestand des § 177 StGB **geschlechtsneutral** gefasst, weil auch Männer von – durch männliche oder weibliche Täter – erzwungenen sexuellen Handlungen betroffen sein können.

26   Ihren Charakter als eigenständigen Verbrechenstyp hat die Vergewaltigung jedoch durch das 33. StÄG verloren. Um das Problem des zuvor konstatierten häufigen Ausweichens der Tatgerichte in den minder schweren Fall der **Vergewaltigung** zu lösen, wurde die Vergewaltigung zu einem **Regelbeispiel** für den besonders schweren Fall der sexuellen Nötigung.[53] Statt zuvor sechs Monate Freiheitsstrafe beträgt die Strafrahmenuntergrenze für einen minder schweren Fall der Vergewaltigung als Normalfall der sexuellen Nötigung Freiheitsstrafe von einem Jahr. Liegen jedoch zusätzlich schuldmindernde Umstände von ganz außergewöhnlichem Umfang vor, kann dennoch eine unter Verwirklichung eines Regelbeispiels begangene Tat ausnahmsweise auch als ein minder schwerer Fall mit einer Mindeststrafe von sechs Monaten sanktioniert werden.[54]

27   Kernstück der mit dem 33. StÄG erfolgten Gesetzesreform war jedoch die **Pönalisierung der Erzwingung sexueller Handlungen in der Ehe.**

In der bis zum Juli 1997 geltenden Fassung haben sich die §§ 177 bis 179 StGB nur auf außereheliche sexuelle Handlungen bezogen. Die überkommene Grundhaltung, wonach der Geltungsbereich des Strafrechts dort seine Grenzen finden sollte, wo die Intimität des persönlichen Zusammenlebens beginnt, führte hier zu einer relativen Schutzlosigkeit verheirateter Frauen – die Erzwingung des Beischlafs bzw. sonstiger sexueller Handlungen konnte nur gem. §§ 223 ff. StGB als Körperverletzung sowie als Nötigung nach § 240 StGB sanktioniert werden[55], wobei diese Vorschriften erheblich mildere Strafrahmen vorsahen. Das „Ehegattenprivileg" stand lange Zeit im Mittelpunkt der Reformdebatte im Bereich des Sexualstrafrechts.[56] Dabei wurde überwiegend davon ausgegangen, dass das Recht auf sexuelle Selbstbestimmung unteilbar ist und durch Eingehen einer Ehe keine Einschränkung oder gar Beseitigung erfährt. Eine gesetzliche Änderung war auch deshalb

---

49 BGBl. I 1997, S. 1607.
50 Dazu Dessecker, 1998, S. 1 ff.; Harbeck, 1997, S. 4 ff.; Jäger M., 1999, S. 55 ff.; Laubenthal, 1999a, S. 583; Lenckner, 1997, S. 2801 ff.; Mildenberger, 1998, S. 3 ff.; Otto, 1998, S. 210 ff.; Pott, 1999, S. 98 ff.
51 BT-Drs. XIII/7324, S. 5 f.
52 BT-Drs. XIII/7663, S. 4.
53 Krit. Schroeder, 1999, S. 829.
54 Dazu unten Kap. 3.1.2.2 (1).
55 Dazu Mitsch, 1989, S. 484 ff.
56 Siehe Baurmann, 1990, S. 37 ff.; Frommel, 1988, S. 233 ff.; dies., 1996, S. 167 ff.; Helmken, 1979; ders., 1993, S. 459 ff.; Laubenthal, 1984, S. 8 ff.; Paetow, 1987, S. 123 ff.; Sick, 1993, S. 327 ff.; krit. Schünemann, 1996, S. 307 ff.

notwendig, weil das familienrechtliche Zerrüttungsprinzip längere Trennungszeiten vorsieht und es gerade während dieser Zeit eines zureichenden Schutzes des sexuellen Selbstbestimmungsrechts getrennt lebender Ehefrauen bedarf. Denn ab dem Zeitpunkt der Trennung sind diese im Hinblick auf vom Ehemann erzwungene sexuelle Handlungen besonders gefährdet.[57] Die Trennung wird vom Mann häufig als Infragestellung seiner Person begriffen, worauf er mit sexueller Gewalt als Ausdruck bewusster Demütigung und Erniedrigung reagiert.[58]

Im Tatbestand „Sexuelle Nötigung; Vergewaltigung" des § 177 StGB in der   **28**
Fassung des 33. StÄG findet sich das Wort „außerehelich" nicht mehr. Verheiratete sind somit vor sexuellen Angriffen ihrer Partner gleichermaßen strafrechtlich geschützt wie vor sexualbezogenen Nötigungshandlungen Dritter. Der Neuregelung des § 177 StGB wurde zudem die Vorschrift des § 179 StGB angepasst: Auch der Tatbestand des Deliktes „Sexueller Missbrauch widerstandsunfähiger Personen" erhielt eine geschlechtsneutrale Fassung. Die zuvor in Abs. 2 der Norm festgelegte Ausklammerung des ehelichen Bereichs ist ebenfalls aufgehoben.

2.3.3 Verbesserter Schutz vor gefährlichen Sexualstraftätern

In den Jahren 1996 und 1997 in Deutschland und im Ausland bekannt gewordene   **29**
dramatische Fälle des sexuellen Missbrauchs von Kindern mit anschließender Tötung der Opfer bewirkten ein hoch sensibles kriminalpolitisches Klima. Daraufhin ergriff das Land Bayern die Initiative und brachte im Bundesrat einen Gesetzentwurf zur Verbesserung des Schutzes der Gesellschaft vor gefährlichen Sexualstraftätern ein.[59] Dieser bildete die Grundlage für das **Gesetz zur Bekämpfung von Sexualdelikten und anderen gefährlichen Straftaten** vom 26.1.1998[60], das die Gefahr von Wiederholungstaten verringern soll.[61]

Das Gesetz hat im Wesentlichen zu folgenden Veränderungen geführt:

– Verschärfung der Voraussetzungen für eine vorzeitige **bedingte Entlassung** aus dem   **30**
Vollzug einer Freiheitsstrafe, einer stationären Maßregel der Besserung und Sicherung oder einer Jugendstrafe (§§ 57 Abs. 1 S. 1 Nr. 2, 67d Abs. 2 S. 1 StGB, § 88 Abs. 1 JGG).

– Einholung eines **Sachverständigengutachtens** zur Frage einer fortbestehenden Gefähr-   **31**
lichkeit vor einer gerichtlichen Entscheidung über eine Strafrestaussetzung zur Bewährung (§ 454 Abs. 2 S. 1 Nr. 2 StPO) bei besonders rückfallgefährdeten Tätern. Im Bereich des 13. Abschnitts sind dies die wegen einer Straftat nach §§ 174 bis 174c, 176,

---

57 Benard/Schlaffer, 1978, S. 123.
58 Vgl. Bundesministerium für Jugend, Familie und Gesundheit, 1983, S. 104.
59 BR-Drs. 876/96.
60 BGBl. I 1998, S. 160.
61 Dazu Albrecht H.-J., 1999, S. 866 ff.; Dessecker, 1998, S. 1 ff.; Deutsche Gesellschaft für Sexualforschung, 1998, S. 163 ff.; Eisenberg/Hackethal, 1998, S. 196 ff.; Hammerschlag/Schwarz, 1998, S. 321 ff.; Meier, 1999, S. 445 ff.; Rosenau, 1999, S. 394 ff.; Rotthaus, 1998, S. 597 ff.; Schmidt-Jortzig, 1998, S. 442; Schneider H. J., 1998, S. 441 ff.; Schöch, 1998, S. 1257 ff.; siehe auch Streng, 1997, S. 443 ff.

179 Abs. 1 bis 3, 180 oder 182 StGB zu einer Freiheitsstrafe von mehr als zwei Jahren verurteilten Personen.

32   – **Therapieweisung** durch das Gericht im Rahmen einer Strafaussetzung bzw. Strafrestaussetzung zur Bewährung (§§ 56c Abs. 3 Nr. 1, 57 Abs. 3 StGB) sowie bei der Führungsaufsicht (§ 68b Abs. 2 S. 2 StGB) auch ohne Einwilligung des Verurteilten, soweit die Heilbehandlung mit keinem körperlichen Eingriff verbunden ist.

33   – **Führungsaufsicht** kraft Gesetzes nach Vollverbüßung einer Freiheitsstrafe von mindestens einem Jahr bei Verurteilung wegen einer der in § 181b StGB genannten Straftaten gegen die sexuelle Selbstbestimmung (§ 68f Abs. 1 S. 1 StGB) sowie Verlängerung einer angeordneten Führungsaufsicht bis zu unbefristeter Dauer bei Therapieunwilligkeit (§ 68c Abs. 2 StGB).

34   – Im Strafvollzug Verlegung der zu mehr als zwei Jahren Freiheitsstrafe verurteilten, behandlungsfähigen Sexualstraftäter in **sozialtherapeutische Anstalten** (§ 9 Abs. 1 StVollzG).[62]

35   – Erleichterte Unterbringung von einschlägig rückfälligen Sexualstraftätern und anderen Gewalttätern i.S. des § 66 Abs. 3 S. 1 StGB in der **Sicherungsverwahrung**:
Das Gericht kann bei den zu zeitiger Freiheitsstrafe von mindestens zwei Jahren Verurteilten neben der Strafe Sicherungsverwahrung anordnen, wenn sie wegen eines oder mehrerer der im Gesetz genannten Delikte, die sie vor der neuen Tat begangen haben, schon einmal zu Freiheitsstrafe von mindestens drei Jahren verurteilt wurden (§ 66 Abs. 3 S. 1 StGB). Selbst ohne frühere Verurteilung oder Freiheitsentzug darf ein Rechtsbrecher, der wegen zweier Gewalt- oder Sexualstraftaten jeweils eine Freiheitsstrafe von mindestens zwei Jahren verwirkt hat, neben der Strafe in Sicherungsverwahrung eingewiesen werden, wenn er wegen eines oder mehrerer dieser Delikte zu zeitiger Freiheitsstrafe von mindestens drei Jahren verurteilt wird (§ 66 Abs. 3 S. 2 StGB). Damit kann Sicherungsverwahrung nicht nur nach einer Vorverurteilung, sondern sogar schon nach Begehung zweier Sexualstraftaten zur Anwendung gelangen.
Bei erstmals angeordneter Sicherungsverwahrung muss der Untergebrachte nicht mehr mit Ablauf von zehn Jahren zwangsläufig entlassen werden. Besteht seine hochgradige Gefährlichkeit fort, ist also zu befürchten, dass er wegen seines kriminellen Hanges weitere erhebliche Straftaten begehen und dadurch seine Opfer seelisch oder körperlich schwer schädigen wird, braucht gem. § 67d Abs. 3 StGB die Unterbringung in der Sicherungsverwahrung nicht mehr vom Gericht für erledigt erklärt zu werden. Damit ist es zulässig, auch bei erstmalig angeordneter Sicherungsverwahrung diese lebenslang zu vollstrecken.

36   – Verlängerung der **Registrierfristen** bei Sexualstraftätern durch Neuregelung der §§ 32, 34, 41 und 46 BZRG sowie eine entsprechende Abschaffung der Möglichkeit einer Strafmakelbeseitigung durch Richterspruch in §§ 99, 100 JGG für diesen Täterkreis.

2.3.4 Das 6. Gesetz zur Reform des Strafrechts 1998

37   Tief greifende Veränderungen des Besonderen Teils des Strafgesetzbuches hat das 6. StrRG vom 26.1.1998[63] gebracht.[64] Ein wesentliches Ziel des Gesetzgebers war

---

[62] Gem. § 199 Abs. 2 StVollzG gilt für eine Übergangszeit bis zum 31.12.2002 § 9 Abs. 1 StVollzG nur als Soll-Vorschrift. Ab dem 1.1.2003 ist die Verlegung zwingend vorgeschrieben. Siehe dazu Laubenthal, 1998, S. 244 f.

[63] BGBl. I 1998, S. 164.

dabei, den höchstpersönlichen Rechtsgütern – zu denen auch die Freiheit der sexuellen Selbstbestimmung gehört – gegenüber materiellen Rechtsgütern ein größeres Gewicht zu verleihen.[65] Neben der Strafrahmenharmonisierung bestand das Anliegen der Legislative zudem in Verbesserungen im Bereich der sexuellen Selbstbestimmung mit dem Schwerpunkt eines zusätzlichen Strafschutzes für besonders schutzbedürftige Personen.[66]

2.3.4.1 Sexuelle Nötigung und Vergewaltigung

Der erst mit dem 33. StÄG reformierte § 177 StGB erfuhr im 6. StrRG erneut eine   **38**
Umgestaltung.[67] Neben bloß redaktionellen Änderungen wurde der Tatbestand der sexuellen Nötigung und Vergewaltigung auch inhaltlich modifiziert. Der Gesetzgeber nahm für einige Tatgestaltungen eine Angleichung an die Neuregelung des schweren Raubes gem. § 250 StGB vor, indem er entsprechende Qualifikationstatbestände schuf. Zugleich hat er für gravierende Fälle die Strafdrohung in § 177 StGB erheblich verschärft.

Die Wertungswidersprüche des bisherigen Rechts sind nunmehr auch für De-   **39**
liktsverwirklichungen mit tödlichem Ausgang beseitigt. Sah zuvor § 177 Abs. 4 StGB in der Fassung des 33. StÄG für die sexuelle Nötigung oder Vergewaltigung mit Todesfolge eine Freiheitsstrafe von nicht unter fünf Jahren vor, während die Strafrahmenuntergrenze des Raubes mit Todesfolge in § 251 StGB bei zehn Jahren lag, droht der neu eingefügte § 178 StGB (Sexuelle Nötigung und Vergewaltigung mit Todesfolge) bei wenigstens leichtfertiger Herbeiführung des Todes ebenfalls im Mindestmaß zehn Jahre Freiheitsstrafe an.

2.3.4.2 Schutz von Kindern

Die Bestrafung des sexuellen Missbrauchs von Kindern erfolgt mit dem 6. StrRG   **40**
nach den drei Tatbeständen der §§ 176, 176a und 176b StGB. Gegenüber § 176 StGB a.F. ging es dem Gesetzgeber dabei vor allem um eine **differenzierte Strafschärfung**.

§ 176 StGB bildet den Grundtatbestand. Mit einer angedrohten Freiheitsstrafe   **41**
von sechs Monaten bis zu zehn Jahren wurde der Strafrahmen der zuvor geltenden Regelung beibehalten, so dass das Grunddelikt nur ein Vergehen darstellt.[68] Für die minder schweren Fälle des sexuellen Missbrauchs erfolgte in § 176 Abs. 3 StGB eine Anhebung der Höchststrafe auf fünf Jahre (§ 176 Abs. 5 StGB a.F.

---

64 Dencker/Struensee/Nelles/Stein, 1998; Freund, 1997, S. 455 ff.; dazu Kreß, 1998, S. 633 ff.; Schlüchter, 1998.
65 BT-Drs. XIII/7164, S. 1; XIII/8587, S. 1.
66 Dazu Kröber, 1998, S. 59 ff.
67 Dazu Bittmann/Merschky, 1998, S. 462; Otto, 1998, S. 213 ff.; Renzikowski, 1999, S. 377 ff.
68 Zur Kontroverse zwischen sog. Vergehenslösung und Verbrechenslösung im Gesetzgebungsverfahren siehe BT-Drs. XIII/8587, S. 81.

lediglich drei Jahre), um Wertungswidersprüche zu § 184 Abs. 3 StGB (Kinderpornographie) zu beseitigen.

42   Auf der Ebene der neuen Verbrechensqualifikation „Schwerer sexueller Missbrauch von Kindern" wird mit § 176a StGB – der § 176 Abs. 3 StGB a.F. ersetzt – erreicht, dass eine Einstellung von Strafverfahren nach §§ 153, 153a StPO ausgeschlossen bleibt und schon Vorbereitungshandlungen unter den Voraussetzungen des § 30 StGB strafbar sind. Mit der Schaffung auch von neuen qualifizierenden Merkmalen (z.B. Vornahme des Beischlafs und anderer Penetrationshandlungen; Missbrauch in der Absicht, die Tat zum Gegenstand pornographischer Darstellungen zu machen) ging es dem Gesetzgeber um einen der heutigen Zeit angepassten strafrechtlichen Schutz. Zugleich hat er in § 184 Abs. 4 StGB für das gewerbs- und bandenmäßige Verbreiten pornographischer Darstellungen von sexuellem Kindesmissbrauch die Obergrenze der Strafdrohung von fünf auf zehn Jahre erhöht.[69] Eine auffällige Neuerung ist in § 176a Abs. 1 Nr. 4 StGB schließlich die Qualifizierung des Grundtatbestandes durch das Kriterium der Wiederholungstat.

43   Für die Fälle des sexuellen Missbrauchs von Kindern mit Todesfolge (§ 176 Abs. 4 StGB a.F.) erfolgte eine deutliche Verschärfung des Strafrahmens. Dessen Untergrenze liegt gem. § 176b StGB bei zehn Jahren. Die wenigstens leichtfertige Herbeiführung des Todes des missbrauchten Kindes kann auch lebenslange Freiheitsstrafe zur Folge haben.

44   Neu gefasst wurde schließlich § 5 Nr. 8b StGB. Mit der Einbeziehung von §§ 176 bis 176b und 182 StGB in die Norm kann der Sextourismus deutscher Täter zum Nachteil ausländischer Minderjähriger unabhängig vom jeweiligen Tatort umfassend bestraft werden.

2.3.4.3 Schutz Kranker und Behinderter

45   Neben den Kindern betreffen die Verbesserungen des 6. StrRG für besonders schutzbedürftige Personenkreise vor allem psychisch kranke und geistig behinderte Menschen. So hat der Gesetzgeber den Tatbestand „Sexueller Missbrauch von Gefangenen, behördlich Verwahrten oder Kranken und Hilfsbedürftigen in Einrichtungen" nicht nur auf der Opferseite geschlechtsneutral gefasst. § 174a Abs. 2 StGB erweitert den Schutz Kranker und Hilfsbedürftiger, indem er nicht mehr von den „Insassen einer Anstalt" spricht, sondern von der **stationären Aufnahme** in einer Einrichtung, wozu auch Behindertenwerkstätten, beschützte Wohnstätten oder Tageskliniken zählen.[70]

46   Mit dem neu in das Strafgesetzbuch eingefügten § 174c (Sexueller Missbrauch unter Ausnutzung eines Beratungs-, Behandlungs- oder Betreuungsverhältnisses)

---

69 Durch Art. 4 Nr. 4 des Gesetzes zur Regelung der Rahmenbedingungen für Informations- und Kommunikationsdienste vom 22.7.1997 (BGBl. I 1997, S. 1869) war bereits der Anwendungsbereich von § 184 Abs. 4 und 5 StGB auf die Wiedergabe nicht nur eines tatsächlichen, sondern auch eines wirklichkeitsnahen Geschehens erweitert worden (dazu Engel-Flechsig/Maennel/Tettenborn, 1997, S. 2990).

70 BT-Drs. XIII/9064, S. 20.

ist eine Strafbarkeitslücke geschlossen worden.[71] In der Praxis hat sich gezeigt, dass geistig und seelisch beeinträchtigte Menschen sowie Suchtkranke eines erweiterten **Schutzes vor sexuellen Übergriffen seitens der behandelnden Personen** bedürfen. Diesen gewährt ihnen jetzt § 174c Abs. 1 StGB.

Die in den neunziger Jahren auch in der Öffentlichkeit geführte Diskussion über den **sexuellen Missbrauch in der Therapie**[72] hat schließlich in § 174c Abs. 2 StGB ihren Niederschlag gefunden. Danach ist strafbar, „wer sexuelle Handlungen an einer Person, die ihm zur psychotherapeutischen Behandlung anvertraut ist, unter Missbrauch des Behandlungsverhältnisses vornimmt oder an sich von ihr vornehmen lässt." **47**

Der schon durch das 33. StÄG 1997 modifizierte § 179 StGB erfuhr mit dem 6. StrRG weiter gehende Änderungen. Der Schutz **widerstandsunfähiger Personen** vor sexuellen Angriffen wird vor allem dadurch verstärkt, dass das Gesetz ausdrücklich auch Behinderte und Suchtkranke als Opfer benennt. **48**

2.4 Die Schutzbereiche der §§ 174 ff. StGB

Mit der Überschrift „Straftaten gegen die sexuelle Selbstbestimmung" ist der 13. Abschnitt des Strafgesetzbuches zunächst in einem gewissen Maße abstrakt bezeichnet: Es geht um die **Freiheit vor Fremdbestimmung auf sexuellem Gebiet** insgesamt. Welche Rechtsgüter die einzelnen Tatbestände jeweils schützen, hat der Gesetzgeber jedoch nicht konkret definiert. Er geht nur davon aus, dass das **Schutzgut** der sexuellen Selbstbestimmung im weiteren Sinne sich in den Tatbeständen in unterschiedlicher Weise **konkretisiert**. **49**

Damit sind die Rechtsgüter von Tatbestand zu Tatbestand gesondert zu bestimmen.[73] Dies ist nicht ganz einfach. Zum einen finden sich im 13. Abschnitt Strafrechtsnormen zur Regelung ganz verschiedener Lebenssachverhalte. Die im Laufe der Zeit fortgeschrittenen Erkenntnisse über die Notwendigkeit von Modifikationen und Ausweitungen des Strafrechtsschutzes vor unerwünschten sexuellen Handlungen haben zum anderen dazu geführt, dass die einzelnen Tatbestände teilweise zusammenhanglos über den 13. Abschnitt verstreut sind. Dies erschwert eine Untergliederung der Sexualstraftaten nach bestimmten Deliktsgruppen, was umso mehr gilt, als einige der Normen untereinander Überschneidungen aufweisen. **50**

---

[71] Kreß, 1998, S. 638.
[72] Dazu Becker-Fischer/Fischer, 1997; Hafke, 1998; Hensch/Teckentrup, 1993; Heyne, 1991; Löwer-Hirsch, 1998; Pope/Bouhoutsos, 1992; Sonntag/Haering-Lehn/Gerdes u.a., 1995; Spenner, 1999, S. 24 ff.; siehe auch DER SPIEGEL, Meine Seele in seiner Gewalt, Nr. 35/1993, S. 198 ff.; Wirtz, 1990, S. 245 ff.
[73] Laufhütte in: LK-StGB, 1995, vor § 174 Rdn. 3.

Fasst man die Tatbestände des 13. Abschnitts anhand der jeweiligen Rechtsgüter zusammen, deren Schutz die einzelnen Normen in erster Linie dienen, lassen sich fünf Schutzbereiche[74] herausbilden:

51 – **Straftaten gegen die sexuelle Freiheit im engeren Sinne:**
Hierzu zählen die Sexuelle Nötigung und Vergewaltigung (§ 177 StGB) sowie deren Erfolgsqualifikation des § 178 StGB. Das Recht des Einzelnen auf sexuelle Selbstbestimmung steht auch im Vordergrund des Tatbestandes des sexuellen Missbrauchs Widerstandsunfähiger (§ 179 StGB), der einer Ausnutzung der Widerstandsunfähigkeit entgegentritt. Der Erhaltung – bereits reduzierter – Fähigkeiten zur sexuellen Selbstbestimmung dienen ferner die Vorschriften gegen den Missbrauch kranker und hilfsbedürftiger Menschen in Einrichtungen (§ 174a Abs. 2 StGB) sowie gegen den sexuellen Missbrauch unter Ausnutzung von Beratungs-, Behandlungs- und Betreuungsverhältnissen (§ 174c StGB).

52 – **Straftaten als Störungen von Verwahrungs- und Abhängigkeitsverhältnissen:**
Eine Gewährleistung der Störungsfreiheit in Verwahrungsverhältnissen, die Gefangene und andere auf behördliche Anordnung Verwahrte betreffen, bezweckt § 174a Abs. 1 StGB. Auf den Schutz der von Straf- und Unterbringungsverfahren Betroffenen vor sexuellem Missbrauch durch Amtsträger, die hierzu ihre Stellung als das Verfahren betreibende Personen ausnutzen, stellt § 174b StGB ab.

53 – **Straftaten gegen die ungestörte Entwicklung des Sexuallebens:**
Kinder und Jugendliche sollen mit Hilfe der strafrechtlichen Jugendschutzvorschriften vor einer Beeinträchtigung ihrer Gesamtentwicklung durch sexuelle Handlungen geschützt werden. Die im 13. Abschnitt enthaltenen Jugendschutznormen sehen keine Altersbegrenzung nach unten hin vor, sondern sie beinhalten – gestaffelt nach dem fortschreitenden Alter – sich durch zusätzliche Kriterien der Schutzbedürftigkeit verengende besondere Schutzzonen.[75] Die Altersgrenzen hat der Gesetzgeber mit 14, 16, 18 und 21 Jahren gezogen.

54 Für **Kinder** unter 14 Jahren gilt zunächst ein unbeschränkter Schutz. Sexualkontakte jeglicher Art mit Kindern haben zu unterbleiben. Die Tatbestände des sexuellen Missbrauchs von Kindern (§§ 176, 176a, 176b StGB) bezwecken, die Entwicklung des Kindes gänzlich von vorzeitigen sexuellen Erlebnissen freizuhalten. Auch § 184 Abs. 3 2. Alt., Abs. 4 und 5 StGB dienen dem Schutz von Kindern, die zur Herstellung kinderpornographischer Darstellungen sexuell missbraucht werden.

55 **Personen unter 16 Jahren** betrifft die Sanktionierung des Missbrauchs durch solche Täter, denen sie als Schutzbefohlene zur Erziehung, Ausbildung oder Betreuung in der Lebensführung anvertraut sind (§ 174 Abs. 1 Nr. 1 StGB). Minderjährige bleiben zudem bis zur Vollendung des 16. Lebensjahres gem. § 180 Abs. 1 StGB vor einer Förderung sexueller Handlungen durch deren

---

74 Siehe auch Horn in: SK-StGB, 1998, vor § 174 Rdn. 3; Laufhütte in: LK-StGB, 1995, vor § 174 Rdn. 4 ff.; Maurach/Schroeder/Maiwald, 1995, S. 164 ff., mit jedoch partiell divergierenden Zuordnungen.
75 Dazu Laubenthal, 1987, S. 701 f.; Maurach/Schroeder/Maiwald, 1995, S. 194.

Vermittlung oder Gewährung bzw. Verschaffen von Gelegenheiten geschützt. Der Bewahrung einer ungestörten sexuellen Entwicklung dient auch der Tatbestand des sexuellen Missbrauchs Jugendlicher, wobei die Tathandlungen des § 182 StGB die Ausnutzung des Opfers oder sexuelle Handlungen gegen Entgelt verlangen.

Bei **Personen unter 18 Jahren** werden gem. § 174 Abs. 1 Nr. 3 StGB Missbrauchshandlungen von Eltern oder Adoptiveltern bestraft. Nr. 2 des § 174 Abs. 1 StGB erweitert den sexuellen Missbrauch von Schutzbefohlenen auch auf das Ausnutzen von Täter-Opfer-Beziehungen, die durch Dienst- und Arbeitsverhältnisse begründet sind. Die Förderung sexueller Handlungen setzt in dieser Schutzzone ein Bestimmen des Jugendlichen zur Vornahme gegen Entgelt gem. § 180 Abs. 2 StGB oder das Bestimmen zu sexuellen Handlungen unter Missbrauch eines Abhängigkeitsverhältnisses nach § 180 Abs. 3 StGB voraus. Darüber hinaus umfasst die Schutzzone noch die Förderung der Prostitutionsausübung von Jugendlichen (§ 180a Abs. 2 Nr. 1 StGB). Einer negativen Beeinflussung der sittlichen Wertvorstellungen Jugendlicher durch Zur-Schau-Stellung von Prostitutionsausübung wirkt § 184b StGB entgegen. Dem unmittelbaren Jugendschutz dienen im Rahmen des Delikts „Verbreiten pornographischer Schriften" die Vorschriften des § 184 Abs. 1 Nr. 1 bis 5 StGB.

56

Eine Ausdehnung der Jugendschutzzone auf **Personen unter 21 Jahren** findet sich in § 180b Abs. 2 Nr. 2 StGB bei der Einwirkung auf junge Menschen zu Prostitutionszwecken.

57

– **Straftaten der Belästigung Unbeteiligter:**
Auf den Schutz vor unerwünschter Konfrontation mit Sexualität stellen die Tatbestände des Exhibitionismus (§ 183 StGB) und der Erregung öffentlichen Ärgernisses (§ 183a StGB) ab. Eine Belästigung Unbeteiligter soll ferner vermieden werden durch § 184a StGB (Ausübung der verbotenen Prostitution). Die gleiche Zielrichtung steht im Vordergrund bei einzelnen der von § 184 StGB erfassten Verhaltensweisen: dem Verbreiten pornographischer Schriften in den Handlungsmodalitäten des § 184 Abs. 1 Nr. 6, 7, Abs. 2 und 3 StGB.

58

– **Straftaten der Förderung und Ausnutzung von Prostitution:**
Die persönliche und wirtschaftliche Freiheit von Prostituierten zu schützen sowie zu verhüten, dass Menschen durch Handlungen Dritter in Prostitution verstrickt bzw. dort festgehalten werden, sind Zwecke der Tatbestände der Förderung der Prostitution (§ 180a StGB), des Menschenhandels (§ 180b StGB), des schweren Menschenhandels (§ 181 StGB) und der Zuhälterei (§ 181a StGB).

59

60

Schutz unabhängig vom Alter des Opfers:

- Straftaten gegen die sexuelle Freiheit i.e.S.:
  § 174a Abs. 2; § 174c; § 177; § 178; § 179
- Straftaten als Störungen von Verwahrungs- und Abhängigkeitsverhältnissen:
  § 174a Abs. 1; § 174b
- Straftaten der Belästigung Unbeteiligter:
  § 183; § 183a; § 184 Abs. 1 Nr. 6, 7, Abs. 2, 3; § 184a
- Straftaten der Förderung und Ausnutzung von Prostitution:
  § 180a; § 180b Abs. 1, Abs. 2 Nr. 1; § 181; § 181a

Besondere Jugendschutzzonen:

unter 21 Jahren:

§ 180b Abs. 2 Nr. 2

unter 18 Jahren:

§ 174 Abs. 1 Nr. 2, 3

§ 180 Abs. 2, 3

§ 180a Abs. 2 Nr. 1

§ 184 Abs. 1 Nr. 1 bis 5

§ 184b

unter 16 Jahren:

§ 174 Abs. 1 Nr. 1

§ 180 Abs. 1

§ 182

Kinder unter 14 Jahren:

§ 176

§ 176a

§ 176b

§ 184 Abs. 3 2. Alt., Abs. 4, 5

Übersicht: Die Schutzbereiche der §§ 174 bis 184b StGB, unterteilt in besondere Jugendschutzzonen ▨ und Tatbestände ohne Altersbegrenzung ☐.

2.5 Begriffsbestimmungen

Waren die „Verbrechen und Vergehen wider die Sittlichkeit" vor der Strafrechts-   **61**
reform 1974 vom Begriff der unzüchtigen Handlungen geprägt[76], setzt dagegen
seit dem 4. StrRG die weitaus größte Zahl der Delikte gegen die sexuelle Selbstbestimmung die Vornahme oder Duldung **sexueller Handlungen** voraus.

Gem. § 184c Nr. 1 StGB bleiben im Sinne des Strafgesetzbuches sexuelle
Handlungen „nur solche, die im Hinblick auf das jeweils geschützte Rechtsgut
von einiger Erheblichkeit sind". In den einzelnen Tatbeständen differenziert das
Gesetz zudem zwischen einzelnen Formen sexualbezogener Betätigung.

2.5.1 Sexuelle Handlung

In § 184c Nr. 1 StGB hat der Gesetzgeber den Begriff der sexuellen Handlung   **62**
nicht legaldefiniert, sondern dessen Bestimmung vorausgesetzt. Erforderlich ist
eine **Sexualbezogenheit des Täterverhaltens**: Die Handlung muss eine Beziehung zum Bereich des Geschlechtlichen aufweisen. Es geht also nicht mehr um
eine rein moralisch-sittliche Bewertung, sondern eine Beurteilung des Gesamtvor-
gangs muss nach dessen äußerem Erscheinungsbild einen Sexualbezug erkennen
lassen.[77] Umfasst werden sowohl hetero- als auch homosexuelle Betätigungen.

Für das Vorliegen einer strafrechtlich relevanten sexuellen Handlung bleibt   **63**
stets erforderlich, dass eine objektive Betrachtung unter Einschluss aller Begleitumstände eine Beziehung zwischen dem zu beurteilenden Verhalten und der sexuellen Bedürfnisbefriedigung im weiteren Sinne ergibt. Damit können sexuelle
Handlungen i.S. des § 184c StGB nur solche Verhaltensweisen sein, die bereits
durch ihr **äußeres Erscheinungsbild** einen **Sexualbezug** aufweisen.

Beispiel: A wollte sich einer Frau „sexuell nähern". Er begann, das Opfer zu umklam-
mern. Da die Frau sich wehrte, kam es zu einer körperlichen Auseinandersetzung, in
deren Verlauf beide stürzten. A setzte sich auf die am Boden liegende Frau. Auf ihr sit-
zend, bedrohte er sie mit einem Messer und erklärte, sie solle keine Angst haben. Er
wolle nur ihre Brüste anfassen und auf ihr onanieren. Da das Opfer sich aber wehrte,
musste A schließlich von ihm ablassen.

Der BGH[78] hat hier in Übereinstimmung mit dem erstinstanzlichen Urteil des Landgerichts das Vorliegen einer vollendeten sexuellen Nötigung bejaht. Das Sitzen auf der
Frau war – obwohl rein äußerlich eine ambivalente Handlung – bereits Teil des Ge-
samtplans von A gewesen und damit sexualbezogen. Das Sitzen auf der Frau stellte
nicht nur eine Gewaltanwendung dar, welche dem Täter sexuelle Handlungen erst ermöglichen sollte. Vielmehr hatte sich A auf sein Opfer gesetzt, und er wollte, wie sich
aus seinen Äußerungen ergibt, sich auf ihm sexuell betätigen.

---

[76] Siehe oben Kap. 2.1.1.
[77] BGHSt. 29, S. 338; Gössel, 1987, S. 262; Horn in: SK-StGB, 1998, § 184c Rdn. 2;
Sick, 1993, S. 258 f.
[78] BGH, NStZ 1997, S. 179.

Ein Sexualbezug hätte nach dem äußeren Erscheinungsbild des Täterverhaltens dann noch nicht vorgelegen, wenn das Sitzen auf der Frau lediglich Folge der körperlichen Auseinandersetzung gewesen wäre und allenfalls der Vorbereitung sexualbezogener Aktivitäten gedient hätte.

64   Ist damit ein **objektiver Sexualbezug** für das Vorliegen einer sexuellen Handlung im strafrechtlichen Sinne konstitutiv, schließt das Fehlen eines solchen, nach dem äußeren Erscheinungsbild zu beurteilenden Zusammenhangs dagegen eine Zuordnung ausschließlich subjektiv sexuell motivierter Betätigungen zum Bereich der sexuellen Handlungen i.S. der §§ 174 ff. StGB aus.

Beispiele: Nach ihrem äußeren Erscheinungsbild eindeutig sexualbezogene Handlungen sind die Durchführung des Vaginal-, Oral- und Analverkehrs, andere Berührungen von Geschlechtsteilen oder deren unmittelbarer Umgebung sowie Zungenküsse[79]; die Veranlassung eines weiblichen Kindes, seinen Oberkörper zu entblößen und ihm dabei Fragen zu Themen der Sexualität zu stellen[80]; Versuche einer vaginalen oder analen Penetration einer anderen Person mit Fingern oder Gegenständen[81]; das Fotografieren von Kindern, die untereinander sowie mit Erwachsenen sexuelle Posen nachstellen müssen[82]; das Berühren eines Mädchens im eingeschlossenen Fahrstuhl über der Hose an seiner Scheide[83].

Vom äußeren Erscheinungsbild her fehlt ein Sexualbezug dagegen, wenn ein Lehrer Stockschläge auf das Gesäß eines Schülers verabreicht, wobei die Züchtigung sich äußerlich nicht von einer sonstigen Züchtigung unterscheidet, vom Lehrer aber zu seiner sexuellen Erregung vorgenommen wird.[84]

65   Beinhaltete der Begriff der unzüchtigen Handlungen früher ein subjektives Element in Gestalt einer „wollüstigen Absicht", ist heute maßgebliche Grundlage der Strafbarkeit von Beeinträchtigungen des sexuellen Selbstbestimmungsrechts im weiteren Sinne die **Sozialschädlichkeit des Verhaltens**.[85] Damit kommt der Willensrichtung des Täters keine entscheidende Bedeutung für das Vorliegen des Tatbestandsmerkmals der sexuellen Handlung mehr zu.[86] Welche Motive ihn bewogen haben, ist insoweit ohne Bedeutung.[87]

66   Das Rechtsgut der sexuellen Selbstbestimmung kann auch tangiert werden, wenn es auf der Täterseite überhaupt an einer sexualbezogenen **Motivation** fehlt. Stellt sich ein Verhalten aus objektiver Sicht eindeutig als sexualbezogen dar, kommt es somit nicht darauf an, ob der Handelnde auch das Ziel sexueller Bedürfnisbefriedigung verfolgt. Diese **rein objektive Interpretation** des Begriffs der sexuellen Handlungen lässt sich auch aus § 174 Abs. 2 Nr. 1 StGB herleiten. Dort wird verlangt, dass der Täter sexuelle Handlungen vornimmt, um sich oder

---

79   Horn in: SK-StGB, 1998, § 184c Rdn. 6.
80   BGH, NStZ 1985, S. 24.
81   BGH, NStZ 1983, S. 167.
82   BGHSt. 29, S. 336.
83   BGH, NStZ 1993, S. 228.
84   Anders noch RGSt. 67, S. 110, wo eine unzüchtige Handlung bejaht wurde.
85   Sick, 1993, S. 260.
86   BGHSt. 29, S. 338; BGH, NStZ 1983, S. 167; Gössel, 1987, S. 236; Laufhütte in: LK-StGB, 1995, § 184c Rdn. 6; Tröndle/Fischer, 1999, § 184c Rdn. 4.
87   BGH, NStZ 1996, S. 124.

einen anderen hierdurch sexuell zu erregen. Damit macht nicht erst die sexuelle Motivation der Erregung das Verhalten zu einer sexuellen Handlung. Es reicht also die objektive Sexualbezogenheit aus, wenn sich der Täter dieses Bezuges bewusst ist.

> *Beispiel:* A hatte den minderbegabten obdachlosen W unter der Vorspiegelung, er sei Polizeikommissar, über Monate hinweg seiner Freiheit beraubt und ihn zu Grabungsarbeiten auf seinem Kleingartengelände gezwungen. Nach Abschluss der Arbeiten begann A, sich „daran zu erfreuen, W zu peinigen und zu demütigen". Fast täglich schlug und trat er den sich nicht wehrenden W und fügte ihm auch sonst vielfältige physische und psychische Misshandlungen zu. Unter anderem zwang A den W, sich zu entkleiden und sein Geschlechtsteil „kontrollieren" zu lassen. Darüber hinaus versuchte er wiederholt, W mit Faustschlägen zu zwingen, sein – des A – Glied in den Mund zu nehmen und bei anwesenden männlichen Gästen deren Hosen zu öffnen und sich entsprechend zu betätigen.
>
> Das Landgericht hatte den A nicht wegen sexueller Nötigung verurteilt, weil „weder bei den Gliedkontrollen noch bei der Aufforderung zum Mundverkehr eine sexuelle Motivation des Angeklagten zugrunde lag". Der BGH[88] führt dagegen aus: „Bei Handlungen, die nach ihrem äußeren Erscheinungsbild ausschließlich und eindeutig sexualbezogen sind, genügt es, wenn sich der Täter der Sexualbezogenheit seines Handelns bewusst ist. Ist dies der Fall, kommt es auf seine Motive nicht an. Sein Ziel muss nicht darauf gerichtet sein, eigene oder fremde Geschlechtslust zu erregen oder zu befriedigen. Wut oder aggressiv-sadistische Tendenzen schließen eine Sexualbezogenheit nicht aus."

Das subjektive Element der Absicht, sich selbst oder einen anderen geschlechtlich zu erregen oder zu befriedigen, ist auch bei **Handlungen mit ambivalentem Charakter** nicht zur Beurteilung der Sexualbezogenheit notwendig.[89] Hier reicht ein Abstellen auf das **Gesamturteil eines informierten objektiven Betrachters** aus.[90] Doppeldeutige Verhaltensweisen (z.B. bei ärztlichen Maßnahmen unter Berührung von Geschlechtsteilen[91]) sind geeignet, das sexuelle Selbstbestimmungsrecht einer Person zu tangieren, sobald sie einen nach außen transparent werdenden deutlichen Bezug zum Bereich des Geschlechtlichen aufweisen. Hat eine Handlung eine erkennbar sexualbezogene Komponente und tritt eine zweite Komponente ohne sexuelle Relevanz hinzu, führt dies nicht zu einem insgesamt neutralen Verhalten.[92] Es ist vielmehr eine sexuelle Handlung i.S. der §§ 174 ff. StGB auf der Ebene des objektiven Tatbestandes zu bejahen, wenn von einem

67

---

[88] BGH, NJW 1993, S. 2253.

[89] Anders jedoch die gemischt objektiv-subjektive Theorie, vertreten von Lackner/Kühl, 1999, § 184c Rdn. 3; Lenckner in: Schönke/Schröder, 1997, § 184c Rdn. 9. Nicht entscheidend darf auch sein, ob die durch den jeweiligen Tatbestand geschützte Person die Handlung als sexualbezogen erkannt hat (so aber Maurach/Schroeder/Maiwald, 1995, S. 171), denn häufig bleibt dies bei ambivalenten Vorgehensweisen fraglich.

[90] BGH, StrVert 1997, S. 524; Horn in: SK-StGB, 1998, § 184c Rdn. 7; Laufhütte in: LK-StGB, 1995, § 184c Rdn. 6; Tröndle/Fischer, 1999, § 184c Rdn. 3.

[91] Siehe etwa OLG Hamm, NJW 1977, S. 1499.

[92] Beck, 1988, S. 43.

verständigen Betrachter des Gesamtgeschehens dieses auch als ein sexualbezogenes Agieren verstanden wird. Stellt sich später heraus, dass beim Täter eine geschlechtliche Motivation völlig fehlte, entfällt der Tatvorsatz[93], denn dieser muss die Sexualbezogenheit des Verhaltens umfassen.[94]

> *Beispiele:* Ein sechsjähriger Junge wurde vom Angeklagten aufgefordert, sich auszuziehen. Er musste dann auf dem Bett verschiedene „Turnübungen" ausführen, unter anderem ein Rad und eine Brücke jeweils vorwärts und rückwärts dem Angeklagten vorturnen. Dabei sah dieser zu und fertigte mittels einer Kamera mit Zoom-Objektiv Aufnahmen von dem Kind an.[95]
>
> Ein anderer Angeklagter fotografierte drei Jungen, nachdem er diese veranlasst hatte, ihre langen Hosen auszuziehen. Die mit Unter- bzw. Turnhosen bekleideten Kinder forderte er auf, bestimmte „Positionen" einzunehmen. Er „machte vorwiegend Fotos, auf denen die Kinder mit gespreizten Beinen zu sehen" waren; andere Bilder „zeigten Gesäße der Kinder", wobei der Angeklagte jeweils die Unterhosen „stramm zog" oder „die Unterhose hochschob", so dass das Gesäß oder die Gesäßbacken „gut zu sehen waren".[96]
>
> In beiden Fällen haben die Obergerichte moniert, dass die jeweiligen Feststellungen noch keine zureichenden Wertungen enthielten, um in den ambivalenten Handlungen der Angeklagten bzw. der Aktivitäten des Kindes auch sexuelle Handlungen i.S. der §§ 174 ff. StGB sehen zu können.

2.5.2 Erheblichkeit der sexuellen Handlung

68 Nicht jede sexuelle Handlung ist von strafrechtlicher Relevanz i.S. der §§ 174 ff. StGB. Gem. § 184c Nr. 1 StGB muss das sexuelle Verhalten im Hinblick auf das geschützte Rechtsgut auch von einiger Erheblichkeit sein. Die im früheren Sexualstrafrecht zum Begriff der „unzüchtigen Handlung" entwickelte Unterscheidung von unzüchtigen und lediglich unanständigen Betätigungen durch das Kriterium der „gröblichen Verletzung des Scham- und Sittlichkeitsgefühls"[97] wird heute durch die Erheblichkeitsklausel ersetzt. Diese enthält jedoch einen weiten **Bewertungsspielraum**[98] – ein Einfalltor für moralisierende Wertungen[99], die einen Widerspruch darstellen zu den mit dem 4. StrRG verfolgten Zielen einer Objektivierung und Befreiung der Delikte gegen die sexuelle Selbstbestimmung von überkommenen Orientierungen an Moralvorstellungen.

69 Der Erheblichkeitsbegriff des § 184c Nr. 1 StGB bestimmt sich nicht nur in quantitativer Hinsicht. Er ist in Beziehung zu dem jeweils geschützten Rechtsgut zu setzen und damit auch unter einem relativen Aspekt zu betrachten.

---

[93] Beck, 1988, S. 43; Sick, 1993, S. 262.
[94] BGH, NJW 1993, S. 2253; Gössel, 1987, S. 246.
[95] Siehe OLG Jena, NStZ-RR 1996, S. 294.
[96] Siehe BGH, NJW 1992, S. 325.
[97] BGHSt. 1, S. 173.
[98] Lenckner in: Schönke/Schröder, 1997, § 184c Rdn. 15.
[99] So auch Sick, 1993, S. 270; siehe ferner Barabas, 1998, S. 34 f.

2.5.2.1 Quantitative Komponente

Ob die **Erheblichkeitsschwelle** des § 184c Nr. 1 StGB **überschritten** ist – oder   **70**
ob es um sog. belanglose Handlungen geht – bestimmt sich danach, inwieweit das
Rechtsgut im Hinblick auf Art, Intensität und Dauer des Vorgehens gefährdet
wird. Zusätzlich von Bedeutung sind der Handlungsrahmen, in dem der unmittelbar sexualbezogene Akt begangen wird, sowie die Beziehungen der Beteiligten
untereinander.[100] Es muss sich also um eine sozial nicht mehr hinnehmbare Beeinträchtigung des im jeweiligen Tatbestand der §§ 174 ff. StGB geschützten
Rechtsguts handeln.

Keine erheblichen sexuellen Handlungen sollen damit vom quantitativen her   **71**
die nur unanständigen, unangebrachten, anstößigen, takt- oder geschmacklosen
bzw. widerwärtigen Verhaltensweisen sein.[101] Kurze oder aus anderen Gründen
unbedeutende Berührungen scheiden nach der Rechtsprechung des BGH aus[102]
(z.B. flüchtiges Umfassen der Hüfte, Kuss auf die Wange). Während der Beischlaf
und seine hetero- und homosexuellen Ersatzhandlungen, das Berühren der unbe-
kleideten[103] oder bekleideten[104] Geschlechtsteile sowie nicht zufällige Berührungen der weiblichen Brust[105] zweifellos von einiger Erheblichkeit i.S. des § 184c
Nr. 1 StGB sind, steigen die Anforderungen, je weiter sich der Angriff von den
Geschlechtsmerkmalen entfernt. So wird in der Rechtsprechung bereits dem Zungenkuss gegenüber einer geschlechtlich reifen Person die Erheblichkeit abgespro-
chen[106], obwohl dieser Art des Kusses zweifellos eine Beziehung zum Geschlechtlichen zukommt und das Einführen einer fremden Zunge in den Mund des
Opfers ebenso Ekel und Schrecken auszulösen vermag, wie andere nicht unerhebliche Vorgehensweisen.[107]

2.5.2.2 Relative Komponente

Mehrere vergleichbare sexuelle Handlungen können bei unterschiedlicher Schutz-   **72**
richtung verschiedener Tatbestände im Hinblick auf die Erheblichkeit divergierend zu bewerten sein. Denn diese bestimmt sich unter **Bezugnahme auf das
jeweils geschützte Rechtsgut**. Je schutzwürdiger dieses erscheint, desto geringere
Anforderungen sind an die Intensität der sexuellen Handlung zu stellen.

Die niedrigsten Voraussetzungen für ein Überschreiten der Erheblichkeits-   **73**
schwelle müssen daher bei den Straftaten gegen die ungestörte Entwicklung des
Sexuallebens von Kindern und Jugendlichen vorliegen, wobei entsprechend den

---

[100] BGH, NStZ 1992, S. 432.
[101] Laufhütte in: LK-StGB, 1995, § 184c Rdn. 10.
[102] Siehe z.B. BGH, NStZ 1983, S. 553; BGH, StrVert 1983, S. 415.
[103] BGHSt. 35, S. 78; BGH, NStZ 1983, S. 553.
[104] BGHSt. 38, S. 213; BGH, MDR 1974, S. 366.
[105] BGH, MDR 1974, S. 546 („fester Griff"); BGH, NStZ 1992, S. 228 („eingehendes"
        Betasten); BGH, NStZ 1992, S. 432 f.
[106] BGH, StrVert 1983, S. 415; nach BGHSt. 18, S. 170 ist der Zungenkuss „nur eine
        ungehörige handgreifliche Zudringlichkeit"; siehe auch Michel, NStZ 1998, S. 357 f.
[107] So auch Sick, 1993, S. 265, 269.

Jugendschutzzonen die Schutzwürdigkeit mit fortschreitendem Alter des Opfers abnimmt und damit die Anforderungen an die Erheblichkeit steigen.[108] Was sich gegenüber einem Kind oder im Rahmen eines Unterordnungsverhältnisses als erhebliche sexuelle Handlung darstellt, kann bei Angriffen auf Erwachsene je nach den Begleitumständen eine andere Beurteilung erfahren.[109]

> *Beispiel:* Die neunjährige M suchte häufig einen Pferdestall auf, in dem auch der Angeklagte ein Pferd untergestellt hatte. Auf Bitten des Kindes hob der Angeklagte die M mehrmals auf ihr Pferd. Wiederholt griff er ihr, um sich sexuell zu befriedigen, bei diesen Gelegenheiten, ohne dass dazu eine Notwendigkeit bestanden hätte, unter das lose über der Hose getragene T-Shirt und berührte über einem darunter getragenen Bustier ihren Oberkörper.
>
> Während das erstinstanzliche Landgericht das Vorgehen des Täters als erhebliche sexuelle Handlungen wertete, ordnete der Generalbundesanwalt die Erheblichkeitsschwelle als noch nicht überschritten ein. Der BGH[110] hat jedoch zutreffend in dem Verhalten des Angeklagten einen sexuellen Missbrauch eines Kindes gesehen: „Das Vorgehen des Angeklagten, das nicht nur aus ‚flüchtigen' oder ‚zufälligen' Berührungen bestand, bedeutet einen erheblichen Eingriff in die durch § 176 StGB geschützte ungestörte geschlechtliche Entwicklung des Kindes, das dieses Verhalten, und damit auch den Griff an die – nur mit einem Bustier bedeckte – Brust, als unangenehm, komisch, sogar als belastend empfand und heute noch darunter leidet. Dazu kommt das erheblich unter der Schutzgrenze liegende Alter des Kindes, das der Angeklagte selbst auf elf Jahre schätzte, sowie die von Letzterem für sichere Übergriffe geschaffene Atmosphäre. Aus Rechtsgründen ist es deshalb nicht zu beanstanden, dass die Strafkammer in tatsächlicher Würdigung den Griff an die Brust des Kindes als sexuelle Handlung von einiger Erheblichkeit gewertet hat."

74   Liegen die geringsten Anforderungen im Bereich des Kinder- und Jugendschutzes, bleibt dagegen die Erheblichkeitsschwelle bei denjenigen Delikten am höchsten anzusetzen, die lediglich vor Belästigungen schützen. So ist der Austausch von Zungenküssen zwischen einem Erwachsenen und einem Kind zweifellos eine sexuelle Handlung von einiger Erheblichkeit i.S. des § 184c Nr. 1 StGB, während den Zungenküssen zwischen Verliebten in der Öffentlichkeit im Hinblick auf eine Erregung öffentlichen Ärgernisses nach § 183a StGB keine Erheblichkeit zukommt.

2.5.3 Formen sexueller Handlungen

75   Dem interpersonalen Charakter sexueller Handlungen entsprechend umfassen die Tatbestände der §§ 174 ff. StGB verschiedene Formen sexualbezogener Verhaltensweisen. Dabei unterscheidet das Gesetz zwischen Betätigungen mit Körperkontakt und solchen ohne körperliche Berührungen. Die Handlungen werden – nach dem jeweiligen Tatbestand divergierend – vom Täter oder vom Opfer vor-

---

[108] Dazu Beck, 1988, S. 54 ff.
[109] BGH, StrVert 1983, S. 416.
[110] BGH, NStZ 1992, S. 432 f.

genommen, der Täter kann das Opfer zu sexuellen Handlungen gegenüber dem Täter oder einer dritten Person veranlassen oder das Opfer dazu bestimmen, derartige Handlungen eines Dritten an sich zu dulden.

2.5.3.1 Handlungen mit Körperkontakt

Sexuell intendierte körperliche Berührungen sind erforderlich, wenn ein Tatbestand die Vornahme sexueller Handlungen **an einer Person** voraussetzt. Dann muss die Berührung entweder durch Körperteile (z.B. Hand, Mund usw.) hergestellt oder durch einen Gegenstand vermittelt werden. In beiden Alternativen ist ein Einwirken auf den Körper notwendig, welchen der Täter in Mitleidenschaft zieht.[111] Körperliche Berührungen beziehen sich jedoch nicht nur auf Hautkontakte. Auch der Griff über der Kleidung kann ebenso wie die gegenständliche Einwirkung eine Handlung an einer Person sein.

76

> *Beispiel:* Ein Täter nötigte eine Frau, ihm bei der Selbstbefriedigung zuzusehen. Während er sie mit einem Arm festhielt, ejakulierte er auf ihre Lederjacke.
> Der BGH[112] lässt zwar das Ejakulieren auf den Körper einer anderen Person für das Tatbestandsmerkmal der sexuellen Handlung an einem anderen ausreichen. Im vorliegenden Fall verneint er dessen Vorliegen aber, weil der Täter nicht den Körper des Opfers in Mitleidenschaft zog, sondern sein Vorgehen nur Auswirkungen auf die Kleidung hatte. Durch die Jacke wurde ein körperlicher Kontakt verhindert.

Sexuelle Handlungen kann der Täter am Opfer vornehmen sowie umgekehrt das Opfer am Täter. Agiert das Opfer am Körper des Täters, genügt es bei zahlreichen Tatbeständen (z.B. §§ 174a, 174b, 174c, 176 Abs. 1 StGB) bereits, dass der Täter die Handlungen **an sich vornehmen** lässt. In diesen Fällen bleibt irrelevant, von wem die Initiative zur Tatbegehung ausgeht und welche Motive ihr zugrunde liegen.[113] Andere Tatbestände verlangen jedoch, dass der Täter das Opfer **bestimmt, nötigt** (z.B. § 177 Abs. 1 StGB) oder auf es **einwirkt**, sexuelle Handlungen **an einer anderen Person vorzunehmen**. Im Hinblick auf eine dritte Person kann der Täter zum einen eine aktive Betätigung des Opfers auslösen (z.B. § 176 Abs. 2 1. Alt. StGB). Die Einflussnahme vermag andererseits zu bewirken, dass das Opfer **von einem Dritten** sexuelle Betätigungen **an sich vornehmen lässt** (z.B. § 176 Abs. 2 2. Alt. StGB). Dabei ist das Bestimmen auf der Täterseite nicht nur im Sinne einer Anstiftung gem. § 26 StGB zu verstehen, da – etwa in §§ 174 und 176 StGB – selbst Kinder bestimmt werden können. Es geht dann auch um ein tatsächliches Verursachen von sexualbezogenen Betätigungen.[114]

77

Eine Bestrafung wegen sexueller Handlungen an einer anderen Person setzt **nicht** voraus, dass auf Seiten des **Opfers** eine **bewusste Wahrnehmung** gegeben ist.[115] Auch Bewusstlose oder Schlafende können damit Opfer sexualbezogener

78

---

[111] BGH, Beschl. v. 2.11.1983 – 3 StR 441/83.
[112] BGH, NStZ 1992, S. 433.
[113] Lenckner in: Schönke/Schröder, 1997, § 184c Rdn. 19.
[114] BGHSt. 41, S. 245 f.
[115] Maurach/Schroeder/Maiwald, 1995, S. 169; Tröndle/Fischer, 1999, § 184c Rdn. 9.

Vorgehensweisen mit Körperkontakten sein. Handlungen des Opfers an dem Täter bzw. an einem Dritten erfordern zwar zwangsläufig eine bewusste Vornahme entsprechender Betätigungen. Das bedeutet jedoch **nicht**, dass das Opfer sich auch der **Sexualbezogenheit** seines Verhaltens **bewusst** sein muss. Denn alle Tatbestände der §§ 174 bis 184b StGB dienen dem Schutz der Freiheit der sexuellen Selbstbestimmung im weiteren Sinne. Diese wird nach § 184c Nr. 1 StGB durch sexualbezogene Handlungen von einiger Erheblichkeit beeinträchtigt. Ein Bewusstsein der Sexualbezogenheit sieht das Gesetz insoweit nicht vor.[116] Das Bewusstsein der Sexualbezogenheit ist kein Begriffselement der sexuellen Handlung.[117]

2.5.3.2 Handlungen ohne Körperkontakt

79 Zu den sexualbezogenen Betätigungen ohne körperliche Berührung gehören Wahrnehmungsbeziehungen sowie Distanztaten.

(1) Wahrnehmungsbeziehungen

80 Eine Wahrnehmung des Vorgangs durch die Person, vor der eine sexuelle Handlung begangen wird, verlangt ausdrücklich § 184c Nr. 2 StGB. Sexualbezogene Betätigungen **vor einer Person** sind solche ohne Körperkontakt. Diese nimmt – nach dem jeweiligen Tatbestand – der Täter vor dem Opfer (z.B. §§ 174 Abs. 2 Nr. 1, 176 Abs. 3 Nr. 1 StGB) oder das dazu bestimmte Opfer vor dem Täter (z.B. § 174 Abs. 2 Nr. 2 StGB) oder vor einem Dritten (z.B. § 180b Abs. 1 S. 2 2. Alt. StGB) vor.

81 Muss nach § 184c Nr. 2 StGB die Person, vor der sexuell bezogene Betätigungen stattfinden, diese auch wahrnehmen, reicht damit eine bloße Anwesenheit nicht aus. Der andere muss vielmehr das sexuell intendierte Geschehen auch **sinnlich erfassen** (d.h. optisch, unter Umständen auch akustisch[118]), wobei es einer räumlichen Nähe zwischen Handelndem und Wahrnehmendem bedarf.

82 Das Erfordernis eines bewussten sinnlichen Aufnehmens des Geschehens bedeutet aber nicht, dass das Opfer zugleich auch die sexuelle Bedeutung des wahrgenommenen Verhaltens erfasst.[119] Es genügt die generell nicht auszuschließende mindestens **abstrakte Gefährdung** der Freiheit der sexuellen Selbstbestimmung. Dies gilt selbst für die Fälle, in denen Kinder und Jugendliche die sexuellen Handlungen vor dem Täter oder vor einem Dritten vornehmen. Maßgeblich bleibt der Kenntnisstand des Täters. Die Gefährdung liegt in der Durchführung der

---

[116] BGHSt. 29, S. 339.
[117] So im Ergebnis auch Gössel, 1987, S. 266 f.; Horn, 1981, S. 254; Lackner/Kühl, 1999, § 184c Rdn. 4; Tröndle/Fischer, 1999, § 184c Rdn. 9; differenzierend dagegen Laufhütte in: LK-StGB, 1995, § 184c Rdn. 23; Lenckner in: Schönke/Schröder, 1997, § 184c Rdn. 18.
[118] Horn in: SK-StGB, 1998, § 184c Rdn. 18.
[119] Gössel, 1987, S. 267; Laufhütte in: LK-StGB, 1995, § 184c Rdn. 24.

Betätigungen vor einer Person – oder veranlasst durch eine Person –, die den sexuellen Bezug kennt.

(2) Distanztaten

Zu den Handlungen ohne Körperkontakt gehören auch solche gem. § 176 Abs. 3   **83**
Nr. 2 StGB, bei denen der Täter des sexuellen Kindesmissbrauchs das Opfer dazu bestimmt, sich **an sich selbst** sexuell zu betätigen. Da diese Norm nicht das Tatbestandsmerkmal „vor ihm oder einem Dritten" enthält, bedarf es hier keiner räumlichen Gegenwart oder Nähe anderer Personen bei Manipulationen des Kindes an seinem Körper. **Weder eine unmittelbare noch eine mittelbare** (z.B. über filmische Aufzeichnungen) **Wahrnehmung** ist erforderlich. Damit werden auch Fälle erfasst, in denen es zur Vornahme sexueller Aktivitäten kommt und der Täter sich nur durch die Vorstellung von dem Geschehen erregen will.[120]

---

[120] Tröndle/Fischer, 1999, § 176 Rdn. 7a.

84

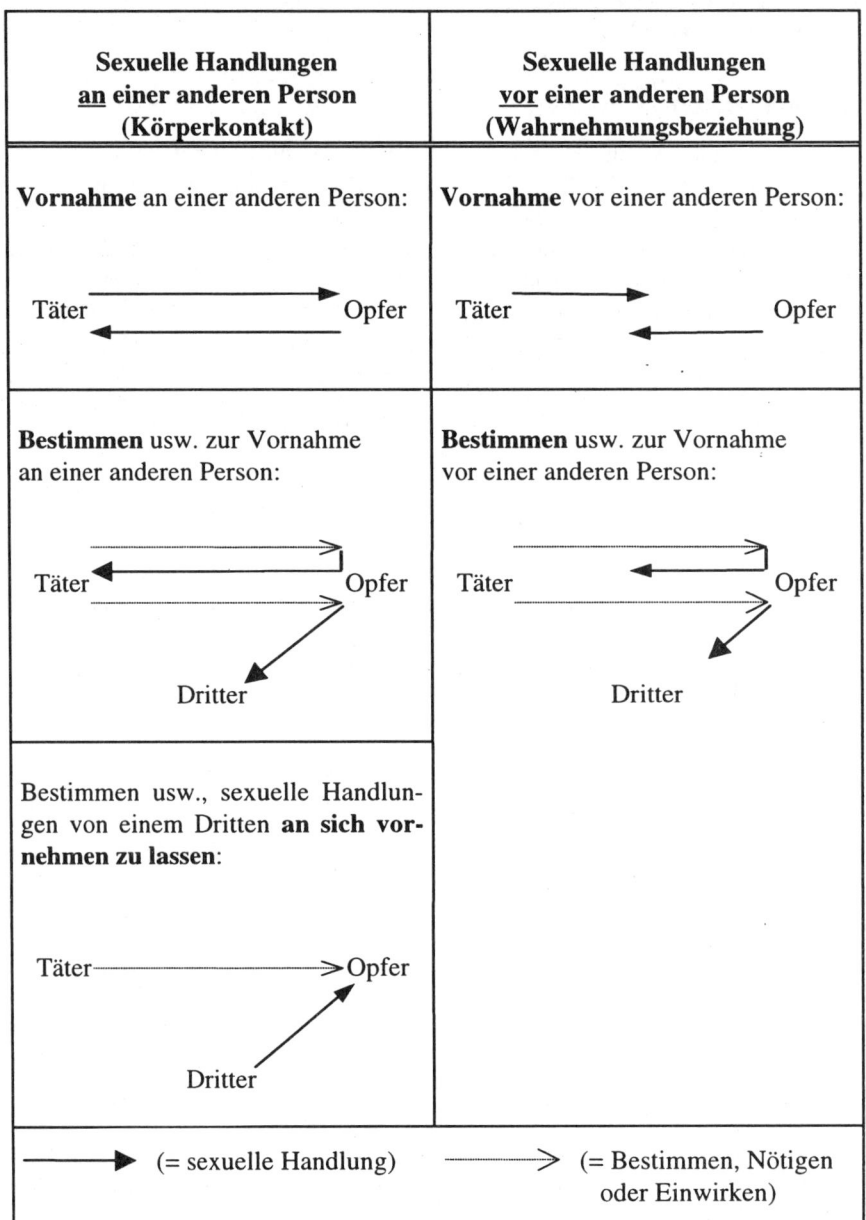

Sexuelle Handlungen **an** einer anderen Person (Körperkontakt)	Sexuelle Handlungen **vor** einer anderen Person (Wahrnehmungsbeziehung)
Vornahme an einer anderen Person:	**Vornahme** vor einer anderen Person:
Bestimmen usw. zur Vornahme an einer anderen Person:	**Bestimmen** usw. zur Vornahme vor einer anderen Person:
Bestimmen usw., sexuelle Handlungen von einem Dritten **an sich vornehmen zu lassen**:	

Täter ⟶ Opfer (= sexuelle Handlung)   ⟶ (= Bestimmen, Nötigen oder Einwirken)

Übersicht: Formen sexueller Handlungen

2.6 Die Sexualbeleidigung

Dem Gesetzgeber des 4. StrRG war es – auch für den Bereich der Sexualdelikte – um eine Zurückdrängung des Strafrechts auf eindeutig sozialschädliche Handlungsweisen gegangen. Dies führte zu einer veränderten Antwort auf die Frage, ob und unter welchen Voraussetzungen sexualbezogene Verhaltensweisen als Beleidigung nach § 185 StGB bestraft werden können.   **85**

Die Rechtsprechung hatte zuvor den Anwendungsbereich der Sexualbeleidigung sehr weit ausgedehnt[121], § 185 StGB erhielt insoweit eine Funktion als „kleines Sexualdelikt"[122]. Zum einen wurde davon ausgegangen, dass Sexualdelikte notwendigerweise in ihrem gängigen Erscheinungsbild den Tatbestand des § 185 StGB umfassten.[123] Lag die angenommene Ehrverletzung allein in der geschlechtlichen Handlung selbst, trat § 185 StGB jedoch auf der Ebene der Gesetzeskonkurrenz zurück. Tateinheit bejahten die Gerichte, wenn sie einen zusätzlichen Angriff auf die Ehre des Opfers konstatierten, der über das zur regelmäßigen Begehung der Sexualstraftat Erforderliche hinausging.[124]   **86**

Die Sexualbeleidigung betraf aber nicht nur Fälle, in denen Sexualstraftaten bejaht wurden. § 185 StGB übernahm eine **Subsidiärhaftung** in den Fallkonstellationen einer vermuteten, jedoch nicht nachweisbaren Sexualstraftat[125] sowie bei einem strafbefreienden Rücktritt gem. § 24 StGB vom Vergewaltigungsversuch.[126] Eine Art „Lückenbüßerfunktion" kam der Beleidigung ferner dann zu, wenn die Bestrafung wegen eines Sexualdelikts an einer mangelnden Tatbestandsverwirklichung scheiterte, weil das Verhalten des Täters unterhalb der Schwelle der §§ 174 ff. StGB lag.[127] Sexuell intendierte Verhaltensweisen wurden dabei zum Teil auch ohne nähere Begründung als Ausdruck von Missachtung der Persönlichkeit über § 185 StGB erfasst.[128]   **87**

Straftaten gegen die sexuelle Selbstbestimmung bedeuten einen **Eingriff** des **Täters in die Personenwürde des Opfers**. Dessen Persönlichkeit wird missachtet, das geschlechtliche Schamgefühl verletzt. Das Sexualdelikt bringt eine Nichtrespektierung der Opferpersönlichkeit zum Ausdruck. Die Personenwürde oder Persönlichkeitssphäre des Einzelnen kann jedoch nicht notwendigerweise mit dem Individualrechtsgut der Ehre im Sinne der Beleidigungsdelikte gleichgesetzt werden.   **88**

---

121 Dazu Hillenkamp, 1985, S. 870 ff.; Laubenthal, 1987, S. 700 ff.; Sick, 1991a, S. 330 f.

122 Kiehl, 1989, S. 3003.

123 RGSt. 45, S. 344; 65, S. 337; BGHSt. 8, S. 357.

124 BGHSt. 8, S. 359 („z.B. durch Zumutung dirnenhaften Verhaltens"); OLG Frankfurt, NJW 1967, S. 2076.

125 RGSt. 70, S. 94.

126 BGH, StrVert 1982, S. 14.

127 BGHSt. 1, S. 288 (Aufforderung an eine 12-Jährige, „an sich nicht unzüchtige Bilder nackter Frauen anzusehen"); BGHSt. 7, S. 129 (Untersuchung der Geschlechtsteile einer 10-Jährigen zu Heilzwecken ohne elterliche Zustimmung); BGHSt. 11, S. 67 (unverlangte Zusendung einer Werbeschrift für Mittel „zur künstlichen Steigerung des geschlechtlichen Reizes").

128 Siehe BGHSt. 5, S. 146; 9, S. 17.

89   Der Tatbestand des § 185 StGB verlangt die **Verletzung der Ehre** eines Menschen. Der Ehrbegriff erfährt überwiegend eine dualistische (normativ-faktische) Interpretation[129]: Ehre ist ein komplexes Rechtsgut, das sowohl den sittlich-personalen Wert des Menschen (seine innere Ehre) als auch den guten Ruf in der Gesellschaft (seine äußere Ehre) umfasst. Dem Einzelnen erwächst aus der Ehre ein Achtungsanspruch seines personalen, sozialen und sittlichen Geltungswertes, der durch Kundgabe der Nicht- oder Missachtung verletzt wird. Dabei kann dies nicht nur durch Äußerungen geschehen, sondern ebenso mittels Tätlichkeiten, d.h. unmittelbar gegen den Körper gerichteten Einwirkungen wie sexualbezogenen Handlungen.

90   Eine Beeinträchtigung des Rechtsguts der sexuellen Selbstbestimmung bedeutet nicht zwangsläufig zugleich eine Missachtung des personalen Geltungswertes. Beleidigungsdelikte und Sexualdelikte sind jeweils eigenständige, in Angriffsziel und Angriffsart divergierende Delikte – sie tangieren das Persönlichkeitsrecht des Opfers in tatbestandlich verschiedenartig erfasster Form.[130] Eine Sexualstraftat kann deshalb nur dann zugleich eine Ehrverletzung i.S. des § 185 StGB darstellen, wenn der Täter ausdrücklich oder konkludent eine Minderwertigkeit des Opfers zum Ausdruck bringt oder aber in dem Täterverhalten über den Angriff auf das Rechtsgut der sexuellen Selbstbestimmung hinaus eine **herabsetzende Bewertung** des Betroffenen zu sehen ist.[131] Erforderlich sind dann **besondere Begleitumstände**.

> *Beispiel:* Ein Arzt verkehrte in seiner Praxis mit einer Patientin geschlechtlich, obwohl diese ihm mit Worten zu verstehen gegeben hatte, dass sie keinen Geschlechtsverkehr wünschte. Da die Patientin an psychischen Krankheiten litt und dem Arzt die schwach ausgeprägte psychische Widerstandsfähigkeit der Frau bekannt war, ging er davon aus, von dem Opfer keine Gegenwehr befürchten zu müssen und sein Vorhaben besonders leicht durchführen zu können.
>
> Der BGH[132] sah in dem Vorgehen des Arztes noch keine Beleidigung, denn in der zutreffenden Einschätzung der Patientin als psychisch kaum widerstandsfähig und zu einer Gegenwehr nicht imstande lag seiner Ansicht nach keine herabsetzende Bewertung des Opfers i.S. des § 185 StGB.

91   Erfüllt das sexualbezogene Handeln des Täters keinen Tatbestand der §§ 174 ff. StGB, ist eine Bestrafung nach § 185 StGB erst möglich, „wenn das Verhalten des Täters wegen der besonderen Umstände des Einzelfalles über die mit der sexuellen Handlung regelmäßig verbundene Beeinträchtigung hinaus einen Angriff auf die Geschlechtsehre enthält."[133] Von maßgeblicher Bedeutung ist damit die Beantwortung der Frage: Lassen die besonderen Begleitumstände, unter denen eine sexuelle Handlung angebahnt oder vorgenommen wurde, oder

---

[129] Zum Ehrbegriff Ignor, 1995, S. 32 ff.; Lackner/Kühl, 1999, vor § 185 Rdn. 1; Lenckner in: Schönke/Schröder, 1997, vor §§ 185 ff. Rdn. 1; Tröndle/Fischer, 1999, § 185 Rdn. 2.

[130] Otto, 1989, S. 804.

[131] BGHSt. 36, S. 150; BGH, NStZ 1993, S. 182; BayObLG, NJW 1999, S. 73; LG Zweibrücken, StrVert 1997, S. 522.

[132] BGHSt. 36, S. 145 ff.

[133] BGH, NStZ 1986, S. 453.

lässt die Art und Weise der Anbahnung oder Vornahme das Täterverhalten als einen Angriff auf die Ehre des Opfers erscheinen? Es muss vom Täter also zum Ausdruck gebracht werden, das Opfer weise einen seine **Ehre mindernden Mangel** auf.[134]

> *Beispiel:* Der Angeklagte hatte Frau E – für diese unerwartet – von hinten mit beiden Armen umfasst und sie auf Nacken, Haare und Kopf geküsst. Dann ergriff er ihre mit einem Lederhandschuh bekleidete Hand und drückte diese an sein Geschlechtsteil.
>
> Nach Auffassung des BGH[135] deutete bei diesem Sachverhalt nichts darauf hin, dass der Angreifer mit seinem Handeln zugleich zum Ausdruck bringen wollte, Frau E weise einen ihre Ehre mindernden Mangel auf.

Der BGH hat mit seinen grundlegenden Entscheidungen zur Sexualbeleidigung   **92**
der überkommenen extensiven Auslegung des § 185 StGB – im Hinblick auf das mit dem 4. StrRG verfolgte Anliegen einer Zurückdrängung des Strafrechts auf eindeutig sozialschädliche Verhaltensweisen – Grenzen gesetzt. Das Kriterium der besonderen Begleitumstände lässt es allerdings an einer zureichend bestimmten Grenzziehung fehlen.[136] Dies hat zur Folge, dass sich die Rechtsprechung selbst nicht an ihre eigene Maxime hält, wonach sexualbezogene Handlungen dann den Tatbestand des § 185 StGB erfüllen können, wenn sie über den noch unspezifischen Angriff auf die Personenwürde, das allgemeine Persönlichkeitsrecht oder die sexuelle Selbstbestimmung hinaus zusätzlich die Einschätzung von der Minderwertigkeit des Opfers im Sinne eines Mangels an der Ehre zum Ausdruck bringen.[137]

So hat der BGH besondere Begleitumstände und damit den objektiven Erklärungswert   **93**
einer Ehrverletzung i.S. des § 185 StGB schon bejaht[138], wenn der Täter seine Position als Ausbilder zu Annäherungsversuchen ausnutzt[139] oder unter dem Vorwand eines Diebstahlsverdachts Mädchen über und unter ihrer Kleidung abtastet.[140] Auch in dem Angebot von Geld für sexuelle Handlungen liegt nach Ansicht des BGH bereits ebenso eine Beleidigung[141] wie in einem Ansinnen des Täters, das Opfer werde mit ihm „völlig unvermittelt" sexuelle Handlungen vornehmen.[142]

---

134 BGHSt. 36, S. 150.
135 BGH, NStZ 1993, S. 182.
136 Laubenthal, 1987, S. 702; Sick, 1991a, S. 332.
137 Siehe auch Lenckner in: Schönke/Schröder, 1997, § 185 Rdn. 4; Maurach/Schroeder/ Maiwald, 1995, S. 167; Rudolphi in: SK-StGB, 1996, vor § 185 Rdn. 17a;.
138 Zustimmend aber Tröndle/Fischer, 1999, § 185 Rdn. 9a; Zaczyk in: NK-StGB, 1995, vor § 185 Rdn. 25.
139 BGH, NStZ 1987, S. 22.
140 BGHSt. 35, S. 76.
141 BGH, NStZ 1992, S. 34.
142 BGH, NStZ 1995, S. 129.

3. Delikte gegen die sexuelle Freiheit

Das Recht auf sexuelle Selbstbestimmung enthält die **Freiheit vor Fremdbe-** **94**
stimmung auf sexuellem Gebiet. Diese ist **Teil der Menschenwürde,** die auch
das Recht des Individuums umfasst, nicht zum bloßen Objekt oder Werkzeug
sexuellen Begehrens Dritter herabgewürdigt zu werden. Der Einzelne soll selbst
entscheiden können, ob er von einer anderen Person in ein sexualbezogenes Geschehen involviert werden will oder nicht.[1] Das Strafrecht schützt deshalb vor
Beeinträchtigungen der psychischen und physischen Bedingungen für eine freie
Entscheidungsmöglichkeit des Einzelnen über die Vornahme oder Duldung sexualbezogener Handlungen. Zudem gilt es, gerade solche Personen vor einem
sexuellen Ansinnen anderer zu bewahren, denen wesentliche psychische oder
physische Voraussetzungen zum Treffen einer freien Entscheidung auf geschlechtlichem Gebiet fehlen bzw. die infolge von Krankheit oder Behinderung
nur über reduzierte Fähigkeiten zur Selbstbestimmung verfügen.

Die Freiheit der sexuellen Selbstbestimmung im engeren Sinne als individuel- **95**
les Rechtsgut schützt der Gesetzgeber[2] durch die **Straftatbestände:**
- Sexuelle Nötigung; Vergewaltigung, § 177 StGB;
- Sexuelle Nötigung und Vergewaltigung mit Todesfolge, § 178 StGB;
- Sexueller Missbrauch widerstandsunfähiger Personen, § 179 StGB;
- Sexueller Missbrauch von Kranken und Hilfsbedürftigen, § 174a Abs. 2 StGB;
- Sexueller Missbrauch unter Ausnutzung eines Beratungs-, Behandlungs- oder
  Betreuungsverhältnisses, § 174c StGB.

3.1 Sexuelle Nötigung; Vergewaltigung

Um einen möglichst umfassenden Schutz der Freiheit zur sexuellen Selbstbe- **96**
stimmung zu erreichen, hat der Gesetzgeber bereits durch das 33. StÄG 1997[3] die
Tatbestände der Vergewaltigung (§ 177 StGB a.F.) und der Sexuellen Nötigung
(§ 178 StGB a.F.) zu einer einheitlichen Norm zusammengefasst. Diese wurde
geschlechtsneutral formuliert und die Ausklammerung der Erzwingung des ehelichen Beischlafs abgeschafft. Zugleich kam es zu einer Lösung der Vergewaltigung von der Beschränkung auf den Beischlaf durch Einbeziehung weiterer

---

[1] Dazu oben Kap. 2.2.
[2] Zur geschichtlichen Entwicklung der Strafbarkeit von Notzucht und sexueller Nötigung
     siehe Dost, 1963, S. 157 ff.; Sick, 1993, S. 26 ff.; Teufert, 1980, S. 15 ff.
[3] Dazu oben Kap. 2.3.2.

Handlungen, die einen ähnlichen Schweregrad besitzen. Die Begehungsmittel der Gewalt und der Drohung mit gegenwärtiger Gefahr für Leib oder Leben ergänzte der Gesetzgeber um die Tatbestandsalternative des Ausnutzens einer schutzlosen Lage des Opfers. Seit In-Kraft-Treten des 33. StÄG stellt die Vergewaltigung – auch wenn sie in der Deliktsüberschrift Hervorhebung findet – nur noch ein Regelbeispiel für einen besonders schweren Fall der sexuellen Nötigung dar.

97   An der Grundstruktur des § 177 StGB in der Fassung des 33. StÄG änderte sich durch das 6. StrRG 1998[4] nur wenig. Die „Sexuelle Nötigung und Vergewaltigung mit Todesfolge" wurde unter erheblicher Ausweitung des Strafrahmens zu dem – durch das 33. StÄG frei gewordenen – § 178 StGB. Abgesehen von redaktionellen Änderungen kam es zu inhaltlichen Ergänzungen infolge des legislatorischen Bemühens um eine Beseitigung von Wertungswidersprüchen und Ungleichgewichten zwischen Vermögensdelikten einerseits und Straftaten gegen höchstpersönliche Rechtsgüter andererseits. Es erfolgte durch Schaffung zusätzlicher Qualifikationen der Sexuellen Nötigung eine Angleichung an die hinsichtlich der Strafrahmenregelung inhaltlich und strukturell vergleichbare Regelung bei den Raubqualifikationen des § 250 StGB („Schwerer Raub").

98   Die Delikte der „Sexuellen Nötigung; Vergewaltigung" und der „Sexuellen Nötigung und Vergewaltigung mit Todesfolge" enthalten nunmehr ein **System differenzierter Strafdrohungen**:

99   Der **Grundtatbestand** des **§ 177 Abs. 1 StGB** erfasst mit Freiheitsstrafe nicht unter einem Jahr die Nötigung einer anderen Person mit Gewalt (Nr. 1) oder Drohung mit gegenwärtiger Gefahr für Leib oder Leben (Nr. 2) oder unter Ausnutzung einer Lage, in der das Opfer der Einwirkung des Täters schutzlos ausgeliefert ist (Nr. 3), zur Duldung sexueller Handlungen des Täters oder eines Dritten an sich bzw. zu ihrer Vornahme an dem Täter oder an einem Dritten. Für minder schwere Fälle reduziert § 177 Abs. 5 1. Alt. StGB die Strafdrohung auf Freiheitsstrafe von sechs Monaten bis zu fünf Jahren.

100   **Regelbeispiele** für besonders schwere Fälle von sexueller Nötigung benennt **§ 177 Abs. 2 StGB** mit einer Strafschärfung auf Freiheitsstrafe nicht unter zwei Jahren. Dies betrifft zum einen den erzwungenen Beischlaf, dem besonders erniedrigende sexuelle Handlungen gleichgestellt sind (S. 2 Nr. 1). Als weiteres Regelbeispiel findet sich die von mehreren gemeinschaftlich begangene Tat (S. 2 Nr. 2).

101   Der **Qualifikationstatbestand** des **§ 177 Abs. 3 StGB** erfasst mit einer Strafdrohung von Freiheitsentzug nicht unter drei Jahren (in minder schweren Fällen gem. § 177 Abs. 5 2. Alt. StGB von einem Jahr bis zu zehn Jahren) tatqualifizierende Nötigungsmittel: das Bei-sich-Führen einer Waffe oder eines anderen gefährlichen Werkzeugs (Nr. 1), das Bei-sich-Führen eines sonstigen zur Verhinderung oder Überwindung von Widerstand bestimmten Werkzeugs oder Mittels (Nr. 2). Hinzu kommt das Verbringen des Opfers in die Gefahr einer schweren Gesundheitsschädigung (Nr. 3).

---

4   Dazu oben Kap. 2.3.4.1.

Bedroht mit Freiheitsstrafe nicht unter fünf Jahren (in minder schweren Fällen   **102**
von einem Jahr bis zu zehn Jahren, § 177 Abs. 5 2. Alt. StGB) enthält **§ 177
Abs. 4 StGB** einen weiteren **Qualifikationstatbestand**. Danach wirken qualifizierend die Verwendung einer Waffe oder eines anderen gefährlichen Werkzeugs
bei der Tat (Nr. 1) sowie die körperlich schwere Misshandlung des Opfers bei der
Tat (Nr. 2a) bzw. der Fall, dass das Opfer durch die Tat in die Gefahr des Todes
gebracht wird (Nr. 2b).

Die **Erfolgsqualifikation** des **§ 178 StGB** bedroht mit lebenslanger Freiheits-   **103**
strafe oder mit einer zeitigen Freiheitsstrafe nicht unter zehn Jahren den Täter, der
durch die sexuelle Nötigung oder Vergewaltigung gem. § 177 StGB wenigstens
leichtfertig den Tod des Opfers verursacht.

In den Fällen der §§ 177, 178 StGB kann das Gericht gem. § 181b StGB zu-   **104**
sätzlich zu der in den jeweiligen Deliktsalternativen angedrohten Unrechtsreaktion
Führungsaufsicht anordnen.

3.1.1 Grundtatbestand der sexuellen Nötigung, § 177 Abs. 1 StGB

Bei der sexuellen Nötigung trifft das sexuelle Ansinnen des Täters auf eine Per-   **105**
son, die zwar prinzipiell den Sexualkontakt verweigern kann – hierzu jedoch aufgrund der ihr durch spezielle Nötigungsmittel zugefügten Zwangslage nur erheblich eingeschränkt oder gänzlich nicht mehr fähig ist.[5] Diese **Zwangssituation auf
der Opferseite** muss
– mit Gewalt (Nr. 1), oder
– durch Drohung mit gegenwärtiger Gefahr für Leib oder Leben (Nr. 2), oder
– unter Ausnutzung einer schutzlosen Lage des Opfers (Nr. 3)
verursacht worden sein.

Der Einsatz von Nötigungsmitteln dient – im Sinne einer zweckbedingten Ver-   **106**
knüpfung – der Herbeiführung der in § 177 Abs. 1 StGB benannten sexuellen
Aktivitäten. Dabei kann **Täter** jedermann sein, unabhängig von seinem Geschlecht. Auch auf Seiten der **Opfer** spielen Geschlecht und Alter für eine Tatbestandsverwirklichung keine Rolle.

3.1.1.1 Sexuelle Handlungen

§ 177 Abs. 1 StGB verlangt das Zustandekommen von Sexualkontakten mit **kör-**   **107**
perlichen Berührungen („... an ..."). Erfasst werden sowohl hetero- als auch
homosexuelle Betätigungen. Diese müssen im Hinblick auf das durch § 177 StGB
geschützte Rechtsgut nach § 184c Nr. 1 StGB von einiger Erheblichkeit[6] sein.

Bei der durch Einsatz eines Nötigungsmittels herbeigeführten sexuellen Handlung setzt der Tatbestand der sexuellen Nötigung voraus:[7]

---

5   Horn in: SK-StGB, 1998, § 177 Rdn. 8.
6   Dazu Kap. 2.5.2.
7   Zu den verschiedenen Formen sexueller Handlungen oben Kap. 2.5.3.

– Das Opfer duldet sexuelle Handlungen des Täters oder eines Dritten an seinem Körper, oder
– das Opfer nimmt sexuelle Handlungen an dem Täter oder an einem Dritten vor.

> *Beispiel:* Noch keine sexuelle Betätigung am Körper des Tatopfers i.S. des § 177 Abs. 1 StGB stellt – für sich alleine gesehen – das bloße Entfernen der Kleidung des Opfers durch den Täter dar. Etwas anderes gilt jedoch, sobald ein gewaltsames Entblößen seinerseits mit einer vom Opfer zu duldenden sexuellen Aktivität verbunden ist. Eine sexuelle Nötigung liegt zudem vor, wenn der Täter sich nach vorausgegangener Gewaltanwendung oder Drohung durch das Herunterreißen der Kleidung geschlechtliche Erregung verschaffen will.[8]

108 Nötigt der Täter das Opfer zu sexuellen Handlungen nicht an, sondern **vor** einer anderen Person (Täter oder Drittem), wird dies nicht von § 177 StGB umfasst. Keine Betätigung an einer vom Handelnden verschiedenen Person liegt vor, wenn der Täter vor dem Opfer sexuelle Handlungen an sich selbst vornimmt[9] oder dieses zu sexueller Betätigung am eigenen Körper veranlasst. Auch eine Nötigung zur Wahrnehmung eines Sexualkontakts des Täters mit einem Dritten erfüllt den Tatbestand des § 177 StGB nicht.

> *Beispiel:* A und M fesselten die unbekleidete Z an ein Gitter. Die Fesselung sollte lediglich dazu dienen, der Z Schmerzen zuzufügen und sie zu zwingen, den homosexuellen Handlungen zwischen A und M bzw. der Selbstbefriedigung des A in Anwesenheit des der Z unbekannten Dritten (M) zuzusehen.
> Der BGH[10] hat eine Tatbestandsrealisierung der Sexuellen Nötigung zu Recht verneint. Das erzwungene Zusehen stellte kein Dulden einer sexualbezogenen Aktivität „an sich" i.S. des § 177 Abs. 1 StGB dar. Es mangelte an einer körperlichen Berührung des Opfers Z.

109 Von § 177 StGB nicht erfasster Zwang zu Handlungen an sich selbst oder vor anderen Personen bleibt unter den Voraussetzungen des § 240 Abs. 4 S. 2 Nr. 1 StGB als besonders schwerer Fall der Nötigung strafbar.

110 Das Grunddelikt des § 177 Abs. 1 StGB ist **vollendet**, sobald die Ausführung der sexuellen Handlung infolge des eingesetzten Nötigungsmittels stattfindet. Der Beginn des **Versuchs** liegt mit dem unmittelbaren Ansetzen zu einer der Nötigungsalternativen des § 177 Abs. 1 StGB vor, mit dem dann nicht mehr realisierten Zweck des Zustandekommens eines Sexualkontakts zwischen Täter und Nötigungsopfer bzw. Drittem und Nötigungsopfer. Notwendig ist, dass begonnen wird, auf die für den Sexualkontakt ausersehene Person nötigend einzuwirken. Ein unmittelbares Ansetzen zur Tatbestandsverwirklichung kann aber auch in dem Angriff auf eine schutzbereite dritte Person liegen.[11]

---

8   Siehe BGH, NStZ 1990, S. 490; 1992, S. 433; 1993, S. 78; 1998, S. 187.
9   BGH, NStZ 1992, S. 433.
10 BGH, NStZ 1994, S. 225 f.
11 Maurach/Schroeder/Maiwald, 1995, S. 181; einschränkend Horn in: SK-StGB, 1998, § 177 Rdn. 19.

3.1.1.2 Nötigung

Das Opfer wird zur Vornahme oder Duldung sexueller Handlungen genötigt,   **111**
wenn sein **entgegenstehender Wille** während der Tatbegehung bis hin zu deren
Vollendung fortbesteht und dieser vom Täter **gebeugt** wird.[12] Das Fehlen eines
äußeren – verbalen oder körperlichen – Widerstandes oder die spätere Aufgabe
eines solchen bei fortbestehendem Nötigungsdruck schließen das Vorhandensein
eines inneren Widerstandes nicht aus.[13] Der Tatbestand der sexuellen Nötigung
gem. § 177 Abs. 1 StGB als Delikt gegen die Freiheit vor Fremdbestimmung auf
sexuellem Gebiet ist erfüllt, sobald der Sexualkontakt unter Nötigungsdruck bei
Anwendung der spezifischen Nötigungsmittel zustande kommt. Dabei ist der
Nötigungsbegriff des § 177 Abs. 1 StGB nicht mit demjenigen des § 240 Abs. 1
StGB identisch, sondern als Synonym für die Beugung eines entgegenstehenden
Opferwillens gemeint.[14] Der Täter zwingt diesem ein von dem oder der Betroffe-
nen nicht gewolltes Handeln, Dulden oder Unterlassen auf.

Hat eine an den sexuellen Aktivitäten beteiligte Person nicht den für § 177 StGB not-   **112**
wendigen inneren Widerstandswillen, obwohl sie diesen zu bilden in der Lage wäre, liegt
ein **tatbestandsausschließendes Einverständnis** vor.[15] Dieses muss aber ohne Nötigungsdruck bzw. nicht mehr unter dem Eindruck einer Nötigung erteilt werden. Nicht
tatbestandsmäßig sind damit Fälle, in denen die Beteiligten Zwangsausübung als Bestandteil selbstbestimmter sexueller Betätigung bejahen[16] (z.B. Gewaltanwendung oder Schaffung von Hilflosigkeit zur einvernehmlichen Durchführung sadomasochistischer Prakti-
ken).

Die überkommene dogmatische Sonderkonstruktion (zu § 177 StGB a.F.) der „**vis haud**   **113**
ingrata" (nicht unwillkommene Gewalt)[17] als Einverständnisfiktion dürfte mit der geschlechtsneutralen Fassung des § 177 StGB endgültig der Vergangenheit angehören. Nach
diesem auf der fragwürdigen These vom natürlichen femininen Masochismus[18] gründen-
den Institut wurde in Fällen nicht massiver Gewaltanwendung durch den Täter bei verbaler
oder nur schwacher körperlicher Widerstandsleistung auf Seiten des weiblichen Opfers
dieser Widerstand als nicht ernsthaft interpretiert und als Einverständnis in die zugefügte
Misshandlung umgedeutet. Schwacher Widerstand sollte also ein bloß „schamvolles Sträu-
ben" darstellen.[19] Neben der Einverständnisfiktion aufgrund lediglich geringer Widerstandsleistung hatte die „vis haud ingrata" auch Bedeutung in sog. Erregungsfällen erlangt,
in denen der Täter nach seiner Behauptung Gewalt nur dazu einsetzte, um das Opfer sexuell zu erregen und infolge dieses Zustandes zur Aufgabe seines Widerstandes zu bringen.
Eine solche Anerkennung von Gewalteinsatz zur „Erotisierung" mit anschließender „frei-

---

[12] BGHSt. 39, S. 244.
[13] BGH, NStZ 1992, S. 176; Horn in: SK-StGB, 1998, § 177 Rdn. 7; Lackner/Kühl,
1999, § 177 Rdn. 3.
[14] BGH, NStZ 2000, S. 142; a.A. Fischer Th., 2000, S. 143: § 177 StGB als Spezialfall
der Nötigung nach § 240 StGB.
[15] A.A. Maurach/Schroeder/Maiwald, 1995, S. 179 (die Rechtswidrigkeit ausschließende
Einwilligung).
[16] Lackner/Kühl, 1999, § 177 Rdn. 3.
[17] Dazu umfassend Sick, 1993, S. 172 ff.; siehe auch Mildenberger, 1998, S. 86 f.
[18] Siehe Freud, 1940, S. 371 ff.; ablehnend Wurmser, 1993, S. 286 ff.
[19] Siehe Sick, 1991, S. 58 m. w. Nachw.

williger" sexueller Betätigung wird dem Schutzzweck des § 177 StGB nicht gerecht und dient allenfalls der Schaffung von Freiräumen sexueller Gewalt.[20]

114   Der **Vorsatz** des Täters muss neben der Sexualbezogenheit seiner geschlechtlichen Betätigung den Einsatz des Nötigungsmittels zur Überwindung eines geleisteten bzw. erwarteten Widerstandes umfassen. Bei § 177 Abs. 1 Nr. 3 StGB bedarf es eines vorsätzlichen Handelns auch in Bezug auf die schutzlose Lage und deren Ausnutzung.[21] Die irrige Annahme des Täters, Widerstand auf der Opferseite sei nicht ernst gemeint, führt zwar zu einem Tatbestandsirrtum i.S. des § 16 Abs. 1 S. 1 StGB. Insoweit ist jedoch zunächst zu prüfen, ob der Täter die Ernstlichkeit für möglich hielt und dennoch das Risiko der Tatbestandsverwirklichung auf sich nahm[22], also bedingt vorsätzlich handelte.

115   Um die Freiheit der Willensentschließung und -betätigung im Bereich des Sexuallebens möglichst umfassend vor Beeinträchtigungen zu schützen, hat der Gesetzgeber durch das 6. StrRG 1998[23] mit **§ 240 Abs. 4 S. 2 Nr. 1 StGB** eine **Auffangnorm** geschaffen. Danach stellt es regelmäßig einen **besonders schweren Fall der Nötigung** (bedroht mit Freiheitsstrafe von sechs Monaten bis zu fünf Jahren) dar, wenn der Täter „eine andere Person zu einer sexuellen Handlung nötigt". Hierfür ist erforderlich, dass die abgenötigten sexuellen Aktivitäten die Erheblichkeitsschwelle des § 184c Nr. 1 StGB[24] überschreiten. Von wem bzw. an wem diese vorgenommen werden, lässt das Gesetz offen. Erfasst werden alle Arten abgenötigter geschlechtlicher Betätigung, welche nicht schon unter § 177 StGB fallen: sexuelle Handlungen ohne Körperkontakt oder solche, die ein Beteiligter an sich selbst vornimmt.[25] Eigenständige Bedeutung kommt § 240 Abs. 4 S. 2 Nr. 1 StGB auch bei Drohungen mit einem empfindlichen Übel zu, welche nicht die Intensität der Drohung mit gegenwärtiger Gefahr für Leib oder Leben i.S. des § 177 Abs. 1 Nr. 2 StGB erreichen, wobei jedoch keine schutzlose Lage i.S. des § 177 Abs. 1 Nr. 3 StGB bestehen darf.[26] Vor allem die Androhung von Nachteilen sozialer – nicht körperlicher – Art (z.B. Verlust des Arbeitsplatzes, Verlassenwerden vom Partner) können § 240 Abs. 4 S. 2 Nr. 1 StGB unterfallen.[27]

3.1.1.3 Nötigung mit Gewalt

116   § 177 Abs. 1 Nr. 1 StGB benennt als ein spezifisches Nötigungsmittel zur Herbeiführung der Zwangslage des Opfers den Einsatz von Gewalt.
Die Freiheit des Opfers kann verletzt werden in Form[28] der
– **vis absoluta** als äußere, unwiderstehliche Gewalt, welche den Willen des Betroffenen gänzlich ausschaltet (z.B. durch Festhalten, Betäuben), oder der

---

20   Sick, 1995, S. 285 f.
21   Dazu eingehend Mildenberger, 1998, S. 84.
22   Lackner/Kühl, 1999, § 177 Rdn. 10.
23   Dazu oben Kap. 2.3.4.
24   Dazu oben Kap. 2.5.2.
25   Otto, 1998, S. 340; Tröndle/Fischer, 1999, § 240 Rdn. 37.
26   Renzikowski, 1999, S. 440.
27   Laubenthal, 1999a, S. 584.
28   Dazu Baumann/Weber/Mitsch, 1995, S. 194 f.; Küper, 1999, S. 382; Wessels/Beulke, 1999, S. 29.

– **vis compulsiva** als die nicht unüberwindliche, jedoch den Willensentschluss des Genötigten beugende, in eine bestimmte Richtung lenkende Gewalt (z.B. durch Schläge).

(1) Gewaltbegriff

Der Gewaltbegriff i.S. des § 177 Abs. 1 Nr. 1 StGB wird – im Gegensatz zu demjenigen bei der Nötigung gem. § 240 StGB[29] – von der Rechtsprechung **restriktiv** ausgelegt, indem diese am Körperlichkeitsmoment sowohl auf der Täter- als auch auf der Opferseite festhält[30]: Gewalt als eine nicht ganz unerhebliche, gegen den Körper des Opfers gerichtete **Kraftentfaltung**, welche die Person, auf die sie zielt, nicht nur als seelischen, sondern auch als **körperlichen Zwang** empfindet und die das Opfer in seinen Fähigkeiten beeinträchtigt, sich dem sexuellen Ansinnen verweigern zu können.   **117**

Die tatbestandliche Gewaltanwendung erfordert auf der Täterseite nicht unbedingt einen größeren Kraftaufwand[31], rein verbale Einwirkungen genügen allerdings noch nicht (z.B. bloße Überredung unter Ausnutzung väterlicher Autorität[32]).   **118**

> *Beispiele:* Gewaltanwendung durch eine gewisse körperliche Kraftentfaltung des Täters bei einem Festhalten des Opfers[33]; Auseinanderdrücken der Beine[34]; Herbeiführen von Erschöpfung durch langen Waldlauf[35]; Zur-Seite-Drücken abwehrender Hände[36]; Versperren des Weges zum Rollstuhl gegenüber einem körperlich Behinderten[37]; Einsperren des Opfers[38]; Zerren des Opfers in ein Kraftfahrzeug[39]; Zuhalten des Mundes oder Drücken eines Kissens in das Gesicht[40]; Verabreichung bewusstseinstrübender Mittel[41].

Da die für das Vorliegen von Gewalt erforderliche Zwangswirkung auf der Opferseite von der jeweiligen Eigenart des Delikts und vom jeweiligen Straftatbestand abhängt[42], wird bei der sexuellen Nötigung eine lediglich psychische Zwangswirkung für noch nicht zureichend erachtet. Notwendig ist, dass der Betroffene zumindest die Gesamtsituation als eine körperliche Zwangslage emp-   **119**

---

[29] Siehe dazu BGHSt. 23, S. 46 ff.; BVerfGE 92, S. 1 ff.; BGHSt. 41, S. 182 ff.; Krey, 1998, S. 161 ff.; Otto, 1998, S. 93; Rengier, 1999a, S. 115 ff.; Wessels/Hettinger, 1999, S. 92.

[30] BGH, NStZ 1981, S. 218; 1985, S. 171; 1990, S. 335; 1993, S. 340; 1995, S. 230; 1999, S. 506; siehe auch Röthlein, 1986, S. 93 ff.

[31] BGH, NStZ 1995, S. 230; 1999, S. 506.

[32] BGH, NStZ 1992, S. 176.

[33] BGH, NStZ 1998, S. 186.

[34] BGH, NStZ 1990, S. 335; 1997, S. 120.

[35] BGH, NStZ 1996, S. 276.

[36] BGHSt. 35, S. 78.

[37] BGH, NStZ 1996, S. 31.

[38] BGH, NStZ 1995, S. 230.

[39] BGH, NStZ 1994, S. 429.

[40] BGH, NStZ 1999, S. 506.

[41] BGH, NStZ-RR 1999, S. 323.

[42] Wessels/Hettinger, 1999, S. 93.

findet.[43] Das Erfordernis einer engeren Interpretation des Gewaltbegriffs von § 177 Abs. 1 Nr. 1 StGB gegenüber demjenigen des § 240 StGB ergibt sich bereits aus einem Vergleich der komplementären Drohungsintensität[44]: Während in § 240 Abs. 1 StGB die Drohung mit einem empfindlichen Übel genügt (bedroht mit Freiheitsstrafe bis zu drei Jahren), setzt der Grundtatbestand der sexuellen Nötigung in § 177 Abs. 1 Nr. 2 StGB eine Drohung mit gegenwärtiger Gefahr für Leib oder Leben voraus (mit Freiheitsstrafe von einem bis zu 15 Jahren bedroht).

120   Führte die restriktive Handhabung des Gewaltbegriffs durch die Rechtsprechung bei §§ 177, 178 StGB a.F. zu Strafbarkeitslücken[45], waren Forderungen nach einer Angleichung der Gewaltbegriffe von § 240 StGB und §§ 177, 178 StGB a.F. gerade aus viktimodogmatischen Gründen verständlich. Denn das Schutzbedürfnis der Opfer, von denen je nach Tatsituation sinnloser oder auch gefährlicher Widerstand erwartet wurde, legte einen Verzicht auf die Körperlichkeit als entscheidendes Kriterium der Gewalt nahe[46]: Gewalt als Zufügung eines empfindlichen Übels, welches bestimmt und geeignet ist, die physischen oder psychischen Voraussetzungen des Opfers zu beeinträchtigen, derer es bedarf, um sich dem sexuellen Ansinnen verweigern zu können. Mit der Erweiterung der Nötigungsmittel des § 177 Abs. 1 StGB um das Ausnutzen einer schutzlosen Lage (Nr. 3) durch das 33. StÄG besteht für eine solche Ausweitung des Gewaltbegriffs aus Opferschutzgründen beim Delikt der sexuellen Nötigung keine Notwendigkeit mehr. Durch die Einfügung von § 177 Abs. 1 Nr. 3 StGB kam es dem Gesetzgeber gerade darauf an, im Einzelfall die Prüfung, ob psychische Gewalt den Tatbestand des § 177 Abs. 1 Nr. 1 StGB erfüllt, entbehrlich zu machen.[47]

121   Die qualifizierte Drohungsmodalität „Drohung mit gegenwärtiger Gefahr für Leib oder Leben" des § 177 Abs. 1 Nr. 2 StGB ergibt für den Gewaltbegriff der Nr. 1, dass sich die **Gewaltanwendung gegen eine Person** richten muss. Eine bloße Gewalthandlung gegen oder an Sachen reicht damit als solche nicht aus[48], es sei denn, diese führt beim Opfer zu einer körperlichen Zwangswirkung[49] (z.B. Beschädigen des Rollstuhls eines Behinderten).

122   Wendet der Täter Nötigungsmittel gegen schutzbereite Personen an, genügt für eine Strafbarkeit gem. § 177 Abs. 1 Nr. 1 StGB **Gewalt gegen Dritte**, sobald sich die Zwangswirkung auch auf das Opfer erstreckt.[50]

---

43 BGH, NStZ 1990, S. 335; 1995, S. 230; 1996, S. 276; Lackner/Kühl, 1999, § 176 Rdn. 4; Tröndle/Fischer, 1999, § 177 Rdn. 6.
44 Siehe auch Krey, 1988, S. 53 ff.
45 Siehe Sick, 1993, S. 100 ff.
46 Rössner, 1983, S. 534.
47 BT-Drs. XIII/2463, S. 6; BT-Drs. XIII/7324, S. 6; BGH, NStZ 1999, S. 30; siehe auch Dessecker, 1998, S. 2; Renzikowski, 1999, S. 378.
48 Laufhütte in: LK-StGB, 1995, § 177 Rdn. 3; Lenckner in: Schönke/Schröder, 1997, § 177 Rdn. 4; Tröndle/Fischer, 1999, § 177 Rdn. 6.
49 Horn in: SK-StGB, 1998, § 177 Rdn. 10; Krey, 1988, S. 54.
50 Lackner/Kühl, 1999, § 177 Rdn. 4; Laufhütte in: LK-StGB, 1995, § 177 Rdn. 3; Lenckner in: Schönke/Schröder, 1997, § 177 Rdn. 4; Wolter, 1985, S. 250 f.; enger dagegen Horn in: SK-StGB, 1998, § 177 Rdn. 12; Tröndle/Fischer, 1999, § 177 Rdn. 6: Die Gewalt gegen einen Dritten muss sich zugleich als tatbestandsmäßige Drohung für die als Opfer der sexuellen Handlung ins Auge gefasste Person darstellen. Siehe dazu auch Otto, 1998, S. 340.

Beispiel: Die Mutter des sechs Jahre alten S überraschte ihren Ehemann E, den Stiefvater des S, bei der Vornahme sexueller Handlungen an dem Kind. Sie lief zu S, um dem Kind zu helfen. Daraufhin schlug E seiner Ehefrau mindestens einmal mit der Faust so stark ins Gesicht, dass sie einen Nasenbeinbruch erlitt. Dies tat er in der Absicht, sich nicht an der Fortsetzung der Tat hindern zu lassen.

Der BGH[51] hat in diesem Fall eine Realisierung des Tatbestandes der sexuellen Nötigung mittels Gewalt bejaht: „Die Gewalt braucht sich, um den Tatbestand der sexuellen Nötigung zu erfüllen, nicht unmittelbar gegen die sexuell zu missbrauchende Person selbst zu richten; es genügt vielmehr, dass der Täter sie mit dem Ziel, das Opfer sexuell zu missbrauchen, unmittelbar gegen einen Dritten ausübt, der ihm zum Schutz des Opfers entgegentritt, um die Ausführung der Tat zu verhindern. Auch in solchem Fall setzt der Täter, indem er Gewalt gegen den zur Verteidigung des Opfers eingreifenden Dritten anwendet, das Opfer selbst jener Zwangswirkung aus, die als Nötigung den Tatbestand des Strafgesetzes erfüllt ... Es kann nicht darauf ankommen, ob der Täter unter Gewaltanwendung dem Opfer etwa einen von ihm selbst zur Verteidigung gebrauchten Gegenstand (etwa eine Waffe) entwindet oder ob er gewaltsam das Hindernis ausräumt, das sich ihm in der Person eines zum Schutz des Opfers eingreifenden, den Angriff abwehrenden, also Nothilfe übenden Dritten entgegenstellt ... Schließlich kommt es insoweit nicht einmal darauf an, ob der zugunsten des Opfers eingreifende Dritte, wie dies allerdings im vorliegenden Fall zutrifft, eine ihm nahe stehende Person ist, solange er nur die Schutzfunktion tatsächlich ausübt, die ihn aus der Sicht des Täters zum Hindernis für die Ausführung seines Vorhabens macht."

Das Nötigungsmittel der Gewalt braucht **nicht eigenhändig** verwirklicht zu werden. Handeln mehrere Personen, so genügt es, wenn lediglich eine von ihnen eigenhändig Gewalt anwendet.[52] Damit kann auch Mittäter sein, wer nicht selbst Gewalt einsetzt, sondern einen anderen die Tatbestandsverwirklichung fördernden Beitrag leistet, sofern nur jeder einzelne Mittäter bei der Tatausführung in Übereinstimmung mit den anderen Beteiligten im Sinne eines Plans handelt.   **123**

(2) Mittel-Zweck-Beziehung

Das Delikt der sexuellen Nötigung des § 177 Abs. 1 StGB ist mehr als nur die Verwendung eines spezifischen Nötigungsmittels plus sexuelle Handlung. Zwischen dem zunächst stattfindenden Einsatz des Nötigungsmittels und dem vom Täter verfolgten Ziel des Sexualkontakts, muss vielmehr eine **zweckbedingte Verknüpfung** bestehen: Nach dem Willen des Täters dient die vorausgehende Gewaltanwendung der nachfolgenden Duldung oder Vornahme sexueller Handlungen.[53]   **124**

Ist für eine Strafbarkeit nach § 177 Abs. 1 StGB erforderlich, dass der Gewalteinsatz gerade zu dem Zweck erfolgt, das sexuelle Handlungsziel zu erreichen, so bedeutet dies nicht notwendigerweise eine Beschränkung der Gewalt auf ihre   **125**

---

51 BGHSt. 42, S. 378 ff.
52 BGHSt. 27, S. 205; BGH, NJW 1999, S. 2910.
53 BGH, NStZ-RR 1996, S. 203; BGH, NStZ 1998, S. 133; BGH, StrVert 1999, S. 371; Horn in: SK-StGB, 1998, § 177 Rdn. 18; Lenckner in: Schönke/Schröder, 1997, § 177 Rdn. 4a; Maurach/Schroeder/Maiwald, 1995, S. 179; Otto, 1998, S. 340; Tröndle/Fischer, 1999, § 177 Rdn. 7 f.

Zugehörigkeit zum sexuell bestimmten Geschehen selbst[54] (z.B. Fesselung des Opfers zur Verhinderung körperlicher Gegenwehr). Auch Gewalt zur Ausschaltung der Hilfe Dritter genügt[55] (z.B. Zuhalten des Mundes, um Hilferufe unmöglich zu machen).

126   Hat ein Täter zunächst mit einer **anderen Zielrichtung** (z.B. zur Begehung eines Raubes oder im Rahmen gewalttätiger innerfamiliärer Auseinandersetzungen) **Gewalt** angewendet und entschließt er sich dann zu einer sexuellen Handlung mit dem Opfer, ist bei einem solchen **Vorsatzwechsel** zu differenzieren:

127   – Der Tatbestand des § 177 Abs. 1 Nr. 1 StGB wird verwirklicht, wenn auch nach dem Vorsatzwechsel das Nötigungsmittel weiter zum Einsatz gelangt.

128   – An einer finalen Verknüpfung von Gewalt und sexueller Handlung fehlt es dagegen, wenn der Täter die fortwirkende Zwangslage zur sexualbezogenen Betätigung ausnutzt, ohne dass die aktive Gewaltanwendung andauert. Zu prüfen bleibt in einem solchen Fall jedoch eine Strafbarkeit nach § 177 Abs. 1 Nr. 2 oder 3 StGB.

129   In Fällen des **Fortwirkens früherer Gewaltanwendung mit sexuellem Handlungsziel** bedarf es einer Unterscheidung nach folgenden Fallgruppen:

130   – Steht das aktuelle sexualbezogene Handeln in keinem Zusammenhang mit dem früheren Missbrauch, liegt keine finale Verknüpfung vor.

131   – Leistet das Opfer aus **Furcht vor Anwendung erneuter Gewalt** keinen Widerstand mehr, vermag die früher angewandte Gewalt als Drohung mit gegenwärtiger Gefahr für Leib oder Leben i.S. des § 177 Abs. 1 Nr. 2 StGB fortzuwirken, wenn zwischen der früheren Gewaltanwendung und dem aktuellen Sexualkontakt kein längerer Zeitraum (von mehreren Wochen oder Monaten) liegt.[56] Solche Fälle eines Ausnutzens der Drohwirkung früheren Gewalteinsatzes können zudem den Tatbestand des § 177 Abs. 1 Nr. 3 StGB erfüllen.[57]

132   – Wurde die vorangegangene **Gewalteinwirkung von Dritten** begangen, ist eine finale Verknüpfung gegeben, wenn die Gewaltanwendung durch die anderen Personen noch nicht beendet ist[58] und der Täter sich diese zu eigen macht.[59] Nutzt der Täter lediglich ein früheres gewalttätiges Vorgehen Dritter aus (z.B. er nimmt sexuelle Handlungen an einer zuvor von anderen mehrmals vergewaltigten Frau vor, die nur noch apathisch reagiert[60]), kommt dagegen eine Strafbarkeit nach § 177 Abs. 1 Nr. 3 StGB in Betracht.

133   Muss die vorausgehende Gewalt zum Zweck der Vornahme oder Duldung sexueller Handlungen eingesetzt werden, fehlt es regelmäßig an der für § 177 Abs. 1 Nr. 1 StGB erforderlichen Mittel-Zweck-Beziehung, wenn es zu einem völlig **überraschenden Angriff** kommt.[61] Vermag in solchen Fällen das Opfer über-

---

54 Lenckner in: Schönke/Schröder, 1997, § 177 Rdn. 7 f.
55 BGH, NStZ 1992, S. 433; BGHSt. 42, S. 378.
56 BGHSt. 42, S. 111; BGH, NStZ-RR 1998, S. 105.
57 BGH, NStZ 1999, S. 30; Renzikowski, 1999, S. 380; siehe auch BGH, NStZ 1995, S. 245.
58 Tröndle/Fischer, 1999, § 177 Rdn. 9.
59 Siehe auch BGH, NJW 1999, S. 2910.
60 Siehe BGH, NStZ 1985, S. 70.
61 BGHSt. 31, S. 77; BGH, NStZ 1998, S. 133; Horn in: SK-StGB, 1998, § 177 Rdn. 11.

haupt keinen Abwehrwillen mehr zu bilden, ist es in seiner Freiheit, einen Widerstandswillen geltend zu machen, nicht verletzt.

> *Beispiel:* A besuchte seine Halbschwester H, die er etwa zwei Jahre zuvor bereits vergewaltigt hatte, vereinbarungsgemäß zu einem Gespräch in deren Wohnung. Als H ihre beiden minderjährigen Söhne in die Küche geschickt hatte, wandte A sich plötzlich mit entblößtem Geschlechtsteil seiner Schwester zu. Zugleich riss er ihr mit einem heftigen Ruck von oben bis unten die Kleider vom Leibe, so dass sie fast nackt vor ihm stand. Auf die Frage des A, ob sie sein Geschlechtsteil nochmals sehen wolle, schrie die H laut auf. Daraufhin rannte der A mit zugehaltener Kleidung aus der Wohnung.
>
> Das erstinstanzliche Landgericht verurteilte den A wegen sexueller Nötigung. Seine Revision gegen diese Verurteilung hatte vor dem BGH[62] Erfolg: „Der Tatbestand der sexuellen Nötigung setzt voraus, dass die Gewalt zum Zwecke der sexuellen Nötigung eingesetzt wird. Dies erfordert nicht nur eine finale Verknüpfung zwischen der Gewaltanwendung und dem Handlungsziel. Das Tatopfer muss das sexuelle Ansinnen zudem erkannt und einen entgegenstehenden Willen gebildet haben. Der Tatbestand ist nur erfüllt, wenn der Täter diesen Willen zu beeinflussen oder dessen Betätigung zu verhindern sucht. An dieser Voraussetzung fehlt es in Fällen, in denen der Täter die sexualbezogene Handlung so überraschend vornimmt, dass die Angegriffene einen Abwehrwillen nicht bilden kann. So lag es hier." Der BGH hat jedoch darauf hingewiesen, dass es im konkreten Fall einer neuen Tatsachenfeststellung dahin gehend bedurfte, ob das gewaltsame Herunterreißen der Kleidung der Vorbereitung einer beabsichtigten sexuellen Handlung diente.

134 Einer zweckbestimmten Verknüpfung zwischen dem Einsatz des Nötigungsmittels der Gewalt und dem Taterfolg der Vornahme oder Duldung sexueller Handlungen bedarf es nicht nur in objektiver Hinsicht. Eine finale Verknüpfung muss auch auf der subjektiven Tatseite vom **Vorsatz** umfasst sein[63]: Der Täter erkennt – oder billigt zumindest –, dass das Opfer den Sexualkontakt nur vornimmt oder duldet, weil es infolge der Gewaltanwendung in seinen Fähigkeiten zur Ablehnung des sexuellen Ansinnens beeinträchtigt ist.

3.1.1.4 Nötigung durch Drohung

135 Das Grunddelikt der sexuellen Nötigung verwirklicht auch, wer eine Person durch **Drohung mit gegenwärtiger Gefahr für Leib oder Leben** zur Vornahme oder Duldung sexueller Handlungen nötigt (§ 177 Abs. 1 Nr. 2 StGB).

136 Eine **Drohung**[64] ist die auf Einschüchterung des Opfers gerichtete ausdrückliche oder konkludente Ankündigung eines künftigen Übels, dessen Eintritt der Ankündigende dem Adressaten gegenüber als von seinem Willen abhängig darstellt. Dabei bleibt irrelevant, ob der Drohende das Übel auch tatsächlich realisieren will oder kann. Ausreichend ist, dass die Ankündigung beim Bedrohten den Anschein der Ernstlichkeit wecken soll. Während bei der Anwendung von Gewalt

---

62 BGH, NStZ 1993, S. 78.
63 Horn in: SK-StGB, 1998, § 177 Rdn. 18; Otto, 1998, S. 340.
64 Dazu Küper, 1999, S. 92; Wessels/Hettinger, 1999, S. 97.

eine körperliche Zwangswirkung bereits gegenwärtig vorliegt, geht es bei der Drohung erst um das In-Aussicht-Stellen nachteiliger Folgen.

(1) Drohungsintensität

137   Bei der Nötigung i.S. des § 240 StGB reicht schon die Ankündigung eines empfindlichen Übels aus, § 177 Abs. 1 Nr. 2 StGB verlangt jedoch eine **qualifizierte Form der Drohung:** In Aussicht gestellt werden muss eine gegenwärtige Gefahr für Leib oder Leben.

138   Die Drohung kann sich **gegen** das **Opfer** selbst richten. Aber auch die auf Leben und Gesundheit einer anderen Person bezogene Ankündigung genügt[65] (z.B. der Täter erzwingt den Sexualkontakt, indem er dem Opfer androht, er werde seine Mutter oder die Geschwister töten, falls es sich widersetzt[66]). Die **auf einen Dritten bezogene** Ankündigung vermag beim Opfer – insbesondere wenn es sich um eine nahe stehende Person handelt – die gleichen Zwangswirkungen auszulösen.[67] Maßgeblich bleibt dann, dass die dem Dritten angedrohte Gefahr vom Opfer wie eine eigene empfunden wird.

139   Droht der Täter dem Opfer des Sexualkontakts mit der Begehung von **Selbstmord** für den Fall der Nichtvornahme sexueller Handlungen, stellt dies kein beachtliches Mittel zur Tatbestandserfüllung des § 177 Abs. 1 Nr. 2 StGB dar. Der Gesetzgeber hatte insoweit keine Fallgestaltung im Auge, bei der sich das Opfer um den Täter sorgt.[68] Hier kann jedoch eine Strafbarkeit wegen Nötigung nach § 240 Abs. 4 S. 2 Nr. 1 StGB vorliegen.

140   Droht der Täter mit einer Leibesgefahr, so müssen Verletzungen von **einiger Erheblichkeit** zu befürchten sein. Die Ankündigung nur unerheblicher Beeinträchtigungen der körperlichen Unversehrtheit (z.B. Drohung mit einer Ohrfeige) genügt für eine Strafbarkeit gem. § 177 Abs. 1 Nr. 2 StGB nicht (in Betracht kann jedoch auch hier eine Ahndung gem. § 240 Abs. 4 S. 2 Nr. 1 StGB kommen).[69]

141   Das Merkmal der Drohung i.S. des § 177 Abs. 1 Nr. 2 StGB verlangt eine gewisse Schwere des in Aussicht gestellten Angriffs auf die körperliche Integrität. Insoweit stellt aber noch nicht jede Drohung mit einer Handlung, die bei ihrer Realisierung Gewalt wäre, eine Drohung mit Gefahr für Leib oder Leben dar.[70]

142   Die Erheblichkeit kann sich auch aus einer **Gesamtbetrachtung des Tatgeschehens** ergeben.

> *Beispiel:* T fuhr nachts mit der ihm flüchtig bekannten G zu einem abseits der Straße gelegenen See. Das dortige Gelände war zu dieser Zeit menschenleer. Nachdem sich

---

65   BGH, NStZ-RR 1998, S. 270; Lackner/Kühl, 1999, § 177 Rdn. 5; Maurach/Schroeder/Maiwald, 1995, S. 178; Sick, 1993, S. 209; Tröndle/Fischer, 1999, § 177 Rdn. 10.
66   Siehe BGH, NStZ 1994, S. 31.
67   Laufhütte in: LK-StGB, 1995, § 177 Rdn. 12.
68   BGH, NStZ 1982, S. 286; Lackner/Kühl, 1999, § 177 Rdn. 5; Laufhütte in: LK-StGB, 1995, § 177 Rdn. 12; Maurach/Schroeder/Maiwald, 1995, S. 178; Tröndle/Fischer, 1999, § 176 Rdn. 10; a.A. Lenckner in: Schönke/Schröder, 1997, § 177 Rdn. 5; Sick, 1993, S. 210.
69   Lenckner in: Schönke/Schröder, 1997, § 177 Rdn. 5.
70   BGH, NStZ 1999, S. 505.

T – wie zuvor angekündigt – lediglich mit der G unterhalten hatte, drückte er die G plötzlich gewaltsam auf den Boden, entkleidete sie und setzte sich auf die Brust der sich heftig wehrenden Geschädigten. T versuchte zunächst vergeblich, sein Opfer zum Oralverkehr zu zwingen. Anschließend sagte er, um die G gefügig zu machen und ihr Schreien zu unterbinden: „Wenn du nicht das Maul hältst, schlage ich dich." Daraufhin führte er mit G den Geschlechtsverkehr durch.

Der BGH[71] sieht zu Recht in dem Verhalten des T eine Drohung mit gegenwärtiger Gefahr für Leib oder Leben. Denn es darf nicht nur isoliert auf die verbale Ankündigung des T abgestellt werden. Auch vorausgegangene Misshandlungen oder Drohungen können eine fortwirkende Rolle spielen. Aus einer Gesamtschau heraus vermag das Vorliegen einer Drohung i.S. des § 177 Abs. 1 Nr. 2 StGB bejaht zu werden, wenn der Täter dem Opfer gegenüber ein Klima der Angst und Einschüchterung geschaffen hat. „Zu berücksichtigen ist auch, dass der Angeklagte gleichzeitig eine erhebliche Gewaltbereitschaft zeigte, indem er die sich heftig wehrende Geschädigte so fest auf den Boden niederdrückte, dass es bei ihr zu punktförmigen Hautblutungen kam. Außerdem hatte der Angeklagte kurz zuvor die Geschädigte eingeschüchtert, indem er angesichts ihrer Gegenwehr und ihres Schreiens erklärte, dies bringe doch nichts, es sei sowieso niemand da. Diese Umstände und die Einsamkeit des Ortes gaben der Drohung des Angeklagten ein starkes Gewicht; sie stellt daher mehr als die Androhung einer nicht sehr bedeutenden Misshandlung dar."

(2) Gegenwärtigkeit der Gefahr

In zeitlicher Hinsicht setzt § 177 Abs. 1 Nr. 2 StGB die Drohung mit einer gegenwärtigen Gefahr voraus. Es bedarf bereits eines Gefahrenzustandes, der sich so verdichtet, dass er nach menschlicher Erfahrung bei natürlicher Weiterentwicklung der gegebenen Sachlage sicher oder höchstwahrscheinlich den Eintritt einer Schädigung erwarten lässt, es sei denn, es werden unverzüglich Abwehrmaßnahmen ergriffen.[72] Der Zeitpunkt des angekündigten Schadenseintritts muss also **unmittelbar bevorstehen** und darf nicht weit in der Ferne liegen (nicht mehr als einen Tag).   **143**

Gegenwärtig ist auch eine **Dauergefahr**, wenn diese über einen längeren Zeitraum derart fortbesteht, dass sie jederzeit in den angedrohten Schaden umschlagen kann.   **144**

Beispiele: Ein Vater nötigte seine zum Tatzeitpunkt zehn Jahre alte Tochter mehrere Jahre lang dazu, mit ihm geschlechtlich zu verkehren. Hierzu hatte er sie durch Drohung mit einer Heimeinweisung veranlasst. Der BGH[73] sah die Gegenwärtigkeit der Gefahr selbst über einen Zeitraum von mehreren Jahren hinweg als gegeben an.

Ein in der Wohnung seiner Freundin B, der Mutter der zum Tatzeitpunkt elf Jahre alten A, lebender Angeklagter terrorisierte die Familie durch ständige Wutausbrüche wegen nichtiger Angelegenheiten sowie durch Schläge und massive Drohungen. Bei einer Gelegenheit drehte er im Beisein von A und deren Schwester den Wellensittichen der Kinder die Hälse um, weil sie bei der Pflege der Tiere einen unbedeutenden Fehler gemacht hatten, wobei er zu den Kindern sagte: „So geht es euch auch, wenn ihr nicht

---

71 BGH, NStZ 1999, S. 505.
72 Laufhütte in: LK-StGB, 1995, § 177 Rdn. 11.
73 BGH, NStE Nr. 19 zu § 177 StGB.

hört!" Bis zum Tag seiner Festnahme verging sich der Angeklagte dann sechsmal an A. Bei diesen Taten zeigte das Kind deutliche Zeichen des Unwillens und weinte, worauf der Angeklagte noch heftiger wurde und A mehrfach bedrohte, u.a. mit einer leeren Bierflasche, die er ihr an den Kopf schlagen wollte, wenn sie nicht gehorche. A wagte jeweils nicht, den Befehlen des Angeklagten zu widersprechen, da sie dessen Brutalität kannte und daher mit schwerwiegenden Folgen für sich rechnete.

Das BezG Meiningen[74] hat in der ständigen Präsenz der Terrorisierung des Opfers und seiner Familie eine Drohung mit gegenwärtiger Gefahr für Leib oder Leben gesehen. „Der Angeklagte verstand es, sich durch permanente Androhung von Schlägen, Anbrüllen und z.B. auch Todesdrohungen, wie bei der Tötung der Wellensittiche, die Zeugin B und insbesondere auch die Kinder völlig gefügig zu machen, denn angesichts solch massiver Einschüchterungen durch den Angeklagten war den Kindern von vornherein jeglicher Mut zur Gegenwehr und zum Ungehorsam gegenüber dem Angeklagten genommen."

(3) Finale Verknüpfung

145 Bei § 177 Abs. 1 Nr. 2 StGB bedarf es wie bei Nr. 1 einer zweckbestimmten Verknüpfung zwischen dem Einsatz des Nötigungsmittels der Drohung mit gegenwärtiger Gefahr für Leib oder Leben und dem Tatzweck der Vornahme oder Duldung sexueller Handlungen. Die **Mittel-Zweck-Beziehung** muss in objektiver wie in subjektiver Hinsicht gegeben sein. Dies gilt auch für die Fälle einer konkludenten Drohung durch Ausnutzung der Angst vor Gewalt.[75] Erforderlich ist: Der Täter erkennt oder billigt wenigstens, dass das Opfer sein Verhalten als Drohung mit gegenwärtiger Gefahr für Leib oder Leben empfindet und allein deshalb die sexuelle Betätigung vornimmt oder erduldet.[76]

3.1.1.5 Ausnutzen einer schutzlosen Lage

146 Nach § 177 Abs. 1 Nr. 3 StGB macht sich schließlich wegen sexueller Nötigung auch derjenige Täter strafbar, der sein Opfer unter Ausnutzung einer Lage, in der es ihm schutzlos ausgeliefert ist, zur Vornahme oder Duldung von sexuellen Handlungen nötigt. Da der Nötigungsbegriff i.S. des § 177 Abs. 1 StGB lediglich auf das Erfordernis der Beugung eines entgegenstehenden Opferwillens hinweisen soll, bedarf es keiner zusätzlichen Nötigungshandlung gem. § 240 StGB. Ausreichend ist schon jede unter Ausnutzung der schutzlosen Lage erfolgte Überwindung des konträren Opferwillens.[77]

147 Mit Einfügung dieser dritten Nötigungsalternative durch das 33. StÄG 1997[78] hat der Gesetzgeber den **Tatbestand der sexuellen Nötigung erweitert.**[79] Dem lag die Erkenntnis

---

[74] BezG Meiningen, NStZ 1991, S. 490 f.
[75] BGH, NStZ-RR 1998, S. 105.
[76] BGHSt. 42, S. 111.
[77] BGH, NStZ 2000, S. 141; krit. Fischer Th., 2000, S. 142; ders., 2000a, S. 83 ff.
[78] Dazu oben Kap. 2.3.2.
[79] Eingehend zur Reformentwicklung Fischer Th., 2000a, S. 76 ff.

zugrunde, dass „in Fällen, in denen Frauen vor Schrecken starr oder aus Angst vor der Anwendung von Gewalt durch den Täter dessen sexuelle Handlungen über sich ergehen lassen, Strafbarkeitslücken auftreten, da unter Umständen weder das Tatbestandsmerkmal 'Gewalt' noch das Tatbestandsmerkmal 'Drohung mit gegenwärtiger Gefahr für Leib oder Leben' erfüllt ist"[80]. Diese Strafbarkeitslücken ergaben sich als Folge der restriktiven Interpretation des Gewaltbegriffs in § 177 Abs. 1 StGB insbesondere durch die Rechtsprechung, die am Körperlichkeitsmoment sowohl auf der Täter- als auch auf der Opferseite weitgehend festhält[81]: Gewalt als eine gewisse körperliche Kraftentfaltung, die von der Person, gegen die sie gerichtet ist, nicht nur als seelischer, sondern auch als körperlicher Zwang empfunden wird. Lag in diesem Sinne keine Gewalt vor und fehlte es an der notwendigen Drohungsintensität, vermochte resignierende Angst, das Empfinden des Opfers, dem Täter ohnehin wehrlos ausgeliefert zu sein, noch keine Anwendung der §§ 177, 178 StGB a.F. zu begründen.[82] Mit der eingefügten Tatbestandsalternative des § 177 Abs. 1 Nr. 3 StGB ging es dem Gesetzgeber zudem um eine **Verbesserung des Schutzes körperlich oder geistig behinderter Menschen** mit eingeschränkter Widerstandsfähigkeit gegenüber erzwungenen sexuellen Übergriffen.[83]

Die Tatalternative der Ausnutzung einer Lage, in der das Opfer schutzlos der Einwirkung des Täters ausgeliefert ist, soll zwar Strafbarkeitslücken schließen. § 177 Abs. 1 Nr. 3 StGB stellt jedoch keinen nur subsidiär eingreifenden Tatbestand dar, sondern steht **gleichrangig** neben den Alternativen der Nr. 1 und 2 des § 177 Abs. 1 StGB.[84]   **148**

Die Einfügung einer dritten Nötigungsalternative in § 177 Abs. 1 StGB hat den Gesetzgeber zugleich veranlasst, mit dem 33. StÄG 1997 die Strafnorm des § 237 StGB a.F. (Entführung gegen den Willen der Entführten)[85] aufzuheben, weil der Anwendungsbereich dieser Vorschrift nunmehr von der 3. Alt. des § 177 Abs. 1 StGB erfasst wird.[86] Folglich hat die Interpretation der Tatbestandsformulierung des § 177 Abs. 1 Nr. 3 StGB an das Merkmal der „hilflosen Lage" in § 237 StGB a.F. anzuknüpfen.[87]   **149**

Eine **schutzlose Lage** tritt dann ein, wenn sich das Opfer dem Täter allein gegenübersieht und seine Schutz- und Verteidigungsmöglichkeiten derart verringert sind, dass es dem ungehemmten Einfluss des Handelnden preisgegeben ist und sich diesem nicht mehr aus eigener Kraft oder mit Hilfe Dritter entziehen kann.[88]   **150**

---

80 BT-Drs. XIII/7324, S. 6.
81 Siehe oben Kap. 3.1.1.3 (1).
82 BGH, NStZ 1995, S. 230; BGH, NStZ-RR 1998, S. 104; 1998, S. 106.
83 Vgl. BT-Drs. XIII/7663, S. 4.
84 BGHSt. 44, S. 228; BGH, StrVert 1999, S. 209; BGH, NStZ 2000, S. 141; siehe auch BT-Drs. XIII/7324, S. 6.
85 § 237 StGB a.F.: „Entführung gegen den Willen der Entführten. Wer eine Frau wider ihren Willen durch List, Drohung oder Gewalt entführt, namentlich mit einem Fahrzeug an einen anderen Ort bringt, und eine dadurch für sie entstandene hilflose Lage zu außerehelichen sexuellen Handlungen (§ 184c) mit ihr ausnutzt, wird mit Freiheitsstrafe bis zu fünf Jahren oder mit Geldstrafe bestraft."
86 BT-Drs. XIII/7324, S. 7.
87 BT-Drs. XIII/4543, S. 7; BGHSt. 44, S. 231; BGH, NStZ 2000, S. 140; Mildenberger, 1998, S. 51; Wetzel, 1998, S. 175;
88 BGHSt. 22, S. 178; 24, S. 90; Eser in: Schönke/Schröder, 1997, § 237 Rdn. 7; Schwarz, 1972, S. 172; eingehend Fischer Th., 2000a, S. 80 ff.

Das Opfer bleibt den Einwirkungen des Täters also nicht erst dann schutzlos **ausgeliefert**, wenn objektiv keine Verteidigungs- oder Ausweichmöglichkeiten gegeben, sondern bereits dann, wenn die Schutz- und Verteidigungsmöglichkeiten zur Geltendmachung des entgegenstehenden Willens verringert sind.[89] Dabei kommt es entscheidend auf die **Opferperspektive** an.[90] Dies folgt schon aus dem Normzweck des Opferschutzes. Damit liegt eine schutzlose Lage i.S. des § 177 Abs. 1 Nr. 3 StGB selbst dann vor, wenn objektiv zwar Schutzmöglichkeiten für das Opfer gegeben sind, dieses die Möglichkeiten aber nicht erkennt bzw. vom Täter darüber getäuscht wird.

151   Eine Strafbarkeit gem. § 177 Abs. 1 Nr. 3 StGB ist zu bejahen, falls die Schutzlosigkeit in den **Verantwortungsbereich** des Täters fällt, er also die Unfähigkeit des Opfers zum Widerstand gegen den Sexualkontakt zweckgerichtet verursacht hat.

> *Beispiel:* Auf der nächtlichen Rückfahrt von einer Besprechung versuchte A, sich seiner Mitfahrerin G sexuell zu nähern. Trotz wiederholter Bitten der G, anzuhalten und sie aussteigen zu lassen, fuhr er auf einen Parkplatz. Dort parkte er vor einem kleinen Waldstück, keine 100 Meter vom nächsten Wohnhaus eines Wohngebiets entfernt. Die verängstigte G, die in einem der Wohnhäuser Licht gesehen hatte, versuchte mehrfach, zu dem Haus zu gelangen. Sie wurde jedoch von A festgehalten und wieder in das Auto gezogen. Nach dem letzten Versuch zu fliehen, packte er ihre Hand und trug die G zurück zum Wagen. Dort führte er gegen den Willen der sich wehrenden G den Geschlechtsverkehr aus.
> Der BGH[91] hat das Vorliegen einer schutzlosen Lage i.S. des § 177 Abs. 1 Nr. 3 StGB bejaht. In diese wurde die G durch das Handeln des A gebracht, indem er sein Opfer mit einem Fahrzeug an einen anderen Ort fuhr.

152   § 177 Abs. 1 Nr. 3 StGB gibt jedoch **keine Grundlage für eine Differenzierung** zwischen verschiedenen Ursachen der verminderten Schutz- und Verteidigungsmöglichkeiten. Diese können sich sowohl aus äußeren Bedingungen als auch aus in der Person des Opfers selbst liegenden Umständen ergeben. Es kommen zudem Beeinträchtigungen i.S. des § 179 Abs. 1 Nr. 1 und 2 StGB in Betracht (z.B. geistige oder körperliche Behinderungen), soweit diese nicht zur gänzlichen Unfähigkeit einer entgegenstehenden Willensbildung führen.[92]

153   Deshalb verlangt § 177 Abs. 1 Nr. 3 StGB nicht, dass der Täter die Lage, die er ausnutzt, selbst herbeigeführt hat.[93] Es genügt, wenn er das Opfer **in der schutzlosen Lage vorfindet**. Zum einen spricht § 177 Abs. 1 Nr. 3 StGB nicht von Verursachung oder Verantwortlichkeit, sondern lediglich von „Ausnutzung". Zu beachten ist weiter, dass die erste Tathandlung des § 237 StGB a.F., das Entführen

---

89   BGH, NStZ 1999, S. 30.
90   Renzikowski, 1999, S. 379; Wetzel, 1998, S. 174 ff.; a.A. Mildenberger, 1998, S. 62.
91   BGHSt. 44, S. 228 ff.
92   BGH, NStZ 2000, S. 140; 2000, S. 141.
93   BGH, NStZ 2000, S. 141; Fischer Th., 2000a, S. 99; Laubenthal, 1999a, S. 584; Mildenberger, 1998, S. 56 f.; Renzikowski, 1999, S. 379; Tröndle/Fischer, 1999, § 177 Rdn. 11; a.A. Horn in: SK-StGB, 1998, § 177 Rdn. 14; Lackner/Kühl, 1999, § 177 Rdn. 6.

des Opfers als dessen Fortbringen vom bisherigen an einen anderen Aufenthaltsort gerade erst zu dem Zweck des Verbringens in eine andere – hilflose – Lage, nicht in den Tatbestand des § 177 Abs. 1 Nr. 3 StGB übernommen wurde. Für das Vorliegen einer hilflosen Lage bleibt es deshalb irrelevant, ob der Täter etwa sein Opfer mit dem Pkw an eine Stelle verbringt, wo aufgrund der gegebenen Umstände die Hilfe Dritter unwahrscheinlich erscheint, um dann die Lage bewusst auszunutzen, oder ob er das Opfer schon in einer Lage antrifft, in der es ihm schutzlos ausgeliefert ist, und er die in ihrer Fähigkeit zur Widerstandsleistung beeinträchtigte Person sexuell nötigt.[94] Es zeichnet sich also die Tathandlung des § 177 Abs. 1 Nr. 3 StGB gerade nicht dadurch aus, dass die schutzlose Lage vom Täter selbst verursacht worden sein, also in den Verantwortungsbereich des den Sexualkontakt Bezweckenden fallen muss. Ausreichend bleibt vielmehr: Äußere Umstände (eine Lage als Bezug des Opfers zur Umwelt) reduzieren wesentlich die Möglichkeit des oder der Betroffenen, sich den Einwirkungen des Täters zu widersetzen – gleichgültig ob diese hilflose Lage vom Täter vorgefunden oder erst herbeigeführt wird.

Nach der gesetzgeberischen Intention stellt § 177 Abs. 1 Nr. 3 StGB innerhalb des Grunddelikts der sexuellen Nötigung einen **Auffangtatbestand** für diejenigen Konstellationen dar, in denen das Täterhandeln die Voraussetzungen von § 177 Abs. 1 Nr. 1 bzw. Nr. 2 StGB nicht erfüllt, das Opfer sich wegen seiner Wehrlosigkeit dem sexuellen Täteransinnen jedoch nicht entziehen kann.[95] Hat daher der Täter die schutzlose Lage für das Opfer ausschließlich durch den Einsatz der Nötigungsmittel Gewalt bzw. Drohung mit gegenwärtiger Gefahr für Leib oder Leben herbeigeführt und nutzt er diese Lage aus, um gegen den Willen des Opfers sich sexuell zu betätigen, enthält in solchen Fällen § 177 Abs. 1 Nr. 3 StGB keinen eigenen Unrechtsgehalt.[96]

154

> *Beispiel:* A unterhielt zu O eine Liebesbeziehung, aus der diese ein Kind erwartete. Als es zu einem Streit zwischen den beiden kam, konnte O die Wohnung nicht verlassen, weil A abgesperrt hatte. Beide begannen miteinander zu ringen, bis O zu Boden ging. Ohne Rücksicht auf ihre Schwangerschaft setzte A sich auf die sich heftig wehrende O, fesselte ihre Hände mit einer als Dekoration dienenden Handschließe auf den Rücken, knebelte sie mit ihrem Halstuch und schnürte ihre Beine mit dem Halsband ihres Hundes zusammen. Nachdem die Geschädigte mindestens zwanzig Minuten lang gefesselt auf dem Bauch gelegen hatte, band A in nunmehr gefasster Vergewaltigungsabsicht ihre Füße los, entkleidete sie gewaltsam und fixierte O mit in der Wohnung befindlichen Lautsprecherkabeln am Heizkörper. Danach führte er den Geschlechtsverkehr durch.
>
> Der BGH[97] hat in diesem Fall eine Anwendbarkeit von § 177 Abs. 1 Nr. 3 StGB neben dem vorliegenden Nötigen durch Gewalt nach § 177 Abs. 1 Nr. 1 StGB verneint: „Zwar hatte der Angeklagte ihr die Tür abgesperrt, so dass die Geschädigte die eigene Wohnung nicht verlassen konnte. Im Zusammenhang mit der Vergewaltigung schuf der Angeklagte jedoch erst dadurch eine schutzlose Lage für die Geschädigte, indem er sie gewaltsam fesselte und knebelte. Diese Lage nutzte der Angeklagte aus, um gegen

---

94 Laubenthal, 1999a, S. 584; Mildenberger, 1998, S. 57; Wetzel, 1998, S. 176.
95 BT-Drs. XIII/7324, S. 2, 6.
96 BGH, StrVert 1999, S. 209; siehe auch Otto, 1999, StGB § 177/4.
97 BGH, StrVert 1999, S. 208 f.

ihren Willen den Geschlechtsverkehr auszuüben. Bei dieser Sachlage enthält § 177 Abs. 1 Nr. 3 StGB keinen eigenen Unwert."

155 Ein neben einer Gewaltanwendung eigener Unwert und damit eine Anwendbarkeit von § 177 Abs. 1 Nr. 3 StGB neben den anderen Nötigungsalternativen liegt jedoch vor, wenn der Täter darüber hinausgehend Tathandlungen vornimmt, um das Opfer in die schutzlose Lage zu verbringen, und dann erst in dieser Situation gewalttätig wird. So verwirklicht der Täter § 177 Abs. 1 Nr. 3 StGB, wenn er z.B. die Entführungskomponente des § 237 StGB a.F., das Verbringen an einen anderen Ort gegen den Willen des Opfers, realisiert und in der schutzlosen Lage eine körperliche Zwangswirkung beim Opfer durch Anwendung von Gewalt herbeiführt.[98]

156 Wurde die schutzlose Lage des Opfers nur vorgefunden, bleibt für eine Strafbarkeit gem. § 177 Abs. 1 Nr. 3 StGB mit entscheidend die Feststellung: Der Täter bestimmt das Opfer gegen seinen Willen zu sexuellen Handlungen, und das Opfer entspricht dem Täteransinnen deshalb, weil es ihm schutzlos ausgeliefert, in seinen Fähigkeiten reduziert ist, einen konkreten Angriff abzuwehren. Als ein wesentliches Kriterium muss daher auf die **Wehrlosigkeit des Opfers** abgestellt werden.[99] Im Gegensatz zur Widerstandsunfähigkeit i.S. des § 179 StGB, bei der das Opfer keinen entgegenstehenden Willen bilden kann, bleibt aber bei § 177 Abs. 1 Nr. 3 StGB der oder die Betroffene prinzipiell noch dazu in der Lage, Widerstand zu leisten. Aufgrund der äußeren Umstände widersetzt das Opfer sich jedoch nicht, weil es sich dem Täter im körperlichen Sinne schutzlos ausgeliefert sieht.

Beispiele: Eine Strafbarkeit gem. § 177 Abs. 1 Nr. 3 StGB kommt in Fortwirkungsfällen in Betracht, in denen der Täter eine zuvor von ihm oder von Dritten durch Gewaltanwendung herbeigeführte Zwangslage zu sexualbezogenen Betätigungen ausnutzt, ohne dass die aktive Gewaltanwendung andauert. Auch die Fälle der Vereinzelung von Opfern durch Einschließen oder sonstiges Schaffen von Situationen, in denen diese eine Räumlichkeit nicht mehr verlassen können, fallen unter § 177 Abs. 1 Nr. 3 StGB, wenn Widerspruch oder Gegenwehr für sinnlos erachtet wird und es nicht zusätzlich zu Gewaltanwendung oder Drohung mit gegenwärtiger Gefahr für Leib oder Leben kommt.

157 Die Nötigungsalternative des § 177 Abs. 1 Nr. 3 StGB muss im Einklang mit den die Strafdrohung des § 177 Abs. 1 StGB begründenden Tatalternativen der Gewaltanwendung mit ihrem Körperlichkeitsmoment auf der Täter- und Opferseite (Nr. 1) sowie der für Nr. 2 erforderlichen Drohungsintensität (gegenwärtige Gefahr für Leib oder Leben) interpretiert werden. Damit kann § 177 Abs. 1 Nr. 3 StGB nicht Fallkonstellationen sozialer oder sonstiger Hilflosigkeit erfassen, in denen das Opfer einem sexuellen Ansinnen deshalb keinen Widerstand entgegensetzt, weil es Nachteile nichtkörperlicher Art befürchtet[100] (z.B. Verlassenwerden

---

[98] BGHSt. 44, S. 231 f.; Laubenthal, 1999a, S. 584; krit. dagegen Otto, 1999, StGB § 177/4.

[99] Tröndle/Fischer, 1999, § 177 Rdn. 11 f.

[100] Laubenthal, 1999a, S. 584; Tröndle/Fischer, 1999, § 177 Rdn. 12.

vom Partner, Kündigung seitens eines Arbeitgebers usw.). § 177 StGB schützt das Recht auf Freiheit der sexuellen Selbstbestimmung nur vor besonders massiven Angriffsformen, die eine **hinreichend intensive Gefahr für das Rechtsgut** darstellen.[101] In den übrigen Fällen kann eine Strafbarkeit wegen Nötigung gem. § 240 Abs. 4 S. 2 Nr. 1 StGB in Betracht kommen.

3.1.2 Rechtsfolgen

Die Verwirklichung des Grundtatbestandes des § 177 Abs. 1 StGB wird mit Frei- **158**
heitsstrafe von einem Jahr bis zu 15 Jahren bestraft. Nach § 181b StGB kann das Gericht zudem Führungsaufsicht (§§ 68 ff. StGB) anordnen.
   Modifizierte Strafrahmenregelungen sieht das Gesetz in zweierlei Hinsicht vor:
– Gem. § 177 Abs. 5 1. Alt. StGB ist in minder schweren Fällen des § 177 Abs. 1 StGB nur auf Freiheitsstrafe von sechs Monaten bis zu fünf Jahren zu erkennen.
– In besonders schweren Fällen liegt nach § 177 Abs. 2 S. 1 StGB die Strafrahmenuntergrenze nicht unter zwei Jahren.

3.1.2.1 Minder schwere Fälle

Für die Entscheidung, ob ein minder schwerer Fall der sexuellen Nötigung vor- **159**
liegt, ist eine **Gesamtbewertung** vorzunehmen: Weicht das gesamte Tatbild einschließlich aller subjektiven Momente und der Täterpersönlichkeit derart vom Durchschnitt der erfahrungsgemäß vorkommenden Fälle sexueller Nötigung ab, dass die Anwendung des Ausnahmestrafrahmens geboten erscheint, kann das Gericht nach § 177 Abs. 5 1. Alt. StGB verfahren. Hierfür muss es eine Gesamtbetrachtung unter Heranziehung und Würdigung aller Umstände anstellen, die für die Wertung der Tat und des Täters in Betracht kommen – gleichgültig ob sie der Tat innewohnen, sie begleiten, ihr vorausgehen oder nachfolgen.[102] Der ermäßigte Strafrahmen soll Ausnahmekonstellationen mit **geringem Unrechts- und Schuldgehalt** gerecht werden.
   Anlass zur Prüfung eines minder schweren Falles gibt stets das Vorliegen von **160**
Strafmilderungsgründen aus dem Allgemeinen Teil des StGB[103] (z.B. bei Verbotsirrtum nach § 17 S. 2 StGB; Handeln im Zustand verminderter Schuldfähigkeit gem. § 21 StGB oder versuchter sexueller Nötigung, § 23 Abs. 2 StGB). Ein minder schwerer Fall kann auch gegeben sein, wenn die sexuelle Handlung nur unwesentlich die Erheblichkeitsschwelle des § 184c Nr. 1 StGB übersteigt.[104] Aber selbst bei einem nicht nur unwesentlichen Überschreiten der Erheblichkeitsschwelle bleibt ein minder schwerer Fall keineswegs von vornherein ausgeschlos-

---

101 Krit. dazu Mildenberger, 1998, S. 58 ff.
102 BGHSt. 26, S. 98 f.; BGH, NStZ-RR 1998, S. 298.
103 Horn in: SK-StGB, 1998, § 177 Rdn. 24.
104 Tröndle/Fischer, 1999, § 177 Rdn. 34.

sen, denn der Schweregrad einer Tathandlung allein besagt noch nichts Abschließendes über ihren Unrechts- und Schuldgehalt.

161   Es sollten jedoch **überkommene Milderungsaspekte** wie ein „sexueller Not-
stand" auf der Täterseite[105] oder dessen „Triebstau"[106] angesichts der heutigen
kriminologischen und viktimologischen Erkenntnisse von der Gewaltanwendung
als dominierendem Vergewaltigungsmotiv[107] der Vergangenheit angehören. Auch
das Vorliegen einer bestehenden oder früheren Beziehung zwischen Täter und
Opfer kann per se noch kein zureichender Grund für eine Strafmilderung sein.
Denn empirische Studien haben ergeben, dass gerade beim Delikt der sexuellen
Nötigung häufig eine Täter-Opfer-Beziehung gegeben ist.[108]

162   Stellt die sexuelle Nötigung die **Folge einer geschlechtsspezifischen illusionä-
ren Situationsverkennung** infolge eines vorangegangenen Verhaltens des Tatopfers dar[109] (z.B. das Opfer begibt sich nach gemeinsamem Gaststätten- oder Dis-
kothekenbesuch freiwillig in die Wohnung des Täters oder mit diesem an einen
abgelegenen Ort), kann eine zurechenbare Opferpartizipation im Einzelfall allenfalls für den Zeitpunkt des Tatbeginns einen strafmildernden Effekt besitzen.
Dabei ist jedoch zu berücksichtigen, dass sozialadäquates Handeln im Bereich der
Kontaktaufnahme zum anderen Geschlecht eines umfassenden strafrechtlichen
Schutzes bedarf.[110]

> *Beispiel:* Nach dem Besuch einer Diskoveranstaltung begleitete B den A gegen 4.30
> Uhr in das Studentenwohnheim in C. Dort zog A die B auf eine am Boden liegende
> Matratze, um mit ihr, notfalls auch gewaltsam, den Geschlechtsverkehr durchzuführen.
> Zunächst versuchte A, sein Opfer zu küssen. Trotz heftiger Gegenwehr gelang es ihm,
> die B mit dem Rücken auf die Matratze zu drücken und zu entkleiden. Anschließend
> hielt er das Opfer, das schrie und weinte, an den Armen fest und drückte dessen Beine
> auseinander. In den nachfolgenden Stunden übte A gegen den im Laufe des Gesche-
> hens aus Erschöpfung und Angst nachlassenden Widerstand des Opfers dreimal den
> Geschlechtsverkehr aus, wobei er in zwei Fällen kein Kondom verwendete. B schrie
> vor Schmerzen und flehte den A immer wieder an, dass er sie gehen lassen solle. Dieser
> ließ jedoch nicht von ihr ab, sondern steckte ihr ein T-Shirt in den Mund, knebelte sie
> damit bis zur Atemnot und drehte den Fernseher auf die volle Lautstärke. Die erlittenen
> Misshandlungen führten bei B drei Wochen lang zu Schmerzen im Unterleib und zu
> Angstzuständen.
>
> Das erstinstanzliche Landgericht hatte den A nur wegen eines minder schweren
> Falles einer Vergewaltigung verurteilt. Die auf den Strafausspruch beschränkte Revisi-
> on der Staatsanwaltschaft war erfolgreich. Der BGH[111] hob den Ausspruch wegen die
> Strafrahmenbestimmung tragender Fehlbewertungen des Landgerichts auf. Dieses hatte
> zur Begründung eines minder schweren Falles folgende Erwägungen als strafmildernd
> herangezogen: A stamme aus einem anderen Kulturkreis, in dem es hinsichtlich des

---

[105] BGHR, StGB § 177 Abs. 2 Strafrahmenwahl 4.
[106] BGH, MDR 1980, S. 240.
[107] Dazu Göppinger, 1997, S. 604; Schorsch, 1993, S. 72 ff.; Sick, 1993, S. 237.
[108] Siehe Baurmann, 1996, S. 249 ff.; Kaiser G., 1996, S. 780; Sick, 1993, S. 241.
[109] Dazu Abel, 1988, S. 62 f.; Amir, 1971; Schorsch, 1971, S. 214 f.
[110] Siehe auch Hillenkamp, 1986, S. 154.
[111] BGH, NStZ-RR 1998, S. 298 f.

Sexuallebens von europäischem Verhalten abweichende Verhaltensweisen gebe. Zudem lasse sich aus dem Verhalten der B eine gewisse „Risikobereitschaft" herleiten. A habe ferner „wenig Gewalt bei der Tat angewendet", und es seien „keine schwerwiegenden körperlichen Schäden" beim Opfer entstanden. Demgegenüber sahen die Tatrichter den A belastende Umstände lediglich in dem Vertrauensmissbrauch gegenüber B, in den durch die Tat entstandenen seelischen Folgen und in dem Umstand, dass A den Geschlechtsverkehr ungeschützt durchführte.

Hiergegen wendete der BGH ein: „Diese Ausführungen lassen besorgen, dass das Landgericht die Milderungsgründe überbewertet und gewichtige, gegen das Vorliegen eines minder schweren Falles sprechende Umstände außer Acht gelassen oder fehlinterpretiert hat. So bestehen bereits erhebliche Bedenken, die Herkunft des Angeklagten aus einem anderen Kulturkreis als einen zugunsten des Angeklagten sprechenden Umstand zu werten. Zwar können bei der Frage des Schuldumfangs im Rahmen der Strafzumessung eingewurzelte Vorstellungen des Täters nach Lage des Falles Berücksichtigung finden. Dies gilt jedoch nur dann, wenn diese im Einklang mit der fremden Rechtsordnung stehen. Allein der Umstand, dass der Angeklagte aus einem anderen Kulturkreis stammt, rechtfertige die Berücksichtigung als Strafmilderungsgrund bei einer Vergewaltigung, die generell unter Strafe gestellt ist, noch nicht. Der Senat kann auch nicht ausschließen, dass das Landgericht der 'Risikobereitschaft' des Opfers eine zu große Bedeutung zugemessen hat. Einer durch das vorangegangene Verhalten des Tatopfers hervorgerufenen Erwartung des Angeklagten könnte allenfalls für den Zeitpunkt des Tatbeginns strafmildernde Bedeutung zukommen, aber nicht mehr für das weitere, sich über mehrere Stunden hinziehende Tatgeschehen. ... Schließlich hat das Landgericht bei der Prüfung, ob ein minder schwerer Fall vorliegt, Umstände außer Acht gelassen oder fehlinterpretiert, die in erheblichem Maße zuungunsten des Angeklagten ins Gewicht fallen können: Der Angeklagte hat das Opfer über einen Zeitraum von mehreren Stunden mehrfach zum Geschlechtsverkehr gezwungen. Dabei hat er unter anderem dadurch erhebliche Gewalt angewendet, dass er B ein T-Shirt in den Mund stopfte und sie so bis zur Atemnot knebelte. Die vom Landgericht vorgenommene Bewertung, der Angeklagte habe nur 'wenig Gewalt' angewendet, ist unverständlich. Auch hat der Tatrichter die festgestellten körperlichen Folgen der Tat für das Opfer völlig unberücksichtigt gelassen."

3.1.2.2 Besonders schwere Fälle

In § 177 Abs. 2 S. 1 StGB hat der Gesetzgeber besonders schwere Fälle der sexuellen Nötigung unter eine erhöhte Strafdrohung von wenigstens zwei Jahren Freiheitsentzug gestellt.   **163**

Zur Annahme eines besonders schweren Falles bedarf es einer **Gesamtwürdigung** von Tat und Täterpersönlichkeit. Er liegt dann vor, wenn die objektiven und subjektiven Tatumstände die erfahrungsgemäß vorkommenden und daher bei der Bildung des ordentlichen Strafrahmens berücksichtigten Fälle derart an Strafwürdigkeit übertreffen, dass der grunddeliktische Strafrahmen (§ 177 Abs. 1 StGB) zum Ausgleich von Schuld und Unrecht nicht mehr ausreicht.[112]   **164**

Zur Kennzeichnung erschwerender Umstände, welche den Strafrahmen für die im Grundtatbestand umschriebene Straftat der sexuellen Nötigung modifizieren,   **165**

---

[112] BGHSt. 5, S. 130; 29, S. 319; Jescheck/Weigend, 1996, S. 270 f.

hat sich der Gesetzgeber in § 177 Abs. 2 S. 2 StGB der Regelbeispielsmethode („... liegt in der Regel vor ...") bedient.

Als **Regelbeispiele** sind in § 177 Abs. 2 S. 2 StGB benannt:
- Der Täter vollzieht mit dem Opfer den Beischlaf oder nimmt ähnliche sexuelle Handlungen an ihm vor bzw. lässt sie an sich von dem Opfer vornehmen, wobei die sexuellen Aktivitäten das Opfer besonders erniedrigen, was insbesondere für Handlungen gilt, die mit dem Eindringen in den Körper (Vergewaltigung) verbunden sind (Nr. 1), oder

166
- die Tat wird von mehreren gemeinschaftlich begangen (Nr. 2).

Bei Regelbeispielen handelt es sich nicht um qualifizierende Tatbestandsmerkmale, sondern um **Strafzumessungsregeln**.[113] Damit stellen die Merkmale des § 177 Abs. 2 S. 2 StGB **nur Indizien** für das Vorliegen eines besonders schweren Falles dar. Ergibt eine richterliche Gesamtbewertung von Tat und Täter, dass trotz Realisierung eines Regelbeispiels i.S. des § 177 Abs. 2 S. 2 StGB der Unrechts- und Schuldgehalt nicht wesentlich vom Durchschnitt der erfahrungsgemäß vorkommenden Fälle (des Grunddelikts) abweicht, darf die Indizwirkung verneint werden. Gewichtige Gründe können im Einzelfall also zu einer Nichtanwendung des Strafrahmens von § 177 Abs. 2 StGB führen[114], so dass ein besonders schwerer Fall der sexuellen Nötigung damit nicht immer zwangsläufig bei Verwirklichung eines der Regelbeispiele des § 177 Abs. 2 S. 2 StGB vorliegt. Andererseits kommt § 177 Abs. 2 S. 1 StGB nicht nur bei Erfüllung eines der benannten Regelbeispiele in Betracht. Ein besonders schwerer Fall mit seiner erhöhten Strafdrohung kann auch bei Nichtvorliegen eines der beiden Regelbeispiele angenommen werden. Dies ist zu erwägen, wenn der Schweregrad der einzelnen Tat nach Unrecht und Schuld dem Schweregrad der durch die Regelbeispiele gekennzeichneten Fälle entspricht (z.B. der Täter zwingt mit Gewalt das Opfer zur Duldung einer Penetration durch eine dritte Person, soweit kein Fall des § 177 Abs. 2 S. 2 Nr. 2 StGB vorliegt).

(1) Vergewaltigung

167   Mit dem 33. StÄG 1997 ist die Vergewaltigung als Regelbeispiel des besonders schweren Falles einer sexuellen Nötigung zu einer Strafzumessungsregel geworden.[115] Vor allem um das Vorliegen einer Vergewaltigung im Urteilstenor kenntlich machen zu können, wurde der Vergewaltigungsbegriff in die Deliktsüberschrift aufgenommen. Obwohl Regelbeispiele für besonders schwere Fälle in der Urteilsformel grundsätzlich keine Erwähnung finden[116], stellt sich dies bei der Vergewaltigung anders dar. Angesichts der besonderen Hervorhebung kann das

---

113 BGHSt. 23, S. 256 f.; 26, S. 105; 33, S. 374; Wessels/Beulke, 1999, S. 34.
114 BGH, StrVert 1999, S. 604.
115 Krit. dazu Gössel, 1999, S. 186 ff.; Lackner/Kühl, 1999, vor § 174 Rdn. 11; Lenckner, 1997, S. 2802; Renzikowski, 1999, S. 381; Schroeder, 1999, S. 829; Wessels/Hettinger, 1999, S. 94; zustimmend Mildenberger, 1998, S. 9 ff.; Tröndle/Fischer, 1999, § 177 Rdn. 20.
116 BGH, NStZ 1984, S. 263.

Gericht einen Täter auch wegen „Vergewaltigung" verurteilen, wenn eine vollendete Vergewaltigung vorliegt und die erhöhte Strafe dem Strafrahmen des § 177 Abs. 2 StGB entnommen wird.[117]

Zu den **Tathandlungen** des § 177 Abs. 2 S. 2 Nr. 1 StGB gehört zum einen der **Beischlaf**. Ein solcher ist gegeben, sobald es zu einer Vereinigung der Geschlechtsteile in der Weise kommt, dass das männliche Glied – zumindest teilweise – in die weibliche Scheide eindringt.[118] Ein bloßer Kontakt mit dem sog. Scheidenvorhof[119] reicht für eine Beischlafsvollendung im Sinne der Norm seit der Neufassung des § 177 Abs. 2 S. 2 Nr. 1 StGB nicht mehr aus[120], weil hier entscheidend auf eine Penetration abgestellt wird.

168

Die Tathandlung der Vergewaltigung bleibt jedoch anders als in § 177 StGB a.F. nicht auf die Vollziehung des heterosexuellen Geschlechtsverkehrs beschränkt. Dem Beischlaf gleichgestellt hat der Gesetzgeber die Vornahme oder das Dulden beischlafähnlicher Handlungen, die mit dem Eindringen in den Körper verbunden sind und das Opfer besonders erniedrigen. Die Vergewaltigung bezieht sich damit neben dem Beischlaf vor allem auf die orale und anale **Penetration** heterosexueller oder homosexueller Art.

169

Im Gegensatz zu § 176a Abs. 1 Nr. 1 StGB und § 179 Abs. 4 Nr. 1 StGB muss es bei der mit einem Eindringen in den Körper verbundenen Handlung zusätzlich um eine Aktivität gehen, die das Opfer **besonders erniedrigt**. Damit sollen vor allem die orale und anale Penetration erfasst werden, die in ihrer entwürdigenden Wirkung dem erzwungenen Beischlaf gleichstehen[121], so dass dem tatbestandseinschränkenden Merkmal der besonderen Erniedrigung in diesen Fällen keine eigenständige Bedeutung zukommt, weil sich hier der erniedrigende Charakter der sexuellen Handlung regelmäßig von selbst versteht.[122] Es kann sich daneben aber auch um solche Taten i.S. des § 177 Abs. 1 StGB handeln, bei denen je nach den Umständen des Einzelfalls das Opfer über die Erfüllung des Grundtatbestandes hinausgehend unter Missachtung der Menschenwürde[123] zum bloßen Objekt sexueller Täterwillkür herabgewürdigt wird und dies gerade in der Art und Weise der sexuellen Handlung zum Ausdruck kommt[124] (z.B. bei Urolagnie oder Koprolagnie auf der Täterseite). Nicht zu den besonders erniedrigenden sexualbezogenen Handlungen gehört dagegen ein Zungenkuss.

170

Ist Anknüpfungspunkt im Regelfall die erniedrigende Penetration, so bezieht sich diese nicht nur auf Fälle des Vaginal-, Oral-[125] oder Analverkehrs. Auch das Eindringen des Täters mit einem **anderen Körperglied** stellt grundsätzlich eine

171

---

[117] BGH, NStZ 1998, S. 510; BGH, NStZ-RR 1999, S. 78.

[118] Lenckner in: Schönke/Schröder, 1997, § 173 Rdn. 3; Maurach/Schroeder/Maiwald, 1995, S. 171; Tröndle/Fischer, 1999, § 177 Rdn. 20.

[119] So noch BGHSt. 16, S. 175; 37, S. 154.

[120] A.A. weiterhin Lackner/Kühl, 1999, § 173 Rdn. 3, § 177 Rdn. 11.

[121] Siehe BT-Drs. XIII/7324, S. 6.

[122] BGH, NJW 2000, S. 673.

[123] Sick, 1993, S. 358.

[124] Tröndle/Fischer, 1999, § 177 Rdn. 21.

[125] Zum Erfordernis des Eindringens beim Oralverkehr siehe BGH, StrVert 2000, S. 19 f.

dem Beischlaf ähnliche[126] besonders erniedrigende Handlung i.S. des § 177 Abs. 2 S. 2 Nr. 1 StGB dar.

> *Beispiel:* A erblickte an einer Haltestelle die G, ging ihr nach und fasste den Entschluss, mit G gewaltsam gegen deren Willen den Geschlechtsverkehr auszuüben. Als G vor ihrer Haustür eintraf, zerrte A diese von der Türe weg in den hinteren Hofraum. Dort kam G unter einem Anhänger zu liegen. A kniete neben ihr, hielt ihr mit einer Hand den Mund zu und sie zeitweise an der Kehle fest. Mit der anderen Hand fuhr er unter die Kleidung der G und führte seinen Finger vollständig in die Scheide des Opfers ein. G empfand das Vorgehen des A als äußerst widerwärtig. Weil er herannahende Stimmen hörte, ließ A von G ab und floh über einen Gartenzaun.
>
> Der BGH[127] hat festgestellt, dass das vollständige Eindringen eines Fingers in die Scheide des Opfers eine dem Beischlaf ähnliche besonders erniedrigende Handlung darstellt. Das Opfer wird wie durch einen Geschlechtsverkehr beeinträchtigt, weil der Täter mit einem Teil seines Körpers in den innersten Intimbereich der Geschädigten eindringt. Dies stellt eine besonders erniedrigende Handlung i.S. des § 177 Abs. 2 S. 2 Nr. 1 StGB dar: „Wie die Formulierung des Gesetzes zeigt, liegt bei jedem Eindringen in den Körper des Opfers der Straftat die Annahme der Beischlafsähnlichkeit und einer besonderen Erniedrigung nahe: Der Wortlaut des Gesetzes setzt das Eindringen in den Körper des bzw. der Geschädigten nicht zwangsläufig für die Bejahung des Regelbeispiels der Vergewaltigung voraus, da das Gesetz lediglich davon spricht, dass eine Vergewaltigung in diesem Sinne insbesondere dann vorliegen könne, wenn die sexuelle Handlung mit dem Eindringen in den Körper verbunden sei. Der Gesetzgeber hat diesen Fall ersichtlich hervorgehoben, weil insoweit die Annahme einer beischlafsähnlichen, besonders erniedrigenden sexuellen Handlung nahe liegt, ohne dass er hierbei festgestellt hat, wie und womit ein solches Eindringen stattfinden muss, um das Regelbeispiel bejahen zu können."

172   Das Gesetz enthält keine Beschränkung auf Körperglieder als Tatwerkzeuge. Daher kann ferner das Einführen von **Gegenständen** in Körperöffnungen vom Tatbestand erfasst sein.[128] Das Regelbeispiel des § 177 Abs. 2 S. 2 Nr. 1 StGB ist zudem nicht auf das Eindringen in den Körper des Opfers beschränkt. Betroffen ist auch das abgenötigte **Eindringen in den Körper des Täters.**[129] Erzwingt ein Täter neben dem Geschlechtsverkehr eine weitere, das Opfer besonders erniedrigende Handlung, ist dies auf der Strafzumessungsebene strafschärfend zu berücksichtigen.[130]

173   Die Anwendung der Strafzumessungsregel der Vergewaltigung setzt voraus, dass der **Täter selbst** den Beischlaf oder die diesem gleichgestellte besonders erniedrigende Handlung ausführt.[131] Während § 177 StGB a.F. noch die Nötigung zum Beischlaf „mit ihm oder einem Dritten" beinhaltete, hat die Vergewaltigung nach § 177 Abs. 2 S. 2 Nr. 1 StGB keinen solchen Drittbezug mehr. Dieser wird

---

[126] BGH, NJW 2000, S. 672.
[127] BGH, NStZ 1999, S. 307 f.
[128] BT-Drs. XIII/7324, S. 6; Horn in: SK-StGB, 1998, § 177 Rdn. 26; Lackner/Kühl, 1999, § 177 Rdn. 11; Tröndle/Fischer, 1999, § 177 Rdn. 20.
[129] BGH, NJW 1999, S. 2977 f. (zu § 176a StGB).
[130] BGH, NJW 1999, S. 1041.
[131] BGH, NJW 1999, S. 2909.

im Grundtatbestand des § 177 Abs. 1 StGB berücksichtigt. Zwingt der Nöti-
gungstäter das Opfer zur Vornahme oder Duldung der in § 177 Abs. 2 S. 2 Nr. 1
StGB genannten sexuellen Handlungen mit einem Dritten und fehlen die Voraussetzungen des § 177 Abs. 2 S. 2 Nr. 2 StGB, kann jedoch die Annahme eines
unbenannten besonders schweren Falles der sexuellen Nötigung gem. § 177
Abs. 2 S. 1 StGB in Betracht kommen.[132]

In § 177 Abs. 5 StGB wird im Hinblick auf minder schwere Fälle § 177 Abs. 2   **174**
StGB nicht benannt. Dies schließt jedoch nicht aus, trotz Verwirklichung des
Regelbeispiels gem. § 177 Abs. 2 S. 2 Nr. 1 StGB zu einem **minder schweren
Fall der Vergewaltigung** zu gelangen. Liegen etwa erheblich schuldmindernde
Umstände[133] vor, bleibt zu prüfen, ob der Strafrahmen des § 177 Abs. 2 StGB
nicht anzuwenden und vielmehr von demjenigen des § 177 Abs. 1 StGB auszugehen ist. Bei einer solchen Konstellation kann dann bei Vorliegen von in ganz
außergewöhnlichem Umfang schuldmindernden Umständen die Tat darüber hinausgehend sogar als ein minder schwerer Fall i.S. des § 177 Abs. 5 StGB beurteilt
werden.[134]

Eine Strafbarkeit wegen **versuchter Vergewaltigung** kommt in Betracht[135],   **175**
wenn der Täter unmittelbar mit der Nötigungshandlung beginnt, d.h. anfängt, die
als Opfer der sexuellen Handlung ausersehene Person unter Druck zu setzen oder
deren Hilflosigkeit auszunutzen und dabei schon den Vorsatz zur Verwirklichung
des Regelbeispiels nach § 177 Abs. 2 S. 2 Nr. 1 StGB hat.[136] Ein Versuch der
Vergewaltigung liegt auch in denjenigen Fällen vor, in denen das Grunddelikt des
§ 177 Abs. 1 StGB verwirklicht wird, die beabsichtigte Penetration jedoch scheitert.[137]

(2) Gemeinschaftliche Tatbegehung

Neben der Vergewaltigung benennt § 177 Abs. 2 S. 2 Nr. 2 StGB als weiteres   **176**
Regelbeispiel[138] für einen besonders schweren Fall der sexuellen Nötigung die
von mehreren gemeinschaftlich begangene Tat.

Ein gemeinschaftliches Handeln liegt vor, wenn mindestens zwei Personen als   **177**
Mittäter[139] mit der gleichen Zielrichtung agieren, jeder einzelne Beteiligte bei der
Tatausführung mit dem oder den anderen im Sinne eines Plans handelt und diesen
dadurch zu einer gemeinsamen Sache macht.[140] Erforderlich ist, dass die Mittäter
zumindest als solche i.S. des § 25 Abs. 2 StGB an der Nötigung des Opfers mitwirken, denn die Tat wird deshalb zu einem besonders schweren Fall, weil die

---

132 BGH, NJW 1999, S. 2910; Horn in: SK-StGB, 1998, § 177 Rdn. 25.
133 BGH, StrVert 1998, S. 261.
134 BGH, StrVert 1999, S. 603; dazu auch Bittmann/Merschky, 1998, S. 463.
135 Zur Versuchsstrafbarkeit bei Regelbeispielen siehe Laubenthal, 1987a, S. 1068 ff.; krit.
     Zieschang, 1999, S. 565 f.
136 Horn in: SK-StGB, 1998, § 177 Rdn. 26a.
137 Tröndle/Fischer, 1999, § 177 Rdn. 23a.
138 Krit. dazu Gössel, 1999, S. 189.
139 Horn in: SK-StGB, 1998, § 177 Rdn. 27; Tröndle/Fischer, 1999, § 177 Rdn. 22.
140 BGH, NJW 1999, S. 2910.

Verteidigungsmöglichkeiten gegenüber mehreren Angreifern eingeschränkt sind und zudem die erhöhte Gefahr massiver sexueller Handlungen besteht.[141] Es bedarf daher eines arbeitsteiligen Zusammenwirkens am Tatort.[142] Zudem müssen die Mittäter Vorsatz hinsichtlich aller Merkmale des Tatbestands sowie des Regelbeispiels haben.

Beispiel: A half dem Gastwirt S sowie dem Gast L, die B gewaltsam in den angrenzenden Billardraum zu verbringen. Nachdem A den Raum wieder verlassen hatte, erkannte er aufgrund der Hilferufe von B, dass diese dort von L und S vergewaltigt wurde. A eilte wieder zurück und forderte L und S vergeblich auf, die Vergewaltigung der B zu beenden. A wurde von L mehrfach massiv bedroht. Nachdem L den A aufforderte, ebenfalls sexuelle Handlungen an der B vorzunehmen, beschlossen A und B, „so zu tun, als ob sie es miteinander täten". Dabei wurde A jedoch sexuell erregt und er entschloss sich, mit B den Geschlechtsverkehr durchzuführen.

Der BGH[143] hat die landgerichtliche Verurteilung des A wegen gemeinschaftlicher Vergewaltigung gem. §§ 177 Abs. 1 Nr. 1, Abs. 2 Nr. 1 und 2, 25 Abs. 2 StGB aufgehoben. Dazu führt der BGH in den Gründen seines Urteils aus: „Das Nötigungsmittel der Gewalt braucht nicht eigenhändig verwirklicht zu werden. Handeln mehrere, so reicht es aus, dass einer der Handelnden eigenhändig zum Mittel der Gewalt greift. Mittäter kann auch sein, wer nicht selbst Gewalt anwendet, sondern einen die Tatbestandsverwirklichung fördernden Beitrag leistet, wenn dies auf der Grundlage gemeinsamen Wollens geschieht. ... Dafür fehlt es an ausreichenden Feststellungen: Der Angeklagte verfolgte nämlich, als er L half, B gewaltsam in den Billardraum zu verbringen, nicht das Ziel, selbst mit ihr geschlechtlich zu verkehren. ... Mit diesen Feststellungen ist die Annahme des Landgerichts nicht vereinbar, der Angeklagte habe in bewusstem und gewolltem Zusammenwirken mit L und S die von Ersterem ausgeübte Gewalt als eigene gewollt und als Nötigungsmittel angesehen, das auch – 'später' – die von ihm beabsichtigten sexuellen Handlungen ermöglichen sollte. ... Nach seinem Entschluss, den Beischlaf auszuführen, hat der Angeklagte die Wirkung der früheren Gewalt weder verbal noch durch konkludente Handlungen aufrechterhalten; eine bloße Ausnutzung der hierdurch geschaffenen Lage rechtfertigt die Annahme einer mittäterschaftlichen Begehung nicht. ... Auch ein Fall sukzessiver Mittäterschaft ist hiernach nicht belegt. Dies ist nur gegeben, wenn jemand in Kenntnis und Billigung des von einem anderen begonnenen Handelns in das tatbestandsmäßige Geschehen als Mittäter eingreift und er sich – auch stillschweigend – mit dem anderen vor Beendigung der Tat zu gemeinschaftlicher weiterer Ausführung verbindet. Nach den Feststellungen kann von einer Billigung der gegen die Geschädigte angewendeten Gewalt nicht ausgegangen werden."

Der BGH hat jedoch weiter darauf hingewiesen, dass – je nach den Feststellungen der neu erkennenden Strafkammer – auch zu prüfen ist, ob sich der Angeklagte durch die Ausübung des Geschlechtsverkehrs mit der infolge der zuvor erlittenen sexuellen Gewalt erschöpften und verängstigten Frau als Alleintäter gem. § 177 Abs. 1 Nr. 3, Abs. 2 S. 2 Nr. 1 StGB strafbar machte.

---

[141] BT-Drs. XIII/7324, S. 6; Lackner/Kühl, 1999, § 177 Rdn. 11; Wetzel, 1998, S. 199.

[142] Horn in: SK-StGB, 1998, § 177 Rdn. 27; Renzikowski, 1999, S. 382; a.A. Tröndle/Fischer, 1999, § 177 Rdn. 22.

[143] BGH, NJW 1999, S. 2909 f.

3.1.3 Qualifikationstatbestand des § 177 Abs. 3 StGB

Bestimmte tatbestandliche Qualifikationen des § 177 Abs. 1 und 2 StGB führen **178**
gem. § 177 Abs. 3 StGB zu einer erhöhten Strafdrohung von nicht unter drei Jahren Freiheitsentzug; in minder schweren Fällen nach § 177 Abs. 5 2. Alt. StGB von einem Jahr bis zu zehn Jahren Freiheitsstrafe.

Qualifizierend wirkt gem. § 177 Abs. 3 StGB, wenn der Täter **179**
– eine Waffe oder ein anderes gefährliches Werkzeug bei sich führt (Nr. 1), oder
– sonst ein Werkzeug oder Mittel bei sich führt, um den Widerstand einer anderen Person durch Gewalt oder Drohung mit Gewalt zu verhindern oder zu überwinden (Nr. 2), oder
– das Opfer durch die Tat in die Gefahr einer schweren Gesundheitsschädigung bringt (Nr. 3).

3.1.3.1 Mit-sich-Führen eines gefährlichen Werkzeugs

Die qualifizierenden Modalitäten der Tatbegehung in § 177 Abs. 3 Nr. 1 StGB **180**
entsprechen denjenigen in § 244 Abs. 1 Nr. 1 Buchst. a) StGB beim Diebstahl mit Waffen sowie § 250 Abs. 1 Nr. 1 Buchst. a) StGB beim schweren Raub. Bei der Interpretation der die Strafschärfung bewirkenden Tatbestandsmerkmale können deshalb die zu diesen Deliktsbereichen entwickelten Kriterien herangezogen werden.[144]

Mit § 177 Abs. 3 Nr. 1 StGB will der Gesetzgeber die Opfer sexueller Nöti- **181**
gung **vor** den **spezifischen Risiken schützen**, die von Tätern ausgehen, welche bei der Tatbegehung gefährliche Gegenstände mit sich führen und diese – ohne dass es hierauf für die Realisierung dieses Qualifikationstatbestandes ankommt – möglicherweise in einer für sie kritischen Situation benutzen. Bei den Tatmitteln stellt das gefährliche Werkzeug den Oberbegriff[145] dar, die Waffe ein im Gesetz benanntes Beispiel.

(1) Waffe

Der Begriff der Waffe[146] ist entsprechend § 1 WaffG im technischen Sinne zu **182**
verstehen. Hierunter fallen **Schusswaffen**, d.h. Geräte, bei denen mittels Druck Geschosse (§ 2 Abs. 3 WaffG) durch einen Lauf mit Bewegungsrichtung nach vorn getrieben werden, § 1 Abs. 1 WaffG (z.B. Pistolen, Gewehre usw.). Ungeladene oder nicht funktionsfähige Schusswaffen scheiden mangels Gefährlichkeit aus.[147] Dies gilt aber nicht für solche Waffen, die nur eine vorübergehende

---

[144] Vgl. Lackner/Kühl, 1999, § 177 Rdn. 12; Tröndle/Fischer, 1999, § 177 Rdn. 24 ff.
[145] BGH, NJW 1998, S. 2916.
[146] Dazu Geppert, 1999, S. 600 f.; Küper, 1999, S. 398 ff.; Wessels/Hillenkamp, 1999, S. 91.
[147] BGHSt. 44, S. 105 f.; BGH, NJW 1998, S. 3130; BGH, NStZ 1999, S. 448; Tröndle/Fischer, 1999, § 244 Rdn. 3.

Funktionsstörung aufweisen[148] oder die vom Täter jederzeit scharfgemacht werden können, weil er z.B. die Munition griffbereit bei sich führt.[149] Auch geladene Gaspistolen, bei denen das Gas durch den Lauf nach vorne hin austritt, sind als Waffen einzustufen.[150] Führt der Täter nur eine mit Platzpatronen geladene Schreckschusspistole mit sich, so gilt sie im Hinblick auf Verletzungsgefahren erst dann als Waffe, wenn er sie seinem Opfer an den Kopf setzt.[151]

183   Neben den Schusswaffen unterfallen dem Begriff der Waffe im technischen Sinne darüber hinaus Hieb-, Stich- und Stoßwaffen (z.B. Säbel, Schlagringe) sowie Gegenstände, bei denen andere als mechanische Energieformen körperliche Verletzungen bewirken können (z.B. Handgranate), § 1 Abs. 7 WaffG.

(2) Gefährliches Werkzeug

184   Bei dem Qualifikationsmerkmal des anderen gefährlichen Werkzeugs hat sich der Gesetzgeber am Tatbestand des § 224 Abs. 1 Nr. 2 StGB (§ 223a Abs. 1 StGB a.F.) orientiert. Bei der gefährlichen Körperverletzung hebt man zur Interpretation des Begriffs des gefährlichen Werkzeugs auf die jeweilige Benutzung ab und versteht hierunter jeden Gegenstand, der bei seiner konkreten Verwendung im Einzelfall nach seiner objektiven Beschaffenheit die Gefahr erheblicher Verletzungen mit sich bringt.[152] Eine solche Auslegung wird dem Regelungsgehalt des § 177 Abs. 3 StGB jedoch nicht gerecht. Denn für eine erhöhte Strafbarkeit gem. § 177 Abs. 3 Nr. 1 StGB genügt bereits, dass der Täter den Gegenstand bei sich führt, während seine tatsächliche Verwendung gem. § 177 Abs. 4 Nr. 1 StGB dann eine zusätzliche Strafschärfung bedingt. Würde man sich bei der Begriffsbestimmung mit der Möglichkeit des Täters begnügen, einen mitgeführten Gegenstand zur Zufügung nachhaltiger Verletzungen einzusetzen, wäre der Qualifikationstatbestand selbst bei alltäglichen Gegenständen regelmäßig erfüllt (z.B. ein Täter kann Krawatte oder Gürtel auch zum Würgen des Opfers verwenden; mit einem mitgeführten Bleistift könnten erhebliche Verletzungen zugefügt werden; Schuhe wären geeignet, wuchtig gegen den Körper des Opfers getreten zu werden). Deshalb bedarf es einer **einschränkenden Auslegung** des Merkmals „gefährliches Werkzeug" i.S. des § 177 Abs. 3 Nr. 1 StGB.

185   Nicht zu den gefährlichen Werkzeugen zu rechnen sind typischerweise harmlose Gegenstände.[153] Gleiches gilt für Sachen, zu denen man für gewöhnlich in

---

[148] BGH, StrVert 1998, S. 485.

[149] Hoyer in: SK-StGB, 1999, § 244 Rdn. 14; Wessels/Hillenkamp, 1999, S. 93; a.A. BGH, StrVert 2000, S. 77.

[150] BGH, NJW 1998, S. 3131; BGH, NStZ 1999, S. 302; BGH, StrVert 2000, S. 77; Küper, 1999, S. 401.

[151] BGH, NStZ-RR 1999, S. 102; Hoyer in: SK-StGB, 1999, § 244 Rdn. 13; a.A. Lackner/Kühl, 1999, § 244 Rdn. 3; Tröndle/Fischer, 1999, § 250 Rdn. 7.

[152] BGHSt. 3, S. 109; Küper, 1999, S. 410 ff.

[153] BGH, NJW 1998, S. 2915; BGH, StrVert 1998, S. 486; BGH, NStZ 1999, S. 302; BGH, NStZ-RR 2000, S. 43; Dencker, 1999, S. 34; Hörnle, 1999, S. 172.

einer bedrängenden Situation nicht greift.[154] Auch nicht waffenähnliche Gegenstände[155] werden vom Begriff des gefährlichen Werkzeugs nicht erfasst (z.B. Gürtel, Bleistift). Ein Abstellen auf die Absicht des Täters, einen Gegenstand in gefährlicher Weise einzusetzen[156] oder die Sache zumindest – falls erforderlich – zu verwenden[157], würde zu erheblichen Beweisschwierigkeiten führen, wenn der Täter dem Opfer gegenüber den Einsatz des Gegenstandes nicht verbal angedroht hat.

(3) Bei-sich-Führen bei der Tatbegehung

§ 177 Abs. 3 Nr. 1 StGB verlangt, dass der Täter die Waffe oder das gefährliche Werkzeug bei sich führt. Der Gegenstand muss sich in **räumlich-körperlicher Nähe** befinden, damit bei der Tatbegehung ohne nennenswerte Schwierigkeiten auf ihn Zugriff genommen werden kann.[158] Nicht erforderlich ist, dass der Täter etwa eine Waffe selbst mit an den Tatort gebracht hat.[159] Obwohl – im Gegensatz zu §§ 244 Abs. 1 Nr. 1, 250 Abs. 1 Nr. 1 StGB – in § 177 Abs. 3 StGB nur von dem Täter, nicht aber ausdrücklich von einem anderen Beteiligten die Rede ist, genügt es für eine Strafbarkeit wegen sexueller Nötigung mit Waffen oder anderen gefährlichen Werkzeugen, dass ein anderer Beteiligter und nicht der Täter diese bei sich führt. Hier bleibt eine Zurechnung nach den allgemeinen Grundsätzen der Mittäterschaft möglich.[160]

186

3.1.3.2 Sonstige Werkzeuge oder Mittel mit Verwendungsabsicht

Gem. § 177 Abs. 3 Nr. 2 StGB, der § 244 Abs. 1 Nr. 1 Buchst. b) StGB und § 250 Abs. 1 Nr. 1 Buchst. b) StGB entspricht, ist die Begehung der sexuellen Nötigung qualifiziert, wenn der Täter sonst ein Werkzeug oder Mittel bei sich führt, um den **Widerstand** einer anderen Person durch Gewalt oder Drohung mit Gewalt **zu verhindern oder zu überwinden**. Hierbei handelt es sich um einen **Auffangtatbestand** für Fälle, in denen der Täter sich zur Durchsetzung seiner Ziele solcher Gegenstände bedient, die weder Waffen noch gefährliche Werkzeuge i.S. des § 177 Abs. 3 Nr. 1 StGB darstellen.

187

Den Tatmitteln des § 177 Abs. 3 Nr. 2 StGB fehlt zwar im Gegensatz zu denjenigen der Nr. 1 eine objektive Gefährlichkeit. Das daraus folgende verminderte Unrecht erachtet der Gesetzgeber jedoch aufgrund der Verwendungsabsicht zur Durchführung einer sexuellen Nötigung als ausgeglichen.

188

---

[154] Hoyer in: SK-StGB, 1999, § 244 Rdn. 11 f.; Krey, 1999, S. 69; Otto, 1998, S. 171; Schroth, 1998, S. 2864.
[155] Mitsch, 1999, S. 79 f.
[156] So Geppert, 1999, S. 602; Lackner/Kühl, 1999, § 244 Rdn. 3.
[157] So Küper, 1999a, S. 192 ff.; Rengier, 1999, S. 59; Wessels/Hillenkamp, 1999, S. 95 f.
[158] BGHSt. 31, S. 105; Hoyer in: SK-StGB; 1999, § 244 Rdn. 20; Tröndle/Fischer, 1999, § 244 Rdn. 7.
[159] BGH, NStZ 1985, S. 547.
[160] Tröndle/Fischer, 1999, § 177 Rdn. 25.

> *Beispiele:* Ungeladene oder defekte echte Schusswaffen; Gas- oder Schreckschusswaffen, soweit deren Verwendung nicht unter § 177 Abs. 3 Nr. 1 StGB fällt[161]; Fesselungswerkzeuge wie Handschellen, Kabel oder Schnüre[162]; Attrappen von Handgranaten oder Bomben, mit deren Einsatz der Täter droht[163]; Scheinwaffen wie Revolverimitate oder Spielzeugpistolen[164].

189   Nicht unter die Werkzeuge oder Mittel i.S. des § 177 Abs. 3 Nr. 2 StGB fallen Gegenstände, mit denen keine Drohungs-, sondern nur eine Täuschungswirkung erzielt werden kann und die daher offensichtlich ungefährlich sind (z.B. ein in den Rücken des Opfers gebohrter Lippenstift).[165]

190   Auch bei § 177 Abs. 3 Nr. 2 StGB muss der Täter den Gegenstand bei der Tatbegehung bei sich führen. In subjektiver Hinsicht bedarf es neben dem Vorsatz einer **spezifischen Täterabsicht**: Der Täter will das Werkzeug oder Mittel einsetzen, um einen vom Opfer oder von einem Dritten erwarteten Widerstand durch Gewalt oder Drohung mit Gewalt zu verhindern oder auf diese Weise einen von einer solchen Person bereits geleisteten Widerstand zu überwinden.

191   Kann der Täter entgegen seinen ursprünglichen Vorstellungen die sexuelle Nötigung begehen, ohne das vorgesehene Mittel einsetzen zu müssen, liegt dennoch eine Vollendung des Qualifikationstatbestandes des § 177 Abs. 3 Nr. 2 StGB vor. Dieser verlangt als Tathandlung – anders als § 177 Abs. 4 Nr. 1 StGB – keine tatsächliche Verwendung.[166]

3.1.3.3 Konkrete Opfergefährdung

192   Nach § 177 Abs. 3 Nr. 3 StGB wirkt qualifizierend, wenn der Täter das Opfer durch die Tat in die Gefahr einer schweren Gesundheitsschädigung bringt. Diese kann aus dem verwendeten Nötigungsmittel oder aus der sexuellen Handlung resultieren.[167]

193   Der Begriff der **schweren Gesundheitsschädigung** ist ein weiterer als derjenige der Folgen von schweren Körperverletzungen i.S. des § 226 Abs. 1 StGB.[168] Sie besteht in einem physischen oder psychischen Krankheitszustand, der die Gesundheit des Opfers ernstlich, einschneidend und nachhaltig beeinträchtigt.[169] Gerade bei den Opfern von sexuellen Übergriffen i.S. des § 177 StGB können

---

161 BGHSt. 44, S. 107; BGH, NStZ-RR 2000, S. 43.
162 Rengier, 1999, S. 61.
163 BGH, NStZ 1999, S. 188.
164 BGHSt. 44, S. 106 f.; BGH, NJW 1998, S. 2914; BGH, NStZ 1999, S. 135; Baier, 1999, S. 12; Hoyer in: SK-StGB, 1999, § 244 Rdn. 3; Sander/Hohmann, 1998, S. 277; Tröndle/Fischer, 1999, § 177 Rdn. 26; a.A. Lesch, 1999, S. 38.
165 Kudlich, 1998, S. 359; Otto, 1998, S. 172; Tröndle/Fischer, 1999, § 244 Rdn. 6.
166 Tröndle/Fischer, 1999, § 177 Rdn. 26.
167 Horn in: SK-StGB, 1998, § 177 Rdn. 31; Renzikowski, 1999, S. 383; Tröndle/Fischer, 1999, § 177 Rdn. 27.
168 Lackner/Kühl, 1999, § 177 Rdn. 12; Schroth, 1998, S. 2865.
169 Küper, 1999, S. 152 f.

hierunter auch erhebliche psychische Traumata[170] fallen, die einer langen Behandlung bedürfen.

§ 177 Abs. 3 Nr. 3 StGB stellt kein erfolgsqualifiziertes Delikt i.S. des § 18   **194**
StGB dar[171], sondern ein **konkretes Gefährdungsdelikt**.[172] Deshalb muss der
Täter mit Gefährdungsvorsatz handeln, d.h. die Gefahr (nicht erforderlich den
Eintritt der Schädigung) als notwendige Folge seines Tuns ansehen oder als mögliche Konsequenz billigend in Kauf nehmen.

3.1.4 Qualifikationstatbestand des § 177 Abs. 4 StGB

Eine weitere Qualifikationsstufe der sexuellen Nötigung enthält § 177 Abs. 4   **195**
StGB mit einer Strafdrohung von nicht unter fünf Jahren Freiheitsentzug (in minder schweren Fällen gem. § 177 Abs. 5 2. Alt. StGB Freiheitsstrafe von einem
Jahr bis zu zehn Jahren).

Nach § 177 Abs. 4 StGB wirkt qualifizierend, wenn der Täter
– bei der Tat eine Waffe oder ein anderes gefährliches Werkzeug verwendet,
Nr. 1, oder
– das Opfer bei der Tat körperlich schwer misshandelt, Nr. 2 Buchst. a), oder
– das Opfer durch die Tat in die Gefahr des Todes bringt, Nr. 2 Buchst. b).

3.1.4.1 Verwendung eines gefährlichen Werkzeugs

Während nach § 177 Abs. 3 Nr. 1 StGB den Täter, der eine Waffe oder ein ande-   **196**
res gefährliches Werkzeug bei sich führt, eine niedrigere Qualifikationsstufe trifft,
tritt nach § 177 Abs. 4 Nr. 1 StGB eine zusätzliche Strafschärfung ein, sobald über
das bloße Mit-sich-Führen hinausgehend die in der Norm genannten Tatmittel
tatsächlich zur Anwendung gelangen. Denn die Benutzung birgt **gesteigerte Gefahren** für das Tatopfer. Dagegen hat der Gesetzgeber auf die Schaffung eines
eigenen Qualifikationstatbestandes verzichtet, der die faktische Verwendung eines
sonstigen Werkzeugs oder Mittels in Realisierung der in § 177 Abs. 3 Nr. 2 StGB
umschriebenen Absicht mit gesteigerter Strafe bedroht.

Der Begriff der **Waffe** i.S. des § 177 Abs. 4 Nr. 1 StGB entspricht demjenigen   **197**
in § 177 Abs. 3 Nr. 1 StGB.

Bei der Auslegung des Merkmals „**gefährliches Werkzeug**" kann im Rahmen   **198**
des § 177 Abs. 4 Nr. 1 StGB jedoch nicht die Begriffsbestimmung des gefährlichen Werkzeugs i.S. des § 177 Abs. 3 Nr. 1 StGB zugrunde gelegt werden. Bei
§ 177 Abs. 4 Nr. 1 StGB benutzt der Täter das mitgeführte Werkzeug. Die Gefährlichkeitsdefinition wird deshalb in Verbindung mit der Verwendung der Sache

---

[170] Zur Traumatisierung von Opfern sexueller Gewalt siehe Baurmann, 1996, S. 409 ff.;
Breiter, 1995, S. 103 ff.; Feldmann, 1992; Flothmann/Dilling, 1987, S. 69 ff.; Licht,
1989, S. 59 ff.; Weis, 1982, S. 111 ff.

[171] Anders Horn in: SK-StGB, 1998, § 177 Rdn. 31.

[172] Lackner/Kühl, 1999, § 177 Rdn. 12; Renzikowski, 1999, S. 383; Tröndle/Fischer,
1999, § 177 Rdn. 27; Wetzel, 1998, S. 203.

stark von der **konkreten Anwendungsart** beeinflusst. Ein Werkzeug, welches als ungefährlich zu betrachten ist, solange es nur mitgeführt wird, kann durchaus im Moment seiner Verwendung zu einem gefährlichen Werkzeug im Sinne der Norm werden.[173] Daher ist hier auf die jeweilige Benutzung abzustellen und als gefährliches Werkzeug i.S. des § 177 Abs. 4 Nr. 1 StGB jeder eingesetzte Gegenstand zu verstehen, der bei seiner konkreten Verwendung im Einzelfall nach seiner objektiven Beschaffenheit die Gefahr erheblicher Verletzungen in sich birgt.[174]

199   Der Täter **verwendet bei der Tat** eine Waffe oder ein sonstiges gefährliches Werkzeug, wenn er dieses als Nötigungsmittel vor der sexuellen Handlung oder während dieser zum Einsatz bringt. Dies kann geschehen in Ausübung tatsächlicher Gewalt; darüber hinaus reicht der Einsatz als Drohungsmittel aus.[175] Der Tatbestand wird ferner erfüllt, wenn der Täter das gefährliche Werkzeug benutzt, um den Widerstand einer dritten Person (siehe § 177 Abs. 3 Nr. 2 StGB) zu verhindern oder zu überwinden (z.B. der Täter veranlasst eine Begleitperson durch die Drohung mit der Waffe zur Flucht). Setzt der Täter die Waffe oder das gefährliche Werkzeug zur Drohung ein, kann die Verwendung auch als konkludente Drohung durch Sichtbarkeit erfolgen[176] (z.B. der Täter trägt ein Messer bei sich, das sein Hemd deutlich erkennbar ausbeult, wobei er seine Bewaffnung bewusst zum Ausdruck bringen will). In einem solchen Fall bedarf es jedoch der Feststellung, dass es sich tatsächlich um eine Waffe oder ein sonstiges gefährliches Werkzeug handelte und der Täter die Sache nicht ohne Herstellung eines funktionalen Zusammenhangs zur Begehung der sexuellen Nötigung mit sich führte.[177] Das Opfer muss zudem den Gegenstand wahrgenommen haben, denn der Grund für die strafschärfende Qualifikation liegt auch in dem beim Opfer erhöhten Bedrohungsgefühl.[178]

200   Die Verwendung der Waffe oder des gefährlichen Werkzeugs durch den Täter mit dem Ziel, einen Widerstand des Opfers oder einer dritten Person zu verhindern oder zu überwinden, reicht zur Tatbestandserfüllung aus. Der Zufügung einer konkreten Leibes- oder Lebensgefahr durch das Tatmittel bedarf es – anders als bei § 177 Abs. 3 Nr. 3 und Abs. 4 Nr. 2 Buchst. b) StGB – nicht.

201   Eine Strafbarkeit gem. § 177 Abs. 4 Nr. 1 StGB scheidet aus, wenn die Waffe oder das sonstige gefährliche Werkzeug nicht zur sexuellen Nötigung („... bei der Tat ...") eingesetzt wird. Begeht etwa der Täter unter Waffeneinsatz einen Raub und fasst er erst nach dessen Beendigung den ohne die Verwendung der Waffe realisierten Entschluss, das Opfer sexuell zu nötigen, bleibt es bei einer Strafbarkeit gem. § 177 Abs. 3 Nr. 1 StGB.[179]

---

173 Krit. dazu aber Mitsch, 1999, S. 103.
174 BGH, NJW 1998, S. 2916; BGH, StrVert 1999, S. 208; dazu auch Otto, 1998, S. 189; Schroth, 1998, S. 2865.
175 Tröndle/Fischer, 1999, § 177 Rdn. 29.
176 Siehe BGH, NStZ-RR 1997, S. 7.
177 Geppert, 1999, S. 605; Mitsch, 1998, S. 264.
178 Sander/Hohmann, 1998, S. 277; Wessels/Hillenkamp, 1999, S. 137.
179 Tröndle/Fischer, 1999, § 177 Rdn. 29.

3.1.4.2 Schwere körperliche Misshandlung

Besonders qualifizierend wirkt gem. § 177 Abs. 4 Nr. 2 Buchst. a) StGB eine **202** schwere körperliche Misshandlung des Opfers der sexuellen Nötigung durch den Täter. Diese kann sowohl durch die Gewalteinwirkung zur Erzwingung des Sexualkontakts als auch durch die sexuelle Betätigung selbst geschehen. Sie muss in einem unmittelbaren zeitlich-räumlichen Zusammenhang mit der Verwirklichung des Grunddelikts stehen („... bei der Tat ...").[180]

Für das Vorliegen einer schweren körperlichen Misshandlung reicht nicht **203** schon jede Gesundheitsbeeinträchtigung aus. Erforderlich ist eine **gesteigerte Beschädigung der körperlichen Unversehrtheit** des Opfers in einem über das für die bloße Erfüllung des Tatbestandes der einfachen Körperverletzung gem. § 223 StGB hinausgehenden Maß.[181] Es bedarf einer mehr als nur unerheblichen Beeinträchtigung[182], die jedoch nicht zwingend das Eintreten der schweren Körperverletzungsfolgen i.S. des § 226 StGB bedingt.[183]

> *Beispiel:* Ein Täter schlug mehrmals gegen den Kopf des Opfers. Dieses erlitt eine Siebbeinfraktur, eine Gesichtsschädelprellung mit Monokelhämatom sowie eine Trommelfellperforation.
>
> Der BGH[184] hat in diesem Fall eine Verwirklichung des Tatbestandsmerkmals einer schweren körperlichen Misshandlung bejaht. Es genügen hierfür bereits heftige und mit Schmerzen verbundene Schläge. Denn die körperliche Integrität des Opfers muss „schwer, d.h. mit erheblichen Folgen für die Gesundheit oder in einer Weise, die mit erheblichen Schmerzen verbunden ist, beeinträchtigt sein".

§ 177 Abs. 4 Nr. 2 Buchst. a) StGB verlangt nicht notwendigerweise eine rohe **204** Misshandlung des Opfers i.S. des § 225 StGB, denn es kommt weniger auf die Gefühllosigkeit des Täters als vielmehr auf die Schwere der körperlichen Misshandlung auf der Opferseite an.[185] Deshalb spielt es für die Realisierung dieser Qualifikationsalternative keine Rolle, ob die Tat mit einer besonderen Herabwürdigung des Opfers verbunden ist.[186]

3.1.4.3 Lebensgefährliche sexuelle Nötigung

Bringt der Täter das Opfer durch die Tat – Nötigungsakt oder erzwungener Sexu- **205** alkontakt – in die Gefahr des Todes, trifft ihn ebenfalls die besondere Strafdrohung des § 177 Abs. 4 StGB. Die Qualifikation von Nr. 2 Buchst. b) setzt eine **konkrete** Lebensgefährdung voraus. Hierbei handelt es sich nicht um ein erfolgs-

---

[180] Tröndle/Fischer, 1999, § 176a Rdn. 11.
[181] Renzikowski, 1999, S. 383 f.
[182] BGH, NStZ 1994, S. 223.
[183] BGH, NStZ 1998, S. 461.
[184] BGH, NStZ 1998, S. 461 f.
[185] Lackner/Kühl, 1999, § 251 Rdn. 4; Tröndle/Fischer, 1999, § 176a Rdn. 11.
[186] A.A. Horn in: SK-StGB, 1998, § 177 Rdn. 33.

qualifiziertes Delikt i.S. des § 18 StGB.[187] Deshalb muss der Täter mit zumindest bedingtem Gefährdungsvorsatz handeln.[188]

3.1.5 Sexuelle Nötigung und Vergewaltigung mit Todesfolge

206 Verursacht der Täter durch die sexuelle Nötigung oder Vergewaltigung gem. § 177 StGB wenigstens leichtfertig den Tod des Opfers, trifft ihn nach § 178 StGB die deutlich angehobene Mindeststrafe von zehn Jahren oder lebenslange Freiheitsstrafe.

207 Bei § 178 StGB handelt es sich um ein **erfolgsqualifiziertes Delikt**. Der Täter muss zum einen durch die sexuelle Nötigung – Nötigungshandlung oder sexuelle Betätigung – kausal den Tod des Opfers (nicht eines schutzbereiten Dritten[189]) herbeigeführt haben. Darüber hinaus bedarf es zwischen Grunddelikt (§ 177 StGB) und dem Todeseintritt noch einer besonderen **Affinitätsbeziehung**.[190] Ein solcher spezifischer Unmittelbarkeitszusammenhang ist gegeben, wenn sich die in § 177 StGB enthaltene tatbestandsspezifische Gefahr gerade im Tod des Opfers realisiert, dessen Versterben somit dem tatbestandstypischen letalen Risiko einer sexuellen Nötigung zugerechnet werden muss. Dies betrifft nicht nur Gewaltanwendungen oder Drohungen zur Erzwingung sexueller Handlungen, das Ausnutzen hilfloser Lagen zur Vornahme von Sexualkontakten oder tödliche Verletzungen bei deren Durchführung. Auch zum Tode führende Beeinträchtigungen mit dem Zweck, das Opfer nach der sexuellen Betätigung zum Schweigen zu veranlassen, können hierunter fallen. Ein Unmittelbarkeitszusammenhang wird ferner dann noch zu bejahen sein, wenn es aufgrund der durch die Tat herbeigeführten Traumatisierungen zum Selbstmord des Opfers kommt.[191] Dagegen unterfällt eine mit neuem Tatentschluss gefasste, dem Sexualkontakt nachfolgende Tötung des Opfers durch den Täter nicht mehr der Norm des § 178 StGB.

> *Beispiel:* A leidet unter einer schweren Persönlichkeitsstörung, die seine Steuerungsfähigkeit im Bereich des Sexuallebens erheblich vermindert. Wenn er den Drang verspürte, „eine Frau zu vergewaltigen", verschaffte er sich unter dem Vorwand, einen „Wasserschaden überprüfen zu müssen", Zutritt zu deren Wohnung. Als er in die Wohnung der 19-jährigen T gelangt war und nach vermeintlichen „Wasserschäden" suchte, hörte er die junge Frau bei einem Telefongespräch lachen. Er empfand das so, „als lache sie ihn aus". Um ihr gegenüber „seine Macht zu beweisen", nahm er ein Küchenmesser und holte aus seinem Rucksack einen Schal. Diesen legte er der T von hinten um den Hals; gleichzeitig bedrohte er sie mit dem Messer. Nachdem er sie gezwungen hatte, sich auszuziehen, fesselte er ihr mit dem Schal die Hände und führte gegen ihren Willen den Geschlechtsverkehr durch. Obwohl das völlig verängstigte Tatopfer ihm versicherte, ihn nicht anzuzeigen, beschloss er jetzt, es zu töten. Möglicherweise fasste er diesen Entschluss, weil er befürchtete, T werde ihn anderenfalls als

---

[187] A.A. Horn in: SK-StGB, 1998, § 177 Rdn. 34.
[188] Lackner/Kühl, 1999, § 15 Rdn. 28; Tröndle/Fischer, 1999, § 177 Rdn. 31.
[189] Horn in: SK-StGB, 1998, § 178 Rdn. 2.
[190] Dazu BGHSt. 31, S. 96; 33, S. 322; Wessels/Beulke, 1999, S. 7.
[191] A.A. Horn in: SK-StGB, 1998, § 178 Rdn. 3; Tröndle/Fischer, 1999, § 178 Rdn. 4.

Täter wieder erkennen. Es bleibt jedoch auch nicht ausgeschlossen, dass er über die Äußerung seines Opfers nach dem Geschlechtsverkehr, „er könne jetzt gehen", in Wut geriet, weil er meinte, T „nehme ihn nicht ernst". Nachdem er zunächst versuchte, der T den Hals zuzudrücken, nahm er das Messer und stach mehrfach auf sie ein. Als die Klinge abbrach, holte er ein anderes Messer, mit dem er weiter gegen T vorging. Insgesamt fügte er ihr vierzehn Stichwunden zu, an denen sie verblutete.

Das erstinstanzliche Landgericht verurteilte A aufgrund dieser Tat wegen Mordes in Tateinheit mit Vergewaltigung mit Todesfolge. Die Strafbarkeit wegen § 178 StGB hat der BGH[192] vorliegend jedoch verneint: „Hiernach ist zugunsten des Angeklagten davon auszugehen, dass er den Tötungsentschluss erst nach der Ausübung des Geschlechtsverkehrs gefasst hat, die Vergewaltigung zu diesem Zeitpunkt bereits beendet war und die eingesetzten Nötigungsmittel nicht mehr der Vornahme sexueller Handlungen dienten. Der Angeklagte hat somit den Tod des Opfers nicht durch die Vergewaltigung verursacht; denn der (beendeten) Vergewaltigung haftete nicht (typischerweise) das Risiko eines tödlichen Ausgangs an, das sich im Eintritt des Todes verwirklichte. ... Der Tod wurde vielmehr (nur) durch das neue – nach der Vergewaltigung beginnende – Tätigwerden des Angeklagten verursacht. Dass die Tötung im Zusammenhang mit der Vergewaltigung erfolgte, genügt zur Erfolgsqualifizierung nach § 178 StGB nicht ...; auch nicht ... dass die Gewaltlage fortdauerte und der Angeklagte diese zur Tötungshandlung ausnutzte."

Zu Recht nicht beanstandet hat der BGH, dass der Angeklagte gem. § 211 Abs. 2 StGB entweder das Mordmerkmal „zur Verdeckung einer anderen Straftat" (der Vergewaltigung) erfüllte oder „sonst aus niedrigen Beweggründen" (aus Wut oder Verärgerung darüber, dass das Opfer den Geschlechtsverkehr für sich nicht als „positives Erlebnis" empfand) handelte.

Der Täter muss den Tod des Opfers gem. § 178 StGB **wenigstens leichtfertig** herbeiführen. Mit dieser Formulierung hat der Gesetzgeber klargestellt, dass einfache Fahrlässigkeit nicht ausreicht. Erforderlich ist eine besonders hochgradige Fahrlässigkeit, eine Verletzung der gebotenen Sorgfalt in einem ungewöhnlich hohen Maße.[193] Eine nach den konkreten Tatumständen nahe liegende Möglichkeit des Todeseintritts wird aus Gleichgültigkeit oder aus grobem Leichtsinn außer Acht gelassen.[194] Dies gilt insbesondere auch beim Einsatz qualifizierender Mittel i.S. des § 177 Abs. 4 StGB.   **208**

Da § 178 StGB auf der subjektiven Tatbestandsebene von wenigstens leichtfertigem Verhalten ausgeht, umfasst die Norm zudem die **vorsätzliche Erfolgsherbeiführung**. Die Begrenzung der Strafbarkeit nach unten hin auf eine höhere Fahrlässigkeitsstufe besitzt keine den Vorsatz ausschließende Limitierungsfunktion.[195] Das bei einer vorsätzlichen Tötung des Opfers zugleich verwirklichte Tötungsdelikt steht mit § 178 StGB in Tateinheit.[196]   **209**

Eine Strafbarkeit wegen **Versuchs** des § 178 StGB kommt in Betracht, wenn der Täter das Sexualdelikt des § 177 StGB versucht oder vollendet, der von ihm   **210**

[192] BGH, NStZ-RR 1999, S. 170.
[193] Jescheck/Weigend, 1996, S. 569; Wessels/Beulke, 1999, S. 214.
[194] BGHSt. 33, S. 67.
[195] Laubenthal, 1988, S. 335.
[196] BGHGSSt. 39, S. 100 (zu § 251 StGB).

erstrebte oder billigend in Kauf genommene Todeserfolg aber ausbleibt. Möglich ist ferner ein erfolgsqualifizierter Versuch: Die Begehung des Sexualdelikts bleibt im Versuchsstadium stecken, der Täter führt jedoch leichtfertig oder vorsätzlich den Tod des Opfers herbei.

3.2 Sexueller Missbrauch Widerstandsunfähiger

211   Ein verbesserter strafrechtlicher Schutz behinderter Menschen stellte eines der zentralen Anliegen der Legislative bei der Reform der §§ 177 bis 179 StGB durch das 33. StÄG 1997[197] und das 6. StrRG 1998[198] dar.[199] Dieser erfolgte durch die Einfügung der dritten Nötigungsalternative des Ausnutzens einer schutzlosen Lage in den Tatbestand des § 177 Abs. 1 StGB[200], Modifizierungen von § 174a Abs. 2 StGB[201] sowie die Einführung des neuen Tatbestandes des Sexuellen Missbrauchs unter Ausnutzung eines Beratungs-, Behandlungs- und Betreuungsverhältnisses (§ 174c StGB)[202]. Neben diesen Regelungen kommt dem Delikt des Sexuellen Missbrauchs widerstandsunfähiger Personen gem. § 179 StGB die Funktion eines **Auffangtatbestandes**[203] zu. Dieser dient zur Ergänzung des bereits durch § 177 Abs. 1 StGB vermittelten Strafrechtsschutzes für solche Menschen, die – aufgrund ihrer behinderungsbedingten oder sonstigen **Unfähigkeit zur Bildung eines ausreichenden Widerstandswillens** als einer inneren ablehnenden Haltung sexuellen Übergriffen gegenüber – nicht i.S. des § 177 Abs. 1 StGB zu sexuellen Handlungen genötigt werden können.[204] Während bei § 177 StGB dem Täter vorgeworfen wird, sich über einen ihm bekannten oder erkennbaren Willen des Opfers hinweggesetzt zu haben, trifft ihn bei § 179 StGB der Vorwurf des Sexualkontakts hinsichtlich einer Person, deren Teilnahmslosigkeit oder äußere Zustimmung für ihn erkennbar nicht auf einem frei gebildeten Willen beruhte.

212   § 179 StGB schützt die **Freiheit vor Fremdbestimmung auf sexuellem Gebiet** von Personen, die aus psychischen oder physischen Gründen gänzlich oder vorübergehend nicht in der Lage sind, ihr sexuelles Selbstbestimmungsrecht auszuüben. Diese sollen davor bewahrt werden, als bloßes Objekt oder Werkzeug sexueller Wünsche des Täters zu dienen.[205]

---

[197] Dazu oben Kap. 2.3.2.
[198] Dazu oben Kap. 2.3.4.
[199] Vgl. BT-Drs. XIII/7663, S. 4.
[200] Dazu oben Kap. 3.1.1.5.
[201] Siehe Kap. 3.3.
[202] Siehe Kap. 3.4.
[203] BT-Drs. XIII/7663, S. 4 f.; XIII/9064, S. 13; BGH, NStZ 2000, S. 142; Mildenberger, 1998, S. 83; Renzikowski, 1999, S. 384; weiter gehend für eine Streichung des § 179 StGB: Helmken, 1996, S. 241 ff.
[204] BGH, NStZ 2000, S. 140; 2000, S. 142; Mildenberger, 1998, S. 75 ff.; Wetzel, 1998, S. 177 ff.; siehe auch Lackner/Kühl, 1999, § 177 Rdn. 6.
[205] Horn in: SK-StGB, 1998, § 179 Rdn. 2.

Bereits durch das 33. StÄG hat § 179 StGB eine geschlechtsneutrale Fassung erhalten.   **213**
Zudem wurde das Wort „außerehelich" gestrichen und die Versuchsstrafbarkeit eingeführt.
Mit dem 6. StrRG kam es zu einer neuen Umschreibung der zuvor insbesondere von geistig
Behinderten als diskriminierend empfundenen[206] Formulierung der Voraussetzungen psy-
chischer Widerstandsunfähigkeit in § 179 StGB a.F. Die Terminologie knüpft nunmehr an
die in der Behindertenhilfe nach dem SGB und dem BSHG übliche Unterscheidung nach
geistiger und seelischer Behinderung an. Fragwürdig erscheint jedoch, dass § 179 Abs. 6
StGB hinsichtlich besonders qualifizierender Tatmodalitäten und -folgen auf entsprechende
Tatbestände (§§ 176a Abs. 4, 176b StGB) bei den Delikten des sexuellen Missbrauchs von
Kindern verweist und nicht auf die Qualifikationen im Rahmen der Vorschriften zum
Schutz Erwachsener vor sexuellen Übergriffen.[207]

Das Delikt des sexuellen Missbrauchs widerstandsunfähiger Personen enthält   **214**
ein **System differenzierter Strafdrohungen**:
Der **Grundtatbestand** des **§ 179 Abs. 1 StGB** erfasst mit Freiheitsstrafe von   **215**
sechs Monaten bis zu zehn Jahren (in minder schweren Fällen gem. § 179 Abs. 5
StGB von drei Monaten bis fünf Jahre) den Missbrauch einer widerstandsunfähigen Person zur Duldung sexueller Handlungen des Täters oder zu deren Vornahme am Täter. Ebenso wird nach **§ 179 Abs. 2 StGB** bestraft, wer unter Ausnutzung ihrer Widerstandsunfähigkeit eine solche Person dazu bestimmt, sexuelle
Aktivitäten an einem Dritten vorzunehmen oder diejenigen eines Dritten an sich
zu dulden.
Der **Qualifikationstatbestand** des **§ 179 Abs. 4 StGB** benennt mit einer Straf-   **216**
schärfung auf Freiheitsstrafe nicht unter einem Jahr (in minder schweren Fällen
gem. § 179 Abs. 5 StGB von drei Monaten bis fünf Jahre) schwere Fälle des sexuellen Missbrauchs Widerstandsunfähiger. Qualifizierend wirken die Vollziehung
des Beischlafs und ähnlicher mit einer Penetration verbundener Handlungen
(Nr. 1), die gemeinschaftliche Tatbegehung (Nr. 2) sowie die Herbeiführung der
konkreten Gefahr einer schweren Gesundheitsschädigung bzw. einer erheblichen
Schädigung der körperlichen oder seelischen Entwicklung (Nr. 3).
§ 179 Abs. 6 1. Alt. StGB erklärt den **Qualifikationstatbestand** des § 176a   **217**
Abs. 4 StGB für entsprechend anwendbar. Danach ist die Tat mit einer Strafdrohung von Freiheitsstrafe nicht unter fünf Jahren qualifiziert, wenn das Opfer bei
der Tat körperlich schwer misshandelt (Nr. 1) oder durch die Tat in die Gefahr des
Todes gebracht (Nr. 2) wird.
§ 179 Abs. 6 2. Alt. StGB verweist schließlich auf die **Erfolgsqualifikation**   **218**
des § 176b StGB. Bedroht mit lebenslanger Freiheitsstrafe oder mit einer zeitigen
Freiheitsstrafe nicht unter zehn Jahren wird der Täter, der durch den sexuellen
Missbrauch einer widerstandsunfähigen Person wenigstens leichtfertig deren Tod
verursacht.
Ist eine Strafbarkeit gem. § 179 StGB gegeben, kann das Gericht neben den in   **219**
den Normalternativen angedrohten Unrechtsreaktionen gem. § 181b StGB auch
Führungsaufsicht anordnen.

---

[206] Vgl. BT-Drs. XIII/8267, S. 8.
[207] Krit. auch Schroeder, 1999, S. 830.

3.2.1 Geschützter Personenkreis

220 Unabhängig von Geschlecht und Alter genießen Opfer den strafrechtlichen Schutz des § 179 StGB, wenn sie aufgrund der in § 179 Abs. 1 StGB abschließend benannten Gründe **unfähig** – d.h. gänzlich außerstande – sind, dem sexuellen Täteransinnen **Widerstand entgegenzusetzen.**

221 Keinen zureichenden Widerstandswillen bilden, äußern oder realisieren können diejenigen Personen, die zur Zeit der Tathandlung zumindest vorübergehend[208]
– im Zustand einer geistigen oder seelischen Krankheit oder Behinderung einschließlich einer Suchtkrankheit oder einer tief greifenden Bewusstseinsstörung (Nr. 1), oder
– körperlich (Nr. 2)
widerstandsunfähig sind.

3.2.1.1 Psychische Widerstandsunfähigkeit

222 Gem. § 179 Abs. 1 Nr. 1 StGB muss die Widerstandsunfähigkeit des Opfers auf einer der genannten intellektuellen oder psychischen Beeinträchtigungen beruhen.

223 Der **Begriff**[209] der **geistigen Krankheit** erfasst nicht irreversible Beeinträchtigungen der geistigen Fähigkeiten, die auf hirnorganischen Ursachen oder anderen Krankheitsvorgängen beruhen. Liegt eine angeborene (z.B. Down-Syndrom) oder früh erworbene Intelligenzschwäche (z.B. im Rahmen von Geburtsschäden) irreversibler Art ohne Krankheitshintergrund vor, ist eine **geistige Behinderung** gegeben.

224 Bei den **seelischen Krankheiten** handelt es sich um die anerkannten psychiatrischen Krankheitsbilder der exogenen und endogenen Psychosen, also spezifische psychische Abweichungen mit Krankheitswert, die nachweisbar auf körperlichen Ursachen beruhen (z.B. Folgen krankhafter Prozesse aufgrund von Hirnverletzungen, entzündliche Prozesse des Zentralnervensystems, Epilepsie usw.) oder die als körperlich begründet postulierbar sind (z.B. Schizophrenie, Zyklothymie). Hinzu treten Neurosen (z.B. Angsterkrankungen) und Persönlichkeitsstörungen mit einem Krankheitswert von klinischem Ausmaß (z.B. dependente Persönlichkeit). Kommt es infolge seelischer Erkrankung zu lang andauernden oder bleibenden Beeinträchtigungen, ist eine **seelische Behinderung** anzunehmen.

225 Bei der **Suchtkrankheit** geht es um stoffgebundene Suchtformen (Alkohol, Drogen, Medikamente), die beim Betroffenen zu einer suchtspezifischen psychischen oder körperlichen Abhängigkeit geführt haben.

226 Der Begriff der **tief greifenden Bewusstseinsstörung** entspricht demjenigen des § 20 StGB. Hierbei handelt es sich um eine – gemessen am psychiatrischen Krankheitsbegriff – nicht krankhafte seelische Störung, bei der die Wahrnehmungs- und Erlebnisfähigkeit des Betroffenen bzw. sein seelisches Gefüge zentral beeinträchtigt sind. Mit Einfügung dieser Alternative bezweckte der Gesetzgeber,

---

208 BGHSt. 36, S. 147; 38, S. 71.
209 Zur Bestimmung der Begriffe siehe auch Lackner/Kühl, 1999, § 174c Rdn. 2; Nedopil, 1996, S. 19 ff.; Otto, 1998, S. 341; Rasch, 1999, S. 357 ff.; Streng, 1991, S. 250 ff.

auch psychisch oder physisch begründete schwerwiegende Beeinträchtigungen der Widerstandsfähigkeit von nur vorübergehender Art zu erfassen (z.B. Schlaf, Ohnmacht, schwere Rauschzustände[210], Schockwirkungen[211], schwere Übermüdung, Hypnose).

§ 179 Abs. 1 StGB verlangt, dass zwischen den zu einer Beeinträchtigung führenden Gründen und der Widerstandsunfähigkeit ein **Kausalzusammenhang** besteht („... wegen ..."). Abzustellen ist hierbei auf einen hypothetischen Widerstand auf der Opferseite.[212] Da das geschützte Rechtsgut des § 179 StGB die Freiheit vor Fremdbestimmung auf sexuellem Gebiet darstellt, bedarf es im Einzelfall einer Prüfung, ob die gesetzlich benannte Beeinträchtigung das Opfer konkret daran gehindert hat, den zur Abwehr ausreichenden Widerstandswillen zu bilden, zu äußern oder durchzusetzen. Zu fragen ist: Hätte sich das Opfer bei Hinwegdenken der Krankheit, Behinderung oder tief greifenden Bewusstseinsstörung dem sexualbezogenen Täteransinnen tatsächlich widersetzen können?   **227**

3.2.1.2 Körperliche Widerstandsunfähigkeit

Auch bei der körperlichen Widerstandsunfähigkeit gem. § 179 Abs. 1 Nr. 2 StGB muss das Opfer **gänzlich außerstande** sein, seinen dem Täterbegehren **entgegenstehenden Willen** diesem auch **entgegenzusetzen**. Krankheitsbedingte akute oder chronische körperliche Beeinträchtigungen (z.B. Lähmung) oder solche, die dem Opfer von anderen zugefügt werden (z.B. Fesselung), führen dazu, dass es dem konkreten sexuellen Ansinnen keinen verbalen oder körperlichen Widerstand entgegenbringt.   **228**

Hat der Täter jedoch eine körperliche Widerstandsunfähigkeit erst durch Kraftentfaltung auf den Körper des Opfers bewirkt, ist für die Alternative Abs. 1 Nr. 2 des Auffangtatbestandes § 179 StGB kein Raum, weil dann regelmäßig bereits eine Strafbarkeit gem. § 177 Abs. 1 Nr. 1 StGB vorliegt.[213] Auch wenn das Opfer einen Widerstandswillen bildet und es diesen für den Täter erkennbar aus Angst vor weiteren körperlichen Beeinträchtigungen nicht realisiert, bleibt es bei einer Strafbarkeit gem. § 177 Abs. 1 StGB. Entsprechendes gilt in den Fällen, in denen der Täter das Opfer in einer schutzlosen Lage vorfindet und diese gem. § 177 Abs. 1 Nr. 3 StGB zu sexueller Betätigung ausnutzt.[214] Der Anwendungsbereich von § 179 Abs. 1 Nr. 2 StGB bleibt somit nach der Reform des § 177 Abs. 1 StGB deutlich eingeschränkt.   **229**

---

[210] Zur Beurteilung der Widerstandsunfähigkeit nach Einnahme alkoholischer Getränke, anderer Rauschmittel oder psychotroper Substanzen: BGH, NStZ-RR 1998, S. 270.
[211] BGHSt. 36, S. 147.
[212] Horn in: SK-StGB, 1998, § 179 Rdn. 5; Tröndle/Fischer, 1999, § 179 Rdn. 8.
[213] Siehe auch Fischer, 2000a, S. 100; Horn in: SK-StGB, 1998, S. 179 Rdn. 13.
[214] Zur Abgrenzung siehe auch BGH, NStZ 2000, S. 140; 2000, S. 142.

3.2.2 Sexuelle Handlungen

230 Für eine Strafbarkeit gem. § 179 Abs. 1 oder 2 StGB ist erforderlich, dass es zwischen dem Widerstandsunfähigen und einer anderen Person zu einem **unmittelbaren Körperkontakt** kommt. Dieser muss im Hinblick auf § 184c Nr. 1 StGB mit Rücksicht auf das geschützte Rechtsgut von einiger Erheblichkeit sein.[215]

3.2.2.1 Sexualkontakt zwischen Täter und Widerstandsunfähigem

231 § 179 Abs. 1 StGB betrifft sexuelle Handlungen, die der Täter an dem Opfer oder die er von diesem an sich vornehmen lässt.[216] Manipulationen des Täters an sich selbst, Handlungen der widerstandsunfähigen Person mit Dritten (siehe aber § 179 Abs. 2 StGB) oder an sich selbst werden von § 179 Abs. 1 StGB nicht erfasst. Bei § 179 Abs. 1 StGB handelt es sich um ein **eigenhändiges Delikt**.[217] Der Täter muss körperlichen Kontakt mit dem Opfer haben. Damit bleibt – bei Abs. 1 – eine mittelbare Täterschaft ausgeschlossen.

232 **Vollendet** ist die Tat, sobald der Täter mit einer sexuellen Handlung an der widerstandsunfähigen Person oder diese mit einer solchen am Täter beginnt. Gem. § 179 Abs. 3 StGB wird auch der **Versuch** unter Strafe gestellt. Ein solcher kann vorliegen, wenn der Täter i.S. des § 22 StGB unmittelbar zur Tat ansetzt, die angestrebte sexuelle Aktivität aber nicht mehr erfolgt.

3.2.2.2 Bestimmen zu Sexualkontakt mit Drittem

233 Kommt es zu sexuellen Handlungen zwischen einer widerstandsunfähigen Person und einem Dritten, macht sich gem. § 179 Abs. 2 StGB strafbar, wer das Opfer dadurch missbraucht, dass er es unter Ausnutzung der Widerstandsunfähigkeit zur Vor- oder Hinnahme der sexuellen Betätigung bestimmt.

234 Ein Bestimmen setzt voraus, dass der Täter **unmittelbar** auf die Person einwirkt und diese Einwirkung **ursächlich** dafür wird, dass der oder die Betroffene mit dem sexualbezogenen Geschehen faktisch einverstanden ist. Der Begriff des **Bestimmens** kann in § 179 Abs. 2 StGB nicht ohne weiteres mit demjenigen bei der Anstiftung i.S. des § 26 StGB gleichgesetzt werden. Es reicht bereits ein tatsächliches Verursachen der Vornahme oder Duldung des Sexualkontakts mit Dritten aus. Der Täter veranlasst das Opfer – gleichgültig mit welchem Mittel – zu einem Verhalten, zu dem es ohne die Einwirkung nicht gekommen wäre.

235 Die Tat ist **vollendet**, sobald die widerstandsunfähige Person mit einer sexuellen Handlung am Körper des Dritten bzw. der Dritte mit einer solchen am Körper des Opfers beginnt.

236 § 179 Abs. 3 StGB erklärt auch den **Versuch** einer Tat gem. § 179 Abs. 2 StGB für strafbar. Hinsichtlich des Versuchs der Bestimmung gelten die Kriterien des

---

[215] Dazu Kap. 2.5.2.2.
[216] Zu den Formen sexueller Handlungen siehe Kap. 2.5.3.
[217] Tröndle/Fischer, 1999, § 179 Rdn. 2.

§ 30 StGB entsprechend. Er kann im Gegensatz zu § 179 Abs. 1 StGB bei § 179 Abs. 2 StGB zeitlich früher beginnen, denn der Versuch des Bestimmens liegt bereits in dem unmittelbaren Ansetzen i.S. des § 22 StGB zur Einwirkung auf den Widerstandsunfähigen.[218]

3.2.3 Missbrauch unter Ausnutzung der Widerstandsunfähigkeit

Die bloße Kenntnis des Täters von der Widerstandsunfähigkeit des Opfers reicht **237** für eine Tatbestandsverwirklichung nicht aus. Neben dem sexuellen Kontakt liegt die Tathandlung des § 179 Abs. 1 (und Abs. 2) StGB auch darin, dass die Tat unter Ausnutzung der Widerstandsunfähigkeit geschieht und dies zugleich einen Missbrauch des Opfers darstellt.

Zweck des § 179 StGB ist es nicht, an psychischen und physischen Beeinträch- **238** tigungen leidende Menschen zu sexueller Enthaltsamkeit zu verurteilen, wenn sie aufgrund ihrer Störung in der Freiheit zur sexuellen Selbstbestimmung Einschränkungen dahin gehend unterliegen, dass sie sich einem sexualbezogenen Täteransinnen nicht ausreichend widersetzen können. § 179 StGB steht damit im Spannungsfeld zwischen dem Schutz der sexuellen Integrität widerstandsunfähiger Personen einerseits und deren Recht auf geschlechtliche Betätigung andererseits.[219]

Die Öffentlichkeit ist in Deutschland erst in den neunziger Jahren hinsichtlich Übergrif- **239** fen auf die sexuelle Selbstbestimmung insbesondere von Menschen mit geistiger Behinderung sensibilisiert worden. So wie sexuelle Gewalt insgesamt für lange Zeit ein Tabuthema war, so erfährt der Deliktsbereich des **sexuellen Missbrauchs geistig behinderter Personen** erst allmählich eine Enttabuisierung.[220] Den Instanzen der formellen Sozialkontrolle werden jedoch selten sexuelle Übergriffe gegenüber Behinderten bekannt. Dies beruht vor allem darauf, dass bei den Opfern die Kommunikationsbarrieren deutlich höher liegen, wenn sie sich über sexualbezogene Angriffe mitteilen oder diese gar zur Anzeige bringen wollen. Ein weiteres geschlechtliches Tabuthema stellt aber auch der Bereich der Sexualität behinderter Menschen an sich dar.[221] Geistig Behinderte können indes zu tieferen Sozialbeziehungen fähig sein und sexuelle Wünsche auf sozial annehmbare Weise in einer Partnerschaft leben. Deshalb darf § 179 Abs. 1 Nr. 1 StGB nicht so interpretiert werden, dass von Seiten des Strafrechts her psychisch behinderten Personen kein Freiraum mehr für Sexualkontakte mit anderen Personen eröffnet bliebe, sie also zusätzlich unter ein strafrechtlich begründetes sexuelles Tabu gestellt würden.

---

[218] BGHSt. 35, S. 9 (zu § 176 Abs. 2 StGB).
[219] BGHSt. 32, S. 186; Horn in: SK-StGB, 1998, § 179 Rdn. 10; Lenckner in: Schönke/Schröder, 1997, § 179 Rdn. 9.
[220] Siehe dazu Becker M., 1995, S. 40 ff.; Noack/Schmid, 1996, S. 13 ff.; Senn, 1993, S. 19 ff.; Zemp/Pircher, 1996, S. 25 ff.
[221] Dazu Achilles/Bätz/Bartzok u.a., 1995, S. 121 f.

3.2.3.1 Ausnutzung der Widerstandsunfähigkeit

240   Die psychische oder körperliche Widerstandsunfähigkeit eines Opfers wird ausgenutzt, wenn dessen – die Bildung oder Realisierung eines zureichenden Abwehrwillens ausschließender – Zustand die Vornahme oder Duldung der sexuellen Handlung ermöglicht oder erleichtert hat. Zudem muss der Täter dies bewusst in sein Vorgehen im Sinne der Wahrnehmung einer sich bietenden Gelegenheit einkalkuliert haben.[222]

241   An einem Ausnutzen der Widerstandsunfähigkeit fehlt es, wenn eine defektfreie Einwilligung in den Sexualkontakt vorliegt. Dies ist nicht nur in den Fällen des § 179 Abs. 1 Nr. 2 StGB bei körperlicher Widerstandsunfähigkeit denkbar, sondern auch in solchen des § 179 Abs. 1 Nr. 1 StGB. Nicht alle dort benannten seelischen oder geistigen Krankheiten bzw. Behinderungen bedingen zwangsläufig eine Einwilligungsunfähigkeit. Kein Ausnutzen i.S. des § 179 StGB ist regelmäßig gegeben, wenn eine vor Eintritt der die Widerstandsunfähigkeit bedingenden Störung bereits bestandene Beziehung fortgesetzt wird.[223]

3.2.3.2 Missbrauch

242   Der unter Ausnutzung der Widerstandsunfähigkeit zustande kommende Sexualkontakt muss einen Missbrauch der widerstandsunfähigen Person darstellen. Nicht jedes Handeln ohne Willen eines Betroffenen bildet per se schon einen Missbrauch (z.B. Überhäufen einer volltrunkenen Person mit sexualbezogenen Zärtlichkeiten).[224] Ein solcher kann **nicht** vorliegen, wenn der **Widerstandsunfähige Partner eines auf erwiderter menschlicher Zuneigung beruhenden Sexualkontaktes** ist.

> *Beispiel:* Der zur Tatzeit 27 Jahre alte A, eine überdurchschnittlich intelligente, anlagebedingt aber abnorme, unter Kontaktscheu und Versagensangst leidende Persönlichkeit, arbeitete als Lehrkraft an einer Schule für geistig Behinderte. In der von ihm betreuten Behindertengruppe befand sich die B, ein zur Tatzeit fast 15 Jahre altes, körperlich voll entwickeltes Mädchen, das infolge einer bei ihm mit geistiger Behinderung einhergehenden autistischen Erkrankung in extremer Selbstbezogenheit lebte und in seiner affektiven Entwicklung nur den Stand eines einjährigen Kindes erreicht hatte. A verliebte sich in B, in der er einen ihm psychisch verwandten Menschen sah. Um sie einer von ihm für aussichtsreich erachteten – von den Eltern der B jedoch abgelehnten – Therapie unterziehen zu können und um aufgrund der von ihm erwarteten Behandlungserfolge die elterliche Erlaubnis zum Zusammenleben zu erhalten, entführte A das Mädchen, das infolge seines psychischen Zustandes nicht fähig war, sich zu widersetzen. A reiste mit B bis zu seiner Festnahme knapp zwei Wochen mit seinem Pkw umher. Während dieser Zeit, in der von A kontinuierlich Therapieversuche unternommen wurden, kam es zu sexuellen Handlungen des A an dem Mädchen, wobei er auch mehrfach den Geschlechtsverkehr ausführte. Diesen empfand die B als angenehm.

---

[222] Lackner/Kühl, 1999, § 179 Rdn. 7; Lenckner in: Schönke/Schröder, 1997, § 179 Rdn. 9; Maurach/Schroeder/Maiwald, 1995, S. 184; Schall, 1979, S. 105.

[223] Lackner/Kühl, 1999, § 179 Rdn. 7; Tröndle/Fischer, 1999, § 179 Rdn. 10.

[224] Horn in: SK-StGB, 1998, § 179 Rdn. 10.

Der BGH[225] hat eine erstinstanzliche Verurteilung des A wegen sexuellen Missbrauchs Widerstandsunfähiger aufgehoben. Nach Ansicht des BGH hat A die B nicht missbraucht. Die Feststellungen „zeigen eine durch das Gefühl psychischer Verwandtschaft, persönliche Zuneigung und Fürsorge gekennzeichnete Beziehung des Angeklagten zu dem Mädchen, die – jedenfalls nach der Vorstellung des Angeklagten – in einem durch B's Behinderung begrenzten engen Rahmen von ihr mitgetragen wurde. Die innere Haltung des Angeklagten zu B, aber auch die Behutsamkeit seines sexuellen Vorgehens lassen den Vorwurf entfallen, er habe das Mädchen zur Befriedigung sexueller Wünsche missbraucht."

Wesentlicher Maßstab für die Beurteilung eines Sexualkontakts als Missbrauch einer widerstandsunfähigen Person ist die **innere Haltung des Täters gegenüber dem Opfer**.[226] Danach liegt ein Missbrauch vor, wenn das Opfer nur zum Objekt eines Sexualwunsches reduziert wird.   243

3.2.4 Minder schwere Fälle

Gem. § 179 Abs. 5 StGB ermäßigt sich die Strafdrohung bei sexuellem Missbrauch Widerstandsunfähiger im minder schweren Fall auf Freiheitsstrafe von drei Monaten bis zu fünf Jahren. Der reduzierte Strafrahmen soll **Ausnahmekonstellationen mit geringem Unrechts- und Schuldgehalt** gerecht werden.   244

Zur Entscheidung über das Vorliegen eines minder schweren Falles ist eine **Gesamtbewertung** vorzunehmen. Das Gericht kann nach § 179 Abs. 5 StGB verfahren, wenn das gesamte Tatbild einschließlich aller subjektiven Momente und der Täterpersönlichkeit in einem solchen Maße vom Durchschnitt der erfahrungsgemäß vorkommenden Fälle des sexuellen Missbrauchs Widerstandsunfähiger abweicht, dass die Anwendung des Ausnahmestrafrahmens geboten erscheint. Hierfür bedarf es einer Gesamtschau unter Heranziehung und Würdigung aller Umstände, die für die Wertung der Tat und den Täter in Betracht kommen – gleichgültig ob sie der Tat innewohnen, sie begleiten, ihr vorausgehen oder nachfolgen.[227]   245

Ein minder schwerer Fall kann vorliegen, wenn die sexuelle Handlung nur geringfügig die Erheblichkeitsschwelle des § 184c Nr. 1 StGB überschreitet.[228] Anlass zur Prüfung eines minder schweren Falles ist auch gegeben bei beiderseitigem Rauschmittelgenuss von Täter und Opfer.[229]   246

---

[225] BGHSt. 32, S. 183 ff.; krit. dazu Geerds, 1984, S. 430 ff.; Herzberg/Schlehofer, 1984, S. 481 ff.

[226] Horn in: SK-StGB, 1998, § 179 Rdn. 11.

[227] BGHSt. 26, S. 98 f.; BGH, NStZ-RR 1998, S. 298.

[228] Tröndle/Fischer, 1999, § 179 Rdn. 16.

[229] Lenckner in: Schönke/Schröder, 1997, § 179 Rdn. 17.

3.2.5 Qualifizierungstatbestände des § 179 Abs. 4 StGB

247   Die Verwirklichung einer Qualifikationsalternative des § 179 Abs. 4 StGB eröffnet einen Strafrahmen von nicht unter einem Jahr bis zu 15 Jahren Freiheitsentzug. In minder schweren Fällen bleibt nach § 179 Abs. 5 StGB die angedrohte Sanktion Freiheitsstrafe von drei Monaten bis zu fünf Jahren.

Die Tatbestandsalternativen des § 179 Abs. 4 StGB entsprechen weitgehend denjenigen des § 176a Abs. 1 Nr. 1 bis 3 StGB beim schweren sexuellen Missbrauch von Kindern[230] bzw. teilweise den besonders schweren Fällen der sexuellen Nötigung nach § 177 Abs. 2 S. 2 Nr. 1 und 2 StGB.[231]

248   Gem. § 179 Abs. 4 Nr. 1 StGB muss der Täter mit dem Opfer den Beischlaf vollziehen oder ähnliche sexuelle Handlungen an ihm vornehmen oder an sich von ihm vornehmen lassen, die mit einem **Eindringen in den Körper** verbunden sind.[232] Im Gegensatz zum Regelbeispiel der Vergewaltigung gem. § 177 Abs. 2 S. 2 Nr. 1 StGB setzt der Qualifikationstatbestand des § 179 Abs. 4 Nr. 1 StGB jedoch nicht voraus, dass die Penetration vom Opfer als besonders erniedrigend empfunden wird. Damit scheiden auch andere, nicht mit einer Penetration verbundene, besonders entwürdigende Vorgehensweisen aus dem Bereich dieser Qualifikation aus.

249   Die Tatbestandsalternative des § 179 Abs. 4 Nr. 2 StGB entspricht dem Regelbeispiel des § 177 Abs. 2 S. 2 Nr. 2 StGB.[233] Erforderlich für eine **gemeinschaftliche Tatbegehung** ist, dass mindestens zwei Personen mit der gleichen Zielrichtung vorgehen und jeder sich den Tatbeitrag des anderen zurechnen lassen will. Aus dem konkreten Zusammenwirken ergibt sich eine erhöhte Schutzlosigkeit der widerstandsunfähigen Person.

250   § 179 Abs. 4 Nr. 3 StGB stimmt mit der Qualifikationsalternative des § 176a Abs. 1 Nr. 3 StGB überein.[234] Auch beim sexuellen Missbrauch Widerstandsunfähiger macht sich in erhöhtem Maße strafbar, wer durch die Tat das Opfer in die Gefahr einer schweren Gesundheitsschädigung oder einer erheblichen Schädigung der körperlichen oder seelischen Entwicklung bringt. Die **konkrete Opfergefährdung** kann aus dem Sexualkontakt mit dem Täter (bei § 179 Abs. 1 StGB) oder einem Dritten (bei § 179 Abs. 2 StGB) resultieren.

3.2.6 Qualifikation des § 179 Abs. 6 1. Alt. StGB

251   Durch Verweisung auf § 176a Abs. 4 StGB beim Delikt des schweren sexuellen Missbrauchs von Kindern wird auch beim sexuellen Missbrauch Widerstandsunfähiger mit Freiheitsstrafe nicht unter fünf Jahren derjenige Täter bestraft, der das Opfer

---

[230] Dazu unten Kap. 5.1.3.1.
[231] Dazu oben Kap. 3.1.2.2.
[232] Siehe oben Kap. 3.1.2.2 (1).
[233] Siehe oben Kap. 3.1.2.2 (2).
[234] Siehe unten Kap. 5.1.3.1 (3).

– bei der Tat körperlich schwer misshandelt oder
– durch die Tat in die Gefahr des Todes bringt.

Die Voraussetzungen des Qualifikationstatbestandes § 176a Abs. 4 StGB entspre- **252**
chen wiederum denjenigen des § 177 Abs. 4 Nr. 2 StGB bei der sexuellen Nötigung.[235] Die Verweisung auf § 176a Abs. 4 StGB in § 179 Abs. 6 1. Alt. StGB hat
jedoch zur Folge, dass im Gegensatz zu § 177 Abs. 5 StGB insoweit keine Regelung für minder schwere Fälle vorgesehen ist.

3.2.7 Sexueller Missbrauch Widerstandsunfähiger mit Todesfolge

Verursacht der Täter durch den sexuellen Missbrauch einer widerstandsunfähigen **253**
Person wenigstens leichtfertig den Tod des Opfers, trifft ihn gem. § 179 Abs. 6
2. Alt. i.V.m. § 176b StGB die deutlich angehobene Mindeststrafe von zehn Jahren oder lebenslanger Freiheitsentzug.

Das **erfolgsqualifizierte Delikt** des Sexuellen Missbrauchs Widerstandsunfähiger mit Todesfolge entspricht demjenigen des Sexuellen Missbrauchs von Kindern mit Todesfolge gem. § 176b StGB[236] sowie demjenigen der Sexuellen Nötigung und Vergewaltigung mit Todesfolge nach § 178 StGB.[237]

3.3 Missbrauch Kranker und Hilfsbedürftiger in Einrichtungen

Die **Freiheit des Individuums vor Fremdbestimmung auf sexuellem Gebiet** **254**
wird auch durch die Strafnorm des § 174a Abs. 2 StGB geschützt. Im Gegensatz
zu § 174a Abs. 1 StGB (Missbrauch von Gefangenen und Verwahrten)[238] geht es
hier nicht um ein Interesse der Allgemeinheit an der Erhaltung störungsfreier
Anstaltsfunktionen.[239] Da § 174a Abs. 2 StGB wesentlich auf den Missbrauch
unter Ausnutzung von Krankheit oder Hilfsbedürftigkeit abstellt (und nicht wie
§ 174a Abs. 1 StGB auf den Missbrauch der Stellung des Täters), ist das Delikt
des sexuellen Missbrauchs Kranker und Hilfsbedürftiger den Straftaten gegen die
sexuelle Freiheit im engeren Sinne zuzuordnen.

Krankheit und Hilflosigkeit können die **Fähigkeiten** des Einzelnen **reduzieren,** **255**
sich dem sexuellen Ansinnen eines anderen **zu verweigern.** Die in einer Einrichtung befindlichen Personen stehen zudem in der Regel gegenüber dem Personal, das die Beaufsichtigung übernommen hat, in einem gewissen **Abhängigkeitsverhältnis.**

---

[235] Siehe oben Kap. 3.1.4.2 und 3.1.4.3.
[236] Siehe unten Kap. 5.1.4.
[237] Siehe oben Kap. 3.1.5.
[238] Dazu unten Kap. 4.1.
[239] Horn in: SK-StGB, 1998, § 174a Rdn. 13; Lackner/Kühl, 1999, § 174a Rdn. 1; Lenckner in: Schönke/Schröder, 1997, § 174a Rdn. 1.

256   Der Tatbestand des § 174a Abs. 2 StGB verlangt die Vornahme **sexueller Handlungen** am Opfer oder die Duldung sexualbezogener Betätigung durch das Opfer.[240] § 174a StGB stellt ein **eigenhändiges Delikt** dar. Die Tat ist **vollendet**, sobald es zwischen Täter und Opfer zu einem Sexualkontakt mit körperlicher Berührung kommt. Die von dem sexuellen Ansinnen betroffene Person selbst bleibt als notwendiger Teilnehmer straflos.

257   § 174a Abs. 3 StGB erklärt den **Versuch** des sexuellen Missbrauchs Kranker bzw. Hilfsbedürftiger für strafbar. Dieser beginnt i.S. des § 22 StGB mit einem verbalen oder konkludenten Einwirken des Täters auf das Opfer, unmittelbar bevorstehende sexuelle Aktivitäten vorzunehmen oder zu dulden.

258   Liegt eine Strafbarkeit gem. § 174a Abs. 2 StGB vor, kann das Gericht neben den in der Norm angedrohten **Unrechtsreaktionen** von Freiheitsstrafe bis zu fünf Jahren oder Geldstrafe nach § 181b StGB auch Führungsaufsicht anordnen.

3.3.1 Geschützter Personenkreis

259   Als Tatopfer benennt § 174a Abs. 2 StGB die in einer Einrichtung für kranke oder hilfsbedürftige Menschen stationär aufgenommenen Personen. Der sexuelle Missbrauch erfolgt zudem im Rahmen bestimmter Obhutsverhältnisse.

3.3.1.1 Status des Opfers

260   Das Tatopfer muss sich in einer Einrichtung befinden, die der Behandlung oder Pflege Kranker bzw. Hilfsbedürftiger dient. Ist dies der Hauptzweck einer solchen Institution, kommt es auf die Organisationsform – öffentlich-rechtlich oder privatrechtlich – nicht an.[241] Zu den Einrichtungen i.S. des § 174a Abs. 2 StGB zählen Kliniken, psychiatrische Krankenhäuser, Rehabilitationszentren, Pflegeheime, Kurheime, Heime für körperlich oder geistig behinderte Menschen usw. Entscheidendes Kriterium ist stets die **stationäre Aufnahme** des Betroffenen in einer solchen Einrichtung für Kranke oder Hilfsbedürftige. Das Opfer muss in den räumlichen Einrichtungsbereich aufgenommen [242] und dort untergebracht sein. Nicht mehr erforderlich ist, dass es dort übernachtet.[243] Damit unterfallen der Norm auch teilstationär behandelte Patienten (z.B. in Tageskliniken) oder behinderte Menschen, die in Behindertenwerkstätten arbeiten.[244] Zu den tauglichen Tatobjekten zählen aber nicht die Besucher sowie das Personal.

261   Auf die Art und die Schwere der gesundheitlichen Beeinträchtigung kommt es für eine Strafbarkeit gem. § 174a Abs. 2 StGB nicht an.[245] Da es auf der Ebene

---

[240] Zu den Formen sexueller Handlungen siehe oben Kap. 2.5.3.

[241] BGHSt. 19, S. 131.

[242] Lackner/Kühl, 1999, § 174a Rdn. 5.

[243] Anders noch BGHSt. 29, S. 16; Tröndle/Fischer, 1999, § 174a Rdn. 5.

[244] BT-Drs. XIII/9064, S. 10; dazu auch Horn in: SK-StGB, 1998, § 174a Rdn. 14; Lackner/Kühl, 1999, 174a Rdn. 5.

[245] Tröndle/Fischer, 1999, § 174a Rdn. 5.

der Tathandlung eines Missbrauchs durch Ausnutzen von **Krankheit oder Hilfsbedürftigkeit** bedarf, verlangt eine Strafbarkeit, dass das Opfer krank oder hilfs-
bedürftig ist. Der Krankheitsbegriff darf insoweit aber nicht allein objektiv interpretiert werden.[246] Selbst Personen, die sich nur subjektiv für krank oder hilfsbe-
dürftig halten und in eine stationäre Einrichtung aufgenommen sind, unterfallen
dem Schutz des § 174a Abs. 2 StGB, denn sie können in ihrer Fähigkeit zur Zu-
rückweisung sexuellen Täteransinnens beeinträchtigt sein. Gleiches gilt für Patienten, die sich zur medizinischen Beobachtung oder zu Diagnosezwecken in einer
Klinik befinden.[247]

Erfordert § 174a Abs. 2 StGB die stationäre Unterbringung des Betroffenen, **262**
bleibt darüber hinausgehend die Dauer des Aufenthalts irrelevant. Es ist ferner
nicht notwendig, dass der sexuelle Kontakt im räumlichen Bereich der Einrichtung zustande kommt. Dieser kann auch außerhalb erfolgen (z.B. bei einem Spa-
ziergang mit Pflegepersonal).

3.3.1.2 Spezifisches Obhutsverhältnis

Dem durch § 174a Abs. 2 StGB geschützten Personenkreis werden nur diejenigen **263**
Kranken und Hilfsbedürftigen zugerechnet, die dem Täter zur
– Beaufsichtigung oder
– Betreuung
anvertraut sind.

Beaufsichtigung bedeutet das Überwachen einer Person, damit sie sich der **264**
vorgegebenen Ordnung gemäß in der Einrichtung verhält.[248] Dies kommt im
Rahmen des § 174a Abs. 2 StGB insbesondere für Patienten in psychiatrischen
Krankenhäusern in Betracht.

Bei der **Betreuung** trägt der Täter für eine gewisse Dauer die Verantwortung **265**
für das körperliche und psychische Wohl, wobei sich diese aber nicht auf die
Lebensführung insgesamt beziehen muss. Es genügt bereits eine Betreuung in
Teilbereichen (z.B. Pflegedienste, Masseur, Bademeister) oder die Übertragung
von entsprechenden Aufgaben im Einzelfall (z.B. ein Verwaltungsangestellter
übernimmt die Begleitung eines Patienten bei Spaziergängen).

Die kranke oder hilfsbedürftige Person muss dem Täter zur Beaufsichtigung **266**
bzw. Betreuung **anvertraut** sein. In Einrichtungen i.S. des § 174a Abs. 2 StGB
sind die stationär Aufgenommenen all denjenigen anvertraut, die generell oder im
konkreten Einzelfall für eine Beaufsichtigung oder Betreuung zu sorgen haben.[249]
Hierzu zählt sämtliches insoweit für den Betroffenen zuständiges Personal (z.B.
Stationsarzt, nicht aber der eine andere Station leitende Arzt). Dabei muss es sich
nicht notwendigerweise um einen bei der jeweiligen Einrichtung Beschäftigten

---

[246] So auch Horn in: SK-StGB, 1998, § 174a Rdn. 14.
[247] Horn in: SK-StGB, 1998, § 174a Rdn. 14; Tröndle/Fischer, 1999, § 174a Rdn. 5; a.A.
Lackner/Kühl, 1999, § 174a Rdn. 7; Laufhütte in: LK-StGB, 1995, § 174a Rdn. 8;
Lenckner in: Schönke/Schröder, 1997, § 174a Rdn. 8; Otto, 1998, S. 342.
[248] Laufhütte in: LK-StGB, 1995, § 174a Rdn. 11.
[249] Lenckner in: Schönke/Schröder, 1997, § 174a Rdn. 9.

handeln. Auch eine für die Institution tätige externe Person kann in das spezifische Betreuungsverhältnis zwischen Anstalt und Betroffenem einbezogen sein[250] (z.B. Konsiliararzt). Eine bloße Überweisung an einen auswärtigen Arzt zur Durchführung einer ambulanten Behandlung (z.B. Zahnarzt) reicht jedoch nicht aus.

3.3.2 Missbrauch der Abhängigkeit

267 Für eine Tatbestandsverwirklichung des § 174a Abs. 2 StGB genügt noch nicht, dass Täter und Opfer in einem spezifischen Obhutsverhältnis stehen und es zu einem Sexualkontakt zwischen ihnen kommt. Der Täter muss die kranke oder hilflose Person dadurch sexuell missbrauchen, dass er die Tathandlung unter **Ausnutzung der Krankheit oder Hilfsbedürftigkeit** vornimmt. Ein Ausnutzen liegt vor, wenn der Zustand des Opfers die sexuelle Aktivität ermöglicht oder erleichtert hat. Krankheit oder Hilflosigkeit sowie die mit einem Anstaltsaufenthalt verbundene Abhängigkeit schwächen die Willenskraft des Opfers, das sexuelle Ansinnen des Täters zurückzuweisen. Dieser ist sich der Situation des Betroffenen bewusst oder hält es zumindest für möglich, dass es ohne die physische oder psychische Schwächung auf der Opferseite zu keinem Sexualkontakt käme, und nutzt dies zur Erreichung seiner sexuellen Zielsetzung aus.[251] Ausnutzen i.S. des § 174a Abs. 2 StGB liegt somit nicht vor, wenn der Täter lediglich auf die durch einen Aufenthalt in einer Einrichtung gebotenen Möglichkeiten abstellt (z.B. sexuelle Handlungen an einer schlafenden Patientin vornimmt) und nicht auf den von der Norm vorausgesetzten Zustand des oder der Betroffenen. Gleiches gilt in Fällen, in denen die Initiative zum Sexualkontakt vom Opfer selbst ausgeht oder dessen defektfreies Einverständnis mit dem Sexualkontakt vorliegt.[252]

268 Hat der Täter unter Ausnutzung der Krankheit oder Hilflosigkeit des Opfers an diesem sexuelle Handlungen vorgenommen oder von diesem an sich vornehmen lassen, stellt dies zugleich einen **Missbrauch** dar. Solche sexualbezogenen Zwecke laufen in der Regel einer Beaufsichtigungs- oder Betreuungsaufgabe zuwider.[253] Eine eigenständige Bedeutung kommt dem Missbrauchsmerkmal damit nicht zu.[254]

---

[250] Horn in: SK-StGB, 1998, § 174a Rdn. 15; Lenckner in: Schönke/Schröder, 1997, § 174a Rdn. 9; Tröndle/Fischer, 1999, § 174a Rdn. 5.

[251] Horn in: SK-StGB, 1998, § 174a Rdn. 18; Lackner/Kühl, 1999, § 174a Rdn. 8; Tröndle/Fischer, 1999, § 174a Rdn. 6.

[252] Horn in: SK-StGB, 1998, § 174a Rdn. 19.

[253] Tröndle/Fischer, 1999, § 174a Rdn. 7.

[254] Lenckner in: Schönke/Schröder, 1997, § 174a Rdn. 10.

3.4 Missbrauch in Behandlung und Psychotherapie

Der Zielsetzung eines verbesserten strafrechtlichen Schutzes Kranker und Behin-   **269**
derter vor sexuellen Übergriffen[255] ist der Gesetzgeber mit dem 6. StrRG 1998
auch durch die Neueinführung des § 174c StGB gerecht geworden. Das Delikt des
Sexuellen Missbrauchs unter Ausnutzung eines Beratungs-, Behandlungs- oder
Betreuungsverhältnisses dient der Bewahrung der **Freiheit vor Fremdbestimmung auf sexuellem Gebiet**. Personen, die sich wegen einer geistigen oder seelischen Krankheit bzw. Behinderung oder wegen einer Suchtkrankheit in stationärer
oder ambulanter Betreuung befinden, können in ihrer Fähigkeit zur Willensentschließung und -realisierung beeinträchtigt sein und damit über eine nur reduzierte
Urteils- und Widerstandskraft gegen missbräuchliche Grenzüberschreitungen
sexueller Art verfügen. § 174c StGB schützt damit auch das **Vertrauen in die
Integrität und Lauterkeit von Behandlungs- und Betreuungsverhältnissen.**[256]
In die Strafnorm des § 174c StGB hat der Gesetzgeber mit Abs. 2 den sexuellen
Missbrauch in der Psychotherapie aufgenommen.

In den Fällen einer Strafbarkeit nach § 174c StGB kann das Gericht neben den   **270**
in der Norm selbst angedrohten **Unrechtsreaktionen** der Freiheitsstrafe bis zu
fünf Jahren oder der Geldstrafe gem. § 181b StGB Führungsaufsicht anordnen.

§ 174c Absätze 1 und 2 StGB erfordern die Vornahme **sexueller Handlungen**   **271**
am Opfer oder das An-sich-vornehmen-Lassen sexualbezogener Aktivitäten durch
dieses. **Vollendet** ist die Tat, sobald es zu sexuellen Betätigungen mit Körperkontakt kommt. § 174c Abs. 3 StGB erklärt den **Versuch** des sexuellen Missbrauchs unter Ausnutzung von Beratungs-, Behandlungs- oder Betreuungsverhältnissen für strafbar. Ein solcher beginnt mit dem verbalen oder konkludenten Einwirken des Täters auf das Opfer, damit dieses unmittelbar bevorstehende sexuelle
Handlungen an ihm vornimmt oder an sich duldet.

3.4.1 Geschützter Personenkreis des § 174c Abs. 1 StGB

Unabhängig von Alter und Geschlecht genießt ein Opfer den strafrechtlichen   **272**
Schutz des § 174c Abs. 1 StGB, wenn es sich bei ihm um eine Person handelt, bei
der bestimmte intellektuelle oder psychische Beeinträchtigungen vorliegen bzw.
das Opfer wegen einer aus seiner subjektiven Sicht gegebenen Behandlungs- oder
Beratungsbedürftigkeit ein entsprechendes Beratungs-, Behandlungs- oder Betreuungsverhältnis eingeht.[257] Die in § 174c Abs. 1 StGB normierten Tatbestandsmerkmale der **geistigen** oder **seelischen Krankheit**, der **geistigen** oder
seelischen Behinderung sowie der **Suchtkrankheit** entsprechen inhaltlich denjenigen des § 179 Abs. 1 Nr. 1 StGB beim Delikt des Sexuellen Missbrauchs Widerstandsunfähiger.[258]

---

255 Dazu oben Kap. 2.3.4.3.
256 Tröndle/Fischer, 1999, § 174c Rdn. 2.
257 Horn in: SK-StGB, 1998, § 174c Rdn. 3.
258 Siehe oben Kap. 3.2.1.1.

273   Der sexuelle Missbrauch einer geistig oder psychisch kranken Person muss gem. § 174c Abs. 1 StGB im Rahmen eines **spezifischen Vertrauensverhältnisses** erfolgen. Ein solches liegt vor, wenn das Opfer dem Täter zur
– Beratung,
– Behandlung oder
– Betreuung
anvertraut ist.

274   Die **Behandlung** umfasst alle aus professioneller Sicht erforderlichen Einwirkungen von der diagnostischen Untersuchung bis hin zu Rehabilitationsmaßnahmen.[259] Eine **Beratung** geht der Behandlung als Vorbesprechung voraus oder sie ist zugleich Bestandteil der Behandlung. Bei der **Betreuung** trägt der Täter für einen bestimmten Zeitraum Verantwortung für das körperliche oder psychische Wohl des Betroffenen.

275   Besteht ein faktisches Beratungs-, Behandlungs- oder Betreuungsverhältnis, dann ist die intellektuell oder psychisch beeinträchtigte Person dem Täter **anvertraut** i.S. des § 174c Abs. 1 StGB. Insoweit kommt es weder auf den Abschluss eines entsprechenden Beratungs-, Behandlungs- oder Betreuungsvertrages an[260] noch darauf, auf wessen Initiative hin das Verhältnis zustande kam (des Patienten, des Täters oder eines Dritten).[261] Entscheidend bleibt, dass das Opfer dem Täter wegen einer der genannten Beeinträchtigungen anvertraut wurde. Dabei benennt das Gesetz keine bestimmten Berufsgruppen, so dass als Täter des § 174c Abs. 1 StGB alle Personen in Betracht kommen, die als Angehörige verschiedener Berufsgruppen aufgrund ihrer fachlichen Qualifikation in Beratung, Betreuung und Therapie hinsichtlich der in der Norm angeführten Beeinträchtigungen tätig sind.[262]

3.4.2 Missbrauch des Verhältnisses

276   § 174c Abs. 1 StGB verlangt die sexuelle Betätigung unter **Missbrauch des Beratungs-, Behandlungs- oder Betreuungsverhältnisses**. Der Täter muss die Gelegenheit, die seine durch das jeweilige Verhältnis begründete Vertrauensstellung bietet, bewusst zu einem Sexualkontakt mit der ihm anvertrauten Person ausnutzen.[263] Nicht erforderlich ist ein Ausnutzen gerade der krankheitsbedingten Hilflosigkeit, Bedürftigkeit oder Abhängigkeit zum Tatzeitpunkt. Dem Gesetzgeber kam es darauf an, **sexuelle Kontakte** in Beratungs-, Behandlungs- und Betreuungsverhältnissen der vorliegenden Art **generell** als **missbräuchlich** auszuschließen.[264] Deshalb kann selbst ein in der konkreten Tatsituation defektfreies Einverständnis des Patienten einen Missbrauch ebenso wenig aufheben wie ein Ausge-

---

[259] Lackner/Kühl, 1999, § 174c Rdn. 4.
[260] Tröndle/Fischer, 1999, § 174c Rdn. 9; a.A. Horn in: SK-StGB, 1998, § 174c Rdn. 3.
[261] BT-Drs. XIII/8267, S. 6 f.
[262] Lackner/Kühl, 1999, § 174c Rdn. 5.
[263] Lackner/Kühl, 1999, § 174c Rdn. 5; Otto, 1998, S. 343.
[264] Siehe auch Tröndle/Fischer, 1999, § 174c Rdn. 11.

hen der Initiative zum Sexualkontakt vom Opfer selbst.[265] Da es sich bei dem missbrauchten Verhältnis um ein rein tatsächliches Obhutsverhältnis handelt, bleibt es selbst dann bei einer Strafbarkeit gem. § 174c Abs. 1 StGB, wenn der Täter dieses pro forma beendet und es erst danach zu sexuellen Handlungen kommt.[266] Diese müssen nicht während eines konkreten Behandlungstermins erfolgen.[267]

3.4.3 Missbrauch psychotherapeutischer Behandlungsverhältnisse

Die Strafdrohung des § 174c Abs. 1 StGB trifft gem. Abs. 2 auch denjenigen, der an einer Person, die ihm zur psychotherapeutischen Behandlung anvertraut ist, unter Missbrauch des Behandlungsverhältnisses sexuelle Handlungen vornimmt oder an sich von ihr vornehmen lässt.   **277**

In den neunziger Jahren in Deutschland durchgeführte Forschungen haben ergeben, dass hinsichtlich sexuell missbräuchlichen Verhaltens im Rahmen psychotherapeutischer Behandlungen von einem enormen Dunkelfeld ausgegangen werden muss.[268] Verstöße gegen den für alle Formen der Psychotherapie relevanten **Abstinenzgrundsatz**[269] können bei den Betroffenen zu erheblichen psychischen Folgeschäden führen.[270] Da im Bereich der psychotherapeutischen Behandlung die Grenzen zwischen Gesundheit und Krankheit nicht selten fließend sind, hat dies den Gesetzgeber veranlasst, den sexuellen Missbrauch in psychotherapeutischen Behandlungsverhältnissen in § 174c Abs. 2 StGB gesondert zu regeln. Dabei ging es auch darum, leichtere Fälle psychischer Beeinträchtigung[271] erfassen zu können.[272]   **278**

Zum **Täterkreis** des § 174c Abs. 2 StGB zählen zunächst Angehörige derjenigen Berufsgruppen, die aufgrund ihrer fachlichen Qualifikation psychotherapeutische Behandlungen durchführen. Dabei handelt es sich insbesondere um Psychiater, Nervenärzte und psychologische Psychotherapeuten. Vom Schutzzweck der Norm her kann es jedoch nicht darauf ankommen, dass der Täter gesetzlich anerkannte Qualifikationen und Berechtigungen zur Ausübung von Psychotherapie besitzt (z.B. nach dem PsychThG[273]). Zudem bleibt irrelevant, ob die Behandlung als Psychotherapie bezeichnet wird und eine solche im gesetzlichen Sinne darstellt.[274] Von entscheidender Bedeutung ist insoweit die **Opferintention**: Unter-   **279**

---

[265] Horn in: SK-StGB, 1998, § 174c Rdn. 5.
[266] Tröndle/Fischer, 1999, § 174c Rdn. 12.
[267] Lackner/Kühl, 1999, § 174c Rdn. 9.
[268] Vgl. Becker-Fischer/Fischer, 1997. Siehe auch Heyne, 1991, S. 61 ff.; Löwer-Hirsch, 1998, S. 18; Spenner, 1999, S. 28 ff.; Vogt, 1990, S. 104 ff.
[269] Dazu Löwer-Hirsch, 1998, S. 10 ff.; Wirtz, 1991, S. 29 ff.
[270] Siehe Becker-Fischer/Fischer, 1997, S. 79 ff.; Hafke, 1998, S. 196 ff.; Pope/Bouhoutsos, 1992, S. 107.
[271] BT-Drs. XIII/8267, S. 7.
[272] Krit. dazu Schroeder, 1999, S. 830.
[273] BGBl. I 1998, S. 1311 ff.
[274] § 1 Abs. 3 PsychThG: „Ausübung von Psychotherapie im Sinne dieses Gesetzes ist jede mittels wissenschaftlich anerkannter psychotherapeutischer Verfahren vorgenommene Tätigkeit zur Feststellung, Heilung oder Linderung von Störungen mit Krank-

zieht sich dieses zum Zweck der Heilung oder Linderung einer geistigen oder psychischen Beeinträchtigung einer hierauf ausgerichteten therapeutischen Behandlung und kommt es im Zusammenhang mit diesem Behandlungsverhältnis zu einem Sexualkontakt, wird der Tatbestand des § 174c Abs. 2 StGB erfüllt.[275]

---

heitswert, bei denen Psychotherapie indiziert ist. Im Rahmen der psychotherapeutischen Behandlung ist eine somatische Abklärung herbeizuführen. Zur Ausübung von Psychotherapie gehören nicht psychologische Tätigkeiten, die die Aufarbeitung und Überwindung sozialer Konflikte oder sonstige Zwecke außerhalb der Heilkunde zum Gegenstand haben."

[275] Tröndle/Fischer, 1999, § 174c Rdn. 6.

4. Missbrauch institutioneller Abhängigkeit

Die individuelle Entscheidungsfreiheit zur Vornahme oder Duldung sexueller **280** Handlungen erscheint dem Gesetzgeber in bestimmten **aufgrund staatlicher Macht begründeten Verwahrungs- und Abhängigkeitsverhältnissen** als derart schutzwürdig, dass er Beeinträchtigungen mit § 174a Abs. 1 und § 174b StGB strafrechtlich sanktioniert:

- § 174a Abs. 1 StGB soll **Gefangene** oder auf behördliche Anordnung **Verwahrte** vor sexuellen Handlungen seitens derjenigen Personen schützen, denen sie zur Erziehung, Ausbildung, Beaufsichtigung oder Betreuung anvertraut sind.
- § 174b StGB richtet sich an Amtsträger, die zur Mitwirkung an einem Strafverfahren oder an einem Verfahren zur Anordnung einer freiheitsentziehenden Maßregel der Besserung und Sicherung bzw. einer behördlichen Verwahrung berufen sind und unter Missbrauch der **durch das** jeweilige **Verfahren begründeten Abhängigkeit** ·sexuelle Handlungen an demjenigen vornehmen, gegen den das Verfahren gerichtet ist bzw. an sich von dem anderen vornehmen lassen.

Der wesentliche Unterschied zwischen den beiden Tatbeständen liegt im ge- **281** schützten Personenkreis und den Gründen für die Beeinträchtigung der Entscheidungsfreiheit.[1] § 174a Abs. 1 StGB betrifft bereits im Freiheitsentzug befindliche Gefangene und Verwahrte, die einer Anstaltsgewalt unterliegen und sich damit dem Personal der Institution ausgeliefert sehen. § 174b StGB erfasst auf der Opferseite in Straf- oder Unterbringungsverfahren verwickelte Personen, welche aus Angst vor nachteiligen – insbesondere freiheitsentziehenden – Entscheidungen in ihren Möglichkeiten zur Ablehnung sexuellen Ansinnens seitens eines das Verfahren gegen sie betreibenden Amtsträgers in spezifischer Weise eingeschränkt sein können.

4.1 Missbrauch von Gefangenen und Verwahrten

§ 174a Abs. 1 StGB dient dem Schutz der sexuellen Selbstbestimmung derjenigen **282** Personen, die wegen ihrer behördlich (§ 11 Abs. 1 Nr. 7 StGB) angeordneten Eingliederung in besondere Anstaltsverhältnisse **in ihrer Handlungs- und Entscheidungsfreiheit eingeengt** und damit einem Täter in besonderem Maße ausgeliefert sind. Zugleich besteht die Gefahr, dass sie selbst der Versuchung erliegen,

---

[1] Lenckner in: Schönke/Schröder, 1997, § 174b Rdn. 2; siehe auch Maurach/Schroeder/ Maiwald, 1995, S. 190.

die eigene Lage in der Institution durch Duldung von sexualbezogenen Tathandlungen zu verbessern.[2]

283   **Geschütztes Rechtsgut** ist neben der sexuellen Freiheit der Verwahrten zudem das **Interesse der Allgemeinheit an der Erhaltung störungsfreier Anstaltsfunktionen** sowie einer gleichen Behandlung gefangener bzw. verwahrter Personen, was durch Sexualkontakte zwischen Betroffenen und Angehörigen des Personals gefährdet wird. § 174a Abs. 1 StGB schützt schließlich auch das **Vertrauen der Gesellschaft in die Objektivität des Betreuungspersonals**.[3] Da § 174a Abs. 1 StGB lediglich einen Missbrauch seiner Stellung durch den Täter voraussetzt und es damit für eine Tatbestandsverwirklichung im konkreten Fall nicht notwendigerweise zu einer Beeinträchtigung der sexuellen Selbstbestimmung kommen muss, kann etwa der Schutzzweck einer Gewährleistung der Störungsfreiheit des Verwahrungsverhältnisses auch eigenständige Bedeutung erlangen.[4]

284   Der Tatbestand des § 174a Abs. 1 StGB erfordert die Vornahme sexueller Handlungen am Opfer oder das Vornehmenlassen sexueller Handlungen durch das Opfer am Körper des Täters.[5] Die Tat ist **vollendet**, sobald der Täter mit einer sexualbezogenen Betätigung am Körper eines Gefangenen oder Verwahrten beginnt bzw. es zu solchen Aktivitäten seitens des Opfers am Täter kommt. Dabei bleibt der Gefangene oder Verurteilte als notwendiger Teilnehmer straflos.

285   § 174a Abs. 3 StGB erklärt den **Versuch** des sexuellen Missbrauchs von Gefangenen bzw. Verwahrten für strafbar. Er beginnt mit dem verbalen oder konkludenten Einwirken des Täters auf die betroffene Person, unmittelbar bevorstehende sexuelle Handlungen vorzunehmen oder zu dulden.

286   Liegt eine Strafbarkeit nach § 174a Abs. 1 StGB vor, kann das Gericht neben den in der Norm angedrohten **Unrechtsreaktionen** von Freiheitsstrafe bis zu fünf Jahren oder Geldstrafe gem. § 181b StGB auch Führungsaufsicht anordnen.

4.1.1 Geschützter Personenkreis

287   § 174a Abs. 1 StGB benennt als Tatopfer gefangene und auf behördliche Anordnung verwahrte Personen. Der sexuelle Missbrauch muss zudem im Rahmen bestimmter Obhutsverhältnisse stattfinden.

4.1.1.1 Status des Opfers

288   **Gefangene** Personen sind solche, die sich aufgrund richterlicher, polizeilicher oder sonst zuständiger Hoheitsgewalt zum Zweck der Ahndung einer Verfehlung oder zur Erzwingung prozessualer Pflichten formell ordnungsgemäß – nicht not-

---

2   Otto, 1998, S. 343.
3   BT-Drs. VI/3521, S. 25; Lackner/Kühl, 1999, § 174a Rdn. 1; Lenckner in: Schönke/Schröder, 1997, § 174a Rdn. 1; Tröndle/Fischer, 1999, § 174a Rdn. 1; einschränkend Maurach/Schroeder/Maiwald, 1995, S. 189 f.
4   Siehe Horn in: SK-StGB, 1998, § 174a Rdn. 2.
5   Zu den Formen sexueller Handlungen siehe oben Kap. 2.5.3.

wendigerweise auch materiell rechtmäßig – in staatlichem, mit Freiheitsentzug verbundenem Gewahrsam befinden.[6]

Zu den gefangenen Personen gehören insbesondere:[7]   **289**
- Strafgefangene (Freiheitsstrafe gem. § 38 StGB, Jugendstrafe nach § 17 JGG);
- Arrestanten (im Disziplinararrest gem. §§ 22, 49 WDO, Jugendarrest nach § 16 JGG oder Sicherheitsarrest gem. §§ 918, 936 ZPO);
- in Ordnungshaft Befindliche (z.B. gem. § 70 StPO, §§ 390, 890 ZPO, § 178 GVG);
- zwangsweise Vorgeführte (z.B. nach §§ 51, 134, 230, 329 Abs. 4, 387 StPO, § 380 ZPO);
- von Amtsträgern vorläufig Festgenommene (z.B. nach § 127 StPO);
- Untersuchungsgefangene (§ 119 StPO).

Nicht zu den Gefangenen zählen etwa:
- von Privatpersonen gem. § 127 Abs. 1 StPO Festgenommene, solange sie sich in deren Gewahrsam befinden;
- zwecks Entnahme einer Blutprobe nach § 81a StPO zum Arzt gebrachte Verkehrsteilnehmer.

Auf behördliche Anordnung verwahrt sind Personen, die sich – außer den   **290**
Gefangenen – aufgrund hoheitlicher Gewalt im Freiheitsentzug befinden.

Unter den auf behördliche Anordnung verwahrten Personenkreis fallen vor allem:
- Sicherungsverwahrte (§ 66 StGB);
- in einem psychiatrischen Krankenhaus Untergebrachte (§§ 63, 64 StGB, § 126a StPO);
- in Heimerziehung oder einer sonstigen betreuten Wohnform Untergebrachte (§ 34 SGB VIII);
- Abschiebungshäftlinge (§ 57 AuslG);
- nach landesrechtlichen Unterbringungs- und Polizeigesetzen Untergebrachte.

Nicht auf behördliche Anordnung verwahrt sind dagegen die von einem Betreuer untergebrachten Personen.

Entscheidend für eine Strafbarkeit gem. § 174a Abs. 1 StGB ist der **Status des**   **291**
Opfers als Gefangener oder auf behördliche Anordnung Verwahrter. Damit kommt dem Ort der Tat keine Bedeutung zu.[8]

Die Tat braucht nicht innerhalb der jeweiligen Institution begangen zu werden,   **292**
sondern kann ebenso außerhalb der Anstalt erfolgen. Dies gilt nicht nur für Maßnahmen, bei denen der Betroffene während seiner Aufenthalte außerhalb der Einrichtung überwacht wird oder sich nur an vorgeschriebenen Aufenthaltsorten befinden darf (z.B. Gefangenentransporte, Außenarbeiten, Außenbeschäftigung oder Ausführung gem. § 11 Abs. 1 StVollzG).[9] Auch die Vollzugslockerung des Hafturlaubs gem. § 13 StVollzG, § 91 Abs. 3 JGG oder nach den landesrechtlichen Unterbringungs- bzw. Maßregelvollzugsgesetzen, bei der ein Strafgefan-

---

6 Küper, 1999, S. 144; Lackner/Kühl, 1999, § 120 Rdn. 3; Wessels/Hettinger, 1999, S. 159.
7 Siehe auch v. Bubnoff in: LK-StGB, 1994, § 120 Rdn. 14.
8 Maurach/Schroeder/Maiwald, 1995, S. 191.
9 Anders aber Horn in: SK-StGB, 1998, § 174a Rdn. 3; Laufhütte in: LK-StGB, 1995, § 174a Rdn. 3; Lenckner in: Schönke/Schröder, 1997, § 174a Rdn. 4.

gener sich gänzlich frei und unbeaufsichtigt in Freiheit befindet, stellt eine voll-
zugliche Behandlungsmaßnahme dar. Diese führt nicht zu einer·Unterbrechung
oder gar Beendigung[10] des Gefangenenstatus (oder im Maßregelvollzug des Ver-
wahrtenstatus).[11] Damit bleibt ein sexueller Missbrauch selbst während einer
Urlaubsmaßnahme möglich[12] (z.B. ein Anstaltsleiter trifft sich mit einer in seiner
Einrichtung inhaftierten Strafgefangenen außerhalb der Justizvollzugsanstalt,
wobei es während des Hafturlaubs des Opfers zu einem Sexualkontakt kommt).

4.1.1.2 Spezifisches Obhutsverhältnis

293   Zu dem durch § 174a Abs. 1 StGB geschützten Personenkreis zählen nur diejeni-
gen Gefangenen und auf behördliche Anordnung Verwahrten, die dem Täter zur
– Erziehung,
– Ausbildung,
– Beaufsichtigung oder
– Betreuung
anvertraut sind.
    Die Begriffe[13] der Erziehung und Ausbildung entsprechen denen des § 174
Abs. 1 StGB.[14]

294   **Erziehung** ist die Leitung und Überwachung der Lebensführung zum Zweck
der Förderung der physischen und psychischen Entwicklung des Betroffenen (z.B.
durch Lehrer).

295   Eine **Ausbildung** dient der Vermittlung von Fähigkeiten und Fertigkeiten zur
Erreichung eines bestimmten Ausbildungsziels (z.B. durch Meister in Anstalts-
werkstätten, Leiter von Fortbildungskursen, Arbeitstherapeuten).

296   Mit dem Tatbestandsmerkmal der **Beaufsichtigung** will das Gesetz auch das
reine Wachpersonal erfassen.[15]

297   Im Gegensatz zu § 174 StGB braucht sich ein **Betreuungsverhältnis** nicht
notwendigerweise auf die Lebensführung als solche zu erstrecken (wie z.B. beim
Anstalts- oder Vollzugsleiter). Es genügen bereits partielle oder vorübergehende
Betreuungsaufgaben (z.B. durch Pflegepersonal in der Krankenabteilung; seelsor-
gerische Betreuung durch den Anstaltsgeistlichen; Sozialarbeiter im Rahmen
sozialer Hilfen). Auch freiwillige Vollzugshelfer, denen faktisch ein selbständiger
Verantwortungsbereich zugewiesen wurde, kommen als Täter in Betracht, denn
§ 174a Abs. 1 StGB stellt zwar ein Sonderdelikt, jedoch kein Amtsdelikt dar.[16]

---

[10] Anders jedoch Laufhütte in: LK-StGB, 1995, § 174a Rdn. 3.
[11] Laubenthal, 1998, S. 231.
[12] So auch Maurach/Schroeder/Maiwald, 1995, S. 191.
[13] Zu den Begriffsbestimmungen vgl. auch Gössel, 1987, S. 285 ff., 293; Lackner/Kühl,
      1999, § 174a Rdn. 3; Lenckner in: Schönke/Schröder, 1997, § 174a Rdn. 5; Otto, 1998,
      S. 344.
[14] Dazu unten Kap. 5.2.1.1.
[15] BT-Drs. VI/3521, S. 25.
[16] Lenckner in: Schönke/Schröder, 1997, § 174a Rdn. 13.

§ 174a Abs. 1 StGB erfordert, dass der Gefangene oder auf behördliche An-   **298**
ordnung Verwahrte dem konkreten Erzieher, Ausbilder, Betreuer oder der Bewa-
chungsperson **anvertraut** ist. Das Merkmal des Anvertrautseins setzt ein Über-
Unterordnungsverhältnis[17] zwischen Täter und Opfer voraus. Zwischen beiden
müssen – durch die jeweilige Erziehungs-, Ausbildungs-, Betreuungs- oder Bewa-
chungsaufgabe begründet – besondere und engere Beziehungen bestehen, die zu
einer gewissen Abhängigkeit der gefangenen oder verwahrten Person führen.[18]
Deren sexueller Missbrauch erfolgt dann gerade im Rahmen des sich aus der
Funktion des Täters dem Opfer gegenüber ergebenden dienstlichen Auftrags.[19]

> *Beispiel:* Justizvollzugsbeamter J versah seinen Dienst in der JVA H. Dort war es seine
> Aufgabe, die in der Männerabteilung Inhaftierten zu bewachen. Die Beaufsichtigung
> der weiblichen Gefangenen gehörte nicht zu seinem Aufgabenbereich. Bedingt durch
> Umbaumaßnahmen in der JVA verfügte J über einen Schlüssel, mit dem er sich – ohne
> dazu befugt zu sein – auch Zutritt zur Frauenabteilung und den dortigen Haftäumen
> verschaffen konnte. J suchte die im Frauentrakt der Anstalt inhaftierte Strafgefangene E
> in ihrer Zelle auf und vollzog mit ihr den Geschlechtsverkehr.
> Eine Verurteilung wegen sexuellen Missbrauchs einer Gefangenen kam nicht in
> Betracht. E war dem J nicht i.S. des § 174a Abs. 1 StGB zur Beaufsichtigung oder Be-
> treuung anvertraut.[20]

Wem die Gesamtverantwortung für eine gesetzmäßige Behandlung von Gefan-   **299**
genen bzw. Verwahrten obliegt (z.B. Leiter einer Justizvollzugsanstalt oder einer
Maßregelvollzugseinrichtung), dem sind diese stets anvertraut.[21] Anders stellt es
sich bei Bediensteten dar, die nur im Rahmen eines begrenzten Auftrags tätig sind
(z.B. Lehrer, Ausbilder). Ihnen bleiben die Betroffenen nur während der Zeit ihrer
dienstlichen Betätigung mit den Gefangenen bzw. Verwahrten anvertraut (z.B.
während des Unterrichts). Dem Bewachungspersonal sind Gefangene nur während
der Dienstzeit anvertraut.[22]

4.1.2 Missbrauch der Stellung

Für eine Tatbestandsverwirklichung des § 174a Abs. 1 StGB genügt es nicht, dass   **300**
Täter und Opfer in einem spezifischen Obhutsverhältnis stehen und es zwischen
ihnen zu sexuellen Handlungen kommt. Der Täter muss diese unter Missbrauch
seiner Stellung vornehmen oder vornehmen lassen.

Der Gesetzgeber hat in § 174a Abs. 1 StGB nicht – wie beim sexuellen Miss-   **301**
brauch von Schutzbefohlenen nach § 174 Abs. 1 Nr. 2 StGB – den Begriff der
Abhängigkeit verwendet. Dieses den Tatbestand einschränkende Merkmal[23]

---

17 BGH, StrVert 1999, S. 370.
18 BGHSt. 33, S. 345; 41, S. 139.
19 BGH, NJW 1983, S. 404.
20 BGH, NStZ 1993, S. 223.
21 Laufhütte in: LK-StGB, 1995, § 174a Rdn. 13.
22 BGH, NJW 1983, S. 404.
23 Siehe unten Kap. 5.2.1.2 (2).

verlangt das Ausnutzen der auf der Macht gegenüber dem Schutzbefohlenen beruhenden inneren Abhängigkeit des Opfers für die Zwecke des Täters – wobei beiden Seiten der Zusammenhang des Abhängigkeitsverhältnisses mit den sexuellen Handlungen bewusst ist.[24] Demgegenüber handelt es sich bei dem Merkmal der Stellung i.S. des § 174a Abs. 1 StGB um den weiter reichenden Begriff. Hier geht es um die **„illegitime Wahrnehmung einer Chance"**[25], die das Obhutsverhältnis mit sich bringt.[26] Der Täter nutzt die Gelegenheit, die seine Stellung ihm bietet, unter Verletzung der mit seiner Position verbundenen Pflichten bewusst zu sexuellen Kontakten mit ihm anvertrauten Personen aus.[27] Daher kann ein Missbrauch der Stellung selbst dann in Betracht kommen, wenn das Opfer mit der Tat einverstanden war oder sogar die Initiative zu dem Sexualkontakt von der gefangenen oder verwahrten Person ausging.[28]

302   Im Hinblick auf die Schutzzwecke des § 174a Abs. 1 StGB sind aber Fälle aus dem Tatbestandsbereich auszuscheiden, in denen eine Abhängigkeit des Gefangenen oder Verwahrten in den Hintergrund tritt und das Täterhandeln auch unter dem Aspekt des durch die Norm mit geschützten Allgemeininteresses keinen sozialethischen Tadel verdient.[29] Deshalb lässt sich die Frage, ob ein Täter sexuelle Handlungen unter M i s s b r a u c h seiner Stellung vorgenommen hat, nur unter **Berücksichtigung der Umstände des Einzelfalles** beantworten.[30]

303   Hierzu führt der BGH[31] in einer jüngeren Entscheidung aus: „Je ausgeprägter das Abhängigkeitsverhältnis des Gefangenen von dem Täter aufgrund der diesem obliegenden Aufgaben ist, je mehr Befugnisse und Weisungsrechte diesem gegenüber dem Gefangenen zustehen, umso weniger bedarf es i.d.R. des Nachweises besonderer Umstände, aus denen sich ergibt, dass der Täter seine Stellung missbraucht hat. So wird etwa bei Angehörigen des Wachpersonals, denen die Beaufsichtigung der Gefangenen obliegt, regelmäßig die Feststellung genügen, dass die Amtsstellung dem Täter die Gelegenheit zur Vornahme sexueller Handlungen geboten hat. Kommt es im Rahmen einer so geprägten Beziehung zu sexuellen Handlungen, so wird ein Missbrauch der Amtsstellung nur in seltenen Ausnahmefällen zu verneinen sein. ... Umgekehrt sind, je geringer und schwächer die Befugnisse des Verantwortlichen gegenüber dem Gefangenen sind, je weniger deren Beziehungen durch ein Über- und Unterordnungsverhältnis geprägt sind,

---

[24] BGHSt. 28, S. 367; BGH, NStZ 1991, S. 82; Lackner/Kühl, 1999, § 174 Rdn. 9.
[25] BT-Drs. VI/3521, S. 26.
[26] BGHSt. 28, S. 366 f.
[27] Lenckner in: Schönke/Schröder, 1997, § 174a Rdn. 6.
[28] BGHSt. 2, S. 93; Horn in: SK-StGB, 1998, § 174a Rdn. 5; Laufhütte in: LK-StGB, 1995, § 174a Rdn. 14; Tröndle/Fischer, 1999, § 174a Rdn. 4; a.A. Gössel, 1987, S. 294 mangels Verletzung der sexuellen Selbstbestimmung.
[29] BT-Drs. VI/3521, S. 26; Lackner/Kühl, 1999, § 174a Rdn. 4; Lenckner in: Schönke/ Schröder, 1997, § 174a Rdn. 6.
[30] BGH, NStZ 1999, S. 349; BGH, StrVert 1999, S. 370.
[31] BGH, StrVert 1999, S. 371; krit. dazu jedoch Tröndle/Fischer, 1999, § 174a Rdn. 4, wonach allein maßgebend sein soll, „ob jeglicher Einfluss des institutionellen Abhängigkeitsverhältnisses auf die Gestaltung des persönlichen Verhältnisses von vornherein ausgeschlossen werden kann".

umso eher Fälle denkbar, in denen die Stellung des Täters für die Mitwirkung des Gefangenen an den sexuellen Handlungen ohne Bedeutung ist oder in ihrer Bedeutung in den Hintergrund tritt, mit der Folge, dass die Annahme eines Missbrauchs dieser Stellung ausscheidet oder jedenfalls näherer Begründung bedarf."

Von einem Missbrauch der Stellung i.S. des § 174a Abs. 1 StGB kann nicht mehr gesprochen werden, wenn es zu sexuellen Handlungen in Fällen echter **Liebesbeziehungen** kommt.[32]   **304**

> *Beispiel:* Die Leiterin der Arbeitstherapiegruppe in einer Justizvollzugsanstalt wurde vom Landgericht wegen sexuellen Missbrauchs des Gefangenen B zu einer Freiheitsstrafe verurteilt. In fünf angeklagten Fällen war es zwischen beiden zum Geschlechtsverkehr gekommen. B hatte als Zeuge ausgesagt, dass die Angeklagte für ihn „Partnerin einer Liebesbeziehung" und nicht „übergeordnete Justizvollzugsbeamtin" gewesen sei und für ihn die „emotionale Seite der Beziehung zur Angeklagten" sowie die „menschliche Nähe" im Vordergrund gestanden hätten.
>
> Der BGH[33] hob das Urteil des Landgerichts auf und sprach die Angeklagte frei, denn zwischen ihr und dem Inhaftierten B habe sich – bevor es zu den sexuellen Handlungen kam – eine Liebesbeziehung entwickelt. „Diese, nicht das Über- und Unterordnungsverhältnis zwischen der Angeklagten als Leiterin der Arbeitstherapiegruppe und dem Gefangenen als dieser Gruppe zugeteiltem Häftling, bildet den Hintergrund und den Rahmen für die der Angeklagten vorgeworfenen sexuellen Handlungen. ... Unter diesen Umständen kann von tatbestandsmäßigen sexuellen Handlungen unter Missbrauch der von der Angeklagten wahrgenommenen Aufsichts- oder Betreuungsfunktion keine Rede sein."

4.2 Missbrauch unter Ausnutzung einer Amtsstellung

Dient § 174a Abs. 1 StGB dem Schutz bereits gefangener oder verwahrter Personen, betrifft der Tatbestand des sexuellen Missbrauchs unter Ausnutzung einer Amtsstellung dagegen den Bereich der Verfahren, die gegen Betroffene durchgeführt werden und im Ergebnis dann zu einer freiheitsentziehenden Maßnahme führen können.   **305**

Primär **geschütztes Rechtsgut** des § 174b StGB ist die **sexuelle Selbstbestimmung** der von Straf- oder Unterbringungsverfahren betroffenen Personen. Hinzu kommt der **Schutz des Vertrauens der Allgemeinheit in die Integrität der Ausübung staatlicher Macht** bei solchen Verfahren durch die jeweiligen Behörden.[34] Denn sexuelle Beziehungen zwischen Amtsträgern und Betroffenen können einen rechtmäßigen und störungsfreien Verfahrensablauf nachhaltig gefährden.[35]   **306**

---

[32] Lenckner in: Schönke/Schröder, 1997, § 174a Rdn. 6; a.A. Maurach/Schroeder/Maiwald, 1995, S. 192; Tröndle/Fischer, 1999, § 174a Rdn. 4.

[33] BGH, NStZ 1999, S. 349.

[34] BT-Drs. VI/3521, S. 28; Lenckner in: Schönke/Schröder, 1997, § 174b Rdn. 1; Tröndle/Fischer, 1999, § 174b Rdn. 1; enger dagegen Laufhütte in: LK-StGB, 1995, § 174b Rdn. 1; Maurach/Schroeder/Maiwald, 1995, S. 190.

[35] Horn in: SK-StGB, 1998, § 174b Rdn. 2.

307   Wie bei § 174a StGB sind beim Delikt des Missbrauchs unter Ausnutzung einer Amtsstellung nur sexualbezogene Betätigungen mit Körperkontakt tatbestandsmäßig: Erforderlich ist die Vornahme sexueller Handlungen am Opfer oder das Vornehmenlassen entsprechender Handlungen durch das Opfer am Körper des Täters.[36] Bei § 174b StGB handelt es sich um ein **eigenhändiges Delikt**.[37]

308   Die **Tatbestandsvollendung** setzt voraus, dass der Täter mit einer sexualbezogenen Aktivität am Körper des Verfahrensbetroffenen oder dieser mit solchen Handlungen am Körper des Amtsträgers begonnen hat. Das Opfer bleibt dabei allerdings als notwendiger Teilnehmer straflos.

309   Gem. § 174b Abs. 2 StGB ist bereits der **Versuch** des sexuellen Missbrauchs unter Ausnutzung einer Amtsstellung strafbar. Nach den Umständen des Einzelfalles kann dieser in dem Ankündigen von Verfahrensvor- oder -nachteilen liegen.

310   Hat ein Täter sich gem. § 174b StGB strafbar gemacht, kann das Gericht neben den in der Norm selbst angedrohten **Unrechtsreaktionen** der Freiheitsstrafe bis zu fünf Jahren oder Geldstrafe gem. § 181b StGB auch Führungsaufsicht anordnen.

4.2.1 Opfer des Sexualangriffs

311   In den Schutzbereich des § 174b StGB sind allein Personen einbezogen, gegen die sich
– ein Strafverfahren oder
– ein Verfahren zur Anordnung einer freiheitsentziehenden Maßregel der Besserung und Sicherung oder
– ein Verfahren zur Anordnung einer behördlichen Verwahrung
richtet.

312   Es kommen nur **Verfahren** in Betracht, die für das Opfer **mit Freiheitsentzug enden können**.[38] Da ein solches gegen die missbrauchte Person selbst eingeleitet sein muss, gehören etwa Angehörige nicht zum geschützten Personenkreis, wenn sie sexuelle Handlungen mit oder an dem Amtsträger vornehmen, um von dem ihnen nahe stehenden Verfahrensbetroffenen Nachteile abzuwenden. Eine Strafbarkeit gem. § 174b StGB scheidet auch dann aus, wenn objektiv überhaupt kein Verfahren vorliegt, sondern der Täter ein solches nur vortäuscht. Dagegen reicht es aus, dass der Amtsträger ein Verfahren lediglich zum Schein einleitet, damit er die davon betroffene Person im Hinblick auf sein sexuelles Ansinnen unter Druck setzen kann.[39]

313   Ein gegen das Opfer gerichtetes **Strafverfahren** beginnt, sobald eine Strafverfolgungsbehörde (Staatsanwaltschaft, Polizei, Finanzbehörde bei Steuerstrafverfahren) mit einer Maßnahme ein Ermittlungsverfahren einleitet, welches er-

---

[36] Zu den Formen sexueller Handlungen siehe oben Kap. 2.5.3.
[37] Lenckner in: Schönke/Schröder, 1997, § 174b Rdn. 10.
[38] Laufhütte in: LK-StGB, 1995, § 174b Rdn. 2.
[39] Horn in: SK-StGB, 1998, § 174b Rdn. 3; Lenckner in: Schönke/Schröder, 1997, § 174b Rdn. 3; Tröndle/Fischer, 1999, § 174b Rdn. 2.

kennbar darauf abzielt, gegen die bestimmte Person wegen des Verdachts einer Straftat strafrechtlich vorzugehen. Ein bloßes Informationsverfahren reicht damit noch nicht aus.[40] Zum Strafverfahren gehört als letzter Teil auch die Strafvollstreckung, nicht jedoch der Strafvollzug.[41] Kommt es während der Vollziehung einer Freiheitsstrafe zu sexuellen Missbräuchen durch Amtsträger, sind die Voraussetzungen des § 174a Abs. 1 StGB zu prüfen.

Nach dem eindeutigen Gesetzeswortlaut unterfallen dem Tatbestand des § 174b StGB alle Arten von Strafverfahren, die letztlich zu einem Freiheitsentzug führen können. Damit scheiden zwar Bußgeld- und Disziplinarverfahren aus, nicht aber Jugendstrafverfahren, bei denen im konkreten Fall mit einer ambulanten Maßnahme zu rechnen ist, sowie Strafverfahren, in denen nur eine Geldstrafe zu erwarten ist.[42] Von einem Strafverfahren betroffen bleibt schließlich dasjenige Opfer, gegen das im Verfahrensergebnis eine Maßregel der Besserung und Sicherung i.S. des § 61 StGB angeordnet wird. Insoweit zählt dann die Vollstreckung der freiheitsentziehenden Maßregeln der Unterbringung in einem psychiatrischen Krankenhaus, in einer Entziehungsanstalt oder in der Sicherungsverwahrung noch zum Strafverfahren, während bei Sexualkontakten im Bereich des Maßregelvollzugs wiederum § 174a Abs. 1 StGB einschlägig ist.[43]   **314**

Für die Tatbestandsalternative des **Verfahrens zur Anordnung einer freiheitsentziehenden Maßregel der Besserung und Sicherung** verbleibt nur das Verfahren nach § 71 StGB. Danach darf das Gericht die Unterbringung in einem psychiatrischen Krankenhaus oder in einer Entziehungsanstalt selbständig anordnen, wenn wegen Schuldunfähigkeit oder Verhandlungsunfähigkeit des Täters die Durchführung eines Strafverfahrens ausscheidet. Für Missbrauchshandlungen im Rahmen des Maßregelvollzugs gilt auch hier § 174a Abs. 1 StGB, da es sich dabei nicht mehr um eine „Anordnung" der Unterbringung in einer Einrichtung handelt.[44]   **315**

Zu den **Verfahren zur Anordnung einer behördlichen Verwahrung** zählen sämtliche gesetzlich geregelten Verfahren, die mit Freiheitsentzug auf behördliche Anordnung[45] hin enden können. In § 174a Abs. 1 StGB differenziert der Gesetzgeber zwar zwischen Gefangenen und auf behördliche Anordnung verwahrten Personen. Im Gegensatz dazu erfasst die das jeweilige Verfahren betreffende Norm des § 174b StGB mit ihrer dritten Alternative (Verfahren zur Anordnung einer behördlichen Verwahrung) nicht die bereits durch die ersten beiden Tatbestandsalternativen geschützten Opfer, die einem Strafverfahren oder einem Anordnungsverfahren mit dem Ziel einer strafrechtlichen Unterbringung unterliegen.   **316**

---

40   Laufhütte in: LK-StGB, 1995, § 174b Rdn. 2.
41   Laubenthal, 1998, S. 3.
42   Horn in: SK-StGB, 1998, § 174b Rdn. 4; Laufhütte in: LK-StGB, 1995, § 174b Rdn. 2; Lenckner in: Schönke/Schröder, 1997, § 174b Rdn. 4.
43   So auch Horn in: SK-StGB, 1998, § 174b Rdn. 4.
44   So auch Lenckner in: Schönke/Schröder, 1997, § 174b Rdn. 5.
45   Dazu oben Kap. 4.1.1.1.

4.2.2 Täterkreis

317   § 174b StGB stellt ein Sonderdelikt dar. Es kann nur von einem **Amtsträger** i.S. des § 11 Abs. 1 Nr. 2 StGB begangen werden. Dabei genügt jedoch nicht jede irgendwie geartete Beteiligung an einem Straf- oder Unterbringungsverfahren. Der Amtsträger muss vielmehr **in entscheidungserheblicher Weise**[46] **zur Mitwirkung** an dem jeweiligen Verfahren **berufen** sein.

Zu dem möglichen Täterkreis gehören insbesondere:
- Richter,
- Staatsanwälte,
- Polizeibeamte im Rahmen des ersten Zugriffs nach § 163 StPO,
- Finanzbeamte in Steuerstrafverfahren,
- beamtete oder angestellte Ärzte, die in Unterbringungsverfahren mitwirken.

Mangels entscheidungserheblicher Verfahrensbeteiligung scheiden vor allem aus:
- gerichtliches Hilfspersonal (Protokollführer, Geschäftsstellenbeamte),[47]
- Bewährungshelfer,[48]
- als Zeugen vernommene Amtsträger,
- Vollzugsbedienstete,
- Pflegepersonal.

4.2.3 Missbrauch der Abhängigkeit

318   Das bloße Ausnutzen der Amtsstellung zu sexuellen Übergriffen erfüllt allein noch nicht den Tatbestand des § 174b StGB.[49] Lässt der Gesetzgeber in § 174a Abs. 1 StGB bei bereits gefangenen bzw. verwahrten Personen den Missbrauch der Stellung[50] genügen, verwendet er dagegen in § 174b StGB den engeren Begriff der **Abhängigkeit**: Der Sexualkontakt muss seitens des Amtsträgers „unter Missbrauch der durch das Verfahren begründeten Abhängigkeit" erfolgen. Dies ist dann der Fall, wenn der Täter jene auf seiner Macht als verfahrensbeeinflussender Amtsträger gegenüber dem Betroffenen beruhende innere Abhängigkeit des Verfahrensunterworfenen für seine Zwecke ausnutzt und beide Seiten sich des Zusammenhangs von Abhängigkeitsverhältnis und sexuellen Handlungen bewusst sind.[51]

319   Damit liegt ein Missbrauch i.S. des § 174b StGB vor, sobald der Umstand der **Verfahrensverstrickung** des Opfers für die sexuellen Handlungen zwischen Amtsträger und Opfer **objektiv und subjektiv ursächlich** wird.[52] Hierfür reicht bereits aus, dass der Täter vorhandene Befürchtungen des Betroffenen über einen

---

46 Lenckner in: Schönke/Schröder, 1997, § 174b Rdn. 10.
47 A.A. Laufhütte in: LK-StGB, 1995, § 174b Rdn. 6.
48 Horn in: SK-StGB, 1998, § 174b Rdn. 10; a.A. Laufhütte in: LK-StGB, 1995, § 174b Rdn. 6.
49 BGH, NStZ 1995, S. 222.
50 Dazu oben Kap. 4.1.2.
51 BGHSt. 28, S. 367; Laufhütte in: LK-StGB, 1995, § 174b Rdn. 9; Otto, 1998, S. 344.
52 Horn in: SK-StGB, 1998, § 174b Rdn. 8.

negativen Verfahrensablauf ausnutzt und ihm für ein Entgegenkommen auf sexueller Ebene verspricht, das Verfahren positiv zu beeinflussen. Ebenso genügt,
wenn das Opfer das Vorgehen des Täters duldet, weil es bei einer ablehnenden
Haltung infolge ausdrücklich oder konkludent vom Amtsträger geweckter Befürchtungen erwartet, verfahrensbezogene Nachteile zu erleiden.[53]

Besteht eine solche Ursächlichkeit der Verfahrensverstrickung für den Sexualkontakt, liegt eine Tatbestandsverwirklichung selbst in dem Fall vor, in dem die
Initiative vom Betroffenen ausgeht. Das Einverständnis des Opfers bleibt dann
unbeachtlich.[54] Ein Missbrauch der Abhängigkeit entfällt aber, wenn das Einverständnis nicht durch das Verfahren sowie eine daraus folgende Abhängigkeit
motiviert ist.[55] So scheidet eine Strafbarkeit nach § 174b StGB bei echter Liebesbeziehung oder sexueller Zuneigung aus.[56]

320

---

[53] Lenckner in: Schönke/Schröder, 1997, § 174b Rdn. 7.
[54] Horn in: SK-StGB, 1998, § 174b Rdn. 9.
[55] Amelung, 1982, S. 517.
[56] Maurach/Schroeder/Maiwald, 1995, S. 193.

5. Delikte gegen die sexuelle Entwicklung

Die Strafnormen zum Schutz der ungestörten sexuellen Entwicklung von Kindern **321** und Jugendlichen finden sich unsystematisch[1] über den 13. Abschnitt des StGB hinweg verteilt.

Zu den **Jugendschutzvorschriften** gehören die Delikte: **322**
- Sexueller Missbrauch von Schutzbefohlenen, § 174 StGB;
- Sexueller Missbrauch und Schwerer sexueller Missbrauch von Kindern sowie Sexueller Missbrauch von Kindern mit Todesfolge, §§ 176, 176a, 176b StGB;
- Förderung sexueller Handlungen Minderjähriger, § 180 StGB;
- Sexueller Missbrauch von Jugendlichen, § 182 StGB.

Dem unmittelbaren Minderjährigenschutz dienen daneben die Tatbestände: **323**
- Prostitutionsförderung durch Überlassen von Wohnung oder gewerbsmäßige Unterkunfts- bzw. Aufenthaltsgewährung an Personen unter 18 Jahren (§ 180a Abs. 2 Nr. 1 StGB)[2];
- Jugendgefährdende Prostitution (§ 184b StGB)[3];
- die Tatbestandsalternativen Nr. 1 bis 5 der Verbreitung sog. einfacher Pornographie (§ 184 Abs. 1 StGB).

Vor spezifischen Bedrohungen der Rechtsgüter von Kindern im Bereich der **324** sog. harten Pornographie sollen die Strafnormen des § 184 Abs. 3 2. Alt., Abs. 4 und 5 StGB bewahren.[4]

Auf den Schutz Minderjähriger zielt ferner § 180b Abs. 2 Nr. 2 StGB:[5] Strafbar **325** macht sich danach, wer auf einen jungen Menschen einwirkt, um ihn zur Aufnahme oder Fortsetzung der Prostitution zu bestimmen, oder ihn dazu bringt, die Prostitution aufzunehmen bzw. fortzusetzen. Hierbei hat der Gesetzgeber allerdings den Schutzbereich über Kinder und Jugendliche hinausgehend auch auf Heranwachsende ausgedehnt.

Mit den Jugendschutztatbeständen des 13. Abschnitts sollen die sich sexuell **326** noch in der Entwicklung befindlichen jungen Menschen vor **Beeinträchtigungen ihrer Gesamtentwicklung durch sexualbezogene Handlungen** bewahrt werden.[6] Strafrechtlich erfasst sind Vorgehensweisen, die wegen ihrer Abträglichkeit für eine ungestörte Sexualentwicklung die **Sexualfreiheit Minderjähriger mittelbar bedrohen**. Denn das Rechtsgut der sexuellen Selbstbestimmung im Sinne

---

[1] Krit. dazu Schroeder, 1999, S. 832.
[2] Dazu unten Kap. 7.2.2.1.
[3] Dazu unten Kap. 7.1.2.
[4] Dazu unten Kap. 8.4.1 bis 8.4.3.
[5] Dazu unten Kap. 7.4.1.2.
[6] BT-Drs. VI/3521, S. 34.

der Freiheit vor Fremdbestimmung auf sexuellem Gebiet erfordert bereits die Fähigkeit des Einzelnen zur Entscheidung darüber, ob er zu einem bestimmten Zeitpunkt an einem konkreten Ort in ein sexualbezogenes Geschehen involviert werden will oder nicht.[7] Eine solche Selbstbestimmungsfähigkeit ist jedoch bei Kindern und Jugendlichen mit einer noch unabgeschlossenen sexuellen und psychischen Reifung nicht gegeben. Andererseits kann aber auch nicht davon ausgegangen werden, dass alle Jugendlichen zur sexuellen Selbstbestimmung unfähig sind.

327   Der Gesetzgeber hat deshalb die Jugendschutznormen des 13. Abschnitts als **abstrakte Gefährdungsdelikte** ausgestaltet. In den Tatbeständen sind Handlungen erfasst, welche generell geeignet erscheinen, die Sexualentwicklung Minderjähriger zu bedrohen. Damit hängt der strafrechtliche Schutz nicht von der konkreten Entwicklung des einzelnen Opfers in sexueller Hinsicht ab. Vielmehr benennt das Gesetz dessen Alter als ein maßgebliches Kriterium. Geschaffen wurde eine **Jugendschutzzone**, die sich – nach fortschreitendem Alter gestaffelt – durch zusätzliche Kriterien bedingt verengt.[8] Die Altersgrenzen sind mit 14, 16 und 18 Jahren gezogen. Kinder unter 14 Jahren genießen den umfassendsten strafrechtlichen Schutz vor sexuellen Handlungen. Bei Jugendlichen unter 16 Jahren bzw. unter 18 Jahren bedarf es dagegen der Erfüllung bestimmter zusätzlicher Strafbarkeitsvoraussetzungen.

328   Die aus Gründen des Kinder- und Jugendschutzes vorgenommene Abstufung der Schutzzone entsprechend dem Lebensalter der Opfer besagt aber nicht, dass die jeweiligen Normen ausschließlich für den betreffenden Altersabschnitt gelten. Tatbestände ohne bzw. mit höherer Altersgrenze umfassen auch den Schutz jüngerer Menschen. Im Verhältnis zu den Delikten mit niedrigerer Altersgrenze liegt dann auf der Konkurrenzebene in der Regel Tateinheit vor.[9]

5.1 Sexueller Missbrauch von Kindern

329   Sexualität zwischen Erwachsenen und Kindern hat keinen Platz in unseren sozialen Strukturen: Die Ausrichtung des sexuellen Begehrens auf Kinder und die tatsächliche Umsetzung dieser sexuellen Präferenz gehören zu den am meisten abgelehnten und missachteten Verhaltensweisen[10] innerhalb des Kriminalitätsspektrums. In der Öffentlichkeit bekannt werdende Sexualstraftaten an kindlichen Opfern lassen immer wieder den Ruf nach härteren Strafen für sog. Kinderschänder laut werden.

330   Der Sexuelle Missbrauch von Kindern hat zuletzt durch das 6. StrRG eine weitgehende Neuregelung mit differenzierten Strafdrohungen erfahren.[11] Die

---

[7] Siehe oben Kap. 2.2.
[8] Siehe oben Kap. 2.4.
[9] Maurach/Schroeder/Maiwald, 1995, S. 194.
[10] Siehe auch Jenks, 1997, S. 209.
[11] Dazu Kap. 2.3.4.2.

zuvor nur in § 176 StGB a.F. enthaltene Regelungsmaterie wurde in drei Vorschriften aufgeteilt:
- § 176 StGB: Grundtatbestand des Sexuellen Missbrauchs von Kindern;
- § 176a StGB: Qualifikationstatbestand des Schweren sexuellen Missbrauchs
  von Kindern;
- § 176b StGB: erfolgsqualifiziertes Delikt des Sexuellen Missbrauchs von Kindern mit Todesfolge.

Der **Grundtatbestand** des **§ 176 StGB** erfasst in Abs. 1 mit einer Strafdrohung   **331**
von Freiheitsstrafe von sechs Monaten bis zu zehn Jahren (in minder schweren
Fällen bis zu fünf Jahren oder Geldstrafe) die Vornahme sexueller Handlungen an
einem Kind oder die Veranlassung eines Kindes zu solchen Betätigungen an dem
Täter. Dem stellt Abs. 2 das Bestimmen des Kindes gleich, sexuelle Handlungen
an einer dritten Person vorzunehmen oder von dieser an sich vornehmen zu lassen. In Abs. 3 werden – mit Freiheitsstrafe bis zu fünf Jahren oder Geldstrafe
bedroht – Verhaltensweisen ohne unmittelbaren Körperkontakt beschrieben
(Nr. 1: der Täter nimmt sexuelle Handlungen vor einem Kind vor; Nr. 2: er bestimmt das Kind dazu, diese an sich selbst vorzunehmen) und pornographisches
Einwirken einbezogen (Nr. 3).

Der **Qualifikationstatbestand** des **§ 176a StGB** benennt mit abgestuften   **332**
Strafdrohungen schwere Fälle des sexuellen Kindesmissbrauchs. Abs. 1 enthält
Qualifikationen des § 176 Abs. 1 und 2 StGB. Mit Freiheitsstrafe nicht unter ei-
nem Jahr (in minder schweren Fällen von drei Monaten bis zu fünf Jahren, Abs. 3
1. Alt.) werden bestraft die Vollziehung des Beischlafs und ähnlicher mit einer
Penetration verbundener Handlungen durch einen über 18 Jahre alten Täter
(Nr. 1), die gemeinschaftliche Tatbegehung (Nr. 2), die Herbeiführung der kon-
kreten Gefahr einer schweren Gesundheitsschädigung bzw. einer erheblichen
Schädigung der körperlichen oder seelischen Entwicklung (Nr. 3) sowie die wiederholte Tatbegehung (Nr. 4). Freiheitsstrafe nicht unter zwei Jahren (in minder
schweren Fällen von einem Jahr bis zu zehn Jahren, Abs. 3 2. Alt.) ist in Abs. 2
als weiterem Qualifikationstatbestand für den Fall vorgesehen, dass der Täter oder
Tatbeteiligte des sexuellen Missbrauchs i.S. des § 176 Abs. 1 bis 4 StGB in der
Absicht handelt, eine kinderpornographische Schrift zum Zwecke ihrer Verbreitung herstellen. Abs. 4 mit einer Strafdrohung von nicht unter fünf Jahren Freiheitsentzug qualifiziert die Tat, wenn das Opfer in den Fällen des § 176 Abs. 1
und 2 StGB körperlich schwer misshandelt (Nr. 1) oder durch die Tat in die Gefahr des Todes gebracht (Nr. 2) wird.

Die **Erfolgsqualifikation** des **§ 176b StGB** bedroht mit lebenslanger Freiheits-   **333**
strafe oder mit einer zeitigen Freiheitsstrafe nicht unter zehn Jahren den Täter, der
durch einen sexuellen Missbrauch i.S. der §§ 176, 176a StGB wenigstens leichtfertig den Tod des Kindes verursacht.

Neben den in den einzelnen Delikten und ihren Tatbestandsalternativen nor-   **334**
mierten Unrechtsreaktionen kann das Gericht in den Fällen des sexuellen Kindesmissbrauchs gem. § 181b StGB **Führungsaufsicht** anordnen.

Der Sexuelle Missbrauch von Kindern stellt das am häufigsten von den Strafverfol-   **335**
gungsorganen registrierte Delikt aus dem Gesamtbereich aller Sexualstraftaten dar. Nach

den statistischen Daten aus dem Jahr 1998[12] betrug der Missbrauch nach § 176 StGB mit 16 596 polizeilich erfassten Fällen 30,8 % aller registrierten Sexualdelikte. Von den 20 994 Opfern waren 74,4 % weiblichen und 25,6 % männlichen Geschlechts. Auf der Seite der Tatverdächtigen finden sich im Hellfeld ganz überwiegend Männer (1998: 97,4 %). Jedoch gerät allmählich auch der Beitrag von Frauen – vor allem als Tatbeteiligte – in das Blickfeld kriminologischer Betrachtungen.[13]

336   Die soziale Realität des sexuellen Missbrauchs von Kindern weicht jedoch von den kriminalstatistischen Erkenntnissen ab.[14] Bei diesem Deliktstypus ist von einem enormen Dunkelfeld auszugehen. Die Hell-/Dunkelfeldrelation wird auf bis zu 1:20 geschätzt.[15] Während bei den polizeilich registrierten Straftaten nach § 176 StGB a.F. ein Verwandtschaftsverhältnis in nur 11,3 % der Fälle feststeht[16], kann angenommen werden, dass die Dunkelziffer umso höher ansteigt, je enger die Beziehung des Täters zur Familie des Opfers ist.[17] Schätzungen gehen davon aus, dass 60 bis 80 % der Täter aus dem sozialen Nahraum des Opfers stammen.[18] Davon werden nach den Resultaten empirischer Studien Mädchen zu etwa einem Viertel durch Familienangehörige sexuell missbraucht, bei Jungen kommen die Täter zu 10 bis 20 % aus der eigenen Familie.[19] Dabei sind Väter und Stiefväter überrepräsentiert.[20] Je näher das Opfer zum Täter steht, umso intensiver und andauernder ist der Missbrauch (bei Missbrauch in der Familie wird von einem Anteil der Wiederholungstaten in Höhe von 75 % ausgegangen[21]).

337   Zahlreiche **Opfer sexuellen Kindesmissbrauchs** haben unter erheblichen unmittelbaren Folgen sowie unter Langzeitfolgen zu leiden. Die Opfer erleben negative Gefühle nicht nur während der Deliktsbegehung, die Tat kann auch individuell divergierende Wirkungen auslösen.

338   Als **primäre Traumatisierungsfolgen** kommen dabei Initialwirkungen als unmittelbare Reaktionen des Kindes in Betracht, insbesondere im somatischen und psychosomatischen Bereich.[22] Empirische Studien haben ferner Befunde zu negativen Langzeitfolgen sexuellen Kindesmissbrauchs erbracht: Emotionale und kognitive Beeinträchtigungen, posttraumatische Belastungsstörungen, Somatisierungen, Dissoziation, Probleme in interpersonalen Beziehungen, in der sozialen Anpassung oder im Sexualbereich sowie Lern-, Ess- oder Schlafstörungen.[23] Zu den Traumatisierungsfolgen, die sich unmittelbar aus dem Ge-

---

12   Bundeskriminalamt, Polizeiliche Kriminalstatistik 1998, S. 131.
13   Siehe Elliott, 1995; Heyne, 1996, S. 264 ff.; Kavemann, 1994.
14   Siehe dazu Laubenthal, 1996, S. 336 f.
15   Vgl. Bange, 1992, S. 28; Brockhaus/Kolshorn, 1993, S. 46 ff.; Kavemann/Lohstöter, 1984, S. 28 f.; Ostendorf, 1986, S. 151; Trube-Becker, 1987, S. 104. Der Dunkelfeldmultiplikator von 20 geht zurück auf Baurmann, 1983. Er soll nach neueren Berechnungen bezüglich § 176 StGB a.F. bei 1:5 liegen (Baurmann, 1991, S. 232 f.); krit. jedoch zum Wert solcher Schätzungen Weber/Rohleder, 1995, S.15.
16   Bundeskriminalamt, Polizeiliche Kriminalstatistik 1997, Tab. 92.
17   Hirsch, 1994, S. 23; Weber/Rohleder, 1995, S. 18 f.
18   Vgl. Brockhaus/Kolshorn, 1993, S. 71 ff.
19   Siehe Bange, 1992, S. 32 ff.
20   Schneider A., 1993, S. 65.
21   Vgl. Weber/Rohleder, 1995, S. 18.
22   Bange/Deegener, 1996, S. 59 ff.; Bürgin/Rost, 1997, S. 133 ff.; Jones, 1996, S. 6 ff.; Mitnick, 1986, S. 86; Schneider A., 1993, S. 66 ff.; Trube-Becker, 1987, S. 104; Wilmer, 1996, S. 120 ff.; siehe auch Hasler, 1995, S. 28 ff.
23   Siehe Brockhaus/Kolshorn, 1993, S. 148 ff.; Finkelhor/Browne, 1996, S. 180 ff.; Godenzi, 1996, S. 216 ff.; Heiliger/Engelfried, 1995, S. 24 f.; Moggi, 1997, S. 187 ff.; Schneider H. J., 1997, S. 463 f.

schen des sexuellen Missbrauchs ableiten lassen, können solche hinzutreten, die durch Erlebnisse des Kindes im informellen Bereich (z.B. Reaktionen der Eltern, Nachbarn usw.) ausgelöst werden. Hinzu kommt ein oft unverhohlen voyeuristisches Interesse von Medien und Öffentlichkeit an Missbrauchsfällen.

Als **sekundäre Traumatisierungsfaktoren** bergen aber vor allem Ereignisse im Rahmen der institutionellen Strafverfolgung Gefahren zusätzlicher Schädigungen. Strafverfahrensinduzierte Belastungen[24], die sich zum primären Trauma des Opferwerdens addieren, beginnen schon im Ermittlungsverfahren. Wiederholte Befragungen durch Polizeibeamte und Staatsanwaltschaft, langes Warten auf die Hauptverhandlung und ein noch fehlendes Wissen des Kindes über das Strafverfahren und die Bedeutung seiner Aussage für die Wahrheitsfindung stellen Stressfaktoren dar, die je nach individueller Disposition emotionale Reaktionen hervorrufen können. Neben die unangenehme Belastung, Details aus der Intimsphäre Fremden gegenüber offen legen zu müssen, tritt die subjektive Erfahrung des Kindes von ihm entgegengebrachtem Misstrauen. Zur Beurteilung des Realitätsgehalts seiner Aussage hat das Kind sich häufig einer Glaubwürdigkeitsbegutachtung zu unterziehen. In Fällen intrafamiliären Missbrauchs kommt noch ein besonderer familiärer Druck auf das Kind hinzu. Der Täter nutzt seine Machtposition aus, um es mit Drohungen zu einer Rücknahme der Beschuldigung zu bewegen.[25] Aber auch Mitleid mit nahe stehenden Tätern kann eine Konfliktlage beim Opfer schaffen, ob es von seinem Zeugnisverweigerungsrecht Gebrauch machen soll.[26]   **339**

Auch während der Hauptverhandlung treten für das Kind weitere Belastungen hinzu. Insoweit hat sich jedoch der Gesetzgeber in den vergangenen Jahren um eine Verbesserung des Opferschutzes gerade bei jungen Zeugen bemüht. Mit dem Zeugenschutzgesetz vom 30.4.1998[27] wurde die Videotechnologie[28] in das deutsche Strafverfahren eingeführt. Im Ermittlungsverfahren soll gem. § 58a Abs. 1 S. 2 Nr. 1 StPO bei Opferzeugen unter 16 Jahren eine Videoaufzeichnung erfolgen. Die Verwendung von Videotechnologie als Übertragungsmedium schon im Vorverfahren lässt § 168e StPO zu, wenn die dringende Gefahr eines schwerwiegenden Nachteils für das Wohl des jungen Zeugen bei Einvernahme in Gegenwart der Anwesenheitsberechtigten besteht. Dann soll der Richter die Vernehmung getrennt von den anderen Verfahrensbeteiligten durchführen, wobei deren strafprozessuale Mitwirkungsbefugnisse jedoch unberührt bleiben. Hatten der Angeklagte und sein Verteidiger Gelegenheit zur Mitwirkung an der aufgezeichneten Einvernahme eines Zeugen unter 16 Jahren, kann die Aufzeichnung gem. § 255a Abs. 2 S. 1 StPO eine erneute Zeugenaussage in der Hauptverhandlung ersetzen, wenn es sich bei der angeklagten Straftat um eine solche gegen die sexuelle Selbstbestimmung handelt. Liegt eine dringende Gefahr für einen Zeugen in der Hauptverhandlung vor und kann sie nicht auf andere Weise abgewendet werden, sieht das Zeugenschutzgesetz in § 247a StPO die Möglichkeit vor, dass der Aussagende sich während der Vernehmung an einem anderen Ort aufhält.   **340**

---

24 Dazu Balloff, 1992, S. 206; Bohlander, 1995, S. 85 ff.; Busse/Volbert/Steller, 1996, S. 22 ff.; Hasdenteufel, 1997, S. 6 ff.; Jesionek, 1995, S. 370; Jungjohann, 1996, S. 163 ff.; Kintzi, 1997, S. 22 ff.; Kirchhoff, 1994, S. 86 ff.; Störzer, 1978, S. 101 ff.; Volbert/Pieters, 1993, S. 13 ff.

25 Schneider H. J., 1998a, S. 509.

26 Balloff, 1992, S. 206.

27 BGBl. 1 1998, S. 820.

28 Dazu Gunder, 1999, S. 134 ff.; Hagendorn, 1999, S. 140 ff.; Keiser, 1998, S. 228 ff.; Laubenthal, 1999, S. 473 ff.; Maier, 1997, S. 82 ff.; Mildenberger, 1995, S. 155 ff.; Schmoll, 1999, S. 106 ff.

5.1.1 Absoluter Schutz vor Sexualkontakten

341   Die Straftatbestände der §§ 176 bis 176b StGB schützen männliche und weibliche Kinder unter vierzehn Jahren[29] vor sexuellen Handlungen jeglicher Art: **Sexualkontakte mit Kindern haben zu unterbleiben.**

342   Mit §§ 176 bis 176b StGB soll die **ungestörte sexuelle Entwicklung** von Kindern gesichert werden.[30] Die Normen dienen damit der Verhinderung von Beeinträchtigungen der Gesamtentwicklung durch sexuelle Handlungen[31], bei denen ältere und lebenserfahrenere Personen Kinder wegen ihrer noch fehlenden Fähigkeit zur sexuellen Selbstbestimmung ausnutzen. Den Minderjährigen wird somit eine Schutzzone garantiert. In dieser sollen sie ihre sexuelle Selbstbestimmungsfähigkeit frei von sexuellen Erlebnissen entwickeln können, die nicht in der kindlichen Entwicklung selbst, sondern in den sexuellen Absichten auf der Täterseite begründet sind.[32]

343   Der Gesetzgeber hat die Delikte des sexuellen Missbrauchs von Kindern als **abstrakte Gefährdungsdelikte** ausgestaltet. Ihm genügte bereits „die Ungewissheit über die Schädlichkeit sexueller Übergriffe"[33]. Denn trotz der bei zahlreichen Opfern zu diagnostizierenden Traumatisierungsfolgen lässt sich keine gesetzmäßige Korrelation zwischen Sexualkontakten im Kindesalter und schädlichen Folgen – auch im Sinne von nicht näher definierten relevanten Abweichungen von einer „normalen" sexuellen Entwicklung – herstellen.[34]

344   Für eine Tatbestandserfüllung kommt es daher auf den Nachweis einer Schädigung oder Gefährdung nicht an. Haben nach der Intention des Gesetzgebers wegen ihrer generellen Gefährlichkeit alle Sexualkontakte mit Kindern zu unterbleiben, schließt dies auch den Gegenbeweis einer Ungefährlichkeit im konkreten Einzelfall aus.[35] Geschützt ist damit selbst ein Kind, das schläft und deshalb die sexuelle Betätigung nicht wahrnimmt.[36] Auch hier dringt der Täter in die Sexualsphäre des Kindes ein, was nach der Wertentscheidung des Gesetzgebers schlechthin unterbunden werden soll. Gleiches gilt, wenn das Opfer die Sexualbezogenheit einer Handlung nicht erkennt oder nicht verstehen kann.[37] Der strafrechtliche Schutz ist auch dann gegeben, falls das Kind zuvor bereits Opfer eines Sexualkontakts war. Sollte im Einzelfall die Initiative zu einer sexualbezogenen Handlung vom Kind ausgegangen sein, spielt dies für die Tatbestandserfüllung

---

[29] Zu den strafrechtlichen Mindestaltersgrenzen für sexuelle Beziehungen in anderen europäischen Staaten siehe Graupner, 1997, Bd. 2, S. 267 ff.

[30] Barabas, 1998, S. 50; Horn in: SK-StGB, 1998, § 176 Rdn. 2; Ilg, 1997, S. 39; Lackner/Kühl, 1999, § 176 Rdn. 1; Lenckner in: Schönke/Schröder, 1997, § 176 Rdn. 1; Otto, 1998, S. 345; Tröndle/Fischer, 1999, § 176 Rdn. 1a; Wilmer, 1996, S. 25.

[31] BT-Drs. VI/3521, S. 34; BGH, StrVert 1989, S. 432.

[32] Renzikowski, 1999, S. 441; Tröndle/Fischer, 1999, § 176 Rdn.1a.

[33] BT-Drs. VI/3521, S. 35.

[34] Dazu Bange/Deegener, 1996, S. 75 f., 171; Baurmann, 1996, S. 414 f.; Lautmann, 1980, S. 46 f.; Renzikowski, 1999, S. 440; Wilmer, 1996, S. 123.

[35] Lenckner in: Schönke/Schröder, 1997, § 176 Rdn. 1; Wilmer, 1996, S. 26.

[36] BGHSt. 38, S. 68; Marquardt/Lossen, 1999, S. 209; Molketin, 1992, S. 179.

[37] BGHSt. 29, S. 336.

keine Rolle.[38] Ein Einverständnis oder eine Einwilligung auf der Opferseite kommt nicht in Betracht; das durch § 176 StGB geschützte Rechtsgut kann nicht zur Disposition eines Kindes stehen.[39] Denn nicht selten sind es gerade kognitive Verzerrungen und Verdrehungen, die pädophilen Straftätern dazu dienen, ihre Verantwortung für das Tatgeschehen zu vernebeln, indem sie einer pädophilen Ideologie gemäß eine kindliche Einwilligung in das sexualbezogene Geschehen annehmen.[40]

Geht der Gesetzgeber davon aus, dass beim sexuellen Missbrauch eines Kindes in der Regel die Entwicklung des jungen Menschen nachhaltig beeinträchtigt wird, darf die Störung der Sexualentwicklung infolge einer solchen Tat bei der Strafzumessung nicht strafschärfend berücksichtigt werden. Es verstößt gegen das Doppelverwertungsverbot, regelmäßige Tatfolgen einem **Angeklagten** straferschwerend anzulasten.[41]   **345**

5.1.2 Grundtatbestand des § 176 StGB

Die Begehungsformen des § 176 StGB erfassen erschöpfend die sexualbezogenen Kontaktmöglichkeiten mit bestimmten Partnern. Dabei differenziert das Gesetz zwischen Handlungen mit und ohne Körperkontakt. Ergänzt wird in § 176 Abs. 3 Nr. 3 StGB der Schutz der Kinder vor Aktivitäten, die zwar keine sexuellen Handlungen i.S. des § 184c Nr. 1 StGB sind, aber dennoch die Entwicklung störend beeinflussen können.   **346**

Täter des § 176 StGB kann jedermann sein, unabhängig von seinem Geschlecht. Einer besonderen Autoritätsstellung bedarf es nicht.[42]   **347**

Der **Vorsatz** muss bei allen Tatbestandsalternativen auch das Alter des Kindes umfassen. Erforderlich ist, dass der Täter sich zumindest die Möglichkeit vergegenwärtigt, das Kind könnte aktuell noch nicht das Alter von 14 Jahren erreicht haben, so dass bedingter Vorsatz genügt.[43] Hat er sich über das Alter keinerlei Gedanken gemacht, fehlt es am bedingten Vorsatz.[44] Hält er ein noch nicht 14 Jahre altes Kind irrig für älter, kommt eine Bestrafung gem. § 182 StGB in Betracht.[45] Glaubt der Täter bei einem Jugendlichen, dieser sei noch jünger als 14 Jahre, liegt ein untauglicher Versuch des sexuellen Missbrauchs eines Kindes vor.   **348**

---

[38] Barabas, 1998, S. 51; Lenckner in: Schönke/Schröder, 1997, § 176 Rdn. 1.
[39] Siehe auch Füllkrug, 1998, S. 7.
[40] Schneider H. J., 1998, S. 438; zu weitgehend Lautmann, 1994, S. 78 ff.; krit. zu Initiativen einer Enttabuisierung bestimmter Formen der Pädosexualität auch Stein-Hilbers/ Bundschuh, 1998, S. 307 ff.; zu Existenz und Funktion einer „Täterlobby" siehe Heiliger, 2000, S. 23 f.
[41] BGH, StrVert 1998, S. 656; 1998, S. 657.
[42] A.A. Otto, 1998, S. 345.
[43] BGH, NStZ 1998, S. 131; Füllkrug, 1998, S. 12.
[44] Tröndle/Fischer, 1999, § 176 Rdn. 12.
[45] BGHSt 42, S. 55.

349   Ein Gesetzesentwurf des Bundesrates aus dem Jahr 1999[46] zielt auf eine erneute Änderung des § 176 StGB ab. Danach sollen die Grundfälle des sexuellen Missbrauchs von
Kindern (§ 176 Abs. 1 und 2 StGB) als **Verbrechen** gekennzeichnet werden („Freiheitsstrafe nicht unter einem Jahr"). Neben generalpräventiven Aspekten geht es bei dem
Entwurf auch darum, bereits die Verabredung und den Anstiftungsversuch (§ 30 StGB)
unter Strafe zu stellen. Notwendigkeit hierfür sieht der Bundesrat insbesondere im Hinblick
auf Taten, die unter Missbrauch der modernen Kommunikationstechnologien begangen
werden. Insoweit sei das **Anbieten von Kindern** im Internet für Straftaten des sexuellen
Missbrauchs nur unzureichend[47] strafrechtlich erfasst: „... Mit dem Schutz von Kindern ist
es nicht verträglich, im Extremfall abwarten zu müssen, bis sich die Bemühungen, ein Kind
zu 'beschaffen', konkretisiert haben. Auch der öffentliche Friede und das Vertrauen der
Allgemeinheit in die Unverbrüchlichkeit der Rechtsordnung werden empfindlich beeinträchtigt, wenn aufgrund solcher Taten der Eindruck jederzeitiger Verfügbarkeit von Kindern für sexuellen Missbrauch und der Machtlosigkeit des Strafrechts gegenüber derartigen
Machenschaften entsteht."[48] Vorgeschlagen wird im Bereich des § 176 StGB deshalb auch
eine Tatbestandserweiterung durch Einfügung einer neuen Tatbestandsalternative: „Ebenso
wird bestraft, wer ein Kind für eine Tat nach den Absätzen 1 bis 3 nachzuweisen verspricht."

5.1.2.1 Sexuelle Handlungen mit Körperkontakt

350   Für eine Strafbarkeit gem. § 176 Abs. 1 oder 2 StGB ist notwendig, dass es zwischen dem Kind und einer anderen Person zu einem unmittelbaren Körperkontakt
kommt. Dieser muss im Hinblick auf § 184c Nr. 1 StGB mit Rücksicht auf das
geschützte Rechtsgut eine sexuelle Handlung von einiger Erheblichkeit darstellen.[49]

(1) Sexualkontakt zwischen Täter und Kind

351   § 176 Abs. 1 StGB betrifft sexualbezogene Betätigungen, die der Täter an dem
Opfer vornimmt oder von diesem an sich selbst vornehmen lässt.[50] Die Norm
erfasst damit nicht Manipulationen des Täters an sich selbst[51] (§ 176 Abs. 3 Nr. 1
StGB), Handlungen des Kindes mit einem Dritten (hier kann § 176 Abs. 2 StGB
in Betracht kommen) oder an sich selbst (dann ist § 176 Abs. 3 Nr. 2 StGB zu
prüfen). Im Unterschied zu § 176 Abs. 2 und Abs. 3 Nr. 2 StGB bleibt es für eine
Strafbarkeit gem. § 176 Abs. 1 StGB unerheblich, wer das Zustandekommen des
Sexualkontakts veranlasst hat.[52] Im Hinblick auf den absoluten Schutz vor sexualbezogenen Aktivitäten muss das Kind bei beiden Tatbestandsalternativen des
§ 176 Abs. 1 StGB die Tat nicht als sexuelle erkennen. Es ist nicht erforderlich,

---

[46] BR-Drs. 261/99.
[47] A.A. Renzikowski, 1999, S. 440.
[48] BT-Drs. XIV/1125, S. 5.
[49] BGH, NStZ 1992, S. 432; siehe auch Kap. 2.5.2.2.
[50] Zu den Formen sexueller Handlungen siehe Kap. 2.5.3.
[51] BGH, NStZ-RR 1999, S. 321 f.
[52] Laufhütte in: LK-StGB, 1995, § 176 Rdn. 3; Tröndle/Fischer, 1999, § 176 Rdn. 4.

dass das Opfer überhaupt eine vom Täter gewollte Vorstellung von der sexuellen Bedeutung der Tat besitzt.[53]

Bei § 176 Abs. 1 StGB handelt es sich um ein **eigenhändiges Delikt**. Täter kann daher nur sein, wer das Kind selbst körperlich berührt. Damit bleibt – bei Abs. 1 – eine mittelbare Täterschaft ausgeschlossen.   **352**

> *Beispiel:* Die A bot Bekannten und Verwandten das Kind K für sexuelle Handlungen an und übergab es ihnen für solche Betätigungen. Während ihre Bekannten und Verwandten die sexuellen Handlungen an K vornahmen, schaute die A zu, um sich geschlechtlich zu erregen. Zu einer körperlichen Berührung kam es zwischen A und K nicht.
>
> Der BGH[54] hat eine Bestrafung der A gem. § 176 Abs. 1 StGB ausgeschlossen. Die Fassung des Tatbestands ergebe bereits, dass Täter und Opfer einander körperlich berühren müssen. Insbesondere die Formulierung „an sich" (ohne eine ausdrückliche Tatbestandserweiterung „oder einem anderen") „vornehmen lässt" weise auf den Ausschluss einer mittäterschaftlichen Begehungsweise hin.

Die Tat ist **vollendet**, wenn der Täter mit einer sexuellen Handlung an einem Kind oder das Kind mit einer solchen am Täter begonnen hat.   **353**

Gem. § 176 Abs. 4 StGB ist der **Versuch** einer Tat nach § 176 Abs. 1 StGB strafbar. Ein solcher liegt vor, sobald der Täter i.S. des § 22 StGB dazu ansetzt, das Opfer zur Vornahme oder Duldung sexueller Aktivitäten zu beeinflussen (z.B. durch Drohungen oder Geschenke).[55] Ein unmittelbares Ansetzen kann auch schon dann gegeben sein, wenn „er – fest zur Tat entschlossen – das Kind an einen zur Vornahme von sexuellen Handlungen besonders geeigneten Ort führt, wo er nach seiner Vorstellung ohne weitere Zwischenakte sogleich den sexuellen körperlichen Kontakt aufnehmen will, weil er erwartet, das Kind werde sich ihm auch ohne ausdrückliche Drohung oder Gewaltanwendung in dieser Situation aus Angst fügen und/oder weil er plant, etwaigen Widerstand ohne weiteres zu brechen."[56]   **354**

(2) Bestimmen zu Sexualkontakt mit Drittem

Kommt es zu den in § 176 Abs. 1 StGB genannten sexuellen Handlungen zwischen einem Kind und einem Dritten, macht sich gem. § 176 Abs. 2 StGB strafbar, wer das Opfer zur Vornahme oder Hinnahme der Betätigungen bestimmt hat. Dritter vermag auch ein anderes Kind zu sein.[57]   **355**

Der Begriff des Bestimmens i.S. des § 176 Abs. 2 StGB kann nicht mit demjenigen bei der Anstiftung gem. § 26 StGB gleichgesetzt werden. Bei Kindern   **356**

---

53 Gössel, 1987, S. 312; Horn in: SK-StGB, 1998, § 176 Rdn. 3 f.; Tröndle/Fischer, 1999, § 176 Rdn. 3; a.A. Lenckner in: Schönke/Schröder, 1997, § 184c Rdn. 11 („... jedenfalls 'kindhaft' erkennt, dass es sich und sein Handeln in den Dienst fremder Sexualität stellt").
54 BGHSt. 41, S. 242 ff.
55 Horn in: SK-StGB, 1998, § 176 Rdn. 10.
56 BGHSt. 35, S. 9.
57 BGHSt. 45, S. 42.

kommt eine Willensbeeinflussung häufig noch nicht in Betracht. Es genügt deshalb schon ein **tatsächliches Verursachen** der Vornahme oder Duldung von Sexualkontakten.[58] Der Täter veranlasst das Opfer mittels Zwang, Drohung, Täuschung, Versprechen von Belohnung, Überraschung, Wecken von Neugier zu einem Verhalten, zu dem es ohne die Einwirkung nicht gekommen wäre. Das Bestimmen eines schlafenden Kindes zur Duldung sexueller Betätigungen ist damit schon begrifflich ausgeschlossen.[59]

357   Ein Bestimmen setzt voraus, dass der Täter **unmittelbar** auf das Kind einwirkt. Die Veranlassung eines Dritten, das Opfer zur Vornahme oder Hinnahme der sexuellen Handlung zu bewegen, genügt nicht.[60] In einem solchen Fall kommt eine Bestrafung des Veranlassenden wegen Anstiftung gem. § 26 StGB zu § 176 Abs. 1 StGB in Betracht. Da es sich bei § 176 Abs. 2 StGB nicht um ein eigenhändiges Delikt handelt, bleibt ein Bestimmen in mittelbarer Täterschaft möglich.[61]

358   **Tatvollendung** liegt vor, sobald das Kind mit einer sexuellen Handlung am Körper des Dritten bzw. der Dritte mit einer solchen am Körper des Opfers beginnt.

359   Nach § 176 Abs. 4 StGB ist auch der **Versuch** einer Tat gem. § 176 Abs. 2 StGB strafbar. Für den Versuch des Bestimmens gelten die Regeln des § 30 StGB entsprechend. Im Gegensatz zu § 176 Abs. 1 StGB kann bei § 176 Abs. 2 StGB der Versuchsbeginn früher einsetzen[62], denn der Versuch des Bestimmens beginnt schon mit dem unmittelbaren Ansetzen i.S. des § 22 StGB zur Einwirkung auf das Kind.[63]

360   Während der bestimmende Täter sich nach § 176 Abs. 2 StGB strafbar macht, richtet sich die Strafbarkeit des Dritten, der sexuelle Handlungen mit dem Kind vornimmt oder an sich vornehmen lässt, bei Vorliegen der Voraussetzungen nach § 176 Abs. 1 StGB. Bestimmt der Täter mehrere Kinder zu sexualbezogenen Betätigungen untereinander, bleiben diese straflos, was jedoch an der Tatbestandserfüllung des § 176 Abs. 2 StGB durch den Bestimmenden nichts ändert.[64]

(3) Minder schwere Fälle

361   § 176 Abs. 1 StGB sieht für minder schwere Fälle des sexuellen Missbrauchs von Kindern nach Abs. 1 und Abs. 2 („Ebenso wird bestraft ...") eine Reduzierung des Strafrahmens auf Freiheitsstrafe bis zu fünf Jahren oder Geldstrafe vor.

Entscheidend für das Vorliegen eines minder schweren Falls ist, ob das gesamte Tatbild einschließlich aller subjektiven Momente und der Täterpersönlich-

---

[58] BGHSt. 41, S. 245 f.
[59] BGHSt. 43, S. 369.
[60] Horn in: SK-StGB, 1998, § 176 Rdn. 7; Lenckner in: Schönke/Schröder, 1997, § 176 Rdn. 8; Tröndle/Fischer, 1999, § 176 Rdn. 5; a.A. Laufhütte in: LK-StGB, 1995, § 176 Rdn. 6.
[61] Horn in: SK-StGB, 1998, § 176 Rdn. 7, 11; siehe auch BGHSt. 41, S. 243 f.
[62] BGHSt. 35, S. 9.
[63] Tröndle/Fischer, 1999, § 176 Rdn. 13.
[64] Laufhütte in: LK-StGB, 1995, § 176 Rdn. 5.

keit derart vom Durchschnitt der erfahrungsgemäß vorkommenden Fälle abweicht, dass die Anwendung des Ausnahmestrafrahmens geboten erscheint. Zur
Prüfung dieser Frage bedarf es einer **Gesamtbewertung** aller wesentlichen bela-
stenden und entlastenden Umstände – gleichgültig, ob sie der Tat selbst innewohnen, sie begleiten, ihr vorausgehen oder nachfolgen.[65] Der ermäßigte Strafrahmen
soll Ausnahmekonstellationen mit **geringem Unrechts- und Schuldgehalt** gerecht werden.

Danach kann ein minder schwerer Fall in Betracht kommen, wenn die sexuelle   **362**
Handlung nur unwesentlich über der Erheblichkeitsschwelle des § 184c Nr. 1
StGB liegt. Jedoch auch bei einem nicht nur unwesentlichen Überschreiten der
Erheblichkeitsschwelle ist ein minder schwerer Fall keineswegs von vornherein
ausgeschlossen[66], denn der Schweregrad einer bestimmten sexuellen Handlung
sagt noch nichts Abschließendes über den Schuldgehalt der Tat aus. So kann auch
eine erheblich verminderte Schuldfähigkeit des Täters für sich alleine oder im
Zusammenhang mit anderen Umständen zur Annahme eines minder schweren
Falles führen.[67] Erfüllt eine Straftat des sexuellen Kindesmissbrauchs gem. § 176
Abs. 1 oder 2 StGB jedoch zugleich den Qualifikationstatbestand des § 176a
StGB, darf diese trotz Vorliegens von Strafmilderungsgründen nicht mehr als ein
minder schwerer Fall des § 176 StGB eingeordnet werden.[68]

5.1.2.2 Sexuelle Handlungen ohne Körperkontakt

Die gegenüber § 176 Abs. 1 und 2 StGB mildere Strafdrohung von Freiheitsstrafe   **363**
bis zu fünf Jahren oder Geldstrafe betrifft gem. § 176 Abs. 3 Nr. 1 und Nr. 2 StGB
sexuelle Aktivitäten, bei denen es zu keiner körperlichen Berührung zwischen
Täter und Opfer kommt. Anders als § 176 Abs. 5 StGB a.F. verlangen die Tatbestandsalternativen nicht mehr die besondere Absicht, durch die Tat sich selbst, das
Kind oder einen Dritten sexuell zu erregen. Durch die Streichung wollte der Gesetzgeber Spannungen im Verhältnis zu § 176a Abs. 2 StGB vermeiden, der nicht
auf eine Erregungs-, sondern auf die Verbreitungsabsicht kinderpornographischen
Materials abstellt.[69]

(1) Sexuelle Betätigung vor einem Kind

Bei § 176 Abs. 3 Nr. 1 StGB nimmt der Täter sexuelle (z.B. exhibitionistische   **364**
oder autoerotische) Handlungen von einiger Erheblichkeit an sich selbst oder an
einem Dritten (z.B. Geschlechtsverkehr mit einer anderen Person) vor. Dies geschieht jeweils in Gegenwart des Kindes. Dieses muss das Geschehen sinnlich

---

65 BGHSt. 26, S. 97; BGH, NStZ 1993, S. 224 f.
66 BGHR, StGB § 176 Abs. 1 minder schwerer Fall 3; BGH, NStZ 1996, S. 121; Thür.
    OLG, StrVert 1996, S. 611.
67 BGH, NStZ 1984, S. 453; BGH, NStZ 1996, S. 121.
68 BayObLG, JZ 1992, S. 259; Tröndle/Fischer, 1999, § 176 Rdn. 15.
69 Siehe BT-Drs. XIII/9064, S. 11.

erfassen, d.h. die sexualbezogene Aktivität auch **wahrnehmen**.[70] Nicht erforderlich ist dagegen, dass das Opfer zugleich die sexuelle Bedeutung des Geschehens begreift.[71] Bereits das arglose Betrachten eines sexualbezogenen Vorgangs durch das Kind, dem noch das Verständnis für den spezifischen Charakter des Wahrgenommenen fehlt, kann für eine Tatbestandserfüllung ausreichen.[72]

365   Nach § 176 Abs. 4 StGB ist der **Versuch** der Vornahme sexueller Handlungen vor einem Kind strafbar. Ein solcher liegt vor, wenn mit der sexuellen Handlung im Wahrnehmungsbereich des Kindes noch nicht begonnen wurde, diese aber unmittelbar bevorsteht. Eine Versuchsstrafbarkeit begründet auch die Vornahme der Aktivität im Beisein eines Opfers, das jedoch dem Geschehen keinerlei Beachtung schenkt.

366   Stellt die vor einem Kind vorgenommene sexuelle Handlung eine exhibitionistische Betätigung des männlichen oder weiblichen Täters dar, kommt hinsichtlich der Bestrafung wegen sexuellen Kindesmissbrauchs gem. § 183 Abs. 4 Nr. 2 2. Alt. StGB die Regelung des § 183 Abs. 3 StGB zur Geltung. Das Gericht darf demnach die Strafe zur Bewährung aussetzen, wenn erwartet werden kann, dass der Täter nach einer längeren **Heilbehandlung** keine exhibitionistischen Handlungen mehr begeht.[73]

367   Bei exhibitionistischer Betätigung vor einem Kind stehen § 176 Abs. 3 Nr. 1 StGB und § 183 StGB in **Tateinheit**. § 176 StGB hat als Vorschrift zum Schutz der ungestörten geschlechtlichen Entwicklung Minderjähriger eine andere Schutzrichtung als § 183 StGB.[74]

(2) Bestimmen zu sexuellen Handlungen an sich selbst

368   Bei § 176 Abs. 3 Nr. 2 StGB geht es um die Vornahme sexueller Handlungen des Kindes an sich selbst infolge einer entsprechenden Einwirkung durch den Täter.

Unter § 176 Abs. 3 Nr. 2 StGB fallen Sachverhalte, in denen das Kind zu sexuellen Verhaltensweisen in Anwesenheit des Täters oder eines Dritten veranlasst wird.

> *Beispiele:* Der Täter fordert ein 13-jähriges Mädchen dazu auf, seinen Oberkörper vor ihm zu entblößen und ihm Gelegenheit dazu zu geben, diesen eine geraume Weile zu betrachten. Dabei stellt er sexualbezogene Fragen.[75]
>
> Auf Veranlassung des Täters werden von Dritten optische oder akustische Aufzeichnungen von sexuellen Handlungen eines Kindes an sich selbst gefertigt.

369   Im Gegensatz zu § 176 Abs. 5 Nr. 2 StGB a.F. hat der Gesetzgeber in § 176 Abs. 3 Nr. 2 StGB durch die Streichung der Worte „vor ihm oder einem Dritten" jedoch auf die räumliche Gegenwart anderer bei sexuellen Manipulationen des

---

[70] Dazu oben Kap. 2.5.3.2.
[71] Marquardt/Lossen, 1999, S. 210.
[72] Horn in: SK-StGB, 1998, § 176 Rdn. 15.
[73] Siehe dazu Kap. 6.1.2.2.
[74] BGH, NStZ-RR 1999, S. 322.
[75] Sachverhalt aus BGH, NStZ 1985, S. 24.

Kindes an seinem Körper als Strafbarkeitserfordernis verzichtet.[76] Damit werden nunmehr auch **Distanztaten** erfasst.

> *Beispiel:* A rief in über 100 Fällen Frauen an, um diese zu erniedrigen, sich an deren Leid zu ergötzen und sich dadurch sexuell zu erregen. Er täuschte jeweils vor, ihre Tochter entführt zu haben und diese jetzt zu vergewaltigen, wenn die Angerufene sich seinen Anordnungen nicht füge. Er verlangte dann die Beschreibung der Unterwäsche, Streicheln im Genitalbereich, Selbstbefriedigung und außerdem, dass die Opfer dabei stöhnen sollten. Die Mütter kamen meist in höchster Sorge um ihre Kinder den Aufforderungen nach oder täuschten das jedenfalls vor. War zufällig nicht eine Mutter, sondern ein Mädchen am Telefon, tauschte A die Rollen aus und gab vor, die Mutter des Kindes in seiner Gewalt zu haben.
>
> Die landgerichtliche Verurteilung wegen versuchten sexuellen Missbrauchs von Kindern war vom BGH[77] noch aufgehoben worden. Bei telefonischen Kontakten stellten sexuelle Handlungen von Kindern an sich selbst keine Betätigungen vor einem anderen dar. Dieses Kriterium erforderte räumliche Nähe und eine sinnliche Wahrnehmung des Geschehens.
>
> Nach der Neufassung von § 176 Abs. 3 Nr. 2 StGB durch das 6. StrRG wäre A jedoch nach dieser Norm zu bestrafen gewesen. Dem Gesetzgeber kam es gerade darauf an, in diesen Tatbestand solche Fälle einzubeziehen, in denen sog. Verbalerotiker Kinder durch Telefonanrufe zu sexuellen Manipulationen an sich selbst veranlassen.

Neben dem Verzicht auf räumliche Nähe bedarf es für eine Strafbarkeit gem. § 176 Abs. 3 Nr. 2 StGB auch **keiner** unmittelbaren oder mittelbaren (z.B. über Video-Aufnahmen) **Wahrnehmung** des Vorgangs durch den Täter oder einen Dritten.[78] Erfasst werden daher auch Fälle, in denen der Täter das Kind zu sexuellen Handlungen an sich selbst veranlasst, damit er sich etwa durch die Vorstellungen von dem Geschehen erregen kann.[79]   **370**

Zu den sexuellen Manipulationen an sich selbst muss das Kind **bestimmt** werden. Wie bei § 176 Abs. 2 StGB[80] bedarf es hier eines tatsächlichen Verursachens. Durch unmittelbares Einwirken auf das Opfer ist das Täterhandeln die Ursache dafür, dass das Kind den Entschluss zur Vornahme sexueller Handlungen an seinem Körper fasst.   **371**

5.1.2.3 Pornographisches Einwirken

Nach § 176 Abs. 3 Nr. 3 StGB macht sich auch wegen sexuellen Missbrauchs von Kindern strafbar, wer auf diese durch   **372**
– Vorzeigen pornographischer Abbildungen oder Darstellungen,
– Abspielen von Tonträgern pornographischen Inhalts oder
– entsprechende Reden
einwirkt.

---

76   Siehe BT-Drs. XIII/9064, S. 10 f.
77   BGH, NJW 1996, S. 1068.
78   A.A. Horn in: SK-StGB, 1998, § 176 Rdn. 19; Renzikowski, 1999, S. 440.
79   So auch Tröndle/Fischer, 1999, § 176 Rdn. 7a.
80   Siehe oben Kap. 5.1.2.1 (2).

373   Es geht somit nicht um sexuelle Handlungen i.S. des § 184c StGB. Jedoch ist erforderlich, dass die Einwirkungen – entsprechend § 184c Nr. 1 StGB – eine gewisse **Erheblichkeitsschwelle** überschreiten.[81] Um Missbrauchshandlungen von nicht strafbarem sozialadäquatem Verhalten (z.B. sexualpädagogischer Aufklärung) abzugrenzen, stellt die **sexuelle Tätermotivation** ein weiteres Unterscheidungskriterium dar.[82] Die Absicht, gerade durch sein Einwirken sexuelles Interesse oder andere sexuelle Impulse bei dem Opfer auszulösen, setzt § 176 Abs. 3 Nr. 3 StGB auf der subjektiven Tatbestandsebene nicht voraus.[83]

374   Der Pornographiebegriff[84] des § 176 Abs. 3 Nr. 3 StGB sowie die Medien Abbildung, Darstellung und Tonträger[85] entsprechen denjenigen in § 184 StGB. Da es bei dem Vorzeigen pornographischer Abbildungen und Darstellungen um deren optisches Sichtbarmachen geht, erfüllt das Übergeben von Schriften mit pornographischem Inhalt ohne Abbildungen nicht den Tatbestand.[86] Durch das Vorzeigen oder Abspielen wirkt der Täter auf das Opfer ein, sobald das Täterverhalten von dem Kind sinnlich wahrgenommen wird.[87]

375   Die letzte Alternative des § 176 Abs. 3 Nr. 3 StGB verlangt ein Einwirken auf das Kind durch „entsprechende Reden". Da es bei **verbalen Äußerungen** an einer Verkörperung fehlt, brauchen hier nicht alle Merkmale des Pornographiebegriffs erfüllt zu sein. Maßgeblich ist vielmehr, dass eine Äußerung in ihrer Art und Intensität pornographischem Material entspricht.[88] Hierfür reichen bloße sexualbezogene Äußerungen oder Fragen nicht aus.

> *Beispiel:* T fragte ein minderjähriges Mädchen, ob es „da unten" Haare habe, ob es bei ihr „da unten kitzeln" würde und ob es ihm mit dem Fahrrad nachfahren und er ihr sein „Unterteil" zeigen solle. Hierfür bot er dem Kind Geld an.
> Das zuständige Amtsgericht lehnte die Eröffnung des Hauptverfahrens gegen T wegen sexuellen Missbrauchs eines Kindes ab. Eine sofortige Beschwerde der Staatsanwaltschaft blieb ohne Erfolg. Das Landgericht Zweibrücken[89] bestätigte die Entscheidung des Amtsgerichts. Ein Einwirken i.S. des § 176 Abs. 3 Nr. 3 StGB bedeute eine Einflussnahme tief greifender Art. „Vorliegend handelte es sich zweifellos um sexualbezogene Äußerungen, welche geeignet waren, das Schamgefühl des Kindes grob zu verletzen. Doch liegt in diesen Äußerungen keine verbale Einwirkung, die nach Art und Intensität der Demonstration pornographischen Materials vergleichbar gewesen wäre."

376   Bei allen Tatbestandsalternativen des § 176 Abs. 3 StGB kommt es nicht darauf an, dass sich der Täter bei dem Vorzeigen, Abspielen oder Reden auch in räum-

---

[81] Lackner/Kühl, 1999, § 176 Rdn. 5.
[82] Renzikowski, 1999, S. 440 f.; Tröndle/Fischer, 1999, § 176 Rdn. 8.
[83] Horn in: SK-StGB, 1998, § 176 Rdn. 24.
[84] Siehe Kap. 8.1.2.
[85] Siehe Kap. 8.1.1.
[86] OLG Düsseldorf, JZ 2/2000, S. 11; Horn in: SK-StGB, 1998, § 176 Rdn. 25; Lackner/Kühl, 1999, § 176 Rdn. 6; Tröndle/Fischer, 1999, § 176 Rdn. 9; a.A. Lenckner in: Schönke/Schröder, 1997, § 176 Rdn. 21.
[87] Horn in: SK-StGB, 1998, § 176 Rdn. 24.
[88] BGHSt. 29, S. 29 f.; BGH, NJW 1991, S. 3162; Wilmer, 1996, S. 30.
[89] LG Zweibrücken, StrVert 1997, S. 522.

licher Nähe zu dem Kind befindet. Entscheidend bleibt, dass er mit sexueller Motivation auf das Opfer eingewirkt hat. Dieses soll – im Hinblick auf seine ungestörte sexuelle Entwicklung – vor einer Konfrontation mit pornographischem Material bewahrt bleiben. Deshalb braucht der Täter beim Vorzeigen bzw. Abspielen im Raum der Vorführung nicht anwesend zu sein. Auch ein Telefongespräch mit einem Kind, in dem auf dieses in pornographischer Weise eingewirkt wird, führt zu einer Strafbarkeit gem. § 176 Abs. 3 StGB.[90]

5.1.3 Schwerer sexueller Missbrauch von Kindern

§ 176a StGB enthält mit abgestuften Mindeststrafen **Qualifizierungstatbestände** des sexuellen Kindesmissbrauchs. Dieser wird in den Fällen des § 176a StGB zum **Verbrechen** i.S. des § 12 Abs. 1 StGB.   377

Die Einordnung des § 176a StGB als Verbrechenstatbestand hat zur Folge:
– Es ist schon der Versuch des schweren sexuellen Missbrauchs von Kindern strafbar, ohne dass dies einer besonderen gesetzlichen Anordnung bedarf (§ 23 Abs. 1 StGB).
– Es kommt zu einer Anwendung von § 30 StGB (Versuch der Verbrechensbeteiligung), so dass bereits eine Verabredung zur Deliktsbegehung oder versuchte Anstiftung hierzu strafbar ist.
– Da sich §§ 153, 153a StPO nur auf Vergehenstatbestände beziehen, kann es in einem Strafverfahren wegen schweren Kindesmissbrauchs nicht zu einer Einstellung nach diesen Vorschriften kommen.

5.1.3.1 Qualifizierungstatbestände des § 176a Abs. 1 StGB

§ 176a Abs. 1 StGB bezieht sich auf § 176 Abs. 1 und 2 StGB als Grunddelikt. Die Verwirklichung einer Qualifikationsalternative des § 176a Abs. 1 StGB eröffnet einen Strafrahmen von nicht unter einem Jahr bis zu 15 Jahren Freiheitsentzug. In minder schweren Fällen bleibt gem. § 176a Abs. 3 1. Alt. StGB die angedrohte Sanktion auf Freiheitsstrafe von drei Monaten bis zu fünf Jahren reduziert.   378

Die Tatbestandsalternativen des § 176a Abs. 1 Nr. 1 bis 3 StGB sind weitgehend mit denjenigen des § 179 Abs. 4 Nr. 1 bis 3 StGB bei schwerem sexuellem Missbrauch Widerstandsunfähiger[91] bzw. teilweise auch mit besonders schweren Fällen der sexuellen Nötigung nach § 177 Abs. 2 S. 2 Nr. 1 und 2 StGB[92] identisch. In § 176a Abs. 1 Nr. 4 StGB findet sich als Qualifikationstatbestand zudem eine Rückfallklausel für bestimmte Wiederholungstäter.

(1) Beischlaf und ähnliche sexuelle Handlungen

Wie in § 177 Abs. 2 S. 2 Nr. 1 StGB und § 179 Abs. 4 Nr. 1 StGB hat der Gesetzgeber auch in § 176a Abs. 1 Nr. 1 StGB die Tathandlung nicht mehr auf die Voll-   379

---

90 BGHSt. 29, S. 31 f.
91 Dazu oben Kap. 3.2.5.
92 Dazu oben Kap. 3.1.2.2

ziehung des heterosexuellen Geschlechtsverkehrs beschränkt. Erweitert wurde der schwere Kindesmissbrauch auf die Vornahme oder das Dulden beischlaf-ähnlicher Handlungen, die mit einem Eindringen in den Körper verbunden sind. Dem Beischlaf gleichgestellt ist insbesondere die orale und anale **Penetration** heterosexueller oder homosexueller Art.

380   Die Tatbestandsalternative des Eindringens in den Körper i.S. des § 176a Abs. 1 Nr. 1 StGB bezieht sich jedoch nicht nur auf Fälle des Vaginal-, Oral- oder Analverkehrs. Entscheidender Anknüpfungspunkt ist die Penetration.

> *Beispiel:* T hielt sich zum Baden am Strand von D auf. Er schwamm der damals 12-jäh-rigen A hinterher und hielt sie, nachdem er sie erreicht hatte, an den Füßen fest. Sie versuchte, sich durch Treten zu befreien, weil sie sich schwimmend nicht über Wasser halten konnte. Schließlich geriet sie mit ihrem Kopf unter Wasser, verschluckte sich und glaubte zu ertrinken. Währenddessen fasste ihr der T an das bedeckte Ge-schlechtsteil und drückte hierbei einen Finger durch den Badeanzug hindurch in die Scheide des Mädchens, was ihr erhebliche Schmerzen bereitete. Das Mädchen ver-mochte sich dann jedoch durch Tritte zu befreien und ans Ufer zu schwimmen.
>
> Der BGH[93] sieht – im Gegensatz zum erstinstanzlichen Urteil des Landgerichts – zu Recht in dem Verhalten des T u.a. einen schweren sexuellen Kindesmissbrauch nach § 176a Abs. 1 Nr. 1 StGB: „Mag der Gesetzgeber auch in erster Linie an den Anal- und Oralverkehr gedacht haben, so hat er die Anwendung des Tatbestandes neben dem Bei-schlaf nicht auf diese Arten sexueller Betätigung beschränkt. Dies folgt schon daraus, dass ausdrücklich auch 'das Eindringen mit Gegenständen' erfasst werden sollte ... Im Übrigen übersieht das Landgericht, dass § 176a Abs. 1 Nr. 1 StGB – insoweit anders als das Regelbeispiel des § 177 Abs. 2 S. 2 Nr. 1 StGB – nicht voraussetzt, dass die mit einem Eindringen in den Körper verbundenen sexuellen Handlungen das Opfer 'be-sonders erniedrigen'. Vielmehr knüpft das Gesetz allein an das 'Eindringen in den Körper' an. An der 'Beischlafähnlichkeit' solcher sexueller Handlungen besteht nach der gesetzgeberischen Bewertung ... jedenfalls in den Fällen kein Zweifel, in denen die Tathandlung entweder auf Seiten – wie hier – des Opfers oder des Täters unter Einbe-ziehung des Geschlechtsteils geschieht. Aus diesem Grund kommt es im vorliegenden Fall auch nicht darauf an, dass sich nicht hat feststellen lassen, ob der Angeklagte bei der Tatbegehung 'den Zwickel des Badeanzuges zur Seite schob, um mit dem bloßen Finger in die Scheide zu fassen', und das Landgericht deshalb davon ausgegangen ist, dass 'der Angeklagte ihren Badeanzug mit in die Scheide gedrückt' hat. Dies ändert an dem 'Eindringen in den Körper' nichts."

381   Das Gesetz enthält keine Beschränkung auf Körperglieder als Tatwerkzeuge. Auch das Einführen von Gegenständen in Körperöffnungen kann vom Tatbestand erfasst sein.[94]

382   Im Gegensatz zu § 177 Abs. 2 S. 2 Nr. 1 StGB bedarf es bei § 176a Abs. 1 Nr. 1 StGB **keiner besonderen Erniedrigung** des Opfers, so dass bereits der Zungenkuss einer erwachsenen mit einer noch nicht 14 Jahre alten Person den

---

93   BGH, NJW 2000, S. 672.
94   BGH, NJW 2000, S. 672; Tröndle/Fischer, 1999, § 176a Rdn. 4.

Tatbestand erfüllt[95] (wobei regelmäßig aber ein minder schwerer Fall i.S. des § 176a Abs. 3 1. Alt. StGB[96] anzunehmen sein wird).

Auf einen **entgegenstehenden Willen** des Kindes kommt es bei § 176a Abs. 1 Nr. 1 StGB **nicht** an.[97] Denn das Merkmal des Eindringens in den Körper soll besonders nachhaltige Begehungsweisen umschreiben und unter erhöhte Strafe stellen, nicht aber eine dem Schutzzweck der §§ 176 und 176a StGB zuwiderlaufende Einschränkung dahin gehend bewirken, dass die Qualifikation die Überwindung eines entgegenstehenden Willens auf der Opferseite voraussetzt. **383**

Der Tatbestand des § 176a Abs. 1 Nr. 1 StGB ist nicht auf das **Eindringen** in den Körper des Opfers beschränkt. Erfasst wird auch das Eindringen in den Körper des Täters.[98] **384**

> *Beispiel:* Der A empfing häufig in seiner Wohnung Jungen im Alter unter 14 Jahren. Er sah mit mehreren von ihnen Pornofilme an. In acht Fällen übte er an verschiedenen Jungen den Oralverkehr aus, wobei er das Glied des Jungen in den Mund nahm. Das Landgericht hat A wegen sexuellen Missbrauchs von Kindern und wegen schweren sexuellen Missbrauchs von Kindern in acht Fällen zu einer Freiheitsstrafe verurteilt und seine Unterbringung in einem psychiatrischen Krankenhaus angeordnet.
>
> Mit seiner Revision rügte A die Verletzung materiellen Rechts. Er beanstandete die Verurteilung wegen schweren sexuellen Missbrauchs von Kindern. Das Rechtsmittel hatte keinen Erfolg.
>
> Der BGH[99] hat die Verurteilung wegen schweren sexuellen Missbrauchs von Kindern bestätigt: „Der Tatbestand des § 176a Abs. 1 Nr. 1 StGB ist auch dann verwirklicht, wenn der Täter an einem Jungen den Oralverkehr vornimmt. In diesem Fall dringt der Junge mit seinem Glied in den Mund und damit in den Körper des Täters ein. § 176a Abs. 1 Nr. 1 StGB ist nicht darauf beschränkt, dass in den Körper des Opfers eingedrungen wird. Nach dem Wortlaut wird sowohl das Eindringen in den Körper des Opfers als auch in den des Täters erfasst. ... Weder die Entstehungsgeschichte der Vorschrift noch Sinn und Zweck der Regelung gebieten eine Einschränkung des eindeutigen Wortlautes des § 176a Abs. 1 Nr. 1 StGB.
>
> ... Dafür, dass der Gesetzgeber etwa Oral- und Analverkehr dann von der Qualifikation des § 176a Abs. 1 Nr. 1 StGB ausnehmen wollte, wenn ein Junge dazu gebracht wird, sein Glied in den Mund oder in den After des Täters zu stecken, ergeben sich keinerlei Anhaltspunkte. Weiterer maßgebender Grund für die Gesetzesverschärfung war vielmehr – neben der besonders nachhaltigen Beeinträchtigung des Opfers – die Möglichkeit, das Opfer mit AIDS zu infizieren, und die entsprechende Angst des Opfers. ... Diese Gefahren bestehen aber gleichermaßen bei einem Eindringen des Täters in den Körper des Opfers wie in den Körper des Täters durch das Opfer. Ein Wille des Gesetzgebers, die Vorschrift auf ein Eindringen in den Körper des Opfers zu beschränken, ist daher gerade nicht erkennbar. Der Gesetzgeber hat demgemäß auch nicht eine Frau, die einen unter 14 Jahre alten Jungen zum Geschlechtsverkehr mit ihr bewegt, von der Strafbarkeit nach § 176a Abs. 1 Nr. 1 StGB ausgenommen, obwohl sie dabei nicht in den Körper des Opfers eindringt."

---

[95] Zweifelnd BGH, NJW 2000, S. 672.
[96] Siehe dazu auch BGH, NStZ 2000, S. 27.
[97] BGH, NJW 1999, S. 2977; a.A. LG Oldenburg, NStZ 1999, S. 408 f.
[98] BT-Drs. XIII/9064, S. 11; BGH, NStZ 2000, S. 28.
[99] BGH, NJW 1999, S. 2977 f.

385   **Täter** des § 176a Abs. 1 Nr. 1 StGB kann nur eine Person über 18 Jahre sein. Mit dieser Einschränkung hat der Gesetzgeber Jugendliche aus dem Verbrechenstatbestand ausgenommen, die den Beischlaf oder entsprechende Handlungen mit unter Umständen knapp unter der Altersgrenze von 14 Jahren liegenden Kindern durchführen.[100] In solchen Fällen verbleibt es bei einer Bestrafung nach dem Grundtatbestand des § 176 Abs. 1 StGB.

(2) Gemeinschaftliche Tatbegehung

386   § 176a Abs. 1 Nr. 2 StGB qualifiziert eine von mehreren gemeinschaftlich begangene Tat des sexuellen Kindesmissbrauchs. Hier kommt es auf das Alter der Täter nicht an. Gemeinschaftliches Handeln liegt vor, wenn auf der Täterseite mindestens zwei Personen mit der gleichen Zielrichtung agieren und sich aus diesem konkreten Zusammenwirken eine erhöhte Schutzlosigkeit des Kindes ergibt.[101]

(3) Konkrete Opfergefährdung

387   Nach § 176a Abs. 1 Nr. 3 StGB begeht einen schweren Fall des sexuellen Kindesmissbrauchs, wer durch die Tat das Opfer in die Gefahr einer schweren Gesundheitsschädigung oder einer erheblichen Schädigung der körperlichen oder seelischen Entwicklung bringt.

388   § 176a Abs. 1 Nr. 3 StGB ist mit § 179 Abs. 4 Nr. 3 StGB identisch.[102] Die **schwere Gesundheitsschädigung** kann mit den schweren Folgen einer Körperverletzung i.S. des § 226 Abs. 1 StGB nicht gleichgesetzt werden. Sie besteht vielmehr in einem physischen und psychischen Krankheitszustand, welcher die Gesundheit des Kindes ernstlich, einschneidend und nachhaltig beeinträchtigt.[103] Eine **erhebliche Schädigung der körperlichen oder seelischen Entwicklung** liegt vor bei einer deutlichen Abweichung von einer voraussichtlichen Normalentwicklung, etwa wenn der geistig-seelische Reifeprozess dauernd oder nachhaltig gestört wird.[104] Problematisch erscheint aber, dass die Schädigung der geistig-seelischen Entwicklung des Kindes als regelmäßige Folge des sexuellen Missbrauchs schon im Grundtatbestand des § 176 Abs. 1 und 2 StGB enthalten ist. Dies erschwert eine praktische Abgrenzung von Grundtatbestand und Qualifikation und muss zu einer engen Interpretation der Qualifikation im Sinne massiver Traumatisierungsfolgen führen.[105]

389   Bei § 176a Abs. 1 Nr. 3 StGB handelt es sich um ein **konkretes Gefährdungsdelikt**, nicht um ein erfolgsqualifiziertes Delikt i.S. des § 18 StGB.[106] Der Täter

---

[100] Siehe BT-Drs. XIII/8587, S. 32.
[101] Tröndle/Fischer, 1999, § 176a Rdn. 5.
[102] Siehe oben Kap. 3.2.5.
[103] Küper, 1999, S. 152 f.
[104] Tröndle/Fischer, 1999, § 176a Rdn. 6.
[105] Krit. auch Renzikowski, 1999, S. 441; Tröndle/Fischer, 1999, § 176a Rdn. 6 f.
[106] Anders jedoch Horn in: SK-StGB, 1998, § 177 Rdn. 31.

muss deshalb mit Gefährdungsvorsatz[107] handeln, d.h., er sieht die Gefahr (nicht erforderlich den Eintritt der Schädigung) als notwendige Folge seiner Tathandlung an oder nimmt die Gefahr als mögliche Konsequenz billigend in Kauf.

(4) Rückfallklausel

Während eine wiederholte Tatbegehung als allgemeiner Strafzumessungsgrund   **390** gem. § 46 Abs. 2 StGB strafschärfend ins Gewicht fällt, hat der Gesetzgeber mit § 176a Abs. 1 Nr. 4 StGB eine neue **Qualifikation des gleichartigen Rückfalls**[108] geschaffen: Als eine Ungehorsamsfolge wird der Rückfall eines bereits rechtskräftig nach § 176 Abs. 1 oder 2 StGB Verurteilten zum Verbrechen, wenn der Täter innerhalb von fünf Jahren erneut eine Straftat gem. § 176 Abs. 1 oder 2 StGB begeht. Hinsichtlich der früheren Verurteilung bleibt es unerheblich, ob das strafgerichtliche Erkenntnis auf Täterschaft oder Teilnahme lautete[109], das Delikt vollendet war und welche Art der Unrechtsreaktion verhängt wurde. An einer die Qualifikation begründenden Schuldsteigerung fehlt es jedoch, wenn die Kriterien des § 20 StGB vorlagen.[110]

§ 176a Abs. 5 S. 2 StGB erstreckt die Anwendbarkeit des § 176a Abs. 1 Nr. 4   **391** StGB auch auf vorangegangene **Auslandstaten**. Diese stehen im Inland abgeurteilten Taten gleich, wenn sie nach deutschem Strafrecht solche gem. § 176 Abs. 1 oder 2 StGB wären. Bei einer Einbeziehung von Verurteilungen außerhalb des räumlichen Geltungsbereichs des Strafgesetzbuchs ist aber zu prüfen, ob diese in Verfahren zustande gekommen sind, welche rechtsstaatlichen Grundsätzen genügten.[111]

Bedarf es zur Bejahung der Qualifikation einer vorwerfbaren Missachtung der   **392** Warnfunktion der vorangegangenen Verurteilung, beginnt die **Fünf-Jahres-Frist** des § 176a Abs. 1 Nr. 4 StGB erst mit dem Zeitpunkt des Eintritts der Rechtskraft.[112] § 176a Abs. 5 S. 1 StGB verlängert die Frist von fünf Jahren um Zeiten, in denen der Täter auf behördliche Anordnung in einer Anstalt verwahrt wurde. Einzurechnen sind insoweit sämtliche stationär verbüßten freiheitsentziehenden Unrechtsreaktionen (Jugendstrafe und -arrest, Freiheitsstrafe, Maßregeln der Besserung und Sicherung gem. §§ 63 bis 66 StGB), Untersuchungshaft, landesrechtli-

---

[107] Lackner/Kühl, 1999, § 177 Rdn. 12; Renzikowski, 1999, S. 441; Tröndle/Fischer, 1999, § 176a Rdn. 7; a.A. Horn in: SK-StGB, 1998, § 179 Rdn. 25.

[108] Krit. zu dieser rechtspolitischen Kompromisslösung Kreß, 1998, S. 639; Renzikowski, 1999, S. 441.

[109] BT-Drs. XIII/9064, S. 11; Lackner/Kühl, 1999, § 176a Rdn. 2; a.A. Horn in: SK-StGB, 1998, § 176a Rdn. 4; Renzikowski, 1999, S. 442; Tröndle/Fischer, 1999, § 176a Rdn. 8.

[110] Tröndle/Fischer, 1999, § 176a Rdn. 8.

[111] Lackner/Kühl, 1999, § 66 Rdn. 12.

[112] Horn in: SK-StGB, 1998, § 176a Rdn. 4; Lackner/Kühl, 1999, § 176a Rdn. 2; a.A. Renzikowski, 1999, S. 442; Tröndle/Fischer, 1999, § 176a Rdn. 8 (Zeitpunkt der letzten Tatsachenverhandlung).

che Unterbringung usw. Die Frist wird auch durch behördliche Verwahrungen im Ausland verlängert.[113]

393   Auf der subjektiven Tatseite muss sich der Vorsatz des Täters bei der erneuten Begehung sexuellen Kindesmissbrauchs nicht nur auf die Verwirklichung der Tatbestandsmerkmale von § 176 Abs. 1 oder Abs. 2 StGB beziehen; es bedarf auch einer Erstreckung des **Vorsatzes** auf die Rückfallumstände.[114]

5.1.3.2 Kindesmissbrauch zu pornographischen Zwecken

394   Mit einer auf Freiheitsstrafe nicht unter zwei Jahren deutlich erhöhten Sanktionsdrohung will der Gesetzgeber gem. § 176a Abs. 2 StGB das gesteigerte Unrecht des auf **Vermarktung abzielenden** sexuellen Kindesmissbrauchs erfassen.[115] Lediglich in minder schweren Fällen bleibt nach § 176a Abs. 3 2. Alt. StGB die Unrechtsreaktion auf Freiheitsstrafe von einem Jahr bis zu zehn Jahren reduziert.

395   Nach § 176a Abs. 2 StGB trifft den Täter oder Teilnehmer an der Verwirklichung des Grunddelikts § 176 Abs. 1 bis 4 StGB die erhöhte Strafdrohung, wenn er in der Absicht handelt, die Tat des sexuellen Kindesmissbrauchs zum Gegenstand einer pornographischen Schrift i.S. des § 11 Abs. 3 StGB[116] zu machen, die dann gem. § 184 Abs. 3[117] oder 4[118] StGB verbreitet werden soll. § 176a Abs. 2 StGB bezieht ausdrücklich die Anstifter und Gehilfen des Grunddelikts in den Qualifikationstatbestand ein, so dass diese bei Vorliegen der Voraussetzungen des § 176a Abs. 2 StGB insoweit zu Tätern werden. Da § 176a Abs. 1 und 2 StGB gleichermaßen zumindest auf § 176 Abs. 1 und 2 StGB als Grundtatbestände verweisen, bezieht § 176a Abs. 2 StGB mit seiner erhöhten Strafdrohung auch diejenigen Taten ein, welche bereits nach § 176a Abs. 1 StGB qualifiziert sind.[119]

396   Der Täter oder sonst an der Verwirklichung des Grunddelikts Beteiligte muss zur Erfüllung des Qualifikationstatbestandes lediglich in der **Absicht** pornographischer Verwertung handeln. Nicht erforderlich ist auch die tatsächliche Umsetzung des Vorhabens. § 176a Abs. 2 StGB bezieht sich zudem auf § 176 Abs. 4 StGB als Grundtatbestand. Schon das unmittelbare Ansetzen zum Versuch einer Tat nach § 176 Abs. 1, 2 oder Abs. 3 Nr. 1 bzw. 2 StGB in der in § 176a Abs. 2 StGB bezeichneten Absicht führt zur Vollendung dieser Qualifikationsnorm. Insoweit handelt es sich um ein unechtes Unternehmensdelikt.[120]

---

[113] Horn in: SK-StGB, 1998, § 176a Rdn. 4.
[114] Tröndle/Fischer, 1999, § 176a Rdn. 8.
[115] Vgl. BT-Drs. XIII/8587, S. 32.
[116] Dazu Kap. 8.1.1.
[117] Siehe Kap. 8.4.1.1 (2).
[118] Siehe Kap. 8.4.2.
[119] Nelles in: Dencker/Struensee/Nelles/Stein, 1998, S. 72; a.A. Lackner/Kühl, 1999, § 176a Rdn. 3.
[120] Horn in: SK-StGB, 1998, § 176a Rdn. 5; Renzikowski, 1999, S. 442; Tröndle/Fischer, 1999, § 176a Rdn. 10.

5.1.3.3 Qualifikation des § 176a Abs. 4 StGB

Mit Freiheitsstrafe nicht unter fünf Jahren wird nach § 176a Abs. 4 StGB der   **397**
Täter eines sexuellen Missbrauchs von Kindern i.S. des § 176 Abs. 1 und 2 StGB
bestraft, wenn er das Opfer
- bei der Tat körperlich schwer misshandelt (Nr. 1) oder
- durch die Tat in die Gefahr des Todes bringt (Nr. 2).

Die Voraussetzungen des Qualifikationstatbestandes § 176a Abs. 4 StGB entsprechen denjenigen des § 177 Abs. 4 Nr. 2 StGB bei der sexuellen Nötigung.[121]
Während sich dort jedoch eine Regelung für minder schwere Fälle findet (§ 177
Abs. 5 StGB), fehlt eine solche im Hinblick auf § 176a Abs. 4 StGB beim Kindesmissbrauch.[122]

5.1.4 Sexueller Missbrauch mit Todesfolge

Verursacht der Täter eines sexuellen Kindesmissbrauchs gem. §§ 176 oder 176a   **398**
StGB wenigstens leichtfertig den Tod des Opfers, trifft ihn nach § 176b StGB eine
deutlich angehobene Mindeststrafe von zehn Jahren oder lebenslange Freiheitsstrafe.

§ 176b StGB stellt ein **erfolgsqualifiziertes Delikt** dar. Zum einen ist erforder-   **399**
lich, dass der Täter des § 176 oder § 176a StGB durch die Missbrauchshandlung
kausal den Tod herbeigeführt hat. Zwischen Grunddelikt und dem Eintritt des
Todes bedarf es über den bloßen Kausalzusammenhang hinaus noch einer **besonderen Affinitätsbeziehung**.[123] Ein spezifischer Unmittelbarkeitszusammenhang
liegt vor, wenn sich die in §§ 176 und 176a StGB enthaltene tatbestandsspezifische Gefahr gerade in der Todesfolge realisiert, das Versterben des Kindes dem
tatbestandstypischen letalen Risiko zugerechnet werden muss. Dies betrifft bei
§§ 176 und 176a StGB nicht nur die sexuelle Betätigung selbst, als Tat ist vielmehr das gesamte Täterhandeln zu verstehen, welches zur grunddeliktischen Tatvollendung führt.[124] Einbezogen sind daher z.B. Gewaltanwendungen, um das
Kind zur Vornahme oder Duldung von Sexualkontakten zu zwingen ebenso wie
Gewalttätigkeiten, um das Opfer nach der sexuellen Aktivität zum Schweigen zu
veranlassen. Kommt es infolge der durch den Missbrauch des Opfers herbeigeführten Traumatisierungen zum Selbstmord des Kindes, wird ein Unmittelbarkeitszusammenhang noch zu bejahen sein.[125]

Auf der subjektiven Tatbestandsseite muss der Täter **wenigstens leichtfertig**   **400**
den Tod des Kindes herbeiführen. Abweichend von § 18 StGB genügt einfache
Fahrlässigkeit hier nicht. Es bedarf vielmehr einer besonders hochgradigen Fahrlässigkeit im Sinne einer Verletzung der gebotenen Sorgfalt in einem ungewöhn-

---

121 Siehe dazu Kap. 3.1.4.2.
122 Horn in: SK-StGB, 1998, § 176a Rdn. 4 wertet dies als ein „Redaktionsversehen".
123 Dazu BGHSt. 31, S. 96; 33, S. 322; Wessels/Beulke, 1999, S. 7.
124 BGHSt. 31, S. 99.
125 Lackner/Kühl, 1999, § 176b Rdn. 1; Lenckner in: Schönke/Schröder, 1997, § 176
    Rdn. 15 (zu § 176 StGB a.F.); a.A. Horn in: SK-StGB, 1998, § 178 Rdn. 3.

lich hohen Maße.[126] Da § 176b StGB von wenigstens leichtfertig spricht, umfasst die Norm auch eine **vorsätzliche Erfolgsherbeiführung**. Denn die Begrenzung der Strafbarkeit auf der unteren Ebene auf eine höhere Fahrlässigkeitsstufe besitzt keine den Vorsatz ausschließende Limitierungsfunktion.[127] Das bei vorsätzlicher Tötung des Kindes zugleich verwirklichte Tötungsdelikt steht zu § 176b StGB in Tateinheit.[128]

401   Eine Strafbarkeit wegen **Versuchs** des § 176b StGB ist sowohl hinsichtlich des Versuchs der Erfolgsqualifikation[129] (§§ 176 bzw. 176a StGB werden versucht oder vollendet, der erstrebte oder in Kauf genommene Todeserfolg bleibt jedoch aus) als auch des erfolgsqualifizierten Versuchs (§§ 176 bzw. 176a StGB bleiben unvollendet, der Täter führt leichtfertig oder vorsätzlich den Tod herbei) möglich.[130]

5.2 Sexueller Missbrauch von Schutzbefohlenen

402   Mit § 174 StGB will der Gesetzgeber neben **Kindern** auch **Jugendliche** vor Beeinträchtigungen ihrer sexuellen Entwicklung bewahren, soweit diese in **bestimmten Unterordnungs- und Abhängigkeitsverhältnissen** besonders anfällig sind gegenüber sexuellen Angriffen durch die jeweiligen Autoritätspersonen und deshalb eines spezifischen strafrechtlichen Schutzes bedürfen. Daneben dient die Norm (gerade in § 174 Abs. 1 Nr. 1 und Nr. 3 StGB) auch dem Zweck, Autoritäts-, Betreuungs- und Eltern-Kind-Verhältnisse von sexuellen Kontakten schlechthin freizuhalten.[131]

5.2.1 Die Gruppen der Schutzbefohlenen

403   Der Tatbestand des § 174 StGB differenziert nach den persönlichen und sachlichen Voraussetzungen zwischen drei Gruppen von Schutzbefohlenen, die je nach ihrem Alter und dem Grad der Abhängigkeit vom Täter unterschiedlichen Schutz genießen:
- Abs. 1 Nr. 1: Personen unter 16 Jahren, die dem Täter zur Erziehung, zur Ausbildung oder zur Betreuung in der Lebensführung anvertraut sind.
- Abs. 1 Nr. 2: Personen unter 18 Jahren, die dem Täter zur Erziehung, zur Ausbildung oder zur Betreuung in der Lebensführung anvertraut oder im Rahmen

---

[126] Wessels/Beulke, 1999, S. 214.
[127] Laubenthal, 1988, S. 335.
[128] BGHGSSt. 39, S. 100 (zu § 251 StGB).
[129] Dazu Laubenthal, 1987a, S. 1067 f.
[130] Tröndle/Fischer, 1999, § 176b Rdn. 4.
[131] BT-Drs. VI/3521, S. 20; Horn in: SK-StGB, 1998, § 174 Rdn. 2, 24; Ilg, 1997, S. 82; Lackner/Kühl, 1999, § 174 Rdn. 1; Lenckner in: Schönke/Schröder, 1997, § 174 Rdn. 1; krit. aber Maurach/Schroeder/Maiwald, 1995, S. 195.

eines Dienst- oder Arbeitsverhältnisses untergeordnet sind – wenn der Täter das Abhängigkeitsverhältnis missbraucht.
– Abs. 1 Nr. 3: Das noch nicht 18 Jahre alte leibliche oder angenommene Kind des Täters.

5.2.1.1 Schutzbereich des § 174 Abs. 1 Nr. 1 StGB

Als Tatopfer kommt jede weibliche oder männliche **Person unter 16 Jahren** in Betracht. Diese muss zu dem Täter in einem bestimmten Verhältnis stehen, ihm zu den im Gesetz genannten Zwecken der Erziehung, Ausbildung oder Betreuung in der Lebensführung anvertraut sein.   **404**

Die Begriffe der Erziehung, Ausbildung und Betreuung in der Lebensführung überschneiden sich teilweise. Sie kennzeichnen mit einer Über- und Unterordnung verbundene **Obhutsverhältnisse**, die – unter Umständen über das spezielle Aufgabengebiet hinaus – auch den persönlichen, allgemein menschlichen Bereich erfassen[132], d.h. eine (Mit-)Verantwortung des Täters für die Persönlichkeitsentwicklung des jungen Menschen.[133] Mit den Erziehungs-, Ausbildungs- bzw. Betreuungsaufgaben sind Sexualkontakte zu den Schutzbefohlenen jedoch unvereinbar. Deshalb kommt es bei § 174 Abs. 1 Nr. 1 StGB auf einen Missbrauch einer aus dem jeweiligen Verhältnis herrührenden Abhängigkeit nicht an. Der Gesetzgeber hält insoweit um der sozialen Funktion der Obhutsverhältnisse willen **sexuelle Kontakte** bereits **generell** für **missbräuchlich**.[134]   **405**

Ob ein mit Sexualbeziehungen unvereinbares Obhutsverhältnis im Sinne der Norm besteht und welchen Umfang es hat, bestimmt sich nach den tatsächlichen Verhältnissen/ des Einzelfalls.[135] Zu eruieren sind alle Kriterien der jeweiligen Beziehung des Erwachsenen zum Jugendlichen, um feststellen zu können, ob beide Beteiligten sich „als gleichberechtigte Partner" gegenüberstehen, sich „gewissermaßen auf gleicher Ebene begegnen"[136], oder ob ein den Tatbestand des § 174 Abs. 1 Nr. 1 StGB tangierendes Obhutsverhältnis vorliegt.[137]   **406**

Ein solches **Obhutsverhältnis** lässt sich somit erst durch eine **Verbindung der** drei **Tatbestandselemente** und deren gegenseitigen Bezug charakterisieren:[138]   **407**

Alter

Erziehungs-, Ausbildungs- oder Betreuungszweck   Anvertrautsein

---

132 BGH, NStZ 1995, S. 496; Barabas, 1998, S. 69.
133 BGHSt. 33, S. 344; BGH, NStZ 1989, S. 21.
134 BT-Drs. VI/3521, S. 22.
135 BGHSt. 33, S. 344.
136 BGH, NStZ 1995, S. 496.
137 Siehe dazu Bellay, 1995, S. 496.
138 Siehe auch Gössel, 1987, S. 285; BGHSt. 21, S. 200 f.

(1) Erziehung

408 Das Obhutsverhältnis dient der **Erziehung** eines Schutzbefohlenen, wenn der Verantwortliche verpflichtet ist, über einen längeren Zeitraum hinweg die Lebensführung des Jugendlichen – und damit auch seine geistig-sittliche Entwicklung – zu leiten und zu überwachen.[139] Hierzu zählen vor allem die Inhaber des Personensorgerechts[140] für das Kind bzw. den Jugendlichen.

409

Personensorgeberechtigte

1 Beide Eltern
  - Miteinander verheiratete Eltern, § 1626 Abs. 1 BGB; gilt grundsätzlich auch nach Trennung, § 1687 BGB.
  - Nicht miteinander verheiratete Eltern in den Fällen von § 1626a Abs. 1 Nr. 1 und 2 BGB sowie nach § 1672 Abs. 2 BGB.
  - Adoption eines minderjährigen Kindes durch beide Ehegatten oder eines minderjährigen Kindes des einen durch den anderen Ehegatten, § 1754 Abs. 1, 3 BGB.

2 Ein Elternteil
  - Nach Tod des anderen Elternteils oder dessen Sorgerechtsentziehung, § 1680 BGB.
  - Sorgerechtsübertragung nach Trennung, §§ 1671, 1672 Abs. 1 BGB.
  - Mutter bei nicht miteinander verheirateten Eltern, solange weder Erklärung über gemeinsame Ausübung des Sorgerechts noch Übertragung auf den Vater durch gerichtliche Entscheidung, § 1626a Abs. 2 BGB.
  - Ruhen der elterlichen Sorge des anderen Elternteils oder Verhinderung des anderen Elternteils an der Sorgerechtsausübung, § 1678 BGB.
  - Adoption eines Kindes durch einen Ehegatten allein, wenn es sich nicht um ein Kind des anderen handelt, § 1754 Abs. 2, 3 BGB.

3 - Pfleger, § 1630 BGB, § 1688 BGB, evtl. Jugendamt als Pfleger, §§ 1915, 1791b BGB.
  - Vormund, § 1793 BGB, evtl. Jugendamt als Vormund, §§ 1791b, c BGB.

---

410 Auf nicht personensorgeberechtigte Personen können die Ausübung der **Personensorge** oder Teile hiervon ausdrücklich oder auch stillschweigend **übertragen** (abgeleitetes Obhutsverhältnis) werden.[141]

411 Eine häusliche Gemeinschaft (z.B. zwischen Elternteil, Stiefelternteil und Kind oder zwischen den Partnern einer nichtehelichen Lebensgemeinschaft und dem

---

[139] Für viele: Laufhütte in: LK-StGB, 1995, § 174 Rdn. 7.
[140] BGH, NStZ 1989, S. 21.
[141] BGHSt. 28, S. 366; BGH, NStZ 1993, S. 223.

Kind eines Lebensgefährten) begründet für sich allein noch kein Obhutsverhältnis i.S. des §174 Abs. 1 Nr. 1 StGB. Hier muss eine Aufklärung der häuslichen Verhältnisse ergeben, dass eine Beziehung vorliegt, kraft derer einer Person das Recht und die Pflicht obliegen, für die Lebensführung des jungen Menschen und seine psychische und physische Entwicklung zu sorgen.[142]

> *Beispiel:* Die 13-jährige B, ihre Mutter und ihr Stiefvater S lebten in häuslicher Gemeinschaft. Zwischen B und S kam es zu sexuellen Handlungen. S wurde deshalb vom Landgericht wegen sexuellen Missbrauchs eines Kindes zu einer Freiheitsstrafe verurteilt; eine Verurteilung wegen tateinheitlich begangenen Missbrauchs eines Schutzbefohlenen lehnte das Gericht ab.
>
> Die Revision der Staatsanwaltschaft hiergegen blieb insoweit ohne Erfolg. Zwar liegt es nach Ansicht des BGH[143] bei einer Hausgemeinschaft, in der die personensorgeberechtigte Mutter mit dem Stiefvater und ihrem Kind lebt, nahe, dass dem Stiefvater zumindest stillschweigend eine (Mit-)Verantwortung für die Lebensführung des Minderjährigen übertragen wird. Hierfür sind jedoch konkrete Anhaltspunkte festzustellen. Insoweit reichten die familiären Umstände dem BGH für ein abgeleitetes Obhutsverhältnis vorliegend nicht aus: „Der Umstand, dass die Stieftochter ihren Stiefvater mit seinem Vornamen ansprach, spricht eher gegen seine 'Vaterstellung'. Dass in Hausgemeinschaft lebende Personen miteinander zärtlich umgehen, also auch einander umarmen und sich gelegentlich Küsse auf die Wange geben, ist ebenfalls kein Indiz für die Begründung eines Obhutsverhältnisses. Die Meinung der Beschwerdeführerin, der Angeklagte habe auch einzelne Handlungen erzieherischen Charakters dadurch übernommen, dass er dem Mädchen bei gelegentlicher Hilfe in seiner Landwirtschaft sachdienliche Anweisungen erteilt habe und dass er es auch zeitweise zur Schulbushaltestelle gebracht habe, haben ebenfalls keine indizielle Bedeutung für das Bestehen eines Obhutsverhältnisses."

Erziehungsaufgaben i.S. des § 174 Abs. 1 Nr. 1 1. Alt. StGB obliegen auch Lehrern gegenüber den Schülern ihrer Klasse. Dies gilt selbst außerhalb des Unterrichts.[144] Zu den Erziehern gehört ferner der Schulleiter, der für die Erziehung und Aufsicht aller seiner Schüler zu sorgen hat. Auch mit Erziehungsaufgaben nach dem SGB VIII befasste Personen (z.B. Erziehungsbeistände, § 30 SGB VIII; Tagespflegepersonen, § 23 SGB VIII; Tagesgruppenleiter, § 32 SGB VIII, oder Heimerzieher, § 34 SGB VIII) können zum Täterkreis zählen. Geistliche kommen vor allem in ihren Funktionen als Religionslehrer oder Leiter von Jugendgruppen in Betracht, nicht aber im Rahmen der allgemeinen Beziehungen eines Priesters zu den Mitgliedern seiner Gemeinde. **412**

> *Beispiel:* Die 13-jährige M kam häufig ins Pfarrhaus, um dort die kranke Haushälterin zu betreuen. Diese Besuche nahm der katholische Pfarrer P wiederholt zum Anlass, der M in seinem Arbeitszimmer die Beichte abzunehmen und danach mit ihr Küsse auf den Mund auszutauschen. Für den Fall, dass die M sich weigere oder Dritten etwas davon erzähle, drohte er ihr mit dem Fegefeuer. Ein Schuljahr lang unterrichtete P das Mädchen, dessen Alter er kannte, in der Hauptschule als Religionslehrer. Nachdem die M

---

[142] BGH, NStZ-RR 1999, S. 321.
[143] BGH, NStZ 1989, S. 21.
[144] BGHSt. 33, S. 341.

14 Jahre alt geworden war, kam es häufig vor, dass P ihr Zungenküsse gab und sie erwiderte. Manchmal reichte er ihr mit einem Zungenkuss die Hostie. Sie glaubte ihm, wenn er sagte, er sei der Heiland, und der Heiland wolle, was P von ihr verlange.

Während der Zeit, als P Religionslehrer der M war, versuchte P die M bei einem Besuch im Pfarrhaus zu entkleiden. Dazu spiegelte er ihr vor, sie werde mit dem Heiland vermählt. Das führte bei dieser und bei zwei anderen Gelegenheiten dazu, dass sich beide im Schlafzimmer des P auszogen und er sie etwa zehn Minuten lang streichelte. Kurze Zeit, nachdem P nicht mehr Religionslehrer der M war, ereigneten sich solche Vorgänge noch mindestens dreimal.

Die 17-jährige D gehörte zur gleichen Pfarrgemeinde. Auch sie hatte wiederholt bei P gebeichtet und unter der gleichen Vorspiegelung, er sei der Heiland, erreichte er auch bei D, dass sie ihm Küsse auf den Mund gab. P schenkte der D Geld zum Kauf eines Rings. Den von ihr erworbenen Ring segnete er. „Weisungsgemäß" befestigte D den Ring mit einer Sicherheitsnadel an ihrem Büstenhalter. Jedes Mal, wenn sie nun ins Pfarrhaus kam, holte P den Ring hervor und küsste ihn, wobei er jeweils die Brüste des Mädchens berührte.

Das Landgericht hat den P wegen sexuellen Missbrauchs der Schutzbefohlenen M verurteilt und ihn im Übrigen freigesprochen. Diese Entscheidung hat der BGH[145] bestätigt. In dem Zeitraum, als M von P im Fach Religion unterrichtet wurde, war sie ihm i.S. des § 174 Abs. 1 Nr. 1 1. Alt. StGB zur Erziehung anvertraut. Dass die sexuellen Handlungen außerhalb des eigentlichen Religionsunterrichts geschahen, stellt die Erfüllung des Tatbestandes nicht in Frage. Was die Zeit betrifft, in der P nicht Religionslehrer der M war, sowie die Handlungen zum Nachteil der D, so fanden diese nicht in einem für eine Strafbarkeit nach § 174 Abs. 1 Nr. 1 StGB erforderlichen Obhutsverhältnis statt. Im Falle M endete dies, als sie nicht mehr vom Angeklagten unterrichtet wurde. Wie bei M, so vermochte der BGH auch bei D aus dem Beichtverhältnis kein Unterordnungsverhältnis im Sinne der Norm herzuleiten: „Von der Pflichtenstellung her gesehen (die durch die Vornahme sexueller Handlungen nicht begründet wird, sondern ihnen zugrunde liegen muss) waren die Mädchen dem Angeklagten nicht zur Erziehung und Betreuung in der Lebensführung anvertraut; er hatte nur tatsächlichen Einfluss auf sie, mag dieser Einfluss auch so stark gewesen sein, dass ihre Lebensführung ... davon erheblich bestimmt wurde."[146]

(2) Ausbildung

413   Ein Ausbildungsverhältnis liegt vor, sobald der Täter dazu berufen ist, dem Minderjährigen in einem bestimmten Wissens- und Lebensbereich im Hinblick auf ein konkretes Ausbildungsziel Kenntnisse zu vermitteln. Erforderlich bleibt auch bei der 2. Alt. des § 174 Abs. 1 Nr. 1 StGB: Es muss eine gewisse **Erziehungskomponente** vorliegen, die Persönlichkeit des Schutzbefohlenen durch die Ausbildung mitgeprägt werden.[147] Damit scheidet ein bloßes Anleiten zu schlichten Verrichtungen oder zu einfachen mechanischen Tätigkeiten ebenso aus wie eine Einweisung in einen neuen Aufgabenbereich.[148] Es kommt also darauf an, ob der Täter

---

[145] BGHSt. 33, S. 340 ff.
[146] BGHSt. 33, S. 346.
[147] Horn in: SK-StGB, 1998, § 174 Rdn. 5; Laufhütte in: LK-StGB, 1995, § 174 Rdn. 8.
[148] BGHSt. 21, S. 198.

nur eine Unterweisungsaufgabe hat oder ob ihm auch eine Pflicht zu einer gewissen Obhut des Minderjährigen obliegt.[149] Letzteres ist etwa der Fall im Verhältnis zwischen Lehrherren und Auszubildenden; Ärzten, die Arzthelferinnen ausbilden; Musiklehrern, die Privatunterricht erteilen; Ballettmeistern, die Tanzschüler unterrichten.[150] Dagegen wird man in der Tätigkeit eines Fahrlehrers regelmäßig noch kein Ausbildungsverhältnis im Sinne der Norm sehen können, da dieser keine Mitverantwortung für die Persönlichkeitsentwicklung eines Fahrschülers trägt.[151]

Für das Vorliegen eines Obhutsverhältnisses zwischen Ausbilder und Minder-   **414** jährigem ist es nicht entscheidend, wie das **Ausbildungsverhältnis begründet** wurde.[152] Dies kann durch Gesetz, Verwaltungsakt, ausdrücklichen oder konkludenten Vertrag oder rein faktisch erfolgt sein. Dabei bleibt unerheblich, ob der Personensorgeberechtigte, ein erwachsener Dritter oder der Jugendliche selbst gehandelt hat und ob das Ausbildungsverhältnis für längere oder nur für kürzere Zeit angelegt war.

(3) Betreuung in der Lebensführung

Trägt der Täter im Hinblick auf eine ihm anvertraute Person unter 16 Jahren **für**   **415** **eine gewisse Dauer** auch die **Verantwortung für das körperliche und psychische Wohl**, dann obliegt ihm i.S. des § 174 Abs. 1 Nr. 1 3. Alt. StGB deren Betreuung in der Lebensführung.[153] Das Erfordernis der gewissen Dauer soll einmalige, unbedeutendere Betreuungsverhältnisse ausschließen[154] (z.B. Tätigkeit des sog. Jugendherbergsvaters; des Babysitters; des Pkw-Fahrers, dem ein Kind für eine mehrstündige Autofahrt anvertraut wurde; des Arztes gegenüber seinen Patienten). Auch ein kurzfristiger Aufenthalt von vier Wochen im gemeinsamen Haushalt von Mutter und deren Lebensgefährten soll noch nicht genügen.[155] Erfasst sind nur Betreuungsverhältnisse intensiverer Art (z.B. zwischen den Teilnehmern eines Zeltlagers und dem Lagerleiter; zwischen dem Trainer einer Schülermannschaft und den Minderjährigen; zwischen dem Ferienkind und seinem Gastgeber).[156] Daher ist stets Voraussetzung, dass ein den persönlichen, allgemeinen menschlichen Bereich erfassendes Abhängigkeitsverhältnis im Sinne eines Unter- und Überordnungsverhältnisses des Minderjährigen zu dem Erwachsenen vorliegt.

> *Beispiel:* Bei Bekannten lernte der A die 15 Jahre alte S kennen. Diese war aus einem Erziehungsheim entwichen und hielt sich überwiegend am Hauptbahnhof mit Freunden

---

149 BGHSt. 21, S. 202.
150 Vgl. Laufhütte in: LK-StGB, 1995, § 174 Rdn. 8.
151 So im Ergebnis auch Horn in: SK-StGB, 1998, § 174 Rdn. 5; Lenckner in: Schönke/Schröder, 1997, § 174 Rdn. 7; OLG Stuttgart, NJW 1961, S. 2171; a.A. BGHSt. 21, S. 196.
152 BGHSt. 21, S. 201 f.
153 BGHSt. 33, S. 344; OLG Zweibrücken, NJW 1996, S. 331; Maurach/Schroeder/Maiwald, 1995, S. 201; Tröndle/Fischer, 1999, § 174 Rdn. 5.
154 BT-Drs. VI/3521, S. 21.
155 BGH, NStZ 1998, S. 131.
156 Vgl. Horn in: SK-StGB, 1998, § 174 Rdn. 6.

aus der rechtsradikalen Szene auf, bei denen sie auch nächtigte. Bei dem ersten Zusammentreffen bot A der S, deren Alter und Herkunft ihm bekannt waren, an, zu ihm in seine Wohnung zu ziehen und stellte ihr eine Lehre als Sekretärin in Aussicht. Im Hinblick auf die angebotene Unterkunft und die in Aussicht gestellte Lehre willigte S ein. In der Folgezeit kümmerte sich A um das Mädchen und bot ihm ein Zuhause. Er nahm jedoch weder Kontakt zum Jugendamt noch zu den Eltern auf. Zur Absicherung und Verfestigung der Beziehung schloss er mit der S einen „privatschriftlichen Vertrag", wonach er dem Mädchen körperliche und geistige Erziehung vermitteln sollte. In den ersten drei Wochen entwich S zweimal aus der Wohnung des A. Beim ersten Mal kehrte sie nach einer Woche freiwillig zurück, beim zweiten Mal entdeckte A sie am Bahnhof in Begleitung eines anderen Mannes und brachte sie gegen ihren Willen in seine Wohnung zurück. Danach unternahm S keine Ausreißversuche mehr – zum einen deshalb, weil sie davon ausging, dass A sie ohnehin suchen und finden würde, zum andern war es für sie angenehm, kostenlos Unterkunft und Verpflegung zu erhalten. Wegen dieser Annehmlichkeiten ging sie auch auf das Ansinnen des A ein, mit ihm wiederholt den Geschlechtsverkehr auszuführen. Das Landgericht verurteilte A u.a. wegen sexuellen Missbrauchs einer Schutzbefohlenen zu einer Freiheitsstrafe von zwei Jahren.

Der BGH[157] vermochte jedoch in den Urteilsgründen kein dem Schutzzweck des § 174 Abs. 1 Nr. 1 3. Alt. StGB entsprechendes Abhängigkeitsverhältnis anzunehmen. Zwar könnten für ein solches Verhältnis die Tatsachen sprechen, dass A der S ein Zuhause bot und sich bemühte, sie von ihren Bekannten aus dem Bahnhofsmilieu fernzuhalten; ferner der sog. Vertrag, wonach dem Mädchen körperliche und geistige Erziehung vermittelt werden sollte. Zugleich vermag dieser Vertrag aber auch als Indiz dafür gewertet zu werden, dass S dem A als gleichberechtigte Partnerin gegenüberstand und ihm auf gleicher Ebene begegnete. „Auch können die festgestellten Motive des Mädchens, die es bewogen haben, mit dem A mitzugehen, bei ihm zu bleiben und dessen Verlangen nach Geschlechtsverkehr als Gegenleistung für die gebotene Versorgung nachzugeben – nämlich die Aussicht auf eine Lehrstelle und die Annehmlichkeiten von Verpflegung und Unterkunft –, dafür sprechen, dass S das Zusammenleben mit dem A als bloße Zweckgemeinschaft zur eigenen materiellen Versorgung verstand und sich dem A nicht zur Obhut oder Betreuung anvertrauen wollte."[158]

(4) Anvertrautsein

416   Die weibliche oder männliche Person unter 16 Jahren ist dem Täter zur Erziehung, Ausbildung oder Betreuung in der Lebensführung anvertraut, sobald sie ihm „durch Vertrauensbeweis überantwortet, gewissermaßen in die Hand und deshalb in die Hut gegeben"[159] wurde. Dies kann erfolgen unmittelbar aufgrund Gesetzes (z.B. bei den Eltern) oder aufgrund einer dem Täter verliehenen Stellung gegenüber dem Minderjährigen (z.B. Adoptiveltern, Vormund, Pfleger, Lehrer). Zudem liegt ein Anvertrauen vor, wenn der Täter die Erziehung usw. in ausdrücklich oder stillschweigend erteiltem Einverständnis mit dem Personensorgeberechtigten ausübt.[160] Ein Anvertrautsein ist nicht dadurch ausgeschlossen, dass der Täter sich

---

157 BGH, NStZ 1995, S. 495 f.
158 BGH, NStZ 1995, S. 496.
159 BGHSt. 21, S. 200.
160 BGH, NStZ 1989, S. 21.

das Vertrauen durch Täuschung erschlichen oder sich sein Amt nur angemaßt hat.[161] Entscheidend bleibt also nicht, wie und von wem der Erzieher, Ausbilder oder Betreuer bestellt wurde.[162]

Ein Anvertrautsein im Rahmen eines den Tatbestand des § 174 Abs. 1 Nr. 1 **417** StGB erfüllenden Abhängigkeitsverhältnisses setzt damit letztlich nicht notwendigerweise die Übertragung von Sorgepflichten durch Erziehungsberechtigte oder sonst verantwortliche Personen voraus. Es genügt bereits, wenn der Minderjährige sich einem Erwachsenen aus eigenem Entschluss anvertraut.[163] Ebenso kann ausreichen, dass der Erwachsene zu dem Minderjährigen ein Betreuungsverhältnis derart eingeht, dass er sich für dessen Lebensführung, geistige Entwicklung und sittliche Haltung verantwortlich fühlt, selbst ohne das Vorliegen einer zumindest stillschweigenden Übertragung der Sorgepflicht.[164]

Beispiel: Großvater G nahm sich der Erziehung und Betreuung seiner 15-jährigen Enkelin J an, deren Mutter alkoholkrank war. Dies erfolgte faktisch, indem G die J ihrer Mutter entfremdete und an sich zog, ohne dass die Mutter dem entgegentrat. Ein den persönlichen, allgemein menschlichen Bereich erfassendes Abhängigkeitsverhältnis im Sinne eines Über- und Unterordnungsverhältnisses leitet der BGH[165] aus folgenden Umständen her: „... aufgrund des bestimmenden Verhaltens des Angeklagten, der Hilflosigkeit der 15-jährigen Enkelin gegenüber der Autorität des Großvaters und des mangelnden Rückhalts bei ihrer alkoholkranken Mutter ... Der Angeklagte verbot J den Umgang mit Freunden, hielt sie ihrer Mutter fern, fuhr häufig mit ihr zum Einkaufen nach K., statt sie zur Schule zu schicken, züchtigte sie mindestens einmal mit einem Riemen, mit dem er sie auch wiederholt bedrohte, und erklärte, als ihr Großvater könne er sie 'in ein Heim stecken'. Dadurch sah J den G als ihre Erziehungsperson an. J blieb auch dann bei dem G, als sich ihre Mutter zu einer Entziehungskur in einem psychiatrischen Krankenhaus aufhielt." Deshalb – so der BGH – war die J dem G zur Erziehung und Betreuung anvertraut.

Ist zwischen Täter und Opfer ein Obhutsverhältnis i.S. des § 174 Abs. 1 Nr. 1 **418** StGB zustande gekommen, setzt eine Strafbarkeit voraus, dass dieses auch zum Zeitpunkt einer abzuurteilenden Tat noch fortbesteht.

Beispiel: Die Mutter der 15-jährigen K lebte seit mehreren Jahren mit dem A in häuslicher Gemeinschaft. Zwischen K und A bestand ein Obhutsverhältnis, innerhalb dessen A im Einverständnis mit der personensorgeberechtigten Mutter Mitverantwortung für die Lebensführung der K übernahm. Als es zu Auseinandersetzungen kam, verbot die Mutter – um K Diskussionen mit A und ihr dessen Überwachung zu ersparen – dem A, die K von der Schule abzuholen. Zugleich schlief sie bei ihrer Tochter K im Kinderzimmer und hielt sich mit K im Übrigen tagsüber und an Wochenenden im Haushalt

161 Horn in: SK-StGB, 1998, § 174 Rdn. 3; Lenckner in: Schönke/Schröder, 1997, § 174 Rdn. 9.
162 BGHSt. 21, S. 201; 33, S. 344.
163 BGH, NStZ 1995, S. 496; Bellay, 1995, S. 497; Gössel, 1987, S. 286; Tröndle/Fischer, 1999, § 174 Rdn. 2; a.A. Lenckner in: Schönke/Schröder, 1997, § 174 Rdn. 9 („wenigstens die Billigung einer für ihn verantwortlichen Person").
164 BGH, NStZ 1995, S. 496.
165 BGH, NStZ 1998, S. 131.

einer ihrer erwachsenen Töchter auf. In dieser Phase kam es zu sexuellen Handlungen zwischen A und K.

Der BGH[166] hat hier eine erstinstanzliche Verurteilung des A wegen sexuellen Missbrauchs einer Schutzbefohlenen aufgehoben: „Da die Lebensgefährtin des Angeklagten der bisher geduldeten Wahrnehmung der Betreuungsbefugnisse und -verpflichtungen durch den Angeklagten ausdrücklich widersprochen und einer Einflussnahme des Angeklagten auf K durch entsprechende Maßnahmen weitgehend entgegengewirkt hatte, war das Tatopfer dem Angeklagten zum Zeitpunkt der Begehung der Tat nicht mehr i.S. des § 174 Abs. 1 Nr. 1 StGB 'zur Betreuung in der Lebensführung anvertraut'."

5.2.1.2 Schutzbereich des § 174 Abs. 1 Nr. 2 StGB

419 Auf der Opferseite stehen weibliche oder männliche **Personen unter 18 Jahren**, die dem Täter
– zur Erziehung, Ausbildung oder Betreuung in der Lebensführung anvertraut oder
– im Rahmen eines Dienst- oder Arbeitsverhältnisses untergeordnet sind.

Während der Gesetzgeber im Rahmen der durch § 174 Abs. 1 Nr. 1 StGB geschützten Obhutsverhältnisse Sexualkontakte generell für missbräuchlich erachtet, verlangt § 174 Abs. 1 Nr. 2 StGB als zusätzliches Tatbestandsmerkmal: Der Täter handelt unter Missbrauch einer mit dem Erziehungs-, Ausbildungs-, Betreuungs-, Dienst- oder Arbeitsverhältnis verbundenen Abhängigkeit. Geschützt werden sollen die Minderjährigen in ihrer Fähigkeit, sich dem sexuellen Ansinnen des Täters zu verweigern. Dabei knüpft das Gesetz ausnahmslos an die Altersstufe der unter 18-Jährigen an. Fragen der Minderjährigkeit nach anderen Rechts- bzw. Kulturkreisen haben deshalb außer Betracht zu bleiben.[167]

420 Die Strafvorschrift des § 174 Abs. 1 Nr. 2 StGB ist jedoch nicht auf Taten gegen Jugendliche zwischen 16 und 18 Jahren beschränkt. Als Tatbestand mit höherer Altersgrenze umfasst Nr. 2 auch den Schutz jüngerer Personen. Begeht der Täter sexuelle Handlungen an einem ihm anvertrauten noch nicht 16 Jahre alten Opfer unter Missbrauch einer mit dem Obhutsverhältnis verbundenen Abhängigkeit, so sind sowohl die Voraussetzungen des § 174 Abs. 1 Nr. 1 StGB als auch die der Nr. 2 erfüllt. Durch das den Tatbestand der Nr. 2 einschränkende Merkmal des Abhängigkeitsmissbrauchs stellt dieser gegenüber Nr. 1 das speziellere Gesetz dar.[168] Dies hat zur Folge, dass Nr. 1 hinter Nr. 2 zurücktritt[169] und § 174 Abs. 4 StGB unanwendbar bleibt.

---

[166] BGH, NStZ-RR 1999, S. 321.
[167] OLG Zweibrücken, NJW 1996, S. 330.
[168] BGHSt. 30, S. 358; BGH, NStZ 1991, S. 81; 1998, S. 131.
[169] Lenckner in: Schönke/Schröder, 1997, § 174 Rdn. 22; Tröndle/Fischer, 1999, § 174 Rdn. 18; a.A. Horn in: SK-StGB, 1998, § 174 Rdn. 22; Lackner/Kühl, 1999, § 174 Rdn. 18.

(1) Die Schutzbefohlenen

§ 174 Abs. 1 Nr. 2 StGB enthält zwei Gruppen von Schutzbefohlenen. Zum einen **421**
sind es die dem Täter i.S. der Nr. 1 **anvertrauten** Minderjährigen. Insoweit gelten
die gleichen Kriterien wie bei § 174 Abs. 1 Nr. 1 StGB.[170]

Hinzu kommt die Gruppe der Jugendlichen, die zum Täter in einem **Dienst-** **422**
oder Arbeitsverhältnis stehen. Hierunter fallen alle privat- oder öffentlich-
rechtlich begründeten Dienst- oder Arbeitsverhältnisse ohne Rücksicht auf deren
Entstehungsgrund. Auch auf die Rechtswirksamkeit der zugrunde liegenden Vereinbarung kommt es nicht an. Der Begriff des Dienst- oder Arbeitsverhältnisses
bleibt rein faktisch zu verstehen.[171] Dabei muss das Opfer dem Täter im Rahmen
eines solchen Verhältnisses **untergeordnet** sein, d.h., es hat aufgrund der rechtlichen oder faktischen Vorgesetzteneigenschaft dessen Weisungen zu befolgen.[172]
An einer Unterordnung fehlt es, wenn eine Ermächtigung zur Weisungserteilung
nur für Einzelfälle vorliegt oder der Betreffende lediglich zur Weitergabe von
Weisungen befugt ist.[173]

(2) Missbrauch der Abhängigkeit

Für eine Strafbarkeit nach § 174 Abs. 1 Nr. 2 StGB genügt es nicht, dass es zu **423**
Sexualkontakten im Rahmen eines Obhuts-, Dienst- oder Arbeitsverhältnisses
kommt. Erforderlich ist vielmehr ein Missbrauch der mit dem Erziehungs-, Aus-
bildungs-, Betreuungs-, Dienst- oder Arbeitsverhältnis verbundenen Abhängigkeit
durch den Täter. Dieser setzt – offen oder versteckt – seine Macht und Überlegenheit als Mittel ein, um sich das Opfer durch Schaffung einer Drucksituation gefügig zu machen.[174] Ein Abhängigkeitsmissbrauch kann zudem vorliegen, wenn der
Handelnde seine Macht gegenüber dem Schutzbefohlenen erkennt und die auf ihr
beruhende Abhängigkeit zu sexuellen Betätigungen ausnutzt.[175]

Entscheidende Kriterien sind:[176]   **424**

– **Ursächlichkeit** der aus dem spezifischen Täter-Opfer-Verhältnis folgenden
  Abhängigkeit für die Vor- oder Hinnahme sexueller Handlungen sowie
– **Bewusstsein** des Zusammenhangs von Abhängigkeit und Sexualkontakt auf
  der Täter- und auf der Opferseite.

Beispiel: A und seine Ehefrau hatten durch Vermittlung des Jugendamtes gegen Entgelt
zwei minderjährige Mädchen als Pflegetöchter bei sich aufgenommen. Über mehrere
Jahre hinweg – mindestens einmal monatlich – nahm A an den Pflegetöchtern sexuelle
Handlungen vor. Er wurde deshalb vom Landgericht für die Taten, die vor Vollendung

---

[170] Siehe oben Kap. 5.2.1.1.
[171] Horn in: SK-StGB, 1998, § 174 Rdn. 16; Laufhütte in: LK-StGB, 1995, § 174 Rdn. 15.
[172] Lenckner in: Schönke/Schröder, 1997, § 174 Rdn. 10; Tröndle/Fischer, 1999, § 174
    Rdn. 6.
[173] Gössel, 1987, S. 287.
[174] BGHSt. 28, S. 367.
[175] BGH, NStZ 1991, S. 82.
[176] Vgl. Horn in: SK-StGB, 1998, § 174 Rdn. 17; BGH, NStZ 1993, S. 223.

des 18. Lebensjahres der Mädchen lagen, wegen sexuellen Missbrauchs von Schutzbefohlenen gem. § 174 Abs. 1 Nr. 2 StGB verurteilt.

Der BGH[177] hat als Revisionsinstanz diese Verurteilung bestätigt und ebenfalls im Verhalten des A den Missbrauch einer mit einem Erziehungsverhältnis verbundenen Abhängigkeit gesehen. Zwar drohte A nach den Feststellungen des Landgerichts seinen Pflegetöchtern im Zusammenhang mit seinen sexuellen Verfehlungen weder Nachteile an noch übte er insoweit Gewalt aus. Beide Mädchen kamen allerdings schon im Kindesalter in seinen Haushalt. Sie wurden von ihm auf Jahre aufgenommen. Aus anderen Anlässen erhielten sie gelegentlich Schläge von A. Sie waren ersichtlich seiner Macht und Überlegenheit ausgeliefert, der sie sich fügten. Die Sexualkontakte hingen unmittelbar mit Erziehungsfunktionen des A zusammen, die er ihnen gegenüber wahrnahm, indem er sie wusch und zur Körperpflege anhielt. Dabei folgten die Mädchen den Aufforderungen des A zu sexualbezogenen Betätigungen. A hat also seine Macht gegenüber den ihm Schutzbefohlenen erkannt und die darauf beruhende Abhängigkeit zu sexuellen Handlungen ausgenutzt, wobei beiden Teilen der Zusammenhang von Abhängigkeitsverhältnis und sexuellen Handlungen bewusst war.

425   An einem Abhängigkeitsmissbrauch fehlt es, wenn die Initiative zu sexuellen Beziehungen vom Schutzbefohlenen ausgeht und nicht in einen Zusammenhang mit der Abhängigkeit gestellt werden kann.[178] Anders stellt sich dies jedoch dar, sobald die minderjährige Person zwar aus freien Stücken zu sexuellen Handlungen bereit ist, sich damit jedoch Vorteile oder die Abwendung von Nachteilen verspricht, die mit dem Obhuts-, Dienst- oder Arbeitsverhältnis verbunden sind.[179]

Beispiel: A lernte auf einer Geschäftsreise in Afrika die minderjährige X kennen und vereinbarte mit deren Eltern, sie nach Deutschland in seinen Haushalt mitzunehmen. Wie die X als Zeugin bekundete, soll sie nach Recht und Anschauung ihrer heimischen Religion bereits mit 16 Jahren volljährig gewesen sein. Nach den Gebräuchen ihres Heimatlandes sei es üblich, dass sich eine Frau ihrem Versorger, der ihren Lebensunterhalt bestreitet, sexuell hingebe.

Nach Ansicht des OLG Zweibrücken[180] hat A trotz der Einlassungen der X die auf seiner Macht gegenüber der Schutzbefohlenen beruhende innere Abhängigkeit der X für seine Zwecke ausgenutzt, wobei beiden Teilen der Zusammenhang des Abhängigkeitsverhältnisses mit den sexuellen Handlungen bewusst war. Dem Umstand, dass die X sich dem A aus freien Stücken hingab, kommt – so das OLG – keine entscheidende Bedeutung zu. Denn § 174 Abs. 1 Nr. 2 StGB setzt nicht voraus, dass der Täter eine Minderjährige ausdrücklich oder durch schlüssiges Verhalten unter Druck setzt. Dafür, dass er seine Macht und Überlegenheit in einer für das Opfer erkennbaren Weise als Mittel einsetzt, um dieses gefügig zu machen, genügt es, wenn die Jugendliche in dem Täter eine Autoritätsperson sieht, der sie Gehorsam schuldig zu sein glaubt, und der Täter dies bei seinem Vorgehen bewusst in Rechnung stellt. Gerade dies bejaht das OLG Zweibrücken aufgrund der Aussage der X: „Als Grund für ihr Verhalten verweist sie auf die Gebräuche ihres Heimatlandes, wonach es üblich sei, dass sich die Frau ihrem Versorger, der ihren Lebensunterhalt bestreitet, sexuell hingibt. Diese dem Verhalten gegenüber dem A zugrunde liegende Einstellung der Zeugin schließt das Tat-

---

177 BGH, NStZ 1991, S. 81 f.
178 Lenckner in: Schönke/Schröder, 1997, § 174 Rdn. 14.
179 Horn in: SK-StGB, 1998, § 174 Rdn. 17.
180 OLG Zweibrücken, NJW 1996, S. 330.

bestandsmerkmal des Missbrauchs der Abhängigkeit nicht aus. Vielmehr ergibt sich daraus gerade der Zusammenhang zwischen dem Abhängigkeitsverhältnis und den sexuellen Handlungen. Das Verhalten der Zeugin stellt sich danach als Gegenleistung für ihre Versorgung durch den A dar, zu der sie sich sogar verpflichtet fühlte."

Setzt der Täter bewusst in einer für die schutzbefohlene Person erkennbaren Weise seine Macht und Überlegenheit als Mittel ein und gelangt er nur mit zusätzlichem Einsatz von Gewalt oder Drohung zu den von ihm angestrebten sexuellen Handlungen, schließt dies eine Bestrafung nach § 174 Abs. 1 Nr. 2 StGB nicht aus. § 177 StGB steht dann zum Missbrauch des Schutzbefohlenen im Verhältnis der Tateinheit.[181]

426

Beispiel: Stiefvater S wusste, dass seine Stieftochter T folgsam war und sich üblicherweise seinen Anordnungen fügte. Um mit ihr geschlechtlich zu verkehren, „schubste" er sie unvermittelt in das eheliche Schlafzimmer. Er erklärte ihr, dass „sie in dieser Nacht bei ihm schlafen werde" und – als sie sich zunächst widersetzte – „befahl er dem Mädchen in kategorischem Tonfall, dass sie im Elternschlafzimmer bleiben soll."
Der BGH[182] bestätigte eine Verurteilung des S wegen Vergewaltigung gem. § 177 StGB in Tateinheit mit § 174 Abs. 1 Nr. 2 StGB. Denn S missbrauchte das Abhängigkeitsverhältnis zur Erzwingung des Geschlechtsverkehrs. Insoweit setzte er bei Begehung der Tat auch seine stiefväterliche Autorität ein.

5.2.1.3 Schutzbereich des § 174 Abs. 1 Nr. 3 StGB

Mit § 174 Abs. 1 Nr. 3 StGB will der Gesetzgeber weibliche und männliche **Personen unter 18 Jahren** vor sexualbezogenen Betätigungen seitens ihrer **leiblichen Eltern** oder ihrer **Adoptiveltern** schützen. Das Eltern-Kind-Verhältnis soll von Sexualkontakten schlechthin frei bleiben.[183] Gerade innerhalb der Familie, in der das Kind von seinen Eltern abhängig und sexuellen Übergriffen gegenüber besonders anfällig ist, bedarf es eines besonderen Schutzes seiner ungestörten sexuellen Entwicklung.[184] Denn Verstöße bewirken hier bei dem Minderjährigen einen erheblichen Vertrauensverlust sowie gravierende Beeinträchtigungen des Familienverbandes.[185]

427

Im Gegensatz zu § 174 Abs. 1 Nr. 2 StGB setzt Nr. 3 keinen Abhängigkeitsmissbrauch voraus. Maßgebliches Kriterium ist allein die biologische oder die durch Adoption begründete Elternschaft. Deshalb bleibt es für eine Tatbestandserfüllung ohne Bedeutung, ob einem Elternteil das Personensorgerecht entzogen wurde[186] oder ob der leibliche Vater jemals in einer persönlichen Beziehung zu dem Kind stand.[187] Die Ausgestaltung der konkreten Familienverhältnisse spielt ebenso wenig eine Rolle wie die Frage, ob das Opfer im Haushalt des Täters be-

428

181 Tröndle/Fischer, 1999, § 174 Rdn. 18.
182 BGH, NStZ 1997, S. 337 f.
183 Horn in: SK-StGB, 1998, § 174 Rdn. 24.
184 BGH, StrVert 1991, S. 207.
185 BGH, StrVert 1994, S. 306.
186 BT-Drs. VI/3521, S. 24.
187 Lenckner in: Schönke/Schröder, 1997, § 174 Rdn. 11.

treut wird oder nicht. Besteht im konkreten Fall ein Abhängigkeitsverhältnis zwischen Elternteil und Minderjährigem, kann dies allerdings auf der Strafzumessungsebene Berücksichtigung finden.[188]

429   Mit der Begrenzung des Tatbestands auf leibliche oder angenommene Kinder scheiden andere Formen der Elternschaft aus dem Schutzbereich des § 174 Abs. 1 Nr. 3 StGB aus. Dies betrifft insbesondere Pflegeeltern oder Stiefeltern.[189] Insoweit bleibt jedoch eine Bestrafung unter den Voraussetzungen von § 174 Abs. 1 Nr. 1 oder 2 StGB möglich.

5.2.2 Tathandlungen

430   Die Alternativen des § 174 StGB stellen Sonderdelikte dar. **Täter** eines Missbrauchs von Schutzbefohlenen kann nur derjenige sein, der die in den einzelnen Tatalternativen jeweils genannte Autoritätsstellung selbst innehat.

Hinsichtlich seiner Bestrafung differenziert § 174 StGB zwischen sexualbezogenen Betätigungen mit Körperkontakt und solchen ohne körperliche Berührungen, bei denen es nur um die Wahrnehmung sexualbezogener Aktivitäten geht.

5.2.2.1 Handlungen mit Körperkontakt

431   Bei § 174 Abs. 1 StGB handelt es sich um ein eigenhändiges Delikt.[190] Nach dieser Norm wird mit Freiheitsstrafe bis zu fünf Jahren oder mit Geldstrafe bestraft (gem. § 181b StGB kann zudem Führungsaufsicht angeordnet werden), wer (bedingt) vorsätzlich – und bei § 174 Abs. 1 Nr. 2 StGB unter Missbrauch der Abhängigkeit – sexuelle Handlungen an einer schutzbefohlenen Person vornimmt oder an sich von dem Schutzbefohlenen vornehmen lässt.[191] Es geht also stets um sexualbezogene Betätigungen mit Körperkontakt zwischen Täter und Minderjährigem. Damit erfüllen Handlungen des Täters an sich selbst ebenso wenig den Tatbestand des § 174 Abs. 1 StGB wie solche zwischen dem Schutzbefohlenen und einem Dritten. In letzterem Fall kann es aber zu einer Bestrafung nach § 180 Abs. 3 StGB[192] kommen.

432   Der Tatbestand des § 174 Abs. 1 StGB ist **vollendet**, sobald der Täter mit einer erheblichen sexualbezogenen Berührung des Opfers beginnt bzw. es zu einer solchen Handlung seitens des Opfers am Täter kommt. Dabei bleibt der Minderjährige als notwendiger Teilnehmer straflos.

433   Gem. § 174 Abs. 3 StGB ist schon der **Versuch** des sexuellen Missbrauchs eines Schutzbefohlenen strafbar. Ein solcher liegt etwa vor, wenn verbal auf den

---

[188] BGH, NJW 1994, S. 1078.
[189] BGH, NStZ 1995, S. 222.
[190] BGHSt. 41, S. 242; Otto, 1998, S. 346; Tröndle/Fischer, 1999, § 174 Rdn. 8.
[191] Zu den verschiedenen Formen sexueller Handlungen oben Kap. 2.5.3.
[192] Dazu unten Kap. 5.3.4.

Minderjährigen mit dem Ziel eingewirkt wird, ihn zur Duldung oder Vornahme unmittelbar bevorstehender sexueller Betätigung zu bewegen.[193]

5.2.2.2 Bloße Wahrnehmungsbeziehungen

Mit einer milderen Strafdrohung (Freiheitsstrafe bis zu drei Jahren oder Geldstrafe; gem. § 181b StGB ist auch die zusätzliche Anordnung von Führungsaufsicht möglich) versehen hat der Gesetzgeber in **§ 174 Abs. 2 StGB** sexuelle Kontakte zwischen Täter und Minderjährigen, die nicht mit einer körperlichen Berührung verbunden sind. Dies betrifft die Tathandlungen: **434**
- Vornahme sexueller Betätigungen vor dem Schutzbefohlenen (Nr. 1) und
- Bestimmen des Schutzbefohlenen zur Vornahme sexueller Handlungen vor dem Täter (Nr. 2).[194]

§ 174 Abs. 2 StGB verdeutlicht durch den ausdrücklichen Verweis auf Abs. 1 Nr. 1 bis 3, dass, abgesehen von der Art des Sexualkontakts, sämtliche dort genannten Tatbestandsmerkmale erfüllt sein müssen – damit auch im Hinblick auf die Alternative der Nr. 2 das Vorliegen eines Abhängigkeitsmissbrauchs. **435**

§ 174 Abs. 2 Nr. 1 StGB erfasst alle sexuellen Handlungen, die der Täter an sich oder an einem Dritten vor dem Minderjährigen vornimmt. Hierunter fallen auch die exhibitionistischen Betätigungen i.S. des § 183 Abs. 1 StGB. **436**

Stellt die vor einem Schutzbefohlenen vorgenommene sexuelle Handlung eine exhibitionistische Aktivität des männlichen oder weiblichen Täters dar, kommt hinsichtlich der Bestrafung gem. § 183 Abs. 4 Nr. 2 1. Alt. StGB die Regelung des § 183 Abs. 3 StGB zur Geltung. Danach darf das Gericht die Strafe zur Bewährung aussetzen, wenn zu erwarten ist, dass der Täter nach einer längeren **Heilbehandlung** keine exhibitionistischen Handlungen mehr begehen wird.[195] **437**

Der Begriff des **Bestimmens** i.S. des § 174 Abs. 2 Nr. 2 StGB kann nicht ohne weiteres mit demjenigen bei der Anstiftung gem. § 26 StGB gleichgesetzt werden. Denn bei Jugendlichen und insbesondere bei Kindern kommt eine Willensbeeinflussung häufig noch nicht in Betracht. Deshalb genügt hier bereits ein tatsächliches Verursachen der Vornahme sexueller Handlungen.[196] Durch Zwang, Drohung, Täuschung, Versprechen von Belohnung, Überraschung, Wecken von Neugier usw.[197] veranlasst der Täter das Opfer zu einem Verhalten, zu dem es ohne die Einwirkung nicht gekommen wäre. Bestimmen setzt voraus, dass der obhutspflichtige Täter **unmittelbar** auf den Minderjährigen einwirkt. Die Veranlassung eines Dritten, den Schutzbefohlenen zur Vornahme sexueller Handlungen vor dem Täter zu bewegen, genügt nicht.[198] **438**

---

[193] Horn in: SK-StGB, 1998, § 174 Rdn. 11.
[194] Zu den verschiedenen Formen sexueller Handlungen oben Kap. 2.5.3.
[195] Dazu unten Kap. 6.1.2.2.
[196] BGHSt. 41, S. 245 f.
[197] Laufhütte in: LK-StGB, 1995, § 174 Rdn. 5.
[198] Horn in: SK-StGB, 1998, § 176 Rdn. 7; Lenckner in: Schönke/Schröder, 1997, § 176 Rdn. 8; a.A. Lackner/Kühl, 1999, § 174 Rdn. 13; Laufhütte in: LK-StGB, 1995, § 174 Rdn. 20.

439   In den Fällen von sexuellen Handlungen mit bloßen Wahrnehmungsbeziehungen nach § 174 Abs. 2 StGB verlangt das Gesetz auf der subjektiven Tatseite neben dem Vorsatz noch die **Absicht** im Sinne eines zielgerichteten Willens des Täters, durch die sexualbezogene Betätigung sich oder den Schutzbefohlenen **sexuell zu erregen**. Insoweit genügt auch die Steigerung einer bereits bestehenden geschlechtlichen Erregung oder die Absicht, eine solche fortdauern zu lassen.[199] Mit dieser Einschränkung des Tatbestandes durch das Erfordernis der Erregungsabsicht wollte der Gesetzgeber Fälle ausschließen, in denen zwar vor einem Schutzbefohlenen sexuelle Handlungen stattfinden, seine Anwesenheit aber nicht dem Zweck einer Teilhabe des Minderjährigen an dem sexualbezogenen Vorgang dient, sondern auf anderen Gründen beruht (z.B. beengte Wohnverhältnisse).[200]

440   Die Tat ist **vollendet**, sobald bei § 174 Abs. 2 Nr. 1 StGB der Täter mit einer sexualbezogenen Betätigung vor dem Opfer beginnt. Bei Nr. 2 setzt eine Tatvollendung eine tatsächliche Vornahme sexueller Handlungen vor dem bestimmenden Obhutspflichtigen voraus. Ein erfolgloses Bestimmen oder der Versuch eines Bestimmens können zu einer Versuchsstrafbarkeit führen (§ 174 Abs. 3 StGB).

5.2.3 Absehen von Strafe

441   Der Verzicht des Gesetzgebers bei § 174 Abs. 1 Nr. 1 bzw. § 174 Abs. 2 i.V.m. Abs. 1 Nr. 1 StGB auf das tatbestandseinschränkende Kriterium eines Abhängigkeitsmissbrauchs führt zu einem weiten Anwendungsbereich dieser Normen. Die Obhutsverhältnisse sollen um ihrer sozialen Funktion willen generell von Sexualkontakten freigehalten werden. Der Gesetzgeber hat jedoch zugleich erkannt, dass ganz spezifische Täter-Opfer-Konstellationen im Einzelfall die Funktion eines Obhutsverhältnisses verändern oder überlagern können, so dass es dann ausnahmsweise eines strafrechtlichen Schutzes letztlich nicht mehr bedarf.[201]

442   Nach § 174 Abs. 4 StGB kann das Gericht deshalb in den Fällen des Abs. 1 Nr. 1 oder des Abs. 2 i.V.m. Abs. 1 Nr. 1 von einer Bestrafung nach diesen Vorschriften absehen, wenn bei Berücksichtigung des Verhaltens des Schutzbefohlenen das **Unrecht der Tat gering** ist. Andere Unrechtsminderungen wie eine nur geringe Schuld auf der Täterseite[202] oder ein nur geringfügiges Überschreiten der Erheblichkeitsschwelle des § 184c Nr. 1 StGB[203] genügen für ein Absehen von der Bestrafung nicht. Vielmehr muss das Unrecht gerade wegen des **Verhaltens des Schutzbefohlenen** als gering zu erachten sein. Eine Berechtigung zum Strafverzicht setzt daher voraus: Der Obhutsunterworfene vereitelt durch sein eigenverantwortliches Handeln selbst den Schutzzweck der Norm. Der Schutzbefohlene initiiert eine sexuelle Beziehung zum Obhutsverpflichteten, wobei sich das Ob-

---

[199] BT-Drs. VI/3521, S. 25.
[200] Lenckner in: Schönke/Schröder, 1997, § 174 Rdn. 18.
[201] Siehe dazu eingehend Jung/Kunz, 1982, S. 409 ff.
[202] Tröndle/Fischer, 1999, § 174 Rdn. 13.
[203] Lenckner in: Schönke/Schröder, 1997, § 174 Rdn. 21.

hutsverhältnis in ein qualitativ anderes zwischenmenschliches Beziehungsverhältnis umwandelt.[204] Ein fakultatives[205] Absehen von Strafe nach § 174 Abs. 4 StGB kommt daher vor allem bei echten Liebesbeziehungen in Betracht.[206]

5.3 Förderung sexueller Handlungen Minderjähriger

Einer ungestörten sexuellen Entwicklung von Kindern und Jugendlichen[207] dient auch die Strafnorm des § 180 StGB, mit der der Gesetzgeber bestimmte Formen der sog. **Kuppelei** kriminalisiert.[208] Bei § 180 StGB geht es jedoch nicht um die Bestrafung der eigentlichen sexuellen Kontakte zwischen Minderjährigen und anderen Personen. Pönalisiert werden Verhaltensweisen auf der Täterseite, welche sexualbezogenen Betätigungen zwischen Minderjährigen und Dritten Vorschub leisten, die geeignet sind, die Reifung junger Menschen zu stören bzw. schon in Gang befindliche Fehlentwicklungen zu verstärken.[209]

443

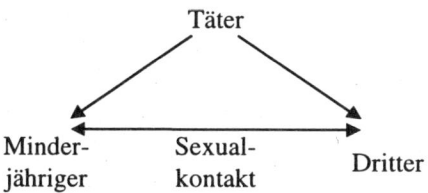

Tatsubjekt der Tatbestände des § 180 StGB kann sowohl ein Mann als auch eine Frau sein. In den Absätzen 1 und 2 der Norm kommt als Täter jede beliebige Person in Betracht, während Abs. 3 ein Sonderdelikt darstellt, welches nur von männlichen oder weiblichen Inhabern einer bestimmten Obhutspflicht verwirklicht zu werden vermag. Die **Opfer** bleiben als **notwendige Teilnehmer** am Delikt des § 180 StGB straflos.[210] Dies gilt selbst dann, wenn das Opfer zu der Förderung angestiftet hat.[211]

444

§ 180 StGB betrifft die **Förderung fremder Sexualität**. Dabei differenzieren die einzelnen Absätze der Vorschrift je nach dem Alter des Tatopfers, seiner Abhängigkeit zum Täter sowie der Entgeltlichkeit der sexuellen Kontakte zwischen drei Gruppen von **Förderhandlungen**:
– Abs. 1:   Der Täter leistet sexuellen Betätigungen einer Person unter 16 Jahren

445

204 Jung/Kunz, 1982, S. 413.
205 Gössel, 1987, S. 291; Lackner/Kühl, 1999, § 174 Rdn. 16; Laufhütte in: LK-StGB, 1995, § 174 Rdn. 22; krit. insoweit Jung/Kunz, 1982, S. 412.
206 BT-Drs. VI/3521, S. 21; siehe auch BGHSt. 22, S. 314 ff.
207 Tröndle/Fischer, 1999, § 180 Rdn. 1.
208 Historischer Überblick zur strafrechtlichen Behandlung von Kuppelei: Eschweiler, 1970, S. 27 ff.
209 Horn in: SK-StGB, 1998, § 180 Rdn. 1.
210 Sommer, 1981, S. 492; Tröndle/Fischer, 1999, § 180 Rdn. 25.
211 Gropp, 1992, S. 317; Sowada, 1992, S. 225 f.

durch seine Vermittlung oder durch Gewähren bzw. Verschaffen von Gelegenheit Vorschub.

– Abs. 2: Der Täter bestimmt eine noch nicht 18 Jahre alte Person zur Vornahme oder Duldung sexueller Handlungen gegen Entgelt oder er leistet dem durch seine Vermittlung Vorschub.

– Abs. 3: Der Täter bestimmt eine Person unter 18 Jahren, die ihm zur Erziehung, Ausbildung oder Betreuung in der Lebensführung anvertraut bzw. im Rahmen eines Dienst- oder Arbeitsverhältnisses untergeordnet ist, unter Missbrauch der damit verbundenen Abhängigkeit zur Vornahme oder Duldung sexueller Handlungen.

446   Neben den in den einzelnen Tatbestandsalternativen angedrohten **Unrechtsreaktionen** der Verhängung von Freiheits- bzw. Geldstrafen kann das Gericht gem. § 181b StGB auch die Führungsaufsicht anordnen.

5.3.1 Geförderte sexuelle Handlungen

447   § 180 StGB stellt die Förderung fremder Sexualkontakte unter Strafe, also das Vorschubleisten usw. sexualbezogener Betätigung erheblicher Art i.S. des § 184c Nr. 1 StGB[212] zwischen wenigstens einem Minderjährigen unter 18 bzw. unter 16 Jahren und mindestens einer dritten – vom Täter verschiedenen – Person. Bei den sexuellen Handlungen geht es um solche mit und ohne körperliche Berührung, wobei das Gesetz jedoch nur das Fördern ganz bestimmter Betätigungen pönalisiert.

448   Gegenstand der Kuppelei i.S. des § 180 StGB können nur sein sexuelle Handlungen
– **eines Minderjährigen an einem Dritten,**
– **eines Minderjährigen vor einem Dritten,**
– **eines Dritten an einem Minderjährigen.**[213]

Von den Tatbeständen des § 180 StGB nicht erfasst bleibt somit die Förderung sexueller Betätigung eines Dritten vor dem Kind (insoweit kann jedoch eine Beteiligung am Delikt des § 176 Abs. 3 Nr. 1 StGB vorliegen) bzw. dem Jugendlichen. Auch die Förderung von Sexualkontakten zwischen dem Minderjährigen und dem Täter selbst wird von § 180 StGB nicht betroffen.

449   Eine Förderung fremder sexueller Handlungen im Sinne der Norm liegt jedoch auch dann vor, wenn der Täter mit dem Vorschubleisten usw. zugleich eigene sexuelle Zwecke verfolgt.[214]

Beispiel: Frau F erleichterte auf verschiedene Weise Zusammentreffen des Mannes M mit minderjährigen Mädchen. Sie überredete die Jugendlichen bzw. veranlasste sie dazu, mit M sexuelle Handlungen vorzunehmen und geschlechtlich zu verkehren. Dabei

---

212 Dazu oben Kap. 2.5.2.
213 Zu den verschiedenen Formen sexueller Handlungen siehe Kap. 2.5.3.
214 Gropp, 1992, S. 322; Horn in: SK-StGB, 1998, § 180 Rdn. 4; Laufhütte in: LK-StGB, 1995, § 180 Rdn. 7.

nahm die gleichgeschlechtlich veranlagte F ihre Förderhandlungen in der Absicht vor, selbst in sexuellen Kontakt zu den Mädchen treten zu können.

In der Literatur[215] wird teilweise § 180 StGB für nicht anwendbar erachtet, wenn – wie hier – das Einbeziehen einer Person in ein sexualbezogenes Geschehen ausschließlich aufgrund eigener sexueller Motive des Täters erfolgt oder das Element der Förderung fremder Sexualität gänzlich in den Hintergrund tritt. Diese Ansicht verkennt aber, dass die Motive des den Sexualkontakt fördernden Täters für § 180 StGB gleichgültig bleiben.[216]

Auch der BGH hat bereits in einer älteren Entscheidung[217] zu § 180 StGB a.F. festgestellt, der Erfüllung des Tatbestandes stehe es nicht entgegen, dass „der Täter die auf die Förderung der Unzucht der beiden anderen Personen gerichteten Handlungen in der Absicht vornimmt, dadurch unmittelbar oder mittelbar eine eigene geschlechtliche Befriedigung zu erzielen. Der Beweggrund, aus dem der Täter handelt, ist für die Frage, ob sein Verhalten die Merkmale der Kuppelei erfüllt, ohne Bedeutung. Für den Vorsatz genügt das Bewusstsein, durch die vorgenommene Tätigkeit die Ausübung der Unzucht zwischen anderen, hier also zwischen dem Mitangeklagten und dem erwähnten Mädchen, zu fördern. ... Eine abweichende Meinung würde überdies zu dem untragbaren Ergebnis führen, dass der Vorschubleistende, der sich auf diese Tätigkeit beschränkt, strafbar wäre, aber dadurch für sich die Straflosigkeit erzielen könnte, dass er selbst darüber hinaus mit einem oder beiden von ihm Verkuppelten Unzucht triebe."

5.3.2 Schutz von Personen unter 16 Jahren

Tathandlung des § 180 Abs. 1 S. 1 StGB ist das Vorschubleisten bestimmter sexueller Handlungen. Dieses erfolgt durch   **450**
– Vermittlung,
– Gewähren von Gelegenheit oder
– Verschaffen von Gelegenheit.

5.3.2.1 Vorschubleisten

Die Förderungshandlung des Vorschubleistens stellt eine vom Gesetzgeber zum   **451**
selbständigen Tatbestand[218] erhobene **Beihilfe** zu fremden Sexualkontakten dar. Dabei kommt es für eine Strafbarkeit nach § 180 Abs. 1 StGB nicht darauf an, ob auch das geförderte sexuelle Geschehen für die direkt daran Beteiligten überhaupt eine Straftat darstellt (z.B. Straflosigkeit von Sexualkontakten zwischen Minderjährigen) oder aus anderen Gründen im Ergebnis straflos bleibt.[219]

Die Grenzen für eine **Strafbarkeit** des am Sexualkontakt mit einem Minderjährigen   **452**
beteiligten **Dritten** hat der Gesetzgeber mit §§ 174 ff., 182 StGB gezogen. Diese dürfen

---

215 Lenckner in: Schönke/Schröder, 1997, § 180 Rdn. 3.
216 Siehe bereits Horstkotte, 1974, S. 86.
217 BGHSt. 11, S. 36.
218 Dazu Sommer, 1981, S. 492.
219 Lackner/Kühl, 1999, § 180 Rdn. 4; Münder, 1986, S. 353; Tröndle/Fischer, 1999, § 180 Rdn. 7.

auch nicht dadurch unterlaufen werden, dass der seine Sexualität befriedigende Dritte als Teilnehmer an einer Straftat nach § 180 Abs. 1 StGB bestraft würde.[220]

453   Der Täter leistet fremder Sexualität Vorschub, wenn er die Bedingungen hierfür durch sein Verhalten günstiger gestaltet[221], also Umstände oder Verhältnisse schafft, die zur Ermöglichung oder Erleichterung der Vornahme sexueller Handlungen geeignet sind.[222] Es genügt insoweit jedoch nicht jedes Herbeiführen günstigerer Bedingungen, sondern das Vorschubleisten muss zu einer unmittelbaren Gefährdung der Person unter 16 Jahren geführt haben.[223] Damit erfordert eine Tatbestandsvollendung die Realisierung der Förderhandlung des Vorschubleistens, keineswegs aber, dass es tatsächlich zu der geförderten sexualbezogenen Betätigung gekommen ist.[224] Es genügt, wenn der Täter die günstigen Bedingungen für einen **nach Ort, Zeit und Beteiligten konkretisierten** Sexualkontakt bewirkt.[225]

> *Beispiel:* Der Angeklagte A hatte dem M ein zu seiner Wohnung gehörendes, über das Treppenhaus separat zugängliches Terrassenzimmer vermietet. An einem Nachmittag hielten sich die drei noch nicht 16 Jahre alten Minderjährigen K, P und B am Bahnhof der Stadt auf, wobei K „Freier" suchte. M, der auf der Suche nach Jugendlichen für sexuelle Handlungen war, sprach die drei an und fragte, ob sie ihn begleiten wollten, um Geld zu verdienen. Damit waren die Jugendlichen einverstanden. Sie folgten dem M in die Wohnung des A. Der anwesende A, dem die päderastischen Neigungen des M bekannt waren, erkannte aufgrund des äußeren Erscheinungsbildes, dass es sich bei den Jugendlichen um noch nicht 16 Jahre alte Personen handelte. M suchte mit K und P sein Terrassenzimmer auf, wo es dann zu sexuellen Handlungen kam. Währenddessen unterhielt sich der A in seiner Wohnung mit dem Zeugen B, der im Verlauf des Gesprächs sein Alter mit 14 Jahren angab und erklärte, dass er nicht mit anderen Männern „rummache". A wurde vom Amtsgericht zunächst u.a. wegen Förderung sexueller Handlungen Minderjähriger zu einer Geldstrafe verurteilt. In der Berufungsinstanz hob das Landgericht jedoch diese Verurteilung auf und sprach A frei.
> Den Freispruch hat das KG[226] bestätigt: „Der Tatbestand des § 180 Abs. 1 Nr. 2 StGB setzt voraus, dass den sexuellen Handlungen durch Gewähren oder Verschaffen von Gelegenheit vorsätzlich Vorschub geleistet wurde. Dies ist weder durch das Vermieten des Terrassenzimmers noch durch das Verhalten des A am Tattag der Fall. Ein Vorschubleisten in den genannten Begehungsformen ist tatbestandlich bei Bereitstellen äußerer Bedingungen, die unmittelbar zur Förderung, d.h. Ermöglichung oder Erleichterung der sexuellen Handlungen geeignet sind, gegeben. Das Landgericht hat nicht

---

[220] Lenckner in: Schönke/Schröder, 1997, § 180 Rdn. 32; Maurach/Schroeder/Maiwald, 1995, S. 203; Tröndle/Fischer, 1999, § 180 Rdn. 25.

[221] Laufhütte in: LK-StGB, 1995, § 180 Rdn. 4; Lenckner in: Schönke/Schröder, 1997, § 180 Rdn. 6.

[222] KG, NStZ 1998, S. 572.

[223] Maurach/Schroeder/Maiwald, 1995, S. 202.

[224] BT-Drs. VI/3521, S. 44; Gössel, 1987, S. 322; Horn in: SK-StGB, 1998, § 180 Rdn. 5; Lackner/Kühl, 1999, § 180 Rdn. 4; Laufhütte in: LK-StGB, 1995, § 180 Rdn. 4; Münder, 1986, S. 354; a.A. Tröndle/Fischer, 1999, § 180 Rdn. 6 unter Berufung auf § 180 Abs. 4 StGB.

[225] Lackner/Kühl, 1999, § 180 Rdn. 4; Laufhütte in: LK-StGB, 1995, § 180 Rdn. 4.

[226] KG, NStZ 1998, S. 571.

feststellen können, dass A dem Zeugen M das Terrassenzimmer 'nur oder auch zu dem Zweck zur Verfügung gestellt hat, sexuelle Handlungen von Personen unter 16 Jahren i.S. des § 180 Abs. 1 StGB zu fördern.' Es hat sich nicht dazu verhalten, ob A in Kenntnis der päderastischen Neigungen des M mit der Möglichkeit rechnete oder es billigte, dass dieser das Zimmer zu sexuellen Kontakten mit Jugendlichen unter 16 Jahren nutzen würde. Das Vorschubleisten setzt jedoch voraus, dass die geförderten sexuellen Handlungen nicht nur, wie hier, nach Ort, sondern auch nach Zeit und hinsichtlich des Opfers hinreichend konkretisiert sind. ... Danach reicht die etwaige Vorstellung, dass es irgendwann einmal zu sexuellen Kontakten mit derartigen Personen kommen könnte, nicht aus."

Unerheblich für eine Strafbarkeit nach § 180 Abs. 1 S. 1 StGB bleibt, in wessen Interesse – Minderjährigen oder Dritten – der Täter Vorschub leistet.[227] Eine zureichende Konkretisierung liegt auf der Opferseite vor, wenn dieses einer individuell abgrenzbaren Gruppe von unter 16-jährigen angehört und dem Dritten durch Schaffung günstiger Umstände eine Auswahl des Sexualpartners aus der Gruppe ermöglicht wird. Auch auf Seiten des Dritten bedarf es zumindest einer Konkretisierung dahin gehend, dass dieser bestimmbar sein muss (z.B. wenn der Täter einem unter 16-jährigen Jungen Geld überlässt, damit er ein bestimmtes Bordell aufsucht).[228] Allerdings mangelt es an einer Konkretisierung bei dem Betrieb eines Bordells oder Eroscenters, selbst wenn dieses gelegentlich auch von Jugendlichen betreten wird.[229] Entsprechendes gilt, wenn der Fördernde einer Person seinen Hausschlüssel überlässt und ihr seine Wohnung für irgendwelche Sexualkontakte zur Verfügung stellt. Das bloße Überlassen von Verhütungsmitteln an Kinder bzw. noch nicht 16 Jahre alte Jugendliche stellt per se noch kein Vorschubleisten dar.[230]

454

Ein **Vorschubleisten** ist nach den allgemeinen Regeln für unechte Unterlassungsdelikte (§ 13 StGB) auch **durch Unterlassen** möglich. Eine Garantenposition zum Schutz der ungestörten sexuellen Entwicklung der Minderjährigen haben in erster Linie die Personensorgeberechtigten[231] sowie je nach Fallkonstellation sonstige obhutspflichtige Personen (z.B. Lehrer, Betreuer bei Ferien- oder Freizeitmaßnahmen). An einer Garantenstellung fehlt es regelmäßig beim Wohnungsinhaber für die in seinen Räumen bedrohten Rechtsgüter[232], es sei denn, es treten besondere Umstände hinzu, die eine Verpflichtung zum Einschreiten begründen.[233] Zu beachten bleibt bei der Prüfung eines Vorschubleistens durch Unterlassen stets das die Rechtspflicht des Garanten einschränkende Kriterium der Zumutbarkeit (z.B. dürfte es für Eltern, die über keine Autorität mehr gegenüber ihrem minderjährigen Kind verfügen, unzumutbar sein, die Polizei zur Verhinderung eines Sexualkontakts ihres Kindes mit einem Dritten zu rufen).[234]

455

[227] Lenckner in: Schönke/Schröder, 1997, § 180 Rdn. 6.

[228] Horn in: SK-StGB, 1998, § 180 Rdn. 11.

[229] Laufhütte in: LK-StGB, 1995, § 180 Rdn. 4.

[230] Horn in: SK-StGB, 1998, § 180 Rdn. 11; siehe aber auch Tröndle, 1992, S. 321.

[231] Siehe dazu oben Kap. 5.2.1.1 (1).

[232] BGHSt. 30, S. 393.

[233] KG, NStZ 1998, S. 572.

[234] Horn in: SK-StGB, 1998, § 180 Rdn. 19; siehe auch Münder, 1986, S. 355.

5.3.2.2 Formen der Teilnahmehandlungen

456   § 180 Abs. 1 S. 1 StGB begrenzt die zu einer Strafbarkeit nach dieser Norm führenden Förderhandlungen des Vorschubleistens auf ganz bestimmte Formen: die Vermittlung sowie das Gewähren oder Verschaffen von Gelegenheit. Andere Teilnahmehandlungen werden von der Vorschrift nicht erfasst. Da sich das Erzieherprivileg des § 180 Abs. 1 S. 2 StGB allein auf S. 1 Nr. 2 bezieht, bedarf es einer eindeutigen Differenzierung zwischen den Tatbestandsalternativen.

(1) Vermittlung

457   Vermittlung i.S. des § 180 Abs. 1 S. 1 Nr. 1 StGB bezieht sich ausschließlich auf die **Partnervermittlung**.[235] Zwischen dem unter 16 Jahre alten Minderjährigen und einem Dritten bestand bislang keine persönliche Beziehung. Diese wird nunmehr vom Täter durch das Zusammenbringen der beiden Partner tatsächlich hergestellt, wobei sich die Beziehung auf die Vornahme sexueller Handlungen konkretisiert.[236] Die Partnervermittlung muss somit das Resultat von Aktivitäten des Täters sein (z.B. bei Adressenvermittlung in einem Callgirl-Ring).[237]

458   Ein Vermitteln (als der gegenüber dem Gewähren oder Verschaffen von Gelegenheit i.S. der Nr. 2 engere Begriff) liegt damit noch nicht vor, wenn der Täter eine von dem Beteiligten gesuchte Kontaktaufnahme lediglich erleichtert.[238] Da eine **Tatbestandsvollendung** die Realisierung des Vorschubleistens in Form der Vermittlung sowie die unmittelbare Gefährdung des Minderjährigen voraussetzt, genügt für eine Strafbarkeit nach § 180 Abs. 1 S. 1 Nr. 1 StGB nicht das Zusammenbringen zweier Personen, solange der Jugendliche von den sexuellen Absichten des Dritten noch nichts weiß. Hier liegt erst dann eine zureichende Gefährdung vor, wenn die minderjährige Person das sexuelle Ansinnen erkennt.[239] Nicht erforderlich ist demnach, dass das Opfer bereits zu sexueller Betätigung entschlossen ist.[240] Ebenso wenig verlangt eine Tatbestandserfüllung über die Kenntnis der potentiellen Partner von den sexuellen Absichten hinausgehend, dass einer Aufforderung zum Sexualkontakt auch entsprochen wird und es tatsächlich zu sexuellen Handlungen kommt.[241]

459   Ein Vorschubleisten durch Vermittlung liegt in folgenden Fällen nicht vor: Eine noch nicht 16 Jahre alte Person wird aufgefordert, sich einen Sexualpartner zu suchen. In Zeitungsanzeigen finden sich Anschriften bzw. Telefonnummern allgemein zugänglicher Bordelle. Es werden Zusammenkünfte organisiert (z.B. Zeltlager, Reisen, Jugenddiscos),

---

[235] Gössel, 1987, S. 323; Tröndle/Fischer, 1999, § 180 Rdn. 7.
[236] BGHSt. 1, S. 116.
[237] Lackner/Kühl, 1999, § 180 Rdn. 5; Lenckner in: Schönke/Schröder, 1997, § 180 Rdn. 8.
[238] Horn in: SK-StGB, 1998, § 180 Rdn. 6.
[239] Gössel, 1987, S. 323; Horn in: SK-StGB, 1998, § 180 Rdn. 7; Laufhütte in: LK-StGB, 1995, § 180 Rdn. 5; Lenckner in: Schönke/Schröder, 1997, § 180 Rdn. 8.
[240] Tröndle/Fischer, 1999, § 180 Rdn. 7.
[241] Laufhütte in: LK-StGB, 1995, § 180 Rdn. 5; BGH, NJW 1997, S. 335.

bei denen es auf Initiative der Teilnehmer selbst zu sexuellen Kontakten kommt und dieses Verhalten nicht durch Herstellen konkreter Beziehungen gesteuert wird.

(2) Gewähren oder Verschaffen von Gelegenheit

Nach § 180 Abs. 1 S. 1 Nr. 2 StGB macht sich strafbar, wer in der Form des Gewährens oder Verschaffens von Gelegenheit Sexualkontakten zwischen Minderjährigen und Dritten Vorschub leistet. Handelt es sich bei dem Täter jedoch um den zur Personensorge Berechtigten, bleibt gem. § 180 Abs. 1 S. 2 StGB die Tatbestandsalternative S. 1 Nr. 2 unanwendbar, es sei denn, der Sorgeberechtigte hat durch das Vorschubleisten seine Erziehungspflicht gröblich verletzt.   **460**

(a) Tathandlungen

Bei den Tatbestandsalternativen des Gewährens oder Verschaffens von Gelegenheit geht es nicht um das Zusammenbringen potentieller Sexualpartner. Es werden vielmehr die Fälle erfasst, in denen das noch nicht 16 Jahre alte Opfer bereits einen Partner hat oder sich – unabhängig vom Vorschub leistenden Täter – selbst um einen solchen Sexualpartner bemüht.[242] § 180 Abs. 1 S. 1 Nr. 2 StGB betrifft lediglich das Schaffen oder Herbeiführen günstiger **äußerer Bedingungen** für die Durchführung sexueller Betätigung. Dies kann geschehen, indem der Täter noch nicht vorhandene günstige Umstände arrangiert (z.B. den Wohnungsschlüssel und die Räumlichkeiten zur Verfügung stellt) oder auch durch Beseitigung vorhandener störender Bedingungen (z.B. das Ablenken oder Entfernen von Aufsichtspersonen).[243]   **461**

Ein Vorschubleisten durch **Gewähren von Gelegenheit** liegt vor, wenn die Mittel, die der Täter anbietet, bereits vorhanden sind und er diese den Sexualpartnern schlicht überlässt. Durch **Verschaffen von Gelegenheit** leistet ein Täter sexuellen Handlungen Vorschub, indem er noch notwendige äußere Bedingungen gestaltet, also erst für äußere Umstände sorgt, welche dann der Durchführung der sexuellen Betätigung förderlich sind.[244]   **462**

Für eine Strafbarkeit gem. § 180 Abs. 1 S. 1 Nr. 2 StGB genügt jedoch nicht jedes Herbeiführen von Umständen, unter denen Sexualkontakte erleichtert werden. Das Gewähren oder Verschaffen von Gelegenheit hat vielmehr in einem **konkreten und unmittelbaren Bezug zur sexuellen Handlung** zu stehen[245] – es bedarf einer insoweit typischen Förderleistung.[246] Denn die herbeigeführten äußeren Bedingungen müssen eine direkte Gefährdung des Minderjährigen nach sich ziehen. Ein bloßes Herstellen allgemeiner Rahmenbedingungen, unter denen auch sexuelle Handlungen möglich sind, reicht damit noch nicht aus.[247] Dies gilt z.B.   **463**

---

[242] Gössel, 1987, S. 323; Lenckner in: Schönke/Schröder, 1997, § 180 Rdn. 9; Tröndle/Fischer, 1999, § 180 Rdn. 8.
[243] Horn in: SK-StGB, 1998, § 180 Rdn. 10.
[244] Laufhütte in: LK-StGB, 1995, § 180 Rdn. 6.
[245] So bereits BGHSt. 21, S. 276.
[246] Siehe dazu auch BayObLG, NStZ 1991, S. 497.
[247] Münder, 1986, S. 354.

für das bloße Fahren einer minderjährigen Person an einen Ort, an dem es zum Sexualkontakt kommt, oder für das Organisieren von Ferienaktivitäten unter zureichender Aufsicht.

464   § 180 Abs. 1 S. 1 Nr. 2 StGB setzt für eine **Tatbestandsvollendung** nicht voraus, dass es tatsächlich zu sexuellen Betätigungen kommt.[248] Der Tatbestand ist bereits mit dem Gewähren oder Verschaffen von Gelegenheit erfüllt.

(b) Tatbestandsausschließendes Erzieherprivileg

465   Den Tatbestand des Vorschubleistens durch Gewähren oder Verschaffen von Gelegenheit erfüllt gem. § 180 Abs. 1 S. 2 StGB nicht
– der Personensorgeberechtigte,
– soweit dieser durch das Vorschubleisten nicht gröblich gegen seine Erziehungspflicht verstößt.
Nach § 180 Abs. 1 Nr. 2 StGB bleibt damit strafbar der Personensorgeberechtigte, der durch sein Verhalten nachhaltig die ihm obliegenden Pflichten verletzt.

466   Der Gesetzgeber wollte mit dieser Regelung den Personensorgeberechtigten eine gewisse Gestaltungsfreiheit bei der Behandlung komplexer pädagogischer Probleme belassen[249] – vor allem einen **Spielraum bei der Sexualerziehung**.[250] Dies soll vor allem Fälle betreffen[251], in denen Eltern eine sexuelle Beziehung des Minderjährigen als einen stabilisierenden Faktor betrachten, der ihnen geeignet erscheint, ungünstigeren Entwicklungen vorzubeugen. Unter das Privileg fällt auch die Konstellation des sog. pädagogischen Notstandes als eine **Konfliktsituation**, in der Eltern vor der Wahl stehen, einer sexuellen Beziehung Vorschub zu leisten oder aber das Vertrauensverhältnis zu ihrem Kind – und damit die Möglichkeit künftiger erzieherischer Einwirkung – zu gefährden.

467   Ausdrücklich beschränkt hat der Gesetzgeber das Erzieherprivileg des § 180 Abs. 1 S. 2 StGB auf die **Personensorgeberechtigten**[252] des Minderjährigen. Die Norm kann damit nicht Dritten als sog. verlängertes Erzieherprivileg tatbestandsausschließend zugute kommen, wenn diese durch ihr Handeln in Vollziehung einer Einwilligung des Sorgeberechtigten tätig werden.[253] Ist der Dritte lediglich **Teilnehmer** an einem vom Personensorgeberechtigten vorgenommenen Vorschubleisten durch Gewähren oder Verschaffen von Gelegenheit und verletzt dieser seine Erziehungspflicht dabei nicht gröblich, so scheitert eine Bestrafung wegen Anstiftung oder Beihilfe am Fehlen einer strafbaren Haupttat. Handelt

---

[248] Laufhütte in: LK-StGB, 1995, § 180 Rdn. 6.
[249] Vgl. dazu Horstkotte, 1974, S. 86.
[250] Münder, 1986, S. 355.
[251] Siehe BT-Drs. VI/3521, S. 45.
[252] Dazu oben Kap. 5.2.1.1 (1).
[253] BT-Drs. VI/3521, S. 46; BT-Drs. VII/1166; Horstkotte, 1974, S. 86; Lackner/Kühl, 1999, § 180 Rdn. 13; Maurach/Schroeder/Maiwald, 1995, S. 173; Schroeder, 1976, S. 399; a.A. Horn in: SK-StGB, 1998, § 180 Rdn. 16; Laufhütte in: LK-StGB, 1995, § 180 Rdn. 11; Lenckner in: Schönke/Schröder, 1997, § 180 Rdn. 17; differenzierend Tröndle/Fischer, 1999, § 180 Rdn. 14.

andererseits der Sorgeberechtigte als Teilnehmer, bleibt er dennoch unter den Voraussetzungen des § 180 Abs. 1 S. 2 StGB straflos.

Das Erzieherprivileg wird in § 180 Abs. 1 S. 2 StGB jedoch durch eine **Miss-   468 brauchsklausel** begrenzt: Es kommt zu keinem Tatbestandsausschluss, wenn der Sorgeberechtigte durch die Tathandlung des Vorschubleistens „seine Erziehungspflicht gröblich verletzt". Die Grenze des straffreien Spielraums bei der Sexualerziehung hat der Gesetzgeber mittels eines recht unbestimmten[254] Abgrenzungskriteriums gezogen. Auch nur annähernd eindeutige Maßstäbe zur Festlegung dessen, was als gröbliche Verletzung der Erziehungspflichten anzusehen ist, liegen weder aus sozialethischer noch aus pädagogischer Sichtweise vor. Weitgehende Übereinstimmung besteht deshalb darüber, dass es einer **engen Interpretation** bedarf: Dem Erzieherprivileg unterfallen nicht mehr solche besonders schwerwiegende Pflichtverletzungen, die selbst das breite Spektrum verschiedener – noch vertretbarer – Auffassungen in der Gesellschaft verlassen und deshalb als schlechthin unvertretbar erscheinen.[255]

Trotz Realisierung der Tathandlung durch einen Personensorgeberechtigten   469 bleibt das Vorschubleisten durch Gewähren oder Verschaffen von Gelegenheit wegen gröblicher Verletzung der Erziehungspflicht regelmäßig in folgenden Fällen tatbestandsmäßig:[256]

– Es werden Handlungen gefördert, die als solche strafbar sind (z.B. nach §§ 174, 176, 182 StGB).
– Das Vorschubleisten begründet eine konkrete Gefahr des Abgleitens des Minderjährigen in die Prostitution.
– Der Sorgeberechtigte beteiligt sich aktiv an dem Sexualkontakt zwischen Jugendlichem und Drittem.
– Verschafft werden Gelegenheiten zum Geschlechtsverkehr mit häufig wechselnden Partnern.

5.3.3 Sexuelle Handlungen gegen Entgelt

Eine ungestörte sexuelle Entwicklung ·im Sinne einer „Integration der Sexualität   470 in die Persönlichkeit"[257] wird durch das Fördern von entgeltlichen Sexualkontakten zwischen Minderjährigen und Dritten besonders gefährdet. Hier besteht zudem die Gefahr eines Abgleitens in das Prostitutionsmilieu bzw. der Begünstigung des Festhaltens eines Jugendlichen an der Prostitutionsausübung.[258] Der Gesetzgeber hat deshalb in § 180 Abs. 2 StGB gegenüber Abs. 1 die **Schutzaltersgrenze** auf **18 Jahre** heraufgesetzt und die Strafdrohung erhöht.

---

[254] Verfassungsrechtliche Bedenken bei Becker/Ruthe, 1974, S. 508.
[255] Horn in: SK-StGB, 1998, § 180 Rdn. 15; Laufhütte in: LK-StGB, 1995, § 180 Rdn. 12; Lenckner in: Schönke/Schröder, 1997, § 180 Rdn. 16; Tröndle/Fischer, 1999, § 180 Rdn. 13.
[256] Für viele: Horn in: SK-StGB, 1998, § 180 Rdn. 15.
[257] Horstkotte, 1974, S. 87.
[258] Dazu unten Kap. 7.

471   Mit Freiheitsstrafe bis zu fünf Jahren oder mit Geldstrafe wird nach § 180 Abs. 2 StGB bestraft, wer eine Person unter 18 Jahren zur entgeltlichen Vornahme sexueller Handlungen an oder vor einem Dritten bzw. zum entgeltlichen An-sich-vornehmen-Lassen durch einen Dritten[259]
- bestimmt oder
- solchen Handlungen durch seine Vermittlung Vorschub leistet.

472   Bereits bei der strafrechtlichen Verfolgung verbotener Prostitutionsausübung erfährt der sog. Freier eine rechtlich nicht begründbare Privilegierung.[260] Trotz einer möglichen Gefährdung von Jugendlichen kommt es auch im Zusammenhang mit § 180 Abs. 2 StGB zu einer divergierenden strafrechtlichen Behandlung des Förderns einerseits und der Befriedigung eigener Sexualität durch den an dem Sexualkontakt beteiligten Dritten andererseits.[261] Macht sich der einen Jugendlichen zu entgeltlichen sexuellen Handlungen Bestimmende als Veranlasser unter den Voraussetzungen des § 180 Abs. 2 StGB strafbar, bleibt dagegen der sich sexuell betätigende Dritte straflos, soweit nicht die Strafnormen der §§ 174 ff., 182 StGB greifen.

Diese Grenzziehung des Gesetzgebers für eine Strafbarkeit eigener sexueller Kontakte zu einem Minderjährigen darf auch nicht dadurch unterlaufen werden, dass der Dritte als Teilnehmer an einer Straftat nach § 180 Abs. 2 StGB bestraft würde.[262]

Die Jugendschutznormen des Sexualstrafrechts bewirken insoweit letztlich auch einen kaum nachvollziehbaren Schutz von Freiern.[263]

5.3.3.1 Entgeltsvereinbarung

473   Das Vornehmen oder An-sich-vornehmen-Lassen sexueller Handlungen erfolgt i.S. des § 180 Abs. 2 StGB gegen Entgelt, wenn zwischen dem Jugendlichen und dem Dritten – spätestens zum Zeitpunkt des Sexualkontakts – eine Einigung darüber besteht, dass das Entgelt eine **Gegenleistung** für die sexualbezogene Betätigung darstellen soll.[264] Es muss zu einer Vereinbarung gekommen sein, wonach die sexuelle Handlung oder deren Duldung für eine Entgeltleistung erfolgt, wobei die Entgeltlichkeit für den Minderjährigen zumindest ein mitbestimmendes Motiv ist.[265]

474   Den **Begriff des Entgelts** hat der Gesetzgeber in § 11 Abs. 1 Nr. 9 StGB definiert. Es fällt hierunter jede in einem Vermögensvorteil bestehende Gegenleistung. Erfasst werden damit nicht nur Zuwendungen finanzieller Art, sondern auch Sachgeschenke.[266] Entgeltlichkeit liegt z.B. vor, wenn eine Minderjährige nur gegen Abgabe von Betäubungsmitteln zur Durchführung des Geschlechtsverkehrs

---

[259] Zu den geförderten sexuellen Betätigungen siehe oben Kap. 5.3.1.
[260] Siehe dazu Kap. 7.1.1.2.
[261] Vgl. auch Lenckner in: Schönke/Schröder, 1997, § 180 Rdn. 1.
[262] Lenckner in: Schönke/Schröder, 1997, § 180 Rdn. 32.
[263] Tröndle/Fischer, 1999, § 180 Rdn. 17; siehe auch Schroeder, 1992, S. 295 f.
[264] BGH, NStZ 1995, S. 540.
[265] Horn in: SK-StGB, 1998, § 180 Rdn. 29; Lenckner in: Schönke/Schröder, 1997, § 180 Rdn. 24; Tröndle/Fischer, 1999, § 180 Rdn. 16; a.A. Gössel, 1987, S. 326 f.
[266] Lackner/Kühl, 1999, § 180 Rdn. 7; Otto, 1998, S. 347.

bereit ist.[267] Gerade bei Geschenken bleibt jedoch stets genau zu prüfen, ob diese lediglich mit dem Ziel der Gewinnung von Zuneigung getätigt werden oder ob sie den Charakter einer Bezahlung für sexuelle Betätigungen haben sollen.[268]

Besteht eine ausdrückliche oder konkludente Entgeltsvereinbarung im Zeit-   **475** punkt der sexuellen Handlung, ist das Tatbestandsmerkmal der Entgeltlichkeit unabhängig davon erfüllt, ob die zugesagte Gegenleistung tatsächlich erfolgt.[269] Gleichgültig bleibt auch, von welcher Person – dem sich sexuell betätigenden Dritten, einem unbeteiligten Dritten oder dem den Sexualkontakt Fördernden – das Entgelt zu entrichten ist. Liegt eine Einigung zwischen Täter und Opfer dar-über vor, dass ein Entgelt die Gegenleistung für eine sexuelle Handlung darstellt, spielt für die Tatbestandsrealisierung ferner keine Rolle, ob das Entgelt dem Opfer selbst oder einer dritten Person zufließt bzw. zufließen soll.

Beispiel: A, der zusammen mit der minderjährigen P eine Gaststätte besuchte, fragte dort in Gegenwart der P seinen Bekannten N, ob er mit der P schlafen wolle. N bejahte dies und führte anschließend in der Nähe im PKW des A den Geschlechtsverkehr mit der P durch. Nach ihrer Rückkehr in die Gaststätte übergab N dem A 50,— DM. Einige Zeit später „überließ" A dem N die P auf dessen Bitte hin. N brachte die P auf seine Kosten in einem Gasthof unter. In der Folgezeit besuchte er sie täglich und verkehrte regelmäßig geschlechtlich mit ihr. An A bezahlte er – wie von diesem verlangt – einen Betrag von 1 700,— DM als Ersatz der Spesen sowie des Entgelts, welches A selbst dem früheren Freund der P für die „Überlassung" des Mädchens gezahlt hatte.

Der BGH[270] hat eine Strafbarkeit des A nach § 180 Abs. 2 StGB wegen Förderung sexueller Handlungen einer Minderjährigen bejaht. Sowohl die einmalige Zahlung von 50,— DM als auch die anschließende Gewährung von Unterhalt und Verpflegung durch N kommen als Gegenleistungen für die sexuellen Handlungen in Betracht. Denn unerheblich bleibt, wem die Leistungen hier zugekommen sind.

5.3.3.2 Tathandlung des Bestimmens

Der einen Sexualkontakt zwischen Minderjährigen und Dritten fördernde Täter   **476** muss nach § 180 Abs. 2 1. Alt. StGB den Jugendlichen zur entgeltlichen Vornah-me oder Duldung sexueller Handlungen bestimmt haben. Für den Begriff des Bestimmens im Sinne dieser Norm gelten zunächst die für das gleich lautende Merkmal bei der Anstiftung zu § 26 StGB entwickelten Prinzipien: Erforderlich ist grundsätzlich die Einflussnahme auf den Willen des Opfers, welche dieses dann zu dem vom Täter angestrebten Verhalten bringt.[271] Angesichts der – bezo-gen auf das Schutzalter des Opfers – nach unten hin offenen Schutzzone erscheint eine ausschließliche Gleichstellung der Tatbestandsmerkmale in § 180 Abs. 2 1. Alt. und § 26 StGB jedoch nicht sachgerecht, weil bei Jugendlichen und vor allem bei Kindern eine Willensbeeinflussung häufig noch nicht in Betracht

---

[267] BGH, NJW 1997, S. 334.
[268] Lenckner in: Schönke/Schröder, 1997, § 180 Rdn. 24.
[269] Laufhütte in: LK-StGB, 1995, § 180 Rdn. 14.
[270] BGH, NStZ 1995, S. 540 f.
[271] BGH, NJW 1985, S. 924.

kommt. Ebenso wie in §§ 174 Abs. 2 Nr. 2 und 176 Abs. 3 Nr. 2 StGB bleibt deshalb ein **tatsächliches Verursachen** bzw. Mitverursachen ausreichend.[272]

477   Ein Bestimmen liegt vor, wenn der Täter durch sein Handeln (z.B. Überredung, Zwang, Drohung, Täuschung, Überraschung usw.) das Opfer zu entgeltlichem Sexualkontakt veranlasst, zu dem es ohne die Beeinflussung nicht gekommen wäre. Das Bestimmen setzt zudem voraus, dass der Täter **unmittelbar** auf den Jugendlichen einwirkt. Die Veranlassung des Dritten, den Minderjährigen zu entgeltlichem Sexualkontakt zu bewegen, stellt kein Bestimmen des Jugendlichen dar.[273]

478   Eine **Tatbestandsvollendung** des § 180 Abs. 2 1. Alt. StGB erfordert nicht nur das Hervorrufen des Entschlusses zur entgeltlichen Vornahme oder Duldung sexueller Handlungen auf der Opferseite. Ein Bestimmen setzt auch voraus, dass es tatsächlich zu einem Sexualkontakt im Sinne der Norm gekommen ist.[274] Anderenfalls liegt nur ein **Bestimmungsversuch** vor. Dieser ist nach § 180 Abs. 4 StGB strafbar.

5.3.3.3 Vorschubleisten durch Vermittlung

479   § 180 Abs. 2 2. Alt. StGB sanktioniert bezogen auf entgeltliche sexuelle Handlungen das Vorschubleisten in Form des Vermittelns. Im Gegensatz zu § 180 Abs. 1 StGB wird damit nicht das Vorschubleisten durch Gewähren oder Verschaffen von Gelegenheit erfasst.

480   Für die Tatbestandsmerkmale des Vorschubleistens und Vermittelns gelten die gleichen Kriterien wie in § 180 Abs. 1 Nr. 1 StGB.[275] In Abs. 2 muss sich das Vermitteln jedoch gerade auf eine sexuelle Betätigung des Minderjährigen gegen Entgelt beziehen. Für eine **Tatbestandsvollendung** reicht – anders als in § 180 Abs. 1 Nr. 1 StGB – das bloße Schaffen günstiger Gelegenheiten zur Durchführung des Sexualkontakts nicht aus. Eine Vollendungsstrafe nach § 180 Abs. 2 2. Alt. StGB verlangt auch, dass es tatsächlich zu den entgeltlichen sexuellen Handlungen gekommen ist.[276] Anderenfalls liegt nur eine **Versuchsstrafbarkeit** gem. § 180 Abs. 4 StGB vor.

> *Beispiel:* T überließ der Minderjährigen K Betäubungsmittel unter der Bedingung, dass sie als Gegenleistung mit Freiern sexuell verkehren würde. Nachdem T der K den S als Freier vermittelt hatte, kam es jedoch zwischen der zu sexuellen Handlungen bereiten K und dem S zu keinem Sexualkontakt. Das Landgericht verurteilte den T u.a. wegen des Delikts der vollendeten Förderung sexueller Handlungen einer Minderjährigen.

---

[272] Siehe BGHSt. 41, S. 245.

[273] Horn in: SK-StGB, 1998, § 180 Rdn. 31; Lenckner in: Schönke/Schröder, 1997, § 180 Rdn. 21; weiter gehend aber Laufhütte in: LK-StGB, 1995, § 180 Rdn. 15, wonach auch eine „Kettenbestimmung" tatbestandsmäßig sein soll.

[274] Horn in: SK-StGB, 1998, § 180 Rdn. 28; Laufhütte in: LK-StGB, 1995, § 180 Rdn. 15; Lenckner in: Schönke/Schröder, 1997, § 180 Rdn. 21.

[275] Siehe oben Kap. 5.3.2.1 und 5.3.2.2 (1).

[276] Horn in: SK-StGB, 1998, § 180 Rdn. 37; Lackner/Kühl, 1999, § 180 Rdn. 7; Laufhütte in: LK-StGB, 1995, § 180 Rdn. 16; Lenckner in: Schönke/Schröder, 1997, § 180 Rdn. 25; Otto, 1998, S. 347; Tröndle/Fischer, 1999, § 180 Rdn. 17.

Der BGH[277] hat auf die Revision des T hin den Schuldspruch von vollendeter auf versuchte Förderung abgeändert: „Entgegen der Auffassung des Landgerichts liegt eine vollendete Tat nach § 180 Abs. 2 StGB nur vor, wenn die dort bezeichneten sexuellen Handlungen, denen durch Vermittlung Vorschub geleistet worden ist, tatsächlich vorgenommen worden sind. Zwar ist dies nach einhelliger Ansicht ... für ein vollendetes Vorschubleisten durch Vermittlung nach § 180 Abs. 1 StGB nicht erforderlich. Es ist jedoch nicht zwingend, dass der Begriff des Vorschubleistens in beiden Absätzen den gleichen Inhalt haben muss. Vielmehr folgt aus der Fassung des Tatbestandes des § 180 Abs. 2 StGB, der die Merkmale des Bestimmens und des Vorschubleistens durch Vermittlung gleichrangig nebeneinander stellt, dass die Vollendung nicht bereits mit der Vornahme der Vermittlungshandlung eintritt ... Andernfalls würde dies nämlich, da das Bestimmen nach einhelliger Ansicht voraussetzt, dass es zu den im Tatbestand beschriebenen Sexualkontakten gekommen ist, dazu führen, dass zur Vollendung der Tat einerseits eine vollendete Anstiftung ('Bestimmen') erforderlich ist, andererseits eine nur versuchte Beihilfe ('Vorschubleisten') ausreichen würde ... Für eine derartige Differenzierung besteht kein einsichtiger Grund.‟

5.3.4 Kuppelei an Schutzbefohlenen

In bestimmten Obhutsverhältnissen stehende Personen unter 18 Jahren werden nach § 174 Abs. 1 Nr. 2, Abs. 2 Nr. 2 StGB in ihrer Fähigkeit geschützt, sich dem sexuellen Ansinnen einer Autoritätsperson zu erwehren. Diese Tatbestände ergänzt § 180 Abs. 3 StGB insoweit, als er Jugendliche vor Kuppeleihandlungen im Sinne eines Bestimmens zu sexuellen Betätigungen mit oder vor einem Dritten unter Missbrauch von Abhängigkeitsverhältnissen schützt und solche mit Freiheitsstrafe bis zu fünf Jahren oder mit Geldstrafe bedroht.   **481**

§ 180 Abs. 3 StGB stellt im Gegensatz zu Abs. 1 und 2 ein **Sonderdelikt** dar. Es kann nur von den Inhabern einer der im Tatbestand genannten Obhutspflichten begangen werden.   **482**

Auch bei § 180 Abs. 3 StGB stehen auf der **Opferseite** weibliche oder männliche Personen unter 18 Jahren, die   **483**
– dem fördernden Täter zur Erziehung, Ausbildung oder Betreuung in der Lebensführung anvertraut oder
– im Rahmen eines Dienst- oder Arbeitsverhältnisses untergeordnet sind.

Die **Schutzverhältnisse** entsprechen denjenigen des § 174 Abs. 1 Nr. 2 StGB.[278] Eine Strafbarkeit wegen des Bestimmens[279] eines in einem solchen Obhutsverhältnis stehenden Minderjährigen zu sexueller Betätigung mit einem Dritten setzt nach § 180 Abs. 3 StGB ebenfalls einen **Abhängigkeitsmissbrauch** durch den Täter voraus.[280]   **484**

Während bei § 180 Abs. 1 und 2 StGB der an sexuellen Handlungen mit dem Jugendlichen beteiligte **Dritte** insoweit als notwendiger Teilnehmer straflos bleibt und die Grenzen   **485**

---

277 BGH, NJW 1997, S. 335.
278 Siehe Kap. 5.2.1.2 (1).
279 Dazu Kap. 5.3.3.2.
280 Siehe Kap. 5.2.1.2 (2).

seiner Strafbarkeit vom Gesetzgeber durch §§ 174 ff., 182 StGB gezogen sind, gilt dies nicht für § 180 Abs. 3 StGB. Der an einem Sexualkontakt mit dem Minderjährigen Interessierte (z.B. der Dritte überredet eine Lehrperson, auf einen minderjährigen Lehrling dahin einzuwirken, dass dieser dem Dritten zur sexuellen Betätigung zur Verfügung steht) kann sich insoweit als Täter strafbar machen. Denn § 180 Abs. 3 StGB gehört systematisch zu § 174 StGB.[281]

5.4 Sexueller Missbrauch von Jugendlichen

486   Ebenso wie §§ 174, 176 ff. und 180 StGB schützt auch die Strafnorm des § 182 StGB die ungestörte sexuelle Entwicklung Minderjähriger[282] und dient damit der Bewahrung ihrer sexuellen Selbstbestimmung[283] im weiteren Sinne. Während Kinder durch §§ 176 ff. StGB umfassend vor vorzeitigen sexuellen Erlebnissen geschützt werden sollen, hat der Gesetzgeber für die **Altersstufe der 14- und 15-jährigen Jugendlichen** den strafrechtlichen Schutz ihrer sexuellen Entwicklung durch Schaffung besonderer Voraussetzungen eingeengt.

487   Nach Ansicht der Legislative handelt es sich bei den Jugendlichen unter 16 Jahren „um eine Altersgruppe, bei der der noch nicht abgeschlossene Reifeprozess und die noch fehlende Autonomie dazu führen können, dass ein sexueller Missbrauch durch Erwachsene mit nachteiligen Folgen für die sexuelle Entwicklung des jugendlichen Opfers möglich ist."[284] Der Gesetzgeber hat erkannt und akzeptiert, dass es bereits im Alter von 14 und 15 Jahren zu einvernehmlichen sexuellen Erlebnissen kommen kann und junge Menschen gerade auch anhand eigener Erfahrungen reifen. Strafrechtlich geschützt werden sollen sie deshalb nicht vor altersgemäßen sexuellen Betätigungen mit Gleichaltrigen.

488   § 182 StGB bezweckt vielmehr den **Schutz vor bestimmten traumatisierenden Sexualkontakten mit älteren Partnern.**[285] In § 182 StGB knüpft deshalb eine Strafbarkeit an Altersdifferenzen zwischen Täter und Opfer an und sie bleibt auf sexualbezogene Vorgänge beschränkt, die erfahrungsgemäß nachteilige Folgen für die sexuelle Entwicklung haben.

489   Die weitgehend straffreie Praktizierung konsensualer sexueller Handlungen zwischen 14- bis 21-jährigen Partnern findet gem. § 182 Abs. 1 StGB dann Ausnahmen, wenn eine über 18 Jahre alte Person eine solche von unter 16 Jahren missbraucht, indem sie
– unter Ausnutzung einer Zwangslage oder gegen Entgelt sexuelle Handlungen an ihr vornimmt oder an sich von ihr vornehmen lässt (Nr. 1) oder

281 Lenckner in: Schönke/Schröder, 1997, § 180 Rdn. 32; Tröndle/Fischer, 1999, § 180 Rdn. 25; i. E. auch Horn in: SK-StGB, 1998, § 180 Rdn. 48.

282 BayObLG, JR 1996, S. 40; Horn in: SK-StGB, 1998, § 182 Rdn. 2; Kusch/Mössle, 1994, S. 1506; Lackner/Kühl, 1999, § 182 Rdn. 1; Lenckner in: Schönke/Schröder, 1997, § 182 Rdn. 2; Schroeder, 1994, S. 1502; Tröndle/Fischer, 1999, § 182 Rdn. 4.

283 BGHSt. 42, S. 53; 42, S. 400.

284 BT-Drs. XII/4584, S. 7.

285 Kusch/Mössle, 1994, S. 1505; krit. Frank, 1997, S. 212 ff.

– diese unter Ausnutzung einer Zwangslage dazu bestimmt, sexuelle Handlungen an einem Dritten vorzunehmen oder von einem Dritten an sich vornehmen zu lassen (Nr. 2).

Nach § 182 Abs. 2 StGB ist eine über 21 Jahre alte Person strafbar, wenn sie bei den Sexualkontakten die fehlende Fähigkeit des Opfers zur sexuellen Selbstbestimmung ausnutzt.   **490**

Die Tatbestände des § 182 StGB bleiben auf der Opferseite altersmäßig jedoch nicht nach unten hin auf Jugendliche begrenzt. **Tatopfer** können **alle Personen unter 16 Jahren** sein, somit auch Kinder. Da bei einem sexuellen Kindesmissbrauch der Unrechtsgehalt des § 182 StGB aber durch die höheren Strafdrohungen der §§ 176 ff. StGB umfassend abgegolten wird, tritt in einem solchen Fall § 182 StGB im Wege der Gesetzeskonkurrenz hinter §§ 176 ff. StGB zurück.[286]   **491**

Nach oben hin hat sich der Gesetzgeber in § 182 StGB für eine **Schutzaltersgrenze** von 16 Jahren entschieden: „Bei Jugendlichen ab dem 16. Lebensjahr ist ... die geistige und seelische Reife in der Regel so weit entwickelt, dass sie im sexuellen Bereich eigenverantwortlich zu handeln in der Lage sind."[287] Diese Annahme wird im Hinblick auf die bei männlichen Jugendlichen gegenüber Mädchen später einsetzende psychische Reifung allerdings in Frage gestellt.[288] Infolge der **geschlechtsneutralen Fassung** des § 182 StGB gilt die Schutzaltersgrenze von 16 Jahren jedoch gleichermaßen für männliche und weibliche Jugendliche. Ebenso kann es sich auf der Täterseite um einen Mann oder eine Frau handeln.   **492**

Mit der durch das 29. StÄG von 1994[289] erfolgten Neufassung von § 182 StGB unter gleichzeitiger Aufhebung des § 175 StGB zog der Gesetzgeber für den Bereich des Strafrechts einen letzten **Schlussstrich unter die diskriminierende Sonderbehandlung männlicher Homosexualität.**[290] Die in § 175 des Reichsstrafgesetzbuchs von 1871 als „widernatürliche Unzucht, welche zwischen Personen männlichen Geschlechts ... begangen wird"[291] mit Gefängnisstrafe und Verlust der bürgerlichen Ehrenrechte bedrohte Durchführung „eines naturgemäßen Beischlafs ähnlichen Verhaltens"[292] betrachtete man als eine Verirrung, welche mit den Mitteln des Strafrechts zu unterbinden sei.[293]   **493**

Damit wurde die überkommene gesellschaftliche Sündenbockfunktion Homosexueller bestätigt; das Strafrecht brachte für eine zahlenmäßig nicht unerhebliche Minorität der deutschen Bevölkerung über fast einhundert Jahre erhebliches Leid. Die generelle Strafbarkeit bereits der einfachen männlichen Homosexualität bedeutete die **Praktizierung von Intoleranz mit den Mitteln des Strafgesetzbuchs.**

Eine **Reform** wurde bedingt durch die sexualwissenschaftliche Erkenntnis, dass sich gleichgeschlechtlich betätigende Männer in ihrer homosexuellen Triebrichtung irreversibel   **494**

---

[286] BGHSt. 42, S. 27; BGH, NStZ-RR 1997, S. 66; siehe auch Schroeder, 1996, S. 41.

[287] BT-Drs. XII/4584, S. 7.

[288] Siehe Lackner/Kühl, 1999, § 182 Rdn. 1; Lenckner in: Schönke/Schröder, 1997, § 182 Rdn. 1; Schroeder, 1994, S. 1502; Tönnies, 1992, S. 411; Tröndle/Fischer, 1999, § 182 Rdn. 3a.

[289] BGBl. I 1994, S. 1168 ff.

[290] Dazu eingehend Blazek, 1996, S. 124 ff.; Frank, 1997, S. 26 ff.; Kraushaar, 1997; Schulz, 1994, S. 7 ff.; speziell zur Zeit des Nationalsozialismus: Grau, 1993.

[291] RGBl. 1871, S. 161.

[292] Daude, 1926, § 175 RStGB Anm. 38.

[293] Vgl. Frank, 1997, S. 26 ff.; Gollner, 1974, S. 182 ff.

geprägt sind und die Disposition zur Homosexualität bereits in früher Kindheit erfolgt. Dies führte zu einer Aufhebung der Strafbarkeit einvernehmlicher gleichgeschlechtlicher Handlungen unter Erwachsenen mit dem 1. StrRG von 1969[294]. Durch das 4. StrRG von 1974[295] kam es in § 175 StGB zur Streichung des verbliebenen Tatbestandes des Abhängigkeitsmissbrauchs sowie der homosexuellen Prostitution. Die Schutzaltersgrenze wurde auf 18 Jahre gesenkt, so dass § 175 StGB nur noch einen Jugendschutztatbestand darstellte und dementsprechend lediglich homosexuelle Handlungen mit Minderjährigen erfasste. Eine weiter gehende Reform des § 175 StGB blieb jedoch in der Diskussion.[296] Schließlich sah sich der Gesetzgeber Anfang der neunziger Jahre infolge der deutschen Wiedervereinigung zur **Schaffung einer einheitlichen Jugendschutzvorschrift**[297] im StGB gezwungen. Denn der Einigungsvertrag von 1990[298] bestimmte, dass § 175 StGB für das Beitrittsgebiet nicht anzuwenden war und die geschlechtsneutrale Jugendschutzvorschrift des § 149 StGB-DDR[299] für das Beitrittsgebiet in Kraft blieb. Damit bestand in Deutschland eine unterschiedliche Rechtssituation, die mit dem 29. StÄG vom 10.3.1994 ihr Ende fand.

495   § 182 StGB in der Fassung des 29. StÄG führt im Vergleich zu dem vorangegangenen Rechtszustand für die alten Bundesländer bei **homosexuellen Handlungen zwischen männlichen Partnern** zu einer **reduzierten Strafbarkeit**. Gleichgeschlechtliche Sexualkontakte zwischen Männern sind nur noch pönalisiert, wenn das Opfer unter 16 Jahren alt ist und die weiteren Voraussetzungen des § 182 StGB vorliegen. Die vom Gesetzgeber mit dem 29. StÄG gewollte Straffreiheit homosexueller Betätigung mit über 15 Jahre alten Jugendlichen darf nicht im Rahmen der Strafzumessung bei anderen Sexualdelikten durch eine strafrechtliche Berücksichtigung unterlaufen werden (z.B. ein Erwachsener führt einem 16-jährigen Jugendlichen pornographische Videofilme mit homosexuellen Darstellungen vor).[300] Auch innerhalb des § 182 StGB selbst bleibt es für das Gericht ausgeschlossen, strafschärfend zu werten, dass der 14- oder 15-jährige Minderjährige Opfer einer homosexuellen Handlung wurde.[301]

496   Die mit der Reform verbundene Neufassung des bisherigen § 182 StGB a.F. (Verführung von Mädchen unter 16 Jahren zum Beischlaf mit der Androhung von Freiheitsstrafe bis zu einem Jahr oder Geldstrafe) bedingte andererseits **bei heterosexuellen Kontakten** eine deutliche **Verstärkung des Strafrechtsschutzes**. Auch sexuelle Handlungen zwischen Frauen und unter 16-jährigen männlichen Jugendlichen wurden strafbar.

Neu kriminalisiert hat der Gesetzgeber auch **gleichgeschlechtliche sexuelle Betätigungen zwischen Frauen**, wenn es sich bei einer der Partnerinnen um ein erst 14 oder 15 Jahre altes Mädchen handelt.

---

294 BGBl. I 1969, S. 645 ff.

295 BGBl. I 1973, S. 1725 ff.

296 Vgl. Frank, 1997, S. 106 ff. m. zahlr. Nachw.

297 Zur Diskussion über die Ausgestaltung siehe Barabas, 1998, S. 74 f.; Bruns, 1991, S. 166 f.; ders., 1991a, S. 325 ff.; ders., 1993, S. 232; Deutsche Gesellschaft für Sozialforschung, 1992, S. 225 ff.; Frank, 1997, S. 241 ff.; Frommel, 1992, S. 80 ff.; Schetsche, 1994, S. 201 ff.; Schroeder, 1992a, S. 295 ff.; Steinmeister, 1992, S. 87 ff.; Tönnies, 1992, S. 411 ff.; Tröndle, 1992a, S. 297 ff.

298 Siehe Kapitel III Sachgebiet C Abschnitt III Nr. 1 zu Anlage I und Kapitel III Sachgebiet C.A Abschnitt I Nr. 1 zu Anlage II des Vertrages zwischen der Bundesrepublik Deutschland und der Deutschen Demokratischen Republik über die Herstellung der Einheit Deutschlands vom 31.8.1990 (BGBl. II 1990, S. 889 ff.).

299 Siehe GBl. der DDR 1988 I, S. 339.

300 BGH, NJW 1998, S. 1162 f.

301 Lenckner in: Schönke/Schröder, 1997, § 182 Rdn. 18.

Die Normierung des Jugendschutztatbestandes § 182 StGB brachte unabhängig vom gleichgeschlechtlichen oder heterosexuellen Kontakt schließlich eine **Strafbarkeit von sog. Freiern** in immerhin einem Teilbereich der Prostitution mit sich. Bei sexuellen Betätigungen mit minderjährigen Prostituierten kann sich der Kunde – endlich[302] – nach dieser Norm strafbar machen, weil diese bis zum Beginn des 17. Lebensjahres in den Schutzbereich des § 182 StGB einbezogen sind.

Hat ein Täter sich gem. § 182 StGB strafbar gemacht, kann das Gericht neben den in den Normalternativen angedrohten **Unrechtsreaktionen** der Freiheits- bzw. Geldstrafen gem. § 181b StGB auch die Führungsaufsicht anordnen.   **497**

5.4.1 Sexuelle Handlungen

Gegenstand des sexuellen Missbrauchs von Jugendlichen i.S. des § 182 StGB sind unter Ausnutzung einer Zwangslage, gegen Entgelt oder unter Ausnutzung der Unfähigkeit zur sexuellen Selbstbestimmung vom Täter herbeigeführte Sexualkontakte. Dabei beschränkt sich die Norm auf **sexualbezogene Betätigungen mit Körperkontakt**. Handlungen ohne Körperkontakt, bei denen es lediglich um die Wahrnehmung sexueller Aktivitäten geht (Handlungen vor dem Täter oder vor einem Dritten), werden von § 182 StGB nicht erfasst.   **498**
§ 182 StGB betrifft sexuelle Handlungen
– des Täters an dem Minderjährigen,
– des Minderjährigen an dem Täter,
– des Minderjährigen an einem Dritten,
– eines Dritten an dem Minderjährigen.[303]
Bei § 182 Abs. 1 Nr. 1 und Abs. 2 Nr. 1 StGB geht es somit um Sexualkontakte zwischen Täter und Opfer, bei § 182 Abs. 1 Nr. 2 und Abs. 2 Nr. 2 StGB bestimmt der Täter das Opfer zur Vornahme oder Duldung sexueller Handlungen an oder von einer dritten Person.   **499**
Der Begriff des **Bestimmens** ist insoweit inhaltsgleich mit demjenigen des § 180 Abs. 2 1. Alt. StGB.[304] Auch bei § 182 StGB kommt es darauf an, dass die unmittelbare Einwirkung des Täters auf den Minderjährigen für dessen Einwilligung in den Sexualkontakt mit einem Dritten ursächlich war.[305]   **500**
Gegenüber § 182 StGB a.F. (Verführung zum Beischlaf) hat die Neufassung der Norm durch das 29. StÄG auch deshalb zu einer deutlichen Strafbarkeitsausweitung geführt, weil in den einzelnen Tatbestandsalternativen nunmehr der Begriff der sexuellen Handlungen verwendet ist. Damit hat sich der Gesetzgeber[306] ausdrücklich auf § 184c StGB[307] bezogen. Auch im Rahmen des § 182 StGB erlangt nicht jede sexuelle Handlung strafrechtliche Relevanz. Vielmehr muss die   **501**

---

302 So auch Schroeder, 1999, S. 832.
303 Zu den verschiedenen Formen sexueller Handlungen siehe Kap. 2.5.3.
304 Siehe oben Kap. 5.3.3.2.
305 Horn in: SK-StGB, 1998, § 182 Rdn. 9.
306 BT-Drs. XII/4584, S. 9.
307 Dazu oben Kap. 2.5.2.

sexualbezogene Betätigung im Hinblick auf das geschützte Rechtsgut **von einiger Erheblichkeit** sein. § 182 StGB enthält jedoch – im Gegensatz zu § 149 StGB-DDR – gerade keine Beschränkung auf Tatbestandsmerkmale wie „Geschlechtsverkehr" oder „geschlechtsverkehrsähnliche Handlungen". Eine Einengung des Begriffs der sexuellen Handlungen i.S. des § 182 StGB auf die Durchführung des Beischlafs sowie auf diesem an Intensität gleichkommende Akte (Oral- und Analverkehr)[308] widerspräche damit dem Willen des Gesetzgebers.[309]

5.4.2 Tatbestandsalternativen

502   Die Strafnorm des § 182 StGB beinhaltet auf der Tatbestandsebene drei **Missbrauchsalternativen**:
– die Ausnutzung einer Zwangslage des Opfers,
– das Handeln des Opfers gegen Entgelt,
– die Ausnutzung der fehlenden Fähigkeit des Opfers zur sexuellen Selbstbestimmung.

5.4.2.1 Ausnutzen einer Zwangslage

503   Nach § 182 Abs. 1 Nr. 1 1. Alt. und Nr. 2 StGB macht sich eine Person über 18 Jahre strafbar, wenn sie eine Person unter 16 Jahren unter Ausnutzung einer Zwangslage zur Vornahme oder Duldung von Sexualkontakten zwischen Täter und Opfer missbraucht bzw. das Opfer unter Ausnutzung einer Zwangslage zu sexueller Betätigung mit einem Dritten bestimmt.

(1) Zwangslage

504   Das Tatbestandsmerkmal der **Zwangslage** entspricht demjenigen des § 180b Abs. 1 S. 1 StGB.[310] Kennzeichnend für eine Zwangslage ist das Bestehen einer ernsten persönlichen oder wirtschaftlichen Bedrängnis des Opfers.[311] Dies erfordert nicht das Vorliegen einer Notlage, bei der Zwangslage handelt es sich demgegenüber um einen weiter reichenden Begriff. Der Minderjährige muss sich in einer Lage befinden, in der es infolge der bedrängenden Umstände an seiner Entscheidungsfreiheit über die Aufnahme sexueller Betätigung fehlt oder fehlen kann[312] (z.B. bei Drogenabhängigkeit oder Obdachlosigkeit eines Jugendlichen[313]). Dabei kommt es nicht darauf an, wie die bedrängende Situation entstan-

---

308 So aber Kusch/Mössle, 1994, S. 1506; siehe auch Barabas, 1998, S. 75.
309 Gegen eine Einschränkung auch BGHSt. 42, S. 53; Horn in: SK-StGB, 1998, § 182 Rdn. 2; Lackner/Kühl, 1999, § 182 Rdn. 3; Laufhütte in: LK-StGB, 1995, § 182 Rdn. 2; Lenckner in: Schönke/Schröder, 1997, § 182 Rdn. 4; Maurach/Schroeder/Maiwald, 1995, S. 199; Otto, 1998, S. 348; Tröndle/Fischer, 1999, § 182 Rdn. 8.
310 Dazu Kap. 7.4.1.1 (1).
311 BT-Drs. XII/4584, S. 8.
312 BGHSt. 42, S. 401.
313 Schroeder, 1994, S. 1502.

den ist, ob sie zum Tatzeitpunkt bereits vorhanden bzw. für den Minderjährigen vermeidbar war oder erst vom Täter geschaffen wurde.[314]

Für eine Zwangslage i.S. des § 182 Abs. 1 StGB bedarf es stets des Vorliegens **bedrängender Umstände** von **Gewicht**. Diesen muss die Gefahr anhaften, sexuellen Übergriffen gegenüber einem Jugendlichen derart Vorschub zu leisten, dass der Minderjährige sich ihnen nicht ohne weiteres entziehen kann.[315] Hierfür reichen bloße Überredungssituationen oder die Neugier auf sexuelle Erfahrungen während der Pubertätsphase noch nicht aus.[316]   **505**

Beispiel: Der zum Tatzeitpunkt noch nicht 16 Jahre alte N hatte keinerlei Kontakte zu seinem leiblichen Vater und wuchs bei seiner Großmutter auf. In einem persönlichen Kontakt zu N stand der erwachsene Nachbar E. E gab dem N pornographische Hefte, um dessen sexuelles Interesse zu wecken. Dabei kam es zu sexuellen Handlungen zwischen E und N. Das Landgericht befand deshalb den E des sexuellen Missbrauchs eines Jugendlichen unter Ausnutzung einer Zwangslage i.S. des § 182 Abs. 1 Nr. 1 1. Alt. StGB für schuldig. Die Zwangslage habe sich „zum einen aus der persönlichen Situation des vaterlosen Jugendlichen als auch aus dessen pubertätsbedingter sexueller Neugier" ergeben.

Der BGH[317] kam als Revisionsinstanz zu dem Ergebnis, die Verurteilung des E halte einer rechtlichen Nachprüfung nicht stand und hob den Schuldspruch auf. Das Gericht vermochte keine bedrängenden Umstände von solchem Gewicht zu erkennen, denen die Gefahr anhaftete, N könne sich dem sexuellen Ansinnen des E nicht ohne weiteres entziehen: „Der Senat vermag dem Landgericht nicht darin zu folgen, dass der vaterlos bei seiner Großmutter aufwachsende Junge dadurch der spezifischen Gefahr sexueller Übergriffe des Angeklagten ausgesetzt war. Vielmehr ergeben die Feststellungen, dass der Angeklagte lediglich die Gelegenheit zu den sexuellen Handlungen ausnutzte, die ihm der schon bestehende persönliche Kontakt zu den Nachbarskindern, darunter auch N, bot. Dies begründete für den Jungen aber ebenso wenig eine 'Zwangslage', wie sich eine solche Situation aus der 'pubertätsbedingten sexuellen Neugier' des Jungen oder daraus ergibt, dass der Angeklagte ihm jeweils pornographische Hefte gab, um dessen sexuelles Interesse zu wecken."[318]

(2) Ausnutzen

Der Täter muss die zum Tatzeitpunkt bestehende Zwangslage ausnutzen. Dies setzt voraus: **506**

– Die Zwangslage ermöglicht oder erleichtert nach den Umständen den Sexualkontakt;

---

[314] BT-Drs. XII/4584, S. 8; Lenckner in: Schönke/Schröder, 1997, § 182 Rdn. 5.
[315] BGHSt. 42, S. 401; Lackner/Kühl, 1999, § 182 Rdn. 5; Tröndle/Fischer, 1999, § 182 Rdn. 5.
[316] Horn in: SK-StGB, 1998, § 182 Rdn. 4; Lenckner in: Schönke/Schröder, 1997, § 182 Rdn. 5; a.A. Tröndle/Fischer, 1999, § 182 Rdn. 5.
[317] BGHSt. 42, S. 399 ff.
[318] BGHSt. 42, S. 401.

- die Zwangslage ist – zumindest aus der Sicht des Täters – ursächlich für die Bereitschaft des Opfers zu sexuellen Handlungen;
- der Täter handelt in Kenntnis der Zwangslage des Opfers.

507   Im Rahmen des § 182 Abs. 1 Nr. 1 1. Alt. und Nr. 2 StGB erlangt das Tatbestandsmerkmal des **Missbrauchs** keine eigenständige Bedeutung mehr. Ist das Ausnutzen einer Zwangslage gegeben, liegt regelmäßig zugleich auch ein Missbrauch des Jugendlichen vor.[319] Um bei Bestehen einer echten Liebesbeziehung zwischen Erwachsenen und Minderjährigen eine Strafbarkeit ausschließen zu können, bedarf es insoweit keiner Missbrauchsklausel.[320] In einem solchen Fall fehlt es bereits am Tatbestandsmerkmal des Ausnutzens einer Zwangslage.[321]

5.4.2.2 Handeln gegen Entgelt

508   Eine Person über 18 Jahre macht sich gem. § 182 Abs. 1 Nr. 1 2. Alt. StGB strafbar, wenn sie eine Person unter 16 Jahren gegen Entgelt zur Vornahme oder Duldung sexueller Handlungen zwischen dem Täter und dem Opfer missbraucht. Das Bestimmen zu sexuellen Betätigungen mit Dritten nach § 182 Abs. 1 Nr. 2 StGB enthält diese Missbrauchsalternative nicht.

509   § 182 Abs. 1 Nr. 1 2. Alt. StGB ergänzt § 180 Abs. 2 StGB.[322] Bei Sexualkontakten gegen Entgelt wird durch das Angebot einer Gegenleistung zum einen die Selbstbestimmung des minderjährigen Opfers manipuliert; zum andern birgt das Erleben von Sexualität als käuflicher Ware Gefahren für die sexuelle Entwicklung eines jungen Menschen.[323] Strafrechtlich soll schließlich einem Abgleiten Betroffener in die Prostitution begegnet werden.

510   Ein Sexualkontakt erfolgt gegen Entgelt (§ 11 Abs. 1 Nr. 9 StGB), wenn zwischen Täter und Opfer bei Beginn ihrer sexuellen Betätigung eine Vereinbarung darüber besteht, dass das Entgelt die **Gegenleistung für die sexuellen Handlungen** sein soll. Diese werden also allein wegen eines Vermögensvorteils zugunsten des Minderjährigen von diesem vorgenommen oder geduldet. Der vereinbarte Vermögensvorteil muss gerade in einem **Austauschverhältnis** von sexualbezogener Aktivität und Gegenleistung gewährt werden. Außerhalb davon stehende Zuwendungen scheiden als Entgelt aus (z.B. der einen Jugendlichen missbrauchende Täter gibt dem Opfer Geld für dessen Hilfe bei Holzsägearbeiten).[324] Die Erfüllung des Tatbestandsmerkmals der Entgeltlichkeit ist bereits unabhängig davon gegeben, ob die zum Zeitpunkt des Sexualkontakts zugesagte Gegenleistung später auch tatsächlich erbracht wird.[325] Nicht unter den Entgeltbegriff fallen allerdings immaterielle Vorteile (z.B. die Zusage einer Berücksichtigung des Opfers

---

[319] Dazu Lackner/Kühl, 1999, § 182 Rdn. 2; Laufhütte in: LK-StGB, 1995, § 182 Rdn. 3.
[320] Anders aber Tröndle/Fischer, 1999, § 182 Rdn. 5.
[321] So auch Horn in: SK-StGB, 1998, § 182 Rdn. 4; Lenckner in: Schönke/Schröder, 1997, § 182 Rdn. 7.
[322] Zur Entgeltvereinbarung bei § 180 Abs. 2 StGB siehe Kap. 5.3.3.1.
[323] BT-Drs. XII/4584, S. 8.
[324] BGHSt. 42, S. 402.
[325] Lenckner in: Schönke/Schröder, 1997, § 182 Rdn. 6.

bei der Aufstellung einer Fußballmannschaft), obwohl diese die Selbstbestimmung eines Jugendlichen durchaus nachhaltig manipulieren können.[326]

Auch bei der Tatbestandsalternative des Handelns gegen Entgelt ist die **Missbrauchsklausel** regelmäßig als erfüllt anzusehen, wenn die Entgeltvereinbarung für die Vornahme oder Duldung sexueller Betätigung durch den Jugendlichen kausal war. Dies gilt selbst dann, wenn es sich bei der Gegenleistung um einen nur sehr geringen Vermögensvorteil handelt (z.B. das Spendieren eines Mittagessens).[327] Ebenso wie bei § 180 Abs. 2 StGB ist bei § 182 Abs. 1 Nr. 1 2. Alt. StGB im Hinblick auf Geschenke zu prüfen, ob tatsächlich eine Bezahlung für sexuelle Aktivitäten im Raum stehen soll oder aber, ob diese mit dem Ziel der Gewinnung oder Aufrechterhaltung von Zuneigung getätigt werden. Geht es um Geschenke im Rahmen von Liebesbeziehungen, mangelt es schon an dem für ein Entgelt typischen Austauschverhältnis.[328] Auch sind Vermögenszuwendungen eines Erwachsenen an einen Jugendlichen bei länger bestehenden persönlichen Kontakten nicht ohne weiteres tatbestandsmäßig.[329]

511

5.4.2.3 Ausnutzen der Unfähigkeit zur sexuellen Selbstbestimmung

In § 182 Abs. 2 StGB hat der Gesetzgeber bei gleich bleibender Schutzaltersgrenze auf der Opferseite das **Mindestalter des Täters** auf **über 21 Jahre** angehoben. Mit der Altersdifferenz von fünf Jahren soll zum einen bereits ein Machtgefälle zwischen Täter und Opfer zum Ausdruck kommen. Zum anderen werden damit – insbesondere bei Mädchen häufiger vorkommende – jugendtypische Beziehungen mit etwas älteren Partnern nicht erfasst.[330]

512

Eine Person von über 21 Jahren macht sich gem. § 182 Abs. 2 StGB strafbar, wenn sie
– einen Minderjährigen von unter 16 Jahren dadurch missbraucht, dass er sexuelle Handlungen mit dem Täter vornimmt oder duldet (Nr. 1) oder
– den Jugendlichen zu solchen Sexualkontakten mit einem Dritten bestimmt (Nr. 2) und
– dabei die fehlende Fähigkeit des Opfers zur sexuellen Selbstbestimmung ausnutzt.

(1) Fehlende Fähigkeit zur sexuellen Selbstbestimmung

Mit dem Tatbestandsmerkmal der fehlenden Fähigkeit des Opfers zur sexuellen Selbstbestimmung im Tatzeitpunkt wollte der Gesetzgeber seiner Erkenntnis Rechnung tragen, dass für Jugendliche im Alter von 14 und 15 Jahren zwar ein

513

---

[326] Krit. auch Lackner/Kühl, 1999, § 182 Rdn. 5; Lenckner in: Schönke/Schröder, 1997, § 182 Rdn. 6; Maurach/Schroeder/Maiwald, 1995, S. 199; Schroeder, 1994, S. 1502.

[327] Lackner/Kühl, 1999, § 182 Rdn. 5.

[328] Horn in: SK-StGB, 1998, § 182 Rdn. 5; Lenckner in: Schönke/Schröder, 1997, § 182 Rdn. 6.

[329] BGHSt. 42, S. 402.

[330] BT-Drs. XII/4584, S. 8.

noch nicht abgeschlossener Prozess der Entwicklung sexueller Reife typisch ist, dies jedoch bei einigen Jungen und Mädchen der Altersgruppe der 14- und 15-Jährigen auch anders sein kann.[331] Während bis zur Altersgrenze von 14 Jahren bei Kindern das Gesetz unwiderleglich davon ausgeht, dass sie zu hinreichender sexueller Selbstbestimmung noch nicht in der Lage sind, muss das Gericht eine mangelnde Fähigkeit zur sexuellen Selbstbestimmung – ebenso wie die subjektive Tatseite – bei 14- und 15-jährigen Jugendlichen **im konkreten Einzelfall feststellen**.[332] Damit darf bei Personen ab 14 Jahren nicht allein aufgrund ihres Alters generell davon ausgegangen werden, sie seien noch nicht zu einer sexuellen Selbstbestimmung in der Lage. Ihm Rahmen des § 182 Abs. 2 StGB geht es vielmehr um ein altersbedingtes Fehlen der Fähigkeit zur sexuellen Selbstbestimmung der konkreten Opferpersönlichkeit[333] zum Zeitpunkt der Tatbegehung.

514   Eine fehlende Fähigkeit zur sexuellen Selbstbestimmung bedeutet bei § 182 Abs. 2 StGB: Aufgrund seiner sittlichen und geistigen Entwicklung ist das Opfer noch nicht in der Lage, die Bedeutung sexueller Erlebnisse zu erfassen und sein Handeln danach einzurichten.[334] Auf der **intellektuellen Ebene** mangelt es somit beim Betroffenen an einer zureichenden Erkenntnisfähigkeit hinsichtlich seiner Veranlagung, der Tragweite und der Bedeutung von Sexualkontakten und daraus eventuell folgenden Gefährdungen für die weitere Persönlichkeitsentwicklung.[335] Auf der **voluntativen Ebene** fehlt es an der Fähigkeit zu eigenverantwortlicher sexueller Selbstbestimmung, wenn der Minderjährige zwar über eine zureichende Erkenntnisfähigkeit verfügt, jedoch noch nicht in der Lage ist, auch seiner Einsicht gemäß zu handeln.[336]

(2) Ausnutzen

515   Die Missbrauchsalternative des § 182 Abs. 2 StGB verlangt ein Ausnutzen[337] der fehlenden Fähigkeit des Opfers zu sexueller Selbstbestimmung durch den Täter. Der Gesetzgeber, der das Schwergewicht des Tatbestands vor allem auf dieses Merkmal des Ausnutzens legen wollte[338], sah ein erstes Indiz für die Tatbestandserfüllung schon im Bestehen einer altersmäßigen Asymmetrie – eines Machtgefälles – zwischen den Tatbeteiligten, bei denen aufgrund des Altersunterschieds nur eine scheinbare Gleichrangigkeit besteht.[339] Dabei muss der Täter sich die mangelnde Fähigkeit des Opfers zu sexueller Selbstbestimmung bewusst zunutze machen. Wesentlich hierfür ist ein unlauteres Verhalten des Täters, das dazu führt,

---

331 BT-Drs. XII/4584, S. 8; krit. Tröndle/Fischer, 1999, § 182 Rdn. 3a.

332 BGHSt. 42, S. 402; BGH, NStZ-RR 1997, S. 98.

333 Lenckner in: Schönke/Schröder, 1997, § 182 Rdn. 11.

334 BT-Drs. XII/4584, S. 8; Maurach/Schroeder/Maiwald, 1995, S. 199; Schroeder, 1994, S. 1502.

335 BayObLG, NStZ 1995, S. 501; Horn in: SK-StGB, 1998, § 182 Rdn. 13; Tröndle/Fischer, 1999, § 182 Rdn. 9.

336 Dazu auch Laufhütte in: LK-StGB, 1995, § 182 Rdn. 4.

337 Krit. dazu Lackner/Kühl, 1999, § 182 Rdn. 6.

338 BT-Drs. XII/4584, S. 8.

339 Siehe auch Horn in: SK-StGB, 1998, § 182 Rdn. 15; Wilmer, 1996, S. 42 f.

dass das Opfer einen entgegenstehenden Willen nicht entwickeln oder verwirklichen kann.[340] Allerdings bleibt – im Gegensatz zum Verführen ·i.S. des § 182 StGB a.F. – der Begriff des Ausnutzens nicht auf unlautere Vorgehensweisen des Täters in Form einer intensiven Beeinflussung des Opfers zur Überwindung eines inneren Widerstandes beschränkt.[341]

Ein Ausnutzen einer zum Tatzeitpunkt bestehenden mangelnden Fähigkeit des Opfers zur sexuellen Selbstbestimmung liegt bereits dann vor, wenn   **516**
- aufgrund des Altersunterschieds keine Gleichrangigkeit zwischen den Beteiligten besteht,
- die sexuelle Handlung oder deren Duldung aufgrund der altersbedingten Unreife des Opfers zustande kommt,
- der Täter Kenntnis von den mangelnden Fähigkeiten des Opfers hat und
- er sich die fehlende Fähigkeit des Opfers zu sexueller Selbstbestimmung bewusst für sein sexualbezogenes Verhalten zunutze macht.

Auch im Rahmen des § 182 Abs. 2 StGB erlangt das Kriterium des **Missbrauchs** bei Vorliegen der anderen Tatbestandsmerkmale keine eigenständige   **517**
Bedeutung mehr. Kommt es zu sexuellen Handlungen im Rahmen eines echten Liebesverhältnisses, fehlt es bereits am Ausnutzen.[342]

Im Gegensatz zu § 182 Abs. 1 StGB (Offizialdelikt) ist § 182 Abs. 2 StGB als **Antragsdelikt** ausgestaltet[343], wobei eine Strafverfolgung bei Bestehen eines besonderen   **518**
öffentlichen Interesses auch von Amts wegen in Frage kommt (§ 182 Abs. 3 StGB). Da in den Fällen des Absatzes 2 das Gericht den Entwicklungsstand des jungen Opfers zu berücksichtigen hat, soll Eltern und anderen Personensorgeberechtigten als Strafantragsberechtigten i.S. des § 77 Abs. 3 StGB die Möglichkeit eingeräumt werden, den Minderjährigen vor den mit der Durchführung eines Strafverfahrens verbundenen Belastungen (Erörterungen von Details aus dem Intimbereich; sekundäre Traumatisierung usw.) zu bewahren.[344]

5.4.2.4 Absehen von Strafe

Gem. § 182 Abs. 4 StGB kann das Gericht sowohl in den Fällen des Absatzes 1 als auch in denen des Absatzes 2 von Strafe absehen (zum Verfahren § 153b   **519**
StPO), wenn bei Berücksichtigung des Verhaltens des Opfers das **Unrecht der Tat gering** ist.

Eine bloß geringe Schuld reicht für ein Vorgehen nach § 182 Abs. 4 StGB noch   **520**
nicht aus.[345] **Gering** muss das **Tatunrecht** sein. Dabei erscheint fraglich, wie das Verhalten eines 14- oder 15-jährigen Jugendlichen, dem – etwa i.S. des § 182 Abs. 2 StGB – noch eine Unreife in seiner Persönlichkeitsentwicklung attestiert

---

340 BT-Drs. XII/4584, S. 8.
341 Lenckner in: Schönke/Schröder, 1997, § 182 Rdn. 12.
342 Maurach/Schroeder/Maiwald, 1995, S. 199.
343 Krit. dazu Schroeder, 1994, S. 1504: „Einladung zu einem Abkaufen des Strafantragsrechts einerseits, zu der Erpressung mit dem Strafantrag andererseits".
344 BT-Drs. XII/4584, S. 9; krit. dazu Laufhütte in: LK-StGB, 1995, § 182 Rdn. 7.
345 Tröndle/Fischer, 1999, § 182 Rdn. 13.

bzw. bei dem eine der Missbrauchsalternativen des § 182 Abs. 1 oder 2 StGB bejaht wurde, das Tatunrecht bis auf Bagatellniveau reduzieren kann.[346] Sexualkontakte im Rahmen echter Liebesbeziehungen sind kein Fall des § 182 Abs. 4 StGB[347], sondern lassen bereits die jeweilige Missbrauchsalternative entfallen. Denkbar bleibt ein Absehen von Strafe nach § 182 Abs. 4 StGB, wenn das Opfer sich zum Tatzeitpunkt schon in unmittelbarer Nähe zur Schutzaltersgrenze befunden hat und dies auch in seinem Verhalten zum Ausdruck kam.[348] Geht die Initiative vom Minderjährigen aus (z.B. auf dem sog. Baby-Strich), so stellt sich ein Missbrauch gegen Entgelt jedoch gerade nicht als ein harmloser, sondern als ein massiver Angriff auf das Rechtsgut dar.[349]

---

[346] So auch Lenckner in: Schönke/Schröder, 1997, § 182 Rdn. 18; krit. auch Frommel, 1992, S. 82; Schroeder, 1994, S. 1504: Ausdruck der „Scheu des Gesetzgebers vor seiner eigenen Regelung".

[347] Anders Tröndle/Fischer, 1999, § 182 Rdn. 13.

[348] Horn in: SK-StGB, 1998, § 182 Rdn. 12; Lenckner in: Schönke/Schröder, 1997, § 182 Rdn. 18.

[349] So auch Kusch/Mössle, 1994, S. 1507.

6. Exhibitionismus und Erregung öffentlichen Ärgernisses

Dem **Schutz vor unerwünschter Konfrontation** mit sexualbezogenen Betätigungen dienen die Tatbestände „Exhibitionistische Handlungen" (§ 183 StGB) und „Erregung öffentlichen Ärgernisses" (§ 183a StGB).

Die **Vermeidung von Belästigungen Unbeteiligter** bezwecken zudem einige der in § 184 StGB enthaltenen Handlungsmodalitäten im Rahmen der Verbreitung pornographischer Schriften (§ 184 Abs. 1 Nr. 6, 7, Abs. 2 und 3 StGB).[1] Eine entsprechende Zielrichtung verfolgt die Strafnorm „Ausübung der verbotenen Prostitution" (§ 184a StGB).[2] Vor einer Konfrontation mit sexuellen Handlungen sollen im Bereich der Normen des Kinder- und Jugendschutzes zudem Minderjährige bewahrt werden. So macht sich gem. § 174 Abs. 2 Nr. 1 StGB[3] strafbar, wer sich vor einer ihm schutzbefohlenen Person sexuell betätigt. § 176 Abs. 3 Nr. 1 StGB[4] bedroht die Vornahme solcher Aktivitäten vor einem Kind mit Strafe.

§§ 183 und 183a StGB sind mit dem 4. StrRG an die Stelle des § 183 StGB a.F. getreten, der denjenigen mit Strafe bedrohte, der durch eine unzüchtige Handlung öffentlich ein Ärgernis gab. § 183 StGB a.F. erfasste damit sowohl die Fälle des Exhibitionismus als auch andere das „Scham- und Sittlichkeitsgefühl der Allgemeinheit"[5] verletzende Verhaltensweisen.

Dem Gesetzgeber waren bei den Beratungen zum 4. StrRG die **kriminologischen Besonderheiten im Bereich des Exhibitionismus** bewusst. In der exhibitionistischen Symptomatik kommen sowohl sexuelle Insuffizienzgefühle als auch andere psychische Probleme im Kontext mit Unterlegenheitsempfindungen zum Ausdruck, wobei die Kerngruppe der Exhibitionisten aus sozial integrierten Männern besteht.[6] Daneben kann Exhibitionismus ein passageres Verhalten vor allem von in der Entwicklung retardierten Jugendlichen sein[7], in Ausnahmefällen ferner Ausdruck sexuellen Primitivverhaltens bei sozial randständigen Personen.[8] Unter Hinweis auf von Exhibitionisten verursachte nur minimale Opferschädigungen und Erfolg versprechende Therapiemöglichkeiten wurde eine Entkriminalisierung solcher Handlungen gefordert.[9] Der Gesetzgeber hat an der Strafbarkeit exhibitionistischer Betätigung festgehalten. Zur Begründung des Strafbedürfnisses machte er eine Reihe von Aspekten geltend. Diese reichten vom Schamgefühl der Allgemeinheit über eine Instru-

521

522

523

524

---

[1] Dazu unten Kap. 8.
[2] Dazu unten Kap. 7.1.1.
[3] Dazu oben Kap. 5.2.2.2.
[4] Dazu oben Kap. 5.1.2.2 (1).
[5] Marx, 1972, S. 112.
[6] Siehe Kentler/Schorsch, 1987, S. 111; Wille, 1968, S. 72 ff.; Witter, 1972, S. 1064.
[7] Schorsch, 1971, S. 118 f.
[8] Kentler/Schorsch, 1987, S. 111.
[9] Siehe z.B. Leferenz, 1965, S. 397.

mentalisierung des Strafrechts zur Förderung der Behandlungsbereitschaft beim Täter bis hin zu Erfordernissen des Opferschutzes wegen möglicherweise der exhibitionistischen Betätigung inhärenter Eskalationsgefahren.[10] Empirische Studien vermochten jedoch in Exhibitionen keineswegs den Beginn eines schwerwiegenden sexuellen Angriffs oder eines sonstigen Gewaltdelikts zu belegen.[11] Die Art der Tatausführung lässt vielmehr regelmäßig gerade eine mangelnde Aggressivität erkennen.[12] Nur in seltenen Fällen steht Exhibitionismus am Beginn einer gefährlichen Verlaufsentwicklung im Sexualbereich.[13] Exhibitionisten sind häufig monotrope Sexualdelinquenten mit einer hohen Rückfallquote.[14]

525   Eine **Verknüpfung von strafrechtlicher und therapeutischer Prävention**[15] liegt der Regelung des § 183 StGB zugrunde. Im Gegensatz zu § 183 StGB a.F. enthält das Strafgesetzbuch seit dem 4. StrRG mit § 183 eine spezielle Vorschrift gegen exhibitionistische Handlungen. Damit sollen sowohl die möglichen Opfer geschützt als auch eine therapeutische Motivation des Täters herbeigeführt werden. § 183 StGB, ausgestaltet als Antragsdelikt (Abs. 2) und ausgestattet mit erweiterten Möglichkeiten einer Strafaussetzung zur Bewährung (Abs. 3 und 4), stellt damit partiell eine Privilegierung[16] gegenüber dem Delikt der Erregung öffentlichen Ärgernisses dar. Die nur Ärgernis hervorrufenden sexuellen Handlungen sind in § 183a StGB mit Strafe bedroht, wobei nach der ausdrücklichen gesetzlichen Regelung § 183a StGB im Verhältnis zu § 183 StGB subsidiär bleibt.

6.1 Exhibitionistische Handlungen

526   § 183 StGB schützt – mit einer Strafdrohung von Freiheitsentzug bis zu einem Jahr oder Geldstrafe – den Einzelnen vor Belästigung durch exhibitionistische Betätigung eines Mannes. Gem. § 183 Abs. 2 StGB wird eine solche Tat nur auf einen Strafantrag (§§ 77 ff. StGB) hin verfolgt, es sei denn, die Staatsanwaltschaft bejaht das besondere öffentliche Interesse an der Strafverfolgung und hält deshalb ein Einschreiten von Amts wegen für geboten.

6.1.1 Der Tatbestand des § 183 Abs. 1 StGB

527   Der Tatbestand setzt voraus:
– die exhibitionistische Handlung eines Mannes und hierdurch
– die Belästigung einer anderen Person.
    § 183 Abs. 1 StGB begrenzt den **Täterkreis** auf **Männer**, während die Opferseite geschlechtsneutral formuliert ist („eine andere Person"). Damit bleibt der

10   Sonderausschuss für die Strafrechtsreform, BT-Drs. VI/3521, S. 53 ff.
11   Sander, 1996, S. 120.
12   Weihrauch, 1978, S. 87.
13   Baurmann, 1996, S. 307; v. Hören, 1987, S. 21.
14   Witter, 1972, S. 1064; ders., 1977, S. 340.
15   Horstkotte, 1974, S. 89.
16   Maurach/Schroeder/Maiwald, 1995, S. 218.

nach dieser Norm strafbare Exhibitionismus[17] auf die Fälle der Entblößung des männlichen Geschlechtsteils reduziert.

Exhibitionismus ist nach der internationalen Klassifikation der Weltgesundheitsorganisation unter der Diagnose F 65.2 den psychischen Störungen zugeordnet. Er wird definiert als die wiederholte oder ständige Neigung, die eigenen Genitalien vor zumeist gegengeschlechtlichen Fremden in der Öffentlichkeit zu entblößen, ohne zu einem näheren Kontakt aufzufordern oder diesen zu wünschen.   **528**

Eine **exhibitionistische Handlung** i.S. des § 183 Abs. 1 StGB ist eine sexuelle Betätigung, die darin besteht, dass der Täter einer weiblichen oder männlichen Person ohne deren Einverständnis – häufig für das Opfer überraschend – sein entblößtes Geschlechtsteil zeigt. Er agiert dabei in der Absicht, sich entweder schon allein dadurch oder durch die Beobachtung der Reaktion des Gegenübers sexuell zu erregen, seine sexuelle Erregung zu steigern oder sich sexuell zu befriedigen.[18] Wesentlich für das Vorliegen einer exhibitionistischen Aktivität bleibt also das sexuell motivierte „Zur-Schau-Stellen" des tätereigenen Genitales. Damit fehlt es an diesem Tatbestandsmerkmal, wenn ein Kunstpenis vorgezeigt wird.[19] Gleiches gilt für Handlungen ohne eine spezifisch sexuelle Tendenz.[20]   **529**

Bildet die Betätigung des Mannes nur die Vorbereitung zu einem von ihm erwarteten einvernehmlichen Sexualkontakt, liegen die Voraussetzungen des § 183 StGB nicht vor.   **530**

Beispiel: A suchte im Auftrag seines Arbeitgebers die B-Kaserne auf, um dort eine Eismaschine zu reparieren. Er begegnete in der Kaserne der Z, einer Angehörigen der US-Streitkräfte, die ihm ihr Zimmer zeigte und ihm ihren Vornamen aufschrieb. Zwei Tage danach erschien A erneut in der Kaserne, um die Eismaschine zu reparieren. Er begab sich in das unverschlossene Zimmer der Z, die er schlafend in ihrem Bett antraf. Da er aufgrund der vorangegangenen Begegnung wusste, dass Z kein Deutsch sprach und verstand, er jedoch bei dieser Gelegenheit den Eindruck gewonnen hatte, dass sie Annäherungsversuchen zugänglich sei, ließ er seine Hosen herunter und zeigte sich mit entblößtem Unterkörper der Z, nachdem er diese durch eine Berührung an der Stirn geweckt hatte. Als Z nach Erblicken des A „no, no" sagte, zog sich A wieder an und verließ das Zimmer.

Das BayObLG[21] hat in diesem Fall das Vorliegen einer tatbestandsmäßigen Handlung i.S. des § 183 StGB verneint. Eine solche liegt nur vor, wenn der Täter „schon die Entblößung in der Absicht vornimmt, dadurch sexuelle Befriedigung zu erlangen oder sich sexuell zu erregen oder vorhandene geschlechtliche Erregung zu steigern". Hier war aber eine Wahrnehmung der Entblößung durch Z nicht das Endziel des A. Es ging ihm vielmehr um die Aufnahme eines aus seiner Sicht einvernehmlich gewollten sexuellen Kontakts.

---

[17] Zum phänomenologisch umfassenderen Erscheinungsbild exhibitionistischer Betätigungen siehe Benz, 1982, S. 106 ff.

[18] BT-Drs. VI/3521, S. 53; Gössel, 1987, S. 331 f.; Horn in: SK-StGB, 1998, § 183 Rdn. 2.

[19] LG Koblenz, NStZ-RR 1997, S. 104.

[20] Lackner/Kühl, 1999, § 183 Rdn. 2.

[21] BayObLG, NJW 1999, S. 72 f.

531   Im Gegensatz zu § 183a StGB setzt § 183 StGB keine Tatbegehung in der Öffentlichkeit voraus. Auch nichtöffentliche Exhibitionen (z.B. im Hausflur) sind erfasst. Der Täter muss jedoch die Entblößung immer in der **Absicht** vornehmen, dass die andere Person diese wahrnimmt, somit eine **optische Beziehung** zum Gegenüber hergestellt wird. Es genügt deshalb nicht, wenn der Täter nur mit der Möglichkeit der Wahrnehmung durch eine andere Person rechnet und dies billigend in Kauf nimmt.[22]

> *Beispiel:* Die Studentin S saß an einem Nachmittag auf einer Bank im botanischen Garten und lernte. Dabei bemerkte sie den A, der sich mehrmals an einer vor ihr befindlichen Hecke hin und her bewegte. Kurze Zeit später nahm sie im linken Augenwinkel eine Bewegung wahr und schaute in diese Richtung. Sie sah A, der 6 bis 8 Meter von ihr entfernt seitlich leicht nach hinten versetzt auf freier Wiese stand, mit geöffneter Hose, masturbierende Bewegungen durchführend. Die Beobachtung durch S hielt ihn nicht von der Fortsetzung seines Tuns ab. A suchte die Nähe der S, um sich dadurch und durch das Vorzeigen seines Gliedes zu erregen. Hierbei rechnete er damit, S könne ihn beobachten, und nahm dies billigend in Kauf.
>
> Das OLG Düsseldorf[23] hat in diesem Fall das Vorliegen einer exhibitionistischen Handlung i.S. des § 183 StGB verneint. Denn diese erfordert, dass der Täter nicht nur absichtlich sein Genitale zeigt, sondern gerade auch das Herstellen einer optischen Beziehung zum Gegenüber anstrebt. Denn vor allem durch die Wahrnehmung seiner Handlung will der Exhibitionist sexuelle Erregung, Lustgewinn oder Befriedigung erreichen.

532   § 183 Abs. 1 StGB verlangt für eine Deliktsvollendung die **Belästigung** einer anderen Person durch die Tathandlung. Das setzt zum einen voraus: Diese **nimmt** die Exhibition sowohl tatsächlich als auch in ihrer sexuellen Tendenz[24] **wahr**. Dabei braucht es sich jedoch nicht notwendigerweise um denjenigen Gegenüber zu handeln, auf dessen Belästigung es dem Täter ankommt. Allein aus der Beobachtung der Entblößung durch einen anderen kann allerdings noch nicht geschlossen werden, dass er auch belästigt wurde.[25]

533   Eine Belästigung erfordert neben der Wahrnehmung: Die Beobachtung muss beim Opfer zu einer **negativen Gefühlsempfindung** von einigem Gewicht führen.[26] Hierzu gehören insbesondere das Hervorrufen von Angst, Schrecken, Unruhe, Empörung, Ekel oder Ärger[27] als Beeinträchtigungen des psychischen oder physischen Wohlbefindens. Mit dem Merkmal der Belästigung wollte der Gesetzgeber wegen der vom Exhibitionisten in der Regel eingehaltenen räumlichen Distanz zum Gegenüber Vorgänge aus dem Tatbestandsbereich des § 183 Abs. 1 StGB ausschließen, bei denen das Hervorrufen einer erheblichen negativen Ge-

---

22 Laufhütte in: LK-StGB, 1995, § 183 Rdn. 2; Lenckner in: Schönke/Schröder, 1997, § 183 Rdn. 3; a.A. Tröndle/Fischer, 1999, § 183 Rdn. 7.
23 OLG Düsseldorf, NStZ 1998, S. 412 f.; siehe auch OLG Düsseldorf, NJW 1977, S. 262; OLG Karlsruhe, NStE Nr. 4 zu § 183 StGB.
24 BGH, NJW 1970, S. 1855.
25 BGH, NStE Nr. 2 zu § 183 StGB.
26 Horn in: SK-StGB, 1998, § 183 Rdn. 3; Lenckner in: Schönke/Schröder, 1997, § 183 Rdn. 4.
27 Laufhütte in: LK-StGB, 1995, § 183 Rdn. 4.

fühlsregung nicht ohne weiteres angenommen werden kann.[28] Eine Belästigung ist damit umso eher anzunehmen, je näher der Täter an das Opfer ·herantritt oder wenn er dieses sogar berührt, ferner soweit er Manipulationen an seinem entblößten Geschlechtsteil vornimmt.[29]

Abgesehen von der bereits den Begriff der exhibitionistischen Handlung konstituierenden Absicht reicht auf der Ebene des **subjektiven Tatbestandes** bei § 183 Abs. 1 StGB bedingter Vorsatz aus.   **534**

6.1.2 Erweiterte Aussetzungsmöglichkeiten

Der Gesetzgeber erkannte ein praktisches Bedürfnis, bei Exhibitionisten im Interesse einer sinnvollen Therapie die Voraussetzungen einer Strafaussetzung zur Bewährung zu erleichtern.[30] Denn verhängt das Gericht die schuldangemessene Strafe als Freiheitsstrafe, müsste diese angesichts der bei Exhibitionisten regelmäßig ungünstigen Kriminalprognose gem. § 56 Abs. 1 StGB häufig auch vollstreckt werden.   **535**

6.1.2.1 § 183 Abs. 3 StGB

§ 183 Abs. 3 StGB gibt dem Richter die Befugnis zur Strafaussetzung, wenn er erwarten kann, dass der Täter nach einer längeren Heilbehandlung keine exhibitionistischen Handlungen mehr begehen wird.   **536**

Mit § 183 Abs. 3 StGB wird zur **Ermöglichung einer Heilbehandlung** auf ambulanter Grundlage auf eine positive Kriminalprognose verzichtet, wenn eine Therapie im stationären Strafvollzug keine vergleichbaren Erfolgschancen bietet, sie sogar zunichte machen könnte.[31] Der Gesetzgeber nimmt also selbst eine Rückfallgefahr nach Aussetzung der Freiheitsstrafe in Kauf, wenn das Gericht zu der Ansicht gelangt, eine nach der Verurteilung beginnende oder fortgesetzte Therapie werde erfolgreich sein und zu einem späteren straffreien Lebenswandel führen.[32]   **537**

Voraussetzungen[33] des § 183 Abs. 3 StGB sind: **538**
– die Therapiewilligkeit des Angeklagten,
– die begründete Erwartung günstiger Wirkungen einer längeren Heilbehandlung.

§ 183 Abs. 3 StGB, der ausschließlich auf die Spezialprävention hinsichtlich des Täters abstellt, **modifiziert** allein die in § 56 Abs. 1 StGB an eine Strafaussetzung zur Bewährung gestellten **Anforderungen der Kriminalprognose**.[34] Die   **539**

---

28 Vgl. BT-Drs. VI/1552, S. 32; VI/3521, S. 55.
29 BGH, NStZ 1993, S. 227.
30 Vgl. BT-Drs. VI/3521, S. 53 ff.
31 Müller-Dietz, 1990, S. 742.
32 BGHSt. 34, S. 152; Laufhütte in: LK-StGB, 1995, § 183 Rdn. 9.
33 Dazu BGHSt. 34, S. 152; Müller-Dietz, 1990, S. 747 ff.; Schall, 1987, S. 397 ff.
34 BGHSt. 28, S. 359.

Erwartung zukünftigen straffreien Verhaltens wird ersetzt durch die Erwartung der Heilung nach einer Therapie von längerer Dauer.

540   Im Übrigen lässt § 183 Abs. 3 StGB die in §§ 56 ff. StGB normierten **Bedingungen der Strafaussetzung zur Bewährung** unberührt. So sind gerade im Hinblick auf die Heilbehandlung § 56c Absätze 3 und 4 StGB zu beachten.[35] Die Erteilung einer Weisung an den Täter gem. § 56c Abs. 3 Nr. 1 StGB, sich der Heilbehandlung zu unterziehen, setzt eine Einwilligung des Verurteilten nur voraus, wenn diese mit einem körperlichen Eingriff verbunden ist. Einer festen Therapieplatzzusage bedarf es nicht.[36] Verhängt das Gericht eine Freiheitsstrafe von mindestens sechs Monaten, bleibt auch bei exhibitionistischen Handlungen – trotz begründeter Erwartung einer erfolgreichen Heilbehandlung – die Anwendbarkeit von § 56 Abs. 3 StGB nicht ausgeschlossen.[37] Eine Strafaussetzung kann also scheitern, wenn die Vollstreckung der stationären Unrechtsreaktion zur Verteidigung der Rechtsordnung geboten erscheint. Begeht der Verurteilte im Fall einer positiven Aussetzungsentscheidung in der Bewährungszeit eine Rückfalltat, kommt ein Widerruf gem. § 56f Abs. 1 S. 1 Nr. 1 StGB erst dann in Betracht, wenn angesichts der erneuten exhibitionistischen Handlung keine begründete Erwartung erfolgreicher Heilbehandlung mehr besteht. Denn mit der Regelung des § 183 Abs. 3 StGB hat der Gesetzgeber der Allgemeinheit auferlegt, bis zum gelungenen Therapieabschluss in gewissem Umfang Belästigungen zu ertragen.[38]

541   Die in § 183 Abs. 3 StGB vorgenommene gesetzliche Bewertung verbietet es, bei Gefahr der Begehung neuer exhibitionistischer Betätigungen ohne weiteres im Rahmen des § 63 StGB von der Erwartung erheblicher rechtswidriger Taten auszugehen. Liegen die übrigen Voraussetzungen einer **Unterbringung im psychiatrischen Krankenhaus** vor, rechtfertigt allein die Art des Delikts nicht die Annahme von Erheblichkeit. Dies schließt – auch im Blick auf das Verhältnismäßigkeitsprinzip (§ 62 StGB) – eine stationäre Unterbringung im Maßregelvollzug bei nur lästigen Taten aus.[39] Da es sich beim Exhibitionismus um ein regelmäßig monoton und gleichförmig verlaufendes Delikt handelt, das generell nicht in andere gefährdende oder gar schädigende Handlungen einmündet, vermag somit die bloße Gefahr weiterer exhibitionistischer Betätigung nicht die Annahme von Erheblichkeit i.S. des § 63 StGB zu begründen.[40] Erst wenn im Einzelfall – durch konkrete Tatsachen belegt – Anlass zu der Befürchtung besteht, es werde in der Zukunft nicht bei exhibitionistischen Aktivitäten bleiben, sondern der Täter anstelle solcher Taten bzw. im Zusammenhang mit diesen schwerer wiegende Delikte begehen, kann eine Unterbringung in Betracht kommen.[41]

---

[35] Horn in: SK-StGB, 1998, § 183 Rdn. 13.
[36] BGH, NStZ 1998, S. 409.
[37] BGHSt. 34, S. 152; BGH, NStZ 1991, S. 485; BGH, NStZ-RR 1996, S. 58.
[38] Hobe, 1978, S. 76; Schall, 1987, S. 400.
[39] Dazu Laubenthal, 1997, S. 688.
[40] BGH, NStZ 1995, S. 228; 1998, S. 409.
[41] BGH, NStZ-RR 1999, S. 298.

6.1.2.2 § 183 Abs. 4 StGB

Die kriminalpolitisch wünschenswerte Möglichkeit der Strafaussetzung[42] bei **542**
Erwartung einer erfolgreichen Heilbehandlung hat der Gesetzgeber nicht auf die
Fälle der Tatbestandsverwirklichung gem. § 183 Abs. 1 StGB beschränkt. § 183
Abs. 4 StGB verbreitet den Anwendungsbereich des § 183 Abs. 3 StGB. Dies
betrifft bereits einen Täterkreis, in den hier auch weibliche Personen einbezogen
werden.[43]

Nach § 183 Abs. 4 StGB profitieren Männer und Frauen gleichermaßen von der **543**
erweiterten Aussetzungsmöglichkeit, wenn die exhibitionistische Handlung
– nach einer anderen Strafnorm, die im Höchstmaß Freiheitsstrafe bis zu einem
  Jahr oder Geldstrafe androht (Nr. 1), oder
– nach § 174 Abs. 2 Nr. 1 oder § 176 Abs. 3 Nr. 1 StGB (Nr. 2)
bestraft wird.

Für eine Anwendung des § 183 Abs. 4 StGB ist nicht die rechtliche Einordnung **544**
der Tat unter § 183 Abs. 1 StGB entscheidend, sondern ob eine **Heilbehandlung
geboten** erscheint und ihr **Erfolg erwartet** werden kann.[44]

§ 183 Abs. 4 StGB kommt vor allem in Betracht, wenn
– der Tatbestand des § 183 Abs. 1 StGB nicht erfüllt ist (z.B. weibliche Täterin)
  oder
– es an einem Strafantrag nach § 183 Abs. 2 StGB fehlt, ein öffentliches Interesse
  nicht bejaht wird und eine Bestrafung i.S. von § 183 Abs. 4 Nr. 1 bzw. 2 erfolgt
  oder
– sowohl die Voraussetzungen des § 183 Abs. 1 StGB als auch die von § 183
  Abs. 4 Nr. 1 bzw. 2 StGB gegeben sind.

§ 183 Abs. 4 Nr. 1 StGB erlangt insbesondere für die Fälle Bedeutung, in de- **545**
nen das Gericht eine exhibitionistische Betätigung als eine Beleidigung gem.
§ 185 1. Alt. StGB wertet.[45] Erfolgt eine Bestrafung wegen Exhibitionismus vor
Minderjährigen ausschließlich oder zugleich nach § 174 Abs. 2 Nr. 1 oder § 176
Abs. 3 Nr. 1 StGB, bleibt eine Strafaussetzung zur Bewährung nicht auf eine
angedrohte Freiheitsstrafe von bis zu einem Jahr beschränkt.[46] Ein Vorgehen i.S.
des § 183 Abs. 3 StGB ist auch im Rahmen des § 56 Abs. 2 StGB (Freiheitsstrafe
bis zu 2 Jahren) möglich, denn § 184 Abs. 4 Nr. 2 StGB beinhaltet gerade keine
Begrenzung hinsichtlich der gesetzlichen Strafdrohung.[47] Insoweit enthält § 184
Abs. 4 StGB eine Sonderregelung allein für die **Kriminalprognose**, nicht aber
auch für die weiteren Kriterien des § 56 Abs. 2 StGB (das Vorliegen besonderer
Umstände in der Tat und in der Täterpersönlichkeit).[48]

---

[42] Tröndle/Fischer, 1999, § 183 Rdn. 12.
[43] Zum weiblichen Exhibitionismus: Sick, 1991, S. 85 ff.
[44] Horn in: SK-StGB, 1998, § 183 Rdn. 14.
[45] Siehe dazu oben Kap. 2.6.
[46] Anders aber Tröndle/Fischer, 1999, § 183 Rdn. 12.
[47] Horn in: SK-StGB, 1998, § 183 Rdn. 16; Lackner/Kühl, 1999, § 183 Rdn. 10; Lenckner in: Schönke/Schröder, 1997, § 183 Rdn. 14; Müller-Dietz, 1990, S. 748 f.
[48] Laufhütte in: LK-StGB, 1995, § 183 Rdn. 13.

6.2 Öffentliche Ärgerniserregung

546 Mit § 183a StGB tritt das Gesetz – bedroht mit Freiheitsstrafe bis zu einem Jahr oder Geldstrafe – der provozierenden Vornahme sexueller Handlungen in der Öffentlichkeit entgegen. Geschützt wird der Anspruch des Einzelnen, sexualbezogene Vorgänge nicht ungewollt wahrnehmen zu müssen.[49]

Der objektive Tatbestand des § 183a StGB setzt voraus:
– eine sexuelle Handlung,
– deren öffentliche Vornahme,
– die Erregung eines Ärgernisses hierdurch.

547 **Sexuelle Handlungen** i.S. des § 183a StGB sind solche mit einer objektiven Sexualbezogenheit des Täterverhaltens, welche die Erheblichkeitsschwelle überschreiten (§ 184c Nr. 1 StGB).[50] Nicht unter den Handlungsbegriff fallen schriftliche oder verbale Äußerungen.[51] Da der Sexualbezug nach dem äußeren Erscheinungsbild einer Betätigung zu beurteilen ist (z.B. kein Sexualbezug bei bloßem Nudismus) und der sexuellen Tendenz keine entscheidende Bedeutung zukommt, verlangt § 183a StGB – im Gegensatz zur exhibitionistischen Handlung des § 183 StGB – nicht die Absicht des männlichen oder weiblichen Täters, sich oder einen anderen durch das Verhalten sexuell zu erregen. Es muss der agierenden Person lediglich auf eine **Zuschauerprovokation** ankommen. Nicht von Relevanz ist ferner, ob der Täter allein oder zusammen mit anderen agiert oder ob es um eine erlaubte oder verbotene Betätigung geht.[52] Da die Erheblichkeitsschwelle i.S. des § 184c Nr. 1 StGB bei den nur vor Belästigungen schützenden Tatbeständen sehr hoch angesetzt wird[53], können Zärtlichkeiten zwischen Verliebten erst Erheblichkeit erlangen, wenn die Durchführung des Geschlechtsverkehrs oder dessen Ersatzhandlungen erfolgen.

548 Die sexuelle Aktivität muss **öffentlich** vorgenommen werden. Dabei geht es keineswegs in erster Linie um Betätigung an einem öffentlichen Ort (z.B. am Straßenrand).[54] Es kommt auch eine Stelle in Betracht, die abseits der Öffentlichkeit liegt.

> *Beispiel:* T suchte ein Gebäude auf, dessen örtliche Verhältnisse ihm von einem früheren Besuch her bekannt waren. Von einem Fenster des Treppenaufganges aus konnte T den gegenüberliegenden Gebäudeflügel einsehen, in dem die Damentoiletten einer Näherei untergebracht waren, in der – je nach Auftragslage – 100 bis 130 Frauen arbeiteten. T trat an das Fenster, um sich durch Entblößung in Gegenwart einer anderen Person zu befriedigen. Dabei war ihm bewusst, dass er von mehreren Fenstern des Nähsaales sowie von den Toilettenfenstern aus deutlich wahrgenommen werden konnte. Nachdem T etwa eine Stunde gewartet hatte, zeigte sich an einem der Toilettenfenster

---

[49] BT-Drs. VI/3521, S. 56.
[50] Siehe Kap. 2.5.1.
[51] BGHSt. 12, S. 62; Tröndle/Fischer, 1999, § 183a Rdn. 3.
[52] Horn in: SK-StGB, 1998, § 183a Rdn. 2; Lenckner in: Schönke/Schröder, 1997, § 183a Rdn. 3.
[53] Siehe Kap. 2.5.2.
[54] BGH, NJW 1969, S. 853.

die 14-jährige M. Sie erblickte den T, welcher sich dicht hinter dem offenen Treppen-
fenster befriedigte. M empfand Abscheu vor dem Verhalten des T und wandte sich ab.
Der BGH[55] hat in diesem Fall eine öffentliche Ärgerniserregung bejaht.

Entscheidend ist: Das Täterverhalten wird wahrgenommen oder kann wahrge-   **549**
nommen werden. Damit liegt keine Öffentlichkeit vor, wenn die sexuelle Handlung versteckt erfolgt, der Betreffende also derart agiert, dass sie nach seinem
Willen und seinen Vorstellungen für andere nicht erkennbar bleibt.[56] Der Öffent-
lichkeitsbegriff des § 183a StGB verlangt zudem die **Wahrnehmbarkeit** durch
einen unbestimmten Personenkreis, ohne dass es darauf ankommt, ob die unbe-
stimmte Vielzahl der Personen die Handlung auch tatsächlich gesehen hat. Eine
öffentliche Vornahme liegt aber selbst dann vor, wenn eine Wahrnehmungsmöglichkeit für zumindest einzelne Mitglieder einer fest umrissenen Personenmehrheit
gegeben ist (z.B. Angestellte eines Großraumbüros; Mitglieder eines großen FKK-
Vereins; Besucher eines allgemein zugänglichen Nachtlokals), wobei es sich nicht
um einen geschlossenen, d.h. in wechselseitigen persönlichen Beziehungen zueinander stehenden, Personenkreis handeln darf (z.B. Clubmitglieder, Teilnehmer
einer privaten Party).[57]

Ein **Ärgernis** ist **erregt**, wenn ein anderer   **550**
– die sexuelle Handlung als solche ungewollt wahrnimmt,
– sie in ihrem sexuellen Bezug erkennt und
– sich unmittelbar in seinem Scham- und Anstandsgefühl[58] verletzt fühlt.

Der Betrachter muss mit dem Geschehen ungewollt konfrontiert werden.[59]
Daran fehlt es, wenn er sich selbst zu einem bestimmten Ort begibt, um sexuelle
Handlungen zu betrachten (z.B. Besuch einer Striptease-Bar), oder sich – unter
Heranziehung von Hilfsmitteln (z.B. Fernglas) – um Wahrnehmung bemüht.[60]

Das vom Täter zur Ärgerniserregung anvisierte und das tatsächliche Opfer   **551**
können verschiedene Personen sein. Erforderlich ist aber stets die **Unmittelbarkeit der Konfrontation**. Der Tatbestand des § 183a StGB ist daher nicht erfüllt,
wenn die Ärgernis nehmende Person erst durch Berichte Dritter von dem Vorfall
Kenntnis erlangt.

Auf der subjektiven Tatbestandsebene verlangt § 183a StGB eine **absichtliche**   **552**
oder wissentliche Ärgerniserregung. Der Täter muss im Hinblick auf die Vornahme einer sexuellen Handlung mit wenigstens bedingtem Vorsatz agieren. Dieser hat auch die Öffentlichkeit der Tatbegehung zu umfassen. Bezüglich der Erregung des Ärgernisses erfordert § 183a StGB jedoch das Vorliegen eines direkten
Vorsatzes: Dem Handelnden kommt es darauf an, zumindest eine andere Person

---

55 BGHSt. 11, S. 282 ff.
56 Laufhütte in: LK-StGB, 1995, § 183a Rdn. 3.
57 Zum Ganzen BGHSt. 11, S. 282 ff.; Lackner/Kühl, 1999, § 183a Rdn. 2; Laufhütte in:
    LK-StGB, 1995, § 183a Rdn. 3 f.; Lenckner in: Schönke/Schröder, 1997, § 183a
    Rdn. 4; Maurach/Schroeder/Maiwald, 1995, S. 219; Tröndle/Fischer, 1999, § 183a
    Rdn. 4; siehe auch Marx, 1972, S. 112 ff.
58 Lenckner in: Schönke/Schröder, 1997, § 183a Rdn. 5.
59 BT-Drs. VI/3521, S. 57.
60 Horn in: SK-StGB, 1998, § 183a Rdn. 4.

in ihrem Scham- und Anstandsgefühl zu verletzen, oder er sieht eine Ärgerniserregung als sichere Folge seines Verhaltens voraus.

553   Das Delikt der Erregung öffentlichen Ärgernisses bleibt gegenüber § 183 StGB
subsidiär.[61] Kraft ausdrücklicher gesetzlicher Anordnung geht eine Bestrafung
gem. § 183 StGB vor, wenn es sich bei der öffentlichen Ärgerniserregung zugleich um eine exhibitionistische Betätigung handelt. Zwar stellt § 183a StGB –
im Gegensatz zu § 183 StGB – kein Antragsdelikt dar. Liegt ein Strafantrag nicht
vor und tritt im konkreten Fall § 183a StGB hinter § 183 StGB zurück, ist eine
Strafverfolgung nur unter den weiteren Voraussetzungen des § 183 Abs. 2 StGB
zulässig.[62]

---

61 Lackner/Kühl, 1999, § 183a Rdn. 5.
62 Horn in: SK-StGB, 1998, § 183a Rdn. 8.

7. Prostitutionsdelikte

Das Strafrecht bekämpft nicht die Prostitution[1] per se, d.h. die unabhängig vom   **554**
Geschlecht gegen Entgelt erfolgende wiederholte Vornahme sexueller Handlungen an und vor wechselnden Partnern bzw. die Duldung solcher Betätigungen an sich selbst.[2] Geht eine erwachsene männliche oder weibliche Person aufgrund einer freien Willensentscheidung der Prostitution nach, indem sie entgeltliche Sexualleistungen an beliebigen zahlungsbereiten Kunden erbringt, besteht hierfür allein keine Notwendigkeit strafrechtlicher Steuerung – auch wenn die Prostitution noch nicht als Beruf anerkannt[3], sondern dem Bereich des abweichenden Verhaltens zugerechnet wird. Eine **Prostitutionsausübung** erfolgt **freiwillig**, wenn die sich prostituierende Person über die Fähigkeit zu vollverantwortlichem Handeln verfügt, insbesondere nicht mehr minderjährig ist, und sie zu ihrer Erwerbstätigkeit weder durch eine strafrechtlich relevante Einflussnahme bewogen wurde noch jene wegen einer solchen fortführt.[4]

Obwohl Prostitution – gerade in größeren Städten häufig traditionell in einem   **555**
bestimmten Stadtviertel angesiedelt – zu den ständigen Einrichtungen gehört, zählt die sog. käufliche Liebe zum Bereich des Anrüchigen. Prostitution wird gemeinhin mit Kriminalität assoziiert.[5] Dem Gesetzgeber kommt es nur auf den **Schutz vor bestimmten strafwürdigen Erscheinungen im Zusammenhang mit der Prostitutionsausübung** an.[6] Dies betrifft zum einen die Bewahrung des Einzelnen vor einer **ungewollten Konfrontation** mit sich prostituierenden Personen (Ausübung der verbotenen Prostitution, § 184a StGB), insbesondere die Verhinderung einer Beeinflussung der ethischen Wertvorstellungen Jugendlicher durch eine entsprechende Zurschaustellung (Jugendgefährdende Prostitution, § 184b StGB). Zum anderen gehören zu den Prostitutionsdelikten die Straftaten der **Förderung und Ausnutzung von Prostitution**. Menschen im Prostitutionsmilieu sollen in ihrer persönlichen und wirtschaftlichen Freiheit geschützt werden.[7] Pönalisiert sind sowohl die Ausbeutung oder Vertiefung bereits bestehender Prosti-

---

1 Zur historischen Entwicklung von Prostitution und ihrer Reglementierung: Bargon, 1982, S. 46 ff.; Bauer W., 1963, S. 73 ff.; Dufour, 1995; Feustel, 1993; Gleß, 1994, S. 436 ff.; dies., 1999, S. 15 ff.; Schulte, 1994; Simson/Geerds, 1969, S. 506 ff.
2 Zum Begriff der Prostitution siehe Bargon, 1982, S. 123; Leo, 1995, S. 23 f.; kriminologische Erklärungsansätze zu den Ursachen der Prostitution bei Schneider H. J., 1986, S. 257 ff.; ders., 1987, S. 18 f.
3 Dazu Wesel, 1999, S. 2865 f.
4 Gleß, 1999, S. 13.
5 Dazu auch Gleß, 1999, S. 11.
6 Dazu Probst, 1986, S. 550.
7 Kreuzer, 1990, S. 237.

tution als auch die Rekrutierung von Menschen für die Befriedigung sexueller Bedürfnisse Dritter bzw. das Aufrechterhalten besonders qualifizierter Abhängigkeitsverhältnisse (Förderung der Prostitution, § 180a StGB; Zuhälterei, § 181a StGB; Menschenhandel, § 180b StGB; Schwerer Menschenhandel, § 181 StGB).

556   Vor den Gefahren eines Ableitens von Personen unter 18 Jahren in das Prostitutionsmilieu oder der Begünstigung des Festhaltens junger Menschen an der Prostitution schützt auch § 180 Abs. 2 StGB. Dieser Tatbestand der Förderung von Minderjährigen vorgenommener oder an sich geduldeter sexueller Handlungen gegen Entgelt wird im Abschnitt über die Straftaten gegen die ungestörte Entwicklung des Sexuallebens[8] behandelt.

7.1 Belästigende Prostitutionsausübung

557   Die **sich prostituierenden Personen** selbst begehen mit ihrer Betätigung an sich noch keine strafbaren Handlungen. Da Prostitutionsausübung aus staatlicher Sicht zwar unerwünscht ist, der moderne Gesetzgeber jedoch die Aussichtslosigkeit einer strafrechtlichen Bekämpfung dieses Gewerbes erkannt hat[9], werden die Arbeitsbedingungen der Betroffenen vor allem auf öffentlich-rechtlicher Ebene reglementiert[10] (z.B. durch das GeschlKrG[11]).

558   Das Strafrecht tritt gegenüber Prostituierten selbst erst dann auf den Plan, wenn es zu bestimmten Belästigungen Unbeteiligter kommt. So kann im Einzelfall bei Vorliegen der Voraussetzungen des § 183a StGB[12] eine Strafbarkeit wegen öffentlicher Ärgerniserregung gegeben sein.[13] Prostitutionsspezifische Reglementierungstatbestände finden sich in den §§ 184a und 184b StGB.

7.1.1 Verstöße gegen Sperrgebietsverordnungen

559   § 184a StGB bedroht Prostituierte mit Freiheitsstrafe bis zu sechs Monaten oder Geldstrafe, wenn sie beharrlich Sperrgebietsverordnungen zuwiderhandeln.

560   Der **Tatbestand** des § 184a StGB setzt voraus:
– eine wirksame Sperrgebietsverordnung,
– eine im Sperrbezirk der Prostitution nachgehende Person,
– Beharrlichkeit der Zuwiderhandlung.
§ 184a StGB stellt eine Blankettnorm dar, die ein durch gültige Rechtsverordnung für einen bestimmten Ort oder eine genaue Tageszeit erlassenes Verbot der

---

8   Dazu Kap. 5.3.3.
9   Gössel, 1987, S. 296.
10   Siehe Leopold/Steffan/Paul, 1994, S. 43 ff.
11   Dazu Gleß, 1999, S. 110 ff.
12   Dazu oben Kap. 6.2.
13   BGHSt. 23, S. 175; siehe auch Graalmann-Scheerer, 1995, S. 354 ff.

Prostitutionsausübung enthält. Rechtsgrundlage zu solchen Begrenzungen der Arbeitsbedingungen ist Art. 297 EGStGB.[14]

Art. 297 EGStGB: Verbot der Prostitution

[I] Die Landesregierung kann zum Schutze der Jugend oder des öffentlichen Anstandes

1. für das ganze Gebiet einer Gemeinde bis zu fünfzigtausend Einwohnern,
2. für Teile des Gebiets einer Gemeinde über zwanzigtausend Einwohner oder eines gemeindefreien Gebiets,
3. unabhängig von der Zahl der Einwohner für öffentliche Straßen, Wege, Plätze, Anlagen und für sonstige Orte, die von dort aus eingesehen werden können, im ganzen Gebiet oder in Teilen des Gebiets einer Gemeinde oder eines gemeindefreien Gebiets

durch Rechtsverordnung verbieten, der Prostitution nachzugehen. Sie kann das Verbot nach Satz 1 Nr. 3 auch auf bestimmte Tageszeiten beschränken.

[II] Die Landesregierung kann diese Ermächtigung durch Rechtsverordnung auf eine oberste Landesbehörde oder höhere Verwaltungsbehörde übertragen.

[III] ...

Verstößt eine Person vorsätzlich gegen das durch eine solche Rechtsverordnung erlassene Verbot, der Prostitution an bestimmten Orten überhaupt oder zu bestimmten Tageszeiten nachzugehen, handelt sie gem. § 120 Abs. 1 Nr. 1 OWiG ordnungswidrig mit der Ahndungsmöglichkeit durch eine Geldbuße (§§ 120 Abs. 2, 17 Abs. 1 OWiG).[15] Aus der **Ordnungswidrigkeit** wird eine **Straftat** nach § 184a StGB, wenn der oder die Prostituierte dem Verbot beharrlich zuwiderhandelt. § 184a StGB bildet also mit § 120 Abs. 1 Nr. 1 OWiG einen Mischtatbestand[16] – die b e h a r r l i c h e Zuwiderhandlung gegen eine Sperrgebietsverordnung qualifiziert diese zur Straftat.   **561**

7.1.1.1 Täterschaft bei § 184a StGB

§ 184a StGB ist ein **abstraktes Gefährdungsdelikt** zum Schutz der Jugend und der Allgemeinheit vor Belästigungen durch die Erscheinungsformen der Prostitution.[17] Es handelt sich um ein **eigenhändiges Delikt**.[18] Täter kann nur sein, wer selbst (als Mann oder Frau) in verbotener Weise der Prostitution nachgeht.[19]   **562**

Der Begriff „**der Prostitution nachgehen**" ist erfüllt, wenn hetero- oder homosexuelle Handlungen entgeltlich mit wechselnden Partnern erfolgen, wobei hierfür auch ein fester Kundenstamm bestehen kann. Die sexuelle Betätigung   **563**

---

14 Zur Verfassungsmäßigkeit von Art. 297 EGStGB: BayVerfGH, NJW 1983, S. 2188; Leo, 1995, S. 85 ff.; siehe auch Schatzschneider, 1985, S. 2794 f.
15 Dazu Göhler, 1998, § 120 Rdn. 3 ff.
16 Geerds, 1985, S. 473; Lackner/Kühl, 1999, § 184a Rdn. 2.
17 BayObLG, JZ 1989, S. 51; Behm, 1989, S. 301; Kramer, 1981, S. 87 f.
18 Auerbach, 1978, S. 230 ff.
19 BayObLG, JR 1985, S. 470.

braucht sich nicht in der Ausübung des Beischlafs zu erschöpfen. Handlungen vor Dritten fallen aber dann nicht unter den Begriff der Prostitution, wenn es zwischen den Beteiligten an einem **individualisierten Verhältnis** fehlt (z.B. bei Stripteaseaufführungen).[20] Der Prostitution wird jedoch schon dann im Sinne der Norm nachgegangen, wenn es nur zu Aktivitäten kommt, die unmittelbar auf eine sexuelle Betätigung abzielen (z.B. typisches Anbahnungsverhalten wie konkludentes Sichanbieten durch Herumstehen oder bloßes Auf- und Abgehen, Verhandeln mit Freiern auf dem sog. Straßenstrich).[21]

564   Da es sich bei § 184a StGB um ein abstraktes Gefährdungsdelikt handelt, kommt es zur Tatbestandsverwirklichung nicht darauf an, dass das Geschehen öffentlich oder in sonst wahrnehmbarer Weise erfolgt. Es erübrigt sich also eine Prüfung, ob die Anbahnung zu einer konkreten Belästigung anderer Personen geführt hat oder hätte führen können.[22] Maßgeblich bleibt insoweit allein der **Widerspruch zwischen Tathandlung und wirksamem Verbot**.[23] Auch unauffällige Anbahnungsverhandlungen und von Außenstehenden unbeobachtete Wohnungs- oder Bordellbesuche im Sperrbezirk fallen somit unter § 184a StGB.

> *Beispiel:* Die Prostituierte P hat in der örtlichen Tageszeitung unter der Rubrik „Kontakte" ihren Vornamen sowie ihre Telefonnummer veröffentlicht. Der Telefonanschluss befindet sich in ihrer Wohnung, welche wiederum im Sperrbezirk liegt. Nach Erscheinen der Annonce rufen mehrere Männer bei P an und erkundigen sich nach den Preisvorstellungen der P sowie der Möglichkeit von Hausbesuchen. Mit einigen der Anrufer wird P handelseinig und besucht diese in ihren im Sperrbezirk gelegenen Wohnungen.
>
> Das BayObLG[24] hat in einem solchen Fall das Tatbestandsmerkmal des der verbotenen Prostitution Nachgehens i.S. des § 184a StGB bejaht. Hierfür reicht bereits als Anbahnungshandlung das Führen von Gesprächen über die Modalitäten von Hausbesuchen bei Freiern zu entgeltlicher sexueller Betätigung aus, wenn die sich prostituierende Person die Verhandlungen über einen im Sperrbezirk gelegenen Telefonanschluss führt.[25] Darüber hinaus erfüllen dann die Hausbesuche in den im Sperrbezirk gelegenen Wohnungen das Tatbestandsmerkmal.
>
> In der Literatur[26] wird dagegen teilweise differenziert: Bleibt – wie bei telefonischen Anbahnungsverhandlungen – die Gefahr einer Belästigung Dritter gänzlich ausgeschlossen, sollen solche Handlungen auf der Tatbestandsebene ausscheiden. Diese Reduktion zur Ausscheidung nicht strafwürdiger Fälle würde jedoch erhebliche Abgrenzungsschwierigkeiten mit sich bringen.[27]

---

[20] Lenckner in: Schönke/Schröder, 1997, § 180a Rdn. 5; Tröndle/Fischer, 1999, § 180a Rdn. 3.

[21] BVerfG, NJW 1985, S. 1767; Göhler, 1998, § 120 Rdn. 4.

[22] Horn in: SK-StGB, 1998, § 184a Rdn. 1.

[23] Lackner/Kühl, 1999, § 184a Rdn. 4.

[24] BayObLG, JZ 1989, S. 51 f.

[25] Zustimmend Göhler, 1998, § 120 Rdn. 4; Tröndle/Fischer, 1999, § 184a Rdn. 3.

[26] Behm, 1989, S. 301 f.; Laufhütte in: LK-StGB, 1995, § 184a Rdn. 2; Lenckner in: Schönke/Schröder, 1997, § 184a Rdn. 4; Leo, 1995, S. 203 ff.

[27] Lackner/Kühl, 1999, § 184a Rdn. 4.

Die Ordnungswidrigkeit des § 120 Abs. 1 Nr. 1 OWiG wird durch das Tatbe- **565** standsmerkmal der **Beharrlichkeit** des **Zuwiderhandelns** zur Straftat nach § 184a StGB qualifiziert. Im Täterverhalten muss eine besondere Hartnäckigkeit und damit eine gesteigerte Gleichgültigkeit gegenüber dem gesetzlichen Verbot zum Ausdruck kommen[28], welche zugleich die Gefahr weiterer Deliktsbegehungen indiziert.[29]

Das Merkmal der Beharrlichkeit i.S. des § 184a StGB setzt voraus:
- einen wiederholten Verstoß gegen eine Sperrgebietsverordnung sowie
- eine Abmahnung des vorangegangenen Verstoßes auf der Grundlage ebendieser Rechtsverordnung.

Dem Begriff der Beharrlichkeit[30] kommt im Hinblick auf § 120 Abs. 1 Nr. 1 **566** OWiG die Funktion eines Rückfallkriteriums zu.[31] Deshalb bedarf es zum einen eines **wiederholten** Zuwiderhandelns, wobei zwischen den einzelnen Verstößen aber keine zu großen Abstände liegen dürfen. Erforderlich ist ein zeit- und sachnaher Zusammenhang. Zwar bleibt eine wiederholte Tatbegehung stets Grundvoraussetzung, sie ist für sich allein jedoch noch nicht ausreichend. Vielmehr muss sich – im Gegensatz zur einfachen Gesetzesübertretung – ein Mehr an Widersetzlichkeit zeigen.[32]

Eine gesteigerte Pflichtwidrigkeit liegt vor, wenn bereits eine **Abmahnung** auf **567** der Basis derselben Sperrgebietsverordnung ergangen ist.[33] Ohne eine solche bliebe die Beharrlichkeit des Zuwiderhandelns regelmäßig nicht beweisbar. Gelangt der sich prostituierenden Person die bereits ergangene Abmahnung nicht zur Kenntnis, fehlt es am Tatbestandsmerkmal der Beharrlichkeit.

Im Übrigen verlangt § 184a StGB auf der Ebene des subjektiven Tatbestandes **568** wenigstens **bedingten Vorsatz**: Der Täter hält es für möglich oder es ist ihm gleichgültig, dass er entgegen den Regelungen in der Sperrgebietsverordnung an einem verbotenen Ort bzw. zu einer untersagten Tageszeit der Prostitution nachgeht.

7.1.1.2 Besondere Teilnahmeprobleme

Das Kriterium der Beharrlichkeit ist ein besonderes persönliches Merkmal i.S. des **569** § 14 Abs. 4 OWiG. Die gesteigerte Pflichtwidrigkeit muss deshalb auch bei einem Teilnehmer gegeben sein. Fehlt es daran, scheidet bei ihm eine Strafbarkeit gem. § 184a StGB aus und es kommt § 120 Abs. 1 Nr. 1 OWiG zur Anwendung. Handelt ein Haupttäter nicht beharrlich i.S. des § 184a StGB, wird infolge § 14 Abs. 4 OWiG ein beharrlich gegen die Sperrbezirksverordnung verstoßender Gehilfe

---

28 Gleß, 1999, S. 102; Lenckner in: Schönke/Schröder, 1997, § 184a Rdn. 5.
29 OLG Köln, GA 1984, S. 333; Lackner/Kühl, 1999, § 184a Rdn. 5.
30 Allgemein dazu: Bandemer, 1989, S. 256 ff.
31 Tröndle/Fischer, 1999, § 184a Rdn. 5.
32 BayObLG, NStE Nr. 2 zu § 184a StGB.
33 Horn in: SK-StGB, 1998, § 184a Rdn. 3; Laufhütte in: LK-StGB, 1995, § 184a Rdn. 4; Leo, 1995, S. 208; a.A. Lackner/Kühl, 1999, § 184a Rdn. 5; Lenckner in: Schönke/Schröder, § 184a Rdn. 5; Tröndle/Fischer, 1999, § 184a Rdn. 5.

dennoch zum qualifizierten Beteiligten und ist wegen Teilnahme an § 184a StGB zu bestrafen.[34] Dabei kann die Beihilfehandlung in der Gewährung von Unterkünften für Prostituierte zum Zweck der Prostitutionsausübung liegen. Dem steht § 180a Abs. 2 StGB nicht entgegen, weil dieser Norm eine andere Schutzrichtung innewohnt als § 184a StGB.[35]

570   Eine strafrechtliche Privilegierung erfährt der sog. **Freier**.[36] Ganz überwiegend wird die Auffassung vertreten, dass die Kunden von unter Verstoß gegen Sperrbezirksverordnungen arbeitenden Prostituierten als **notwendige Teilnehmer** straflos bleiben[37] und auch keine Ordnungswidrigkeit gem. § 120 Abs. 1 Nr. 1 OWiG begehen.[38] Setzt eine notwendige Teilnahme aber gerade voraus, dass eine Tatbestandsverwirklichung zwingend die Beteiligung mehrerer Personen erfordert[39], dann erscheint dies beim Delikt der verbotenen Prostitutionsausübung fraglich.[40] Denn der Prostitution i.S. des § 184a StGB geht bereits nach, wer unmittelbar auf entgeltliche sexuelle Betätigung abzielende Handlungen unternimmt. Der Tatbestand ist also schon verwirklicht, wenn erste Anbahnungsaktivitäten wie das Herumstehen erfolgen. Damit verlangt eine Tatbestandserfüllung nicht notwendig die Beteiligung eines Freiers. Zudem stellt bei § 184a StGB nicht der einzelne Kunde das Schutzobjekt dar, sondern die Bewahrung der Jugend und der Allgemeinheit vor prostitutionsspezifischen Belästigungen. Der Freier erfährt bei der strafrechtlichen Verfolgung der verbotenen Prostitutionsausübung letztlich eine rechtlich nicht begründbare Privilegierung.[41]

571   Die einseitige Strafverfolgung sich prostituierender Personen, aber auch die geringe Unrechtsqualität der Ausübung verbotener Prostitution als bloßer Verwaltungsungehorsam haben zu Forderungen nach einer Abschaffung des § 184a StGB geführt.[42] Zur Durch-

---

34 Mitsch, 1995, S. 100.
35 BayObLG, NJW 1981, S. 2766; Geerds, 1985, S. 472; Göhler, 1998, § 120 Rdn. 9; Gössel, 1987, S. 345; Laufhütte in: LK-StGB, 1995, § 184a Rdn. 6; Lenckner in: Schönke/Schröder, § 184a Rdn. 7; Maurach/Schroeder/Maiwald, 1995, S. 206; a.A. Horn in: SK-StGB, 1998, § 184a Rdn. 5; Lackner/Kühl, 1999, § 184a Rdn. 7; Tröndle/Fischer, 1999, § 184a Rdn. 6 unter Hinweis auf eine abschließende Regelung der Wohnungsgewährung an Prostituierte durch § 180a StGB.
36 Zu den Prostitutionskunden siehe Kleiber/Velten, 1994; Prostituiertenprojekt Hydra, 1991.
37 Gössel, 1987, S. 345; Horn in: SK-StGB, 1998, § 180a Rdn. 5; Lackner/Kühl, 1999, § 184a Rdn. 7 („wenn sich sein Tatbeitrag auf die Rolle des zahlenden Freiers beschränkt"); Laufhütte in: LK-StGB, 1995, § 180a Rdn. 6; Lenckner in: Schönke/Schröder, 1997, § 184a Rdn. 7; Maurach/Schroeder/Maiwald, 1995, S. 206; Otto, 1998, S. 350; Tröndle/Fischer, 1999, § 184a Rdn. 6.
38 Göhler, 1998, § 120 Rdn. 9; Gropp, 1992, S. 234; Kurz in: KK-OWiG, 1989, § 120 Rdn. 18.
39 Baumann/Weber/Mitsch, 1995, S. 690; Jescheck/Weigend, 1996, S. 697; Roxin in: LK-StGB, 1993, vor § 26 Rdn. 32; Wessels/Beulke, 1999, S. 184.
40 Siehe Graalmann-Scheerer, 1995, S. 352 f.; Leo, 1995, S. 209 ff.; einschränkend auch Sowada, 1992, S. 247 f.
41 Graalmann-Scheerer, 1995, S. 358.
42 So Albrecht/Beckmann u.a., 1992, S. 64; Graalmann-Scheerer, 1995, S. 359; Leo, 1995, S. 201; Molloy, 1992, S. 114; Prostituiertenprojekt Hydra, 1988, S. 203; DIE GRÜNEN, Entwurf eines Antidiskriminierungsgesetzes, BT-Drs. XI/7140.

setzung öffentlich-rechtlicher Sperrbezirksverordnungen bedarf es keiner eigenen Strafnorm – hier reicht das Ordnungswidrigkeitenrecht aus.

7.1.2 Jugendgefährdende Prostitution

Als eine Vorschrift zum Schutz der Jugend dient § 184b StGB dazu, mittels Androhung von Freiheitsstrafe bis zu einem Jahr oder Geldstrafe gegen Prostituierte junge Menschen **vor einer Konfrontation** mit den sozialen Gegebenheiten der Prostitution zu **bewahren**. Sie sollen durch Zurschaustellung der Prostitution nicht in ihren sittlichen Wertvorstellungen negativ beeinflusst werden. **572**

Der **Tatbestand** des § 184b StGB setzt voraus:
- eine Person geht der Prostitution nach,
- dies geschieht an bestimmten Örtlichkeiten,
- es kommt dadurch zu einer sittlichen Gefährdung von Personen unter 18 Jahren.

Das Tatbestandsmerkmal „**der Prostitution nachgehen**" ist in dem gleichen Sinne zu verstehen wie in § 184a StGB.[43] **573**

Die Tathandlung des **Nachgehens** muss im Rahmen des § 184b StGB erfolgen:
- in der Nähe einer Schule oder anderen Örtlichkeit, die zum Besuch durch Personen unter 18 Jahren bestimmt ist (Nr. 1), oder
- in einem Haus, in dem Personen unter 18 Jahren wohnen (Nr. 2).

In § 184b Nr. 1 StGB stellt die **Örtlichkeit** den Oberbegriff dar, die Schule nur ein gesetzlich benanntes Beispiel. Die Örtlichkeiten müssen zum Besuch durch Jugendliche bestimmt sein. Hierfür reicht nicht aus, dass Orte überwiegend von Minderjährigen aufgesucht zu werden pflegen (z.B. Diskotheken). Entscheidend kommt es vielmehr darauf an, dass der für den Verwendungszweck einer Örtlichkeit Verantwortliche diese als zum Besuch durch Personen unter 18 Jahren dienend bestimmt hat.[44] Dies gilt sowohl für Gebäude (z.B. Kindergärten, Jugendheime bzw. -häuser) als auch für offene Einrichtungen (z.B. Kinderspielplätze), selbst wenn diese nur vorübergehend existieren (z.B. Zeltlager von Jugendgruppen). Muss der Prostitution gem. § 184b Nr. 1 StGB **in der Nähe** solcher Örtlichkeiten nachgegangen werden, umfasst dies zum einen Tathandlungen in der Einrichtung selbst. Zum anderen ist der Bereich betroffen, der seitens der geschützten Minderjährigen von der Örtlichkeit aus ohne weiteres eingesehen werden kann.[45] **574**

In einem **Haus** leben i.S. des § 184b Nr. 2 StGB Personen unter 18 Jahren, wenn sie dort – nicht nur vorübergehend – ihren räumlichen Lebensschwerpunkt besitzen. Auf die Anzahl der dort wohnenden Kinder und Jugendlichen kommt es nicht an. Ausreichend ist damit, dass in einem Haus, in dem der Prostitution nachgegangen wird, zumindest ein Minderjähriger lebt. **575**

---

[43] Siehe Kap. 7.1.1.1.
[44] Laufhütte in: LK-StGB, 1995, § 184b Rdn. 3; Lenckner in: Schönke/Schröder, 1997, § 184b Rdn. 3.
[45] Horn in: SK-StGB, 1998, § 184b Rdn. 3.

576   Die Prostitutionsausübung muss in einer Weise geschehen, welche die jungen Besucher der Örtlichkeit bzw. die minderjährigen Hausbewohner **sittlich gefährdet**. Dies schließt bereits Verhaltensweisen aus, die faktisch zu keiner Konfrontation des geschützten Personenkreises mit der Prostitution führen können (z.B. wenn der Straßenstrich in der Nähe einer Grundschule nur nachts stattfindet).[46] Da § 184b StGB ein **konkretes Gefährdungsdelikt** darstellt, setzt eine Konkretisierung der sittlichen Gefährdung die tatsächliche Beobachtung des Geschehens durch wenigstens einen der Betroffenen voraus.[47] Allerdings muss nur die Gefahr der Beeinträchtigung eines bestimmten Minderjährigen in seiner ungestörten Entwicklung ethischer Wertvorstellungen bestehen. Es bleibt daher für die Tatbestandsverwirklichung irrelevant, ob er darin tatsächlich beeinträchtigt wird oder nicht.[48]

577   Ebenso wie die Ausübung der verbotenen Prostitution gem. § 184a StGB ist auch die jugendgefährdende Prostitution des § 184b StGB ein **eigenhändiges Delikt**[49], welches in Täterschaft nur von der sich prostituierenden Person begangen werden kann. Hinsichtlich des **Freiers** kommt es – wie bei § 184a StGB[50] – über die notwendige Teilnahme zu einer ungerechtfertigten Privilegierung.

578   Angesichts der in den Massenmedien heute gängigen Darstellungen von Prostitutionsausübung und der Werbung für sexuelle Dienstleistungen in Jugendlichen zugänglichen Zeitungen, Magazinen und Datennetzen erscheint die Legitimität der Vorschrift des § 184b StGB als Strafrechtsnorm fraglich. Eine vermehrte Beeinträchtigung der sittlichen Wertvorstellungen junger Menschen durch eine Wahrnehmung realer Prostituierter im Gegensatz zu der für Minderjährige jederzeit zugänglichen Beschreibung und Darstellung von Prostitution ist nicht belegt.[51] Problematisch bleibt auch, ob es sich bei § 184b StGB überhaupt um einen rational fassbaren Tatbestand handelt. Denn der Begriff der Sittlichkeit stellt ein Einfalltor für subjektiv divergierende moralische Wertungen dar.[52]

7.2 Förderung der Prostitution

579   Während die Tatbestände der Ausübung verbotener Prostitution (§ 184a StGB) und der jugendgefährdenden Prostitution (§ 184b StGB) im Bereich der Prostitutionsdelikte bestimmte Belästigungen Unbeteiligter durch sich prostituierende Personen sanktionieren, dient § 180a StGB (Förderung der Prostitution) mit einer Androhung von Freiheitsstrafe bis zu drei Jahren oder Geldstrafe – ebenso wie

---

[46]   Ilg, 1997, S. 103; Lenckner in: Schönke/Schröder, 1997, § 184b Rdn. 5; Leo, 1995, S. 214 f.
[47]   Horn in: SK-StGB, 1998, § 184b Rdn. 5; Laufhütte in: LK-StGB, 1995, § 184b Rdn. 5; a.A. Lenckner in: Schönke/Schröder, 1997, § 184b Rdn. 5; Maurach/Schroeder/Maiwald, 1995, S. 206; Tröndle/Fischer, 1999, § 184b Rdn. 4.
[48]   Gössel, 1987, S. 345.
[49]   Auerbach, 1978, S. 230 ff.
[50]   Siehe Kap. 7.1.1.2.
[51]   So auch Leo, 1995, S. 215 ff.; siehe ferner DIE GRÜNEN, Entwurf eines Antidiskriminierungsgesetzes, BT-Drs. XI/7140.
[52]   Ebenso Bargon, 1982, S. 289.

§ 181a StGB (Zuhälterei) – dem **Schutz der Menschen im Prostitutionsmilieu** selbst.

Den weitestgehenden Tatbestand enthält im Bereich dieser Deliktsgruppe § 180a   **580**
StGB: Bekämpft werden sollen verfestigte Institutionen im Vorfeld der Prostitutionsausübung, welche die Betroffenen typischerweise in ihrer Unabhängigkeit tangieren.[53] Der Tatbestand der Förderung der Prostitution bezweckt dabei nicht den Schutz einer Ordnung sexueller Betätigung[54], sondern er enthält neben dem Aspekt der sexuellen Selbstbestimmung in seinem Kernbereich **Straftaten gegen die Autonomie** des Einzelnen.[55] Der Prostitution nachgehende männliche wie weibliche Personen sollen **vor weiteren Milieuverstrickungen bewahrt** bleiben, die dann einen Loslösungsprozess erschweren.[56] Geschützt wird in § 180a Abs. 1 und Abs. 2 Nr. 2 StGB damit die persönliche und wirtschaftliche Unabhängigkeit als Individualrechtsgut. Hinzu kommt bei § 180a Abs. 2 Nr. 1 StGB der Jugendschutz. Berücksichtigt sind spezifische Gefahren der Prostitutionsausübung durch Jugendliche.

Alle Tatbestandsalternativen des § 180a StGB stellen **abstrakte Gefähr-**   **581**
dungsdelikte dar.[57] Die Unabhängigkeit der im Prostitutionsmilieu tätigen Menschen muss nicht tatsächlich beeinträchtigt oder aufgehoben sein.

7.2.1 Verbot gewerbsmäßiger Bordellbetriebe

§ 180a Abs. 1 StGB schützt die Freiheit von Prostituierten vor Gefahren, die sich   **582**
daraus ergeben können, dass sie ihrer Tätigkeit in einem gewerbsmäßig geleiteten Betrieb nachgehen.

Für beide Alternativen des § 180a Abs. 1 StGB ist erforderlich:
– in einem Betrieb wird der Prostitution nachgegangen,
– der Täter unterhält oder leitet diesen Betrieb gewerbsmäßig.

Das Tatbestandsmerkmal **Betrieb** umschreibt ein Unternehmen, das – auf eine   **583**
gewisse Dauer angelegt – Prostituierte organisatorisch und räumlich eingliedert, um aus der entgeltlichen Gelegenheit zu Sexualkontakten Gewinne zu erzielen.[58] Es genügt insoweit nicht das Unterhalten einer sog. Dirnenunterkunft oder eines Wohnheims[59] mittels Zimmervermietung an selbständige Prostituierte.[60] Notwendig wird eine darüber hinausgehende **organisatorische Zusammenfassung der Prostitutionsausübung**. Dabei ist für einen Bordellbetrieb eine Auswahlmöglich-

---

53 BVerfG, NJW 1993, S. 1911; BGHSt. 38, S. 95.
54 So aber Nitze, 1986, S. 360.
55 Bargon, 1982, S. 112; Laubenthal, 1993, S. 908; Laufhütte in: LK-StGB, 1995, § 180a
      Rdn. 1; Tröndle/Fischer, 1999, § 180a Rdn. 2.
56 BGH, NJW 1995, S. 1687.
57 Gössel, 1987, S. 296 f.
58 BayObLG, NJW 1994, S. 2370; siehe dazu Lux, 1985, S. 402 ff.; zu sog. Massagesalons: Lüthge-Bartholomäus, 1975, S. 1871 ff.
59 Zu einem Modell eines selbstverwalteten Bordells siehe Leydecker, 1996.
60 BGH, NJW 1995, S. 1687.

keit des Besuchers typisch[61], weshalb sich dort mindestens zwei Personen prostituieren müssen.[62]

584   Der Begriff „**der Prostitution nachgehen**" entspricht demjenigen des § 184a StGB.[63] Genügen Aktivitäten, die unmittelbar auf Sexualkontakte abzielen, so wird aus **räumlicher Perspektive** auch dann im Betrieb der Prostitution nachgegangen, wenn sich Personen darin zu entgeltlichen sexuellen Handlungen anbieten, diese jedoch außerhalb stattfinden.[64] Andererseits sind aber die räumlichen Voraussetzungen nicht erfüllt bei Telefonzentralen, die lediglich Kontaktgespräche zwischen Kunden und Prostituierten zur Vornahme sexueller Handlungen an anderen Orten vermitteln.[65]

585   Eine Täterschaft setzt bei § 180a Abs. 1 StGB voraus, dass der Bordellbetrieb gewerbsmäßig **unterhalten oder geleitet** wird. Der Täter muss die Verantwortung für den Betrieb tragen. Ist er faktisch dessen Inhaber – selbst wenn ein sog. Strohmann für ihn als solcher fungiert –, dann unterhält er im Sinne der Norm den Betrieb, wenn er die wirtschaftliche Trägerschaft innehat. Wurde einer Person nur die Betriebsführung verantwortlich übertragen und übt sie diese auch tatsächlich aus, liegt ein Leiten vor.[66] Das Unterhalten oder Leiten erfolgt **gewerbsmäßig**, sobald der Täter sich durch wiederholte Tatbegehung eine fortlaufende Einnahmequelle verschaffen will.[67] Bei Vorliegen einer für die Gewerbsmäßigkeit notwendigen Täterabsicht ist schon die erste Einzelhandlung als gewerbsmäßig zu beurteilen.[68]

586   Das Verbot gewerbsmäßiger Bordellbetriebe des § 180a Abs. 1 StGB greift jedoch nur, wenn der **Betrieb bestimmte Eigenschaften aufweist:**
– Prostituierte werden in persönlicher oder wirtschaftlicher Abhängigkeit gehalten (Nr. 1), oder
– die Prostitutionsausübung wird durch Maßnahmen gefördert, welche über das bloße Gewähren von Wohnung, Unterkunft oder Aufenthalt und die damit üblicherweise verbundenen Nebenleistungen hinausgehen (Nr. 2).

587   Das Gesetz umschreibt hier **Formen der Abhängigkeit**. Dabei lässt sich folgendes **Stufenverhältnis** feststellen:
• Straffrei bleiben die Prostitutionsausübung begünstigende Maßnahmen, die den Prostituierten ihre volle Entscheidungs- und Handlungsfreiheit belassen und nicht über die in § 180a Abs. 1 Nr. 2 StGB ausdrücklich als zulässig beschriebenen Leistungen hinausgehen.

---

61   Lenckner in: Schönke/Schröder, 1997, § 180a Rdn. 4.
62   BayObLG, NJW 1994, S. 2370; Rabe, 1998, S. 27; a.A. Horn in: SK-StGB, 1998, § 180a Rdn. 3 (ausreichend zwei zusammenwirkende Personen, wovon eine der Prostitution nachgeht).
63   Siehe oben Kap. 7.1.1.1.
64   Gössel, 1987, S. 298; Laufhütte in: LK-StGB, 1995, § 180a Rdn. 6; Maurach/Schroeder/Maiwald, 1995, S. 210.
65   Horn in: SK-StGB, § 180a Rdn. 3; Lenckner in: Schönke/Schröder, 1997, § 180a Rdn. 4; Rabe, 1998, S. 26.
66   Laufhütte in: LK-StGB, 1995, § 180a Rdn. 7.
67   So BGHSt. 1, S. 383 (zur gewerbsmäßigen Hehlerei).
68   Küper, 1999, S. 165.

- Gem. § 180a Abs. 1 Nr. 2 StGB sind fördernde Einwirkungen strafbar, die Prostituierte in ihrer Freiheit dahin gehend beeinflussen können, ob, wo, wann bzw. wie sie ihre Tätigkeit ausüben.
- Arbeitet die sich prostituierende Person hinsichtlich ihrer Lebensführung oder ihrer Einkünfte fremdbestimmt und beruht dies auf einer gezielten Einwirkung auf ihre Unabhängigkeit, liegt eine Strafbarkeit nach § 180a Abs. 1 Nr. 1 StGB vor.

Beide Alternativen des § 180a Abs. 1 StGB setzen **auf der subjektiven Tatsei-**   **588** **te** die Kenntnis des Täters von allen Umständen voraus, welche den objektiven Tatbestand begründen. Hinsichtlich der Gewerbsmäßigkeit ist die Absicht erforderlich, sich durch das Unterhalten oder Leiten des Bordellbetriebs eine fortlaufende Einnahmequelle zu verschaffen.

Die Begehungsform des § 180a Abs. 1 Nr. 1 StGB enthält die in § 180a Abs. 1   **589** Nr. 2 StGB umschriebenen Merkmale. Sind bereits die tatbestandlichen Voraussetzungen der Nr. 1 erfüllt, wird die in Nr. 2 erfasste Begehungsweise auf der Ebene der Konkurrenzen verdrängt.[69]

7.2.1.1 Prostitutionsfördernde Maßnahmen

Aus dem Wortlaut des § 180a Abs. 1 Nr. 2 StGB ergibt sich ausdrücklich nur,   **590** welche Handlungen des Inhabers oder Leiters eines Betriebes keine Fördermaßnahmen im Sinne der Norm darstellen: das bloße Gewähren von Wohnung, Unterkunft oder Aufenthalt einschließlich der damit üblicherweise verbundenen Nebenleistungen.

Wohnung	=	Räumlichkeit mit der Möglichkeit längeren Aufenthalts einschließlich Übernachtung (Wohnsitzbegründung ist nicht erforderlich).
Unterkunft	=	Für einen kürzeren Zeitraum, auch zum Übernachten, geeignete Räumlichkeit.
Aufenthalt	=	Im Freien befindliche Räumlichkeit (auch ohne Dach), die lediglich vorübergehend genutzt wird.
Übliche Nebenleistungen	=	Leistungen, die auch außerhalb des Bereichs der Prostitutionsausübung im Hotel- und Gaststättengewerbe gewährt werden (z.B. Heizung, Reinigung, Bettwäsche, Verpflegung usw.).[70]

Es bleiben diejenigen die Prostitutionsausübung fördernden Einrichtungen mit   **591** Strafe bedroht, welche **über die im Gesetz erlaubten Leistungen hinausgehen**.

Hat die Regelung des § 180a Abs. 1 Nr. 2 StGB das Ziel, Abhängigkeiten von   **592** Prostituierten bereits im Vorfeld zu bekämpfen und weitere Verstrickungen in das Prostitutionsmilieu durch Maßnahmen von Bordellbetreibern zu verhindern, werden von diesem Tatbestand Handlungen erfasst, welche den Betroffenen die Tätigkeit so erleichtern, dass sie ihre Art von Gelderwerb nicht mehr ohne weiteres

---

[69] BGH, NStZ 1990, S. 80.
[70] BVerfG, NJW 1993, S. 1911.

aufgeben dürften.[71] Die Vorschrift betrifft aber nur **betriebsbezogenes Handeln**. Geht es dem Täter lediglich darum, ausländerrechtliche Schwierigkeiten, die einer Beschäftigung von Prostituierten in seinem Bordell entgegenstehen, zu beseitigen (z.B. durch Vermittlung von Eheschließungen zwischen nichtdeutschen Prostituierten und deutschen Partnern im Ausland), stellt dies keine den Betrieb i.S. des § 180a Abs. 1 Nr. 2 StGB kennzeichnende Maßnahme dar.[72]

593   Auch Arbeitserleichterungen können noch vorhandene Hemmungen gegenüber der Prostitutionsausübung abbauen und einen Anreiz zur Fortsetzung einer solchen Betätigung schaffen. Deshalb sieht die Rechtsprechung bereits in der **Schaffung günstiger Arbeitsbedingungen**, die über das nach dem Wortlaut des § 180a Abs. 1 Nr. 2 StGB Zulässige hinausgehen, strafbare prostitutionsfördernde Maßnahmen.

Beispiel: Als prostitutionsfördernde Maßnahme wertet die Rechtsprechung[73] schon das Herstellen einer gehobenen und diskreten Atmosphäre:

Ein Angeklagter betrieb als Sauna-Clubs getarnte Bordellbetriebe. Der Geschlechtsverkehr wurde dort vor allem in sog. „Ruheräumen" ausgeübt. Die Prostituierten durften den Umfang ihrer Tätigkeit selbst bestimmen. Sie konnten diese jederzeit aufgeben. Die Einteilungen zum „Schichtdienst" nahmen sie weitgehend selbständig vor. Der Angeklagte hatte in den Clubs ein „Bon-System" eingeführt: Die Besucher erwarben beim Betreten der Räume einen Bon für 150,— bis 200,— DM. Den Bon übergaben sie dann der Prostituierten, mit der sie den Geschlechtsverkehr ausübten. Diese durfte für „Sonderleistungen" einen Aufpreis vereinbaren und bar kassieren, ohne über solche Nebeneinnahmen Rechenschaft ablegen zu müssen. Die während der Schicht gesammelten Bons gab die Prostituierte bei Schichtende zur Abrechnung. Ihr wurde dann der Wert der Bons abzüglich eines „Stichgeldes" von 50,— DM pro Bon gutgebracht. Das so errechnete Guthaben erhielt sie täglich nach Abzug der Verbindlichkeiten gegenüber der Clubleitung (Miete, anteilige Werbungskosten, Speisen usw.) in bar ausbezahlt.

Der BGH[74] sah in diesen Gegebenheiten eine Förderung der Prostitution durch Schaffung günstiger Arbeitsbedingungen: Gem. § 180a Abs. 1 Nr. 2 StGB sind nicht nur Maßnahmen tatbestandsmäßig, die zu einer konkreten Gefährdung der Prostituierten führen – es sollen auch typische Verhaltensweisen pönalisiert werden, hinter denen sich regelmäßig Abhängigkeitsverhältnisse verbergen. Maßgebliches Kriterium bleibt dabei, ob der Gesamtzustand des Betriebes geeignet ist, die Betroffenen in der Prostitution festzuhalten und sie noch enger an diese Tätigkeit zu binden. „Eine derartige Eignung zu weiterer Verstrickung in die Prostitution wird nach gefestigter Rechtsprechung der Schaffung besonders günstiger Bedingungen für die Prostitutionsausübung beigemessen. Dies kann – wie im vorliegenden Fall – durch Herstellen einer gehobenen und diskreten Atmosphäre, durch die mit dem Saunabetrieb bewusst geschaffenen erhöhten Anreize zu sexuellen Kontakten, durch das Fernhalten unerwünschter, am Geschlechtsverkehr gegen Entgelt nicht interessierter und weniger bemittelter Kunden, durch den Ausschank alkoholischer Getränke, durch Vorführung von Pornofilmen und

---

71 Geerds, 1979, S. 344.
72 BGH, NStZ 1992, S. 228.
73 OLG Köln, JR 1979, S. 342; BGH, NJW 1986, S. 596; BGH, StrVert 1986, S. 297; BGH, NJW 1987, S. 3209; siehe auch BayObLG, NJW 1985, S. 1566; OLG Hamm, MDR 1990, S. 1033.
74 BGH, NJW 1986, S. 596.

durch ein den Geschlechtsverkehr von vornherein einschließendes Eintrittsgeld geschehen."

Prostitutionsfördernde Maßnahmen i.S. des § 180a Abs. 1 Nr. 2 StGB zeichnen sich gerade dadurch aus, dass sie in erster Linie dem **Erwerbsinteresse des Betreibers** dienen und weniger der Schaffung humaner Rahmenbedingungen für die Prostitutionsausübung.[75] Sind solche überwiegend am wirtschaftlichen Vorteil des Täters orientierten Aktivitäten geeignet, die Betroffenen in ihrer Entscheidungs- und Handlungsfreiheit zu beeinträchtigen und weiter in das Prostitutionsmilieu zu verstricken, fallen arbeitserleichternde Verhaltensweisen insoweit durchaus unter § 180a Abs. 1 Nr. 2 StGB. Allerdings kann der Tatbestand dieser Norm dann nicht tangiert sein, wenn über die nach seinem Wortlaut zulässigen Leistungen hinausgehende Maßnahmen offensichtlich überhaupt nicht geeignet sind, die Unabhängigkeit der Prostituierten in einem Betrieb zu gefährden (z.B. das Aufstellen von Kondomautomaten).[76]

594

7.2.1.2 Das Halten in Abhängigkeit

Während bei § 180a Abs. 1 Nr. 2 StGB die betriebsbezogenen Maßnahmen nur eine Gefahr für die Entscheidungs- und Handlungsfreiheit der Prostituierten mit sich bringen müssen, erfordert eine Strafbarkeit gem. § 180a Abs. 1 Nr. 1 StGB bereits ein **nachhaltig fremdbestimmtes Handeln** der Betroffenen. Die nach der Betriebsart der Nr. 2 abstrakt bestehende Gefährdung der Selbstbestimmung konkretisiert sich bei Nr. 1 in einem faktisch festzustellenden Abhängigkeitsverhältnis.

595

Die der Prostitution nachgehenden Personen werden in persönlicher oder wirtschaftlicher Abhängigkeit **gehalten**, wenn gezielte betriebsbezogene Maßnahmen zur Folge haben, dass die Betroffenen sich aus ihrer Abhängigkeit nur unter erheblichen Schwierigkeiten wieder lösen können.[77] Dabei liegt eine **persönliche Abhängigkeit** vor, sobald die sich prostituierende Person in ihrer einschlägigen Tätigkeit und in ihrer Lebensführung der Disposition eines anderen unterworfen wird. **Wirtschaftliche Abhängigkeit** ist nicht gleichbedeutend mit wirtschaftlicher Ausbeutung.[78] Es genügt bereits, dass über das jeweilige Entgelt für geleistete sexuelle Handlungen nicht verfügt werden kann – also eine Abhängigkeit von finanziellen Zuwendungen seitens des Bordellbetreibers besteht.[79] Dieser muss das Abhängigkeitsverhältnis allerdings nicht selbst begründet haben. Er kann ein solches auch aufrechterhalten oder vertiefen. Von seinem Normzweck her –

596

---

[75] Tröndle/Fischer, 1999, § 180a Rdn. 5.
[76] Einschränkend auch Horn in: SK-StGB, 1998, § 180a Rdn. 9; Köberer, 1986, S. 295 ff.; Lenckner in: Schönke/Schröder, 1997, § 180a Rdn. 12; Leo, 1995, S. 147 ff.; gegen eine Eignungsklausel: Rabe, 1998, S. 48; für eine Streichung des § 180a Abs. 1 Nr. 2 StGB: Albrecht/Beckmann u.a., 1992, S. 64; krit. auch Gleß, 1999, S. 109 f.
[77] Gössel, 1987, S. 299.
[78] BGH, NStZ 1995, S. 180.
[79] Lenckner in: Schönke/Schröder, 1997, § 180a Rdn. 8; Leo, 1995, S. 135 f.

Schutz der Autonomie des Einzelnen – ist § 180a Abs. 1 Nr. 1 StGB sogar dann anzuwenden, wenn unter mehreren Prostituierten nur eine Einzige in Abhängigkeit gehalten wird.

> *Beispiel:* A unterhielt zwei Barbetriebe, in denen jeweils mehrere als sog. Animierdamen beschäftigte Frauen der Prostitution nachgingen. An den Einnahmen aus der Prostitution war A beteiligt. Zu den Prostituierten seiner Betriebe gehörten auch zwei junge Frauen aus Bosnien-Herzegowina, die S und die Z, welche nacheinander in die Betriebe des A gelangten. S und Z waren jeweils nach vorheriger Absprache mit dem an neuem Personal für seine Betriebe interessierten A unter der Vorspiegelung der Vermittlung von Arbeitsstellen als Küchenhilfen dazu veranlasst worden, nach Deutschland zu reisen. Beide waren der deutschen Sprache nicht oder kaum mächtig. A nahm ihnen nach der Einreise die Ausweispapiere ab und brachte sie unter Ausnutzung ihrer Lage dazu, in seinen Betrieben – wo sie jeweils wohnten – der Prostitution nachzugehen. In den Betrieben des A wurde der Prostituiertenlohn für alle Prostituierten zentral kassiert und unter Einbehalt des hälftigen Anteils des A jeweils abends verteilt.
>
> Der BGH[80] hat eine Bestrafung des A durch das Landgericht u.a. wegen Förderung der Prostitution bestätigt. Er hält zutreffend § 180a Abs. 1 Nr. 1 StGB auch schon auf denjenigen Zeitraum für anwendbar, in dem die S vor der Z als Prostituierte bei A beschäftigt war und in dem unter den dort tätigen Prostituierten nur sie in einem Abhängigkeitsverhältnis stand. Zwar liegt ein Betrieb i.S. des § 180a Abs. 1 StGB begrifflich nur vor, wenn die Tätigkeit mindestens zweier Prostituierter organisatorisch zusammengefasst wird. Davon zu unterscheiden bleibt aber die Beurteilung, ob die erste Tatbestandsalternative des § 180a Abs. 1 StGB auch dann erfüllt ist, wenn der Betreiber nur eine von diesen mehreren in den Betrieb eingegliederten Prostituierten in einem die wirtschaftliche Unabhängigkeit oder die persönliche Selbstbestimmung beschränkenden Abhängigkeitsverhältnis hält. Diese Frage bejaht der BGH mit Blick auf den Normzweck.
>
> Bei S und Z lagen sowohl eine persönliche als auch eine wirtschaftliche Abhängigkeit vor: Sie wurden unter Vorspiegelungen nach Deutschland gelockt, dessen Sprache sie nicht oder kaum beherrschten, und man nahm ihnen die Ausweispapiere weg. Auf die Auswahl der Freier hatten beide Frauen, die zu bestimmten Zeiten im Lokal anwesend sein mussten, keinen Einfluss. Den Kontakt mit interessierten Kunden arrangierte die Thekenbedienung, die auch für das Kassieren des Lohnes zuständig war. In wirtschaftlicher Hinsicht ergaben sich zusätzliche Beschränkungen für S und Z aus der Art und Weise, wie das Einkassieren des Prostituiertenlohns und dessen Verteilung unter Einbehaltung des hälftigen Anteils des A erfolgte.

7.2.1.3 Besondere Teilnahmeprobleme

597   Bei § 180a Abs. 1 StGB handelt es sich um ein **Sonderdelikt**.[81] Betriebsexterne Personen (z.B. außenstehende Zuhälter) und untergeordnete Beteiligte, die den Betrieb weder unterhalten noch leiten (z.B. Prostituierte, die die Prostitutionsausübung zu Lasten von Mitbetroffenen fördern), sind nach den allgemeinen Teil-

---

80   BGH, NStZ 1985, S. 179.
81   Horn in: SK-StGB, 1998, § 180a Rdn. 12; Tröndle/Fischer, 1999, § 180a Rdn. 13.

nahmeregeln zu behandeln. Fehlt es dem Anstifter oder Gehilfen an der Absicht zu gewerbsmäßigem Handeln, gilt für ihn § 28 Abs. 1 StGB.[82]

Schreiten Amtsträger nicht gegen Betriebe ein, in denen prostitutionsfördernde **598** Maßnahmen i.S. des § 180a Abs. 1 StGB stattfinden, kommt eine Strafbarkeit wegen **Beihilfe durch Unterlassen** in Betracht. Dies betrifft nach Ansicht des BGH etwa den Leiter eines Ordnungsamtes, dem dienstlich die Ausführung und Einhaltung des Gaststättengesetzes obliegen und der – trotz Kenntnis der Gefährdung sich prostituierender Personen – nicht mittels eines Widerrufs der Gaststättenerlaubnis gegen den einzelnen Bordellbetrieb vorgeht.[83] Insoweit erscheint allerdings zweifelhaft, ob aus der Amtspflicht zum Einschreiten gegen sog. unsittliches Treiben in Gaststätten zum Schutz der öffentlichen Sicherheit und Ordnung zugleich auch eine Garantenpflicht hergeleitet werden kann, Gefährdungen der Autonomie von Prostituierten durch die in § 180a Abs. 1 StGB genannten Maßnahmen zu unterbinden.

Keine Garantenstellung zur Verhinderung zukünftiger Prostitutionsausübung in **599** einem Bordellbetrieb hat ein Kriminalbeamter inne, der im Zuge einer Durchsuchung der Einrichtung von prostitutionsfördernden Leistungen erfährt.[84] Auch eine außerdienstliche Kenntniserlangung durch Beamte des allgemeinen Polizeivollzugsdienstes (Schutzpolizei) führt nicht zu einer Strafbarkeit nach §§ 180a Abs. 1, 13, 27 StGB.

Beispiel: Zwei Beamte der Schutzpolizei besuchten in mehrmonatlichen Abständen jeweils während ihrer Freizeit die „P"-Bar, um dort gemeinsam mit Bekannten Bier zu trinken und sich mit den Bardamen zu unterhalten. In der Bar waren mehrere dieser Bardamen beschäftigt, zu deren vertraglichen Verpflichtungen es gehörte, mit Gästen in den der Bar angeschlossenen Séparées gegen Entgelt geschlechtlich zu verkehren. Die Betreiberin der Bar bestimmte die Arbeitszeit der Prostituierten, legte die Preise für die sexuellen Leistungen fest, wies ihnen gelegentlich auf diskrete Weise Kunden zu und behielt einen Teil des zentral kassierten Lohns für sich. Die beiden Polizeibeamten, welche die Bar ohne sexuelle Absichten besuchten und die Séparées niemals betraten, schlossen aus dem Kommen und Gehen von Bardamen und Gästen, dass im Zusammenhang mit dem Barbetrieb Prostitution ausgeübt wurde. Darüber hinaus bemerkten sie jedoch keine Vorgänge, die darauf hindeuteten, dass die Betreiberin der Bar Art, Zeit und Ausmaß der Prostitutionsausübung ihrer Angestellten überwachte und lenkte. Die Polizeibeamten unternahmen weder Schritte, um die in Verbindung mit dem Barbetrieb stattfindende gewerbliche Prostitution zu verhindern, noch veranlassten sie die Einleitung eines Ermittlungsverfahrens gegen die Betreiberin der Bar.

Der BGH[85] hat einen erstinstanzlichen Freispruch der Polizeibeamten u.a. vom Vorwurf der Beihilfe zur Förderung der Prostitution durch Unterlassen bestätigt. Dem ist zuzustimmen:[86] Kommt es durch den Betreiber eines Bordellbetriebs zu einer Förderung der Prostitutionsausübung über das in § 180a Abs. 1 Nr. 2 StGB bezeichnete

---

82 BGH, NJW 1987, S. 199.
83 BGH, NJW 1987, S. 199; krit. dazu Ranft, 1987, S. 914 f.; Rudolphi, 1987, S. 336 ff.; Wagner, 1987, S. 712 f.; Winkelbauer, 1986, S. 1119 ff.
84 BGH, NJW 1989, S. 916.
85 BGHSt. 38, S. 388 ff.
86 Siehe Laubenthal, 1993, S. 908 f.

übliche Maß hinaus, führt dies zu einer Gefährdung der persönlichen Freiheit der in diesem Betrieb tätigen Prostituierten. Polizeibeamte, die trotz Kenntniserlangung hiervon nicht zur Hinderung weiterer Rechtsgutsbeeinträchtigungen eingreifen, verstoßen gegen die aus ihrer Beschützergarantenstellung folgende Handlungspflicht. Für eine Strafbarkeit des einzelnen Amtsträgers ist insoweit aber notwendig, dass das überantwortbare Individualrechtsgut gerade ihm wegen seines Amtes zur besonderen Obhut anvertraut wurde. Der BGH bezeichnet als Voraussetzungen hierfür die örtliche und sachliche Zuständigkeit des Beamten für das Rechtsgut im Rahmen seiner Dienstpflicht sowie die Zugehörigkeit der Verhinderung konkreter Straftaten zu seinem Aufgabenbereich.[87]

Auch ohne einen besonderen Auftrag obliegt Beamten des allgemeinen Polizeivollzugsdienstes (Schutzpolizei) die Aufgabe, Gefahren für die öffentliche Sicherheit und Ordnung abzuwehren und damit zum Schutz deliktisch bedrohter Individualrechtsgüter einzuschreiten. Im Rahmen ihrer örtlichen und sachlichen Zuständigkeit war den angeklagten Polizisten damit eine Obhutspflicht für die in der Bar der Prostitution nachgehenden Personen überantwortet. Die ihrem Amt geltende Vertrauenserwartung hätten sie aber erst dann enttäuscht, wenn sie während ihrer Dienstausübung – und nicht in ihrer Freizeit – mit den Geschehnissen in der Bar konkret befasst gewesen und dann der aus ihrer Beschützergarantenstellung folgenden Handlungspflicht zum Eingreifen nicht nachgekommen wären.[88]

7.2.2 Wohnungsgewährung zur Prostitutionsausübung

600   § 180a Abs. 2 StGB schützt die sich prostituierenden Personen vor weiteren Verstrickungen in das einschlägige Milieu durch die Strafbarkeit verschiedener Formen der Überlassung von Räumlichkeiten, in denen entgeltliche sexuelle Handlungen vorgenommen oder angebahnt werden. Der Gesetzgeber geht davon aus, dass Prostituierte, die ihrer Tätigkeit in fremden Räumlichkeiten nachgehen, leicht in Abhängigkeit zu dem jeweiligen Besitzer geraten können. Dabei differenziert das Gesetz im Hinblick auf die Arten der Räumlichkeiten, den Personenkreis der Prostituierten und die Intensität des Täterverhaltens:

Zu bestrafen ist, wer
- einer Person unter achtzehn Jahren zur Ausübung der Prostitution Wohnung, gewerbsmäßig Unterkunft oder gewerbsmäßig Aufenthalt gewährt (Nr. 1) oder
- eine andere Person, der er zur Ausübung der Prostitution Wohnung gewährt, zur Prostitution anhält oder im Hinblick auf sie ausbeutet (Nr. 2).

7.2.2.1 Die Jugendschutznorm des § 180a Abs. 2 Nr. 1 StGB

601   Der Gesetzgeber will die Aufnahme von Prostituierten unter 18 Jahren in Einrichtungen verhindern, in denen die Prostitution ausgeübt wird.[89] § 180a Abs. 2

---

[87] BGHSt. 38, S. 390 f.
[88] Dazu auch Mitsch, 1993, S. 384 f.
[89] BT-Drs. VI/1552, S. 27; krit. Horn in: SK-StGB, 1998, § 180a Rdn. 15 sowie Leo, 1995, S. 159 ff. im Hinblick auf die verbleibende Problematik der Straßenprostitution.

Nr. 1 StGB umfasst deshalb von den Räumlichkeiten her **Wohnung, Unterkunft und Aufenthalt**.[90]

Diese müssen dem oder der Jugendlichen **gewährt** werden. Insoweit kommt es   **602** weder auf die entgeltliche Überlassung noch auf deren Unmittelbarkeit an (z.B. der Täter vermietet ein Haus und weiß, dass sein Vertragspartner dort mit seiner Zustimmung Räume an jugendliche Prostituierte untervermietet). Entscheidend bleibt: Die Räumlichkeit wird einer Person unter 18 Jahren faktisch überlassen, und es besteht eine wenigstens stillschweigende Übereinkunft zwischen Täter und Minderjährigem, dass der Raum ihm für Prostitutionszwecke zur Verfügung stehen soll.[91]

Während bei der Wohnung das Überlassen mit der ausdrücklichen oder kon-   **603** kludenten Vereinbarung über die Zweckbestimmung ausreicht, wird nach § 180a Abs. 2 Nr. 1 StGB das Gewähren von Unterkunft oder Aufenthalt nur erfasst, wenn es **gewerbsmäßig** erfolgt. Der Täter muss also in der Absicht handeln, sich aus wiederholter Aufenthalts- oder Unterkunftsgewährung zu Prostitutionszwecken eine fortlaufende Einnahmequelle von einigem Umfang und einiger Dauer zu verschaffen.[92] Ausreichend bleibt, dass er dann zumindest einmal eine minderjährige Person aufnimmt und eine entsprechende Zweckvereinbarung besteht. Eine Deliktsvollendung setzt allerdings nicht eine tatsächliche Prostitutionsausübung voraus. Dies ergibt sich aus der besonderen Zweckrichtung der Norm als Jugendschutzvorschrift.[93]

7.2.2.2 Anhalten und Ausbeuten

§ 180a Abs. 2 Nr. 2 StGB begrenzt im Gegensatz zu § 180a Abs. 2 Nr. 1 StGB die   **604** Räumlichkeiten auf Wohnungen, erweitert jedoch den Opferkreis auf alle Altersgruppen. Wie in Nr. 1 muss den sich prostituierenden Personen Wohnung gewährt werden. Auf der Ebene der Tathandlung bedarf es zudem als weiterem Teilakt eines

– Anhaltens zur Prostitution (1. Alt.) oder
– Ausbeutens im Hinblick auf die Prostitution (2. Alt.).

Der Begriff des **Anhaltens** verlangt eine andauernde und nachdrückliche Ein-   **605** flussnahme auf das Opfer, der Prostitution nachzugehen und diese in der Wohnung auszuüben.[94] Dies ist mehr als ein bloßes Beharren auf der Zweckvereinbarung. Ein solches kann jedoch zum Anhalten werden, wenn es oft und nachdrücklich geschieht. Ob das Anhalten tatsächlich zur Prostitutionsausübung führt, ist für eine Deliktsvollendung nicht mehr von Bedeutung.

> *Beispiel*: Hauseigentümer V vermietet der Prostituierten P eine Wohnung. Beide sind sich darüber einig, dass P dort der Prostitution nachgehen wird. Kurz vor ihrem Einzug

---

[90] Zu den Begriffen oben Kap. 7.2.1.1.
[91] Lackner/Kühl, 1999, § 180a Rdn. 6; Lenckner in: Schönke/Schröder, 1997, § 180a Rdn. 17.
[92] Laufhütte in: LK-StGB, 1995, § 180a Rdn. 15.
[93] Lenckner in: Schönke/Schröder, 1997, § 180a Rdn. 18.
[94] BGH, NStZ 1983, S. 220.

bei V lernt P einen Mann näher kennen und beschließt, ihre Tätigkeit als Prostituierte aufzugeben und einen anderen Beruf auszuüben. Nach erfolgtem Einzug lauert V der P täglich beim Verlassen ihrer Wohnung auf und drängt sie, wieder als Prostituierte zu arbeiten. Zudem droht er ihr, dem neuen Partner von ihrem Vorleben zu berichten.

V hat der P gem. § 180a Abs. 2 Nr. 2 StGB eine Wohnung zur Prostitutionsaus-übung gewährt. Eine entsprechende Zweckvereinbarung war zwischen beiden zustande gekommen. Hätte P diese eingehalten, hätte für V kein Anlass bestanden, auf P nach-haltig einzuwirken. Ein Anhalten war aus der Sicht des V erforderlich, weil P die ur-sprüngliche Prostitutionsabsicht wieder aufgab.

Besonders schutzwürdig vor Tathandlungen i.S. des § 180a Abs. 2 Nr. 2 1. Alt. StGB sind somit Personen, welche die Zweckvereinbarung nur zum Schein geschlossen haben oder – wie P – der ursprünglich geplanten Tätigkeit nicht oder nicht mehr nach-gehen.[95] Deshalb muss auch ein erfolgloses Bestimmen zu einer Strafbarkeit führen.[96]

606   Das Tatbestandsmerkmal des **Ausbeutens** in § 180a Abs. 2 Nr. 2 2. Alt. StGB entspricht weitgehend demjenigen des § 181a Abs. 1 Nr. 1 StGB bei der ausbeute-rischen Zuhälterei.[97] Beide sind jedoch – im Gegensatz zu einer in der Literatur verbreiteten Ansicht[98] – nicht völlig identisch. Die Gemeinsamkeit liegt darin, dass der Täter durch ein planmäßiges und eigensüchtiges Ausnutzen der Prostitu-tionsausübung als Erwerbsquelle auf der Seite der sich prostituierenden Person eine spürbare Verschlechterung der wirtschaftlichen Lage herbeiführt.[99] In § 181a Abs. 1 Nr. 1 StGB muss die Ausbeutung durch den Zuhälter jedoch auf der Grundlage eines irgendwie gearteten Herrschafts- oder Abhängigkeitsverhältnis-ses[100] geschehen, während bei der Ausbeutung nach § 180a Abs. 2 Nr. 2 2. Alt. StGB diese im Hinblick auf die Gewährung einer Wohnung erfolgt. Der Täter beutet seine Opfer (z.B. durch drastisch überhöhte Mietzinsforderungen) aus, wenn er sich eine besondere Zwangslage von Prostituierten zunutze macht, die sich aus dem Umstand ergibt, dass Prostituierte regelmäßig nur unter schwierigen Umständen eine Wohnung finden, in der sie ihrer Tätigkeit nachgehen können.[101]

7.3 Zuhälterei

607   Eine Kriminalisierung der Zuhälterei enthält in Deutschland das Strafgesetzbuch erst seit dem Jahr 1900, als durch die sog. Lex Heinze[102] die Vorschrift des § 181a in das RStGB aufgenommen wurde. Ein Aufsehen erregender Mordfall hatte zu Ende des

---

95 Horn in: SK-StGB, 1998, § 180a Rdn. 26; Laufhütte in: LK-StGB, 1995, § 180a Rdn. 16; Tröndle/Fischer, 1999, § 180a Rdn. 10.
96 A.A. Lenckner in: Schönke/Schröder, 1997, § 180a Rdn. 20.
97 Dazu unten Kap. 7.3.1.
98 Siehe Horn in: SK-StGB, 1998, § 180a Rdn. 27; Lackner/Kühl, 1999, § 180a Rdn. 7; Tröndle/Fischer, 1999, § 180a Rdn. 11.
99 BGH, GA 1987, S. 261; BGH, NStZ 1989, S. 67.
100 BGH, NStZ 1996, S. 188.
101 Laufhütte in: LK-StGB, 1995, § 180a Rdn. 17; Lenckner in: Schönke/Schröder, 1997, § 180a Rdn. 21.
102 RGBl. 1900, S. 301.

19. Jahrhunderts das Phänomen von Zuhälterei und Prostitution in die öffentliche Diskussion gerückt.[103] Die ursprüngliche Intention des Gesetzgebers waren ein umfassender Schutz gegen das Zuhältertum an sich als eine angebliche Brutstätte des Verbrechens sowie der Kampf gegen die Förderung der Unzucht durch diese als hässlich-schmarotzend bezeichnete Verhaltensweise – der sog. Dirnenschutz blieb noch ein Nebenzweck.[104] Mit Strafe bedroht werden sollte eine „bestimmte Menschenklasse"[105]. Die Rechtsprechung löste sich im Laufe der Zeit von dieser Zweckrichtung und verlangte, dass sich das Täterverhalten zu einem persönlichen Abhängigkeitsverhältnis verdichtet hatte.[106] Entscheidende Bedeutung kam vermehrt der Frage nach der Art der Beziehung zwischen Zuhälter und Prostituierter zu und zwar bezogen auf deren materielle Bedeutung für die Beteiligten.[107]

Empirische Studien haben gezeigt, dass es d e n kriminologischen Typ des Zuhälters nicht gibt. Allen Zuhältern gemeinsam ist lediglich das grundlegende Merkmal der Benutzung der sich prostituierenden Person als Erwerbsquelle und die darauf beruhenden Beziehungen zu ihr von einer gewissen Dauer.[108]

Nicht mehr die parasitäre Lebensform des Zuhälters, sondern seine **sozialschädliche Aktivität**, Abhängigkeitsverhältnisse zu Prostituierten zu begründen oder aufrechtzuerhalten[109], bekämpft § 181a StGB seit dem 4. StrRG. Die Norm bezweckt, die persönliche und die wirtschaftliche Freiheit einer der Prostitution nachgehenden Person gegen solche Beeinträchtigungen zu schützen, die ihr von Seiten eines Zuhälters drohen können. Geschütztes Rechtsgut ist damit die **Autonomie der Prostituierten** in einem umfassenden Sinn. Es soll verhindert werden, dass die Betroffenen in Abhängigkeit zu ihren Zuhältern geraten und sich aus diesem Verhältnis nicht mehr zu lösen vermögen. § 181a StGB bezieht sich seit dem 4. StrRG nicht mehr allein auf die Prostitution durch weibliche Personen, wie umgekehrt auch auf der Täterseite eine Frau agieren kann.   **608**

§ 181a StGB unterscheidet vier **Begehungsformen**:   **609**
– ausbeuterische Zuhälterei (Abs. 1 Nr. 1),
– dirigierende Zuhälterei (Abs. 1 Nr. 2),
– fördernde Zuhälterei (Abs. 2),
– Ehegattenzuhälterei (Abs. 3).

Neben den in § 181a StGB angedrohten **Unrechtsreaktionen** von Freiheitsstrafe zwischen sechs Monaten und fünf Jahren (Abs. 1) bzw. Freiheitsentzug bis zu drei Jahren oder Geldstrafe (Abs. 2) kann das Gericht gem. § 181b StGB Führungsaufsicht anordnen. In Fällen der dirigierenden Zuhälterei kommen unter bestimmten Voraussetzungen zudem die Vermögensstrafe (§ 43a StGB) sowie die Anordnung des erweiterten Verfalls (§ 73d StGB) in Betracht (§ 181c StGB).   **610**

---

[103] Siehe Falckenberg, 1900; Kaiser H., 1937, S. 51 f.; Rabe, 1998, S. 8 f.; Simson/Geerds, 1969, S. 523.

[104] Dazu Hanack, 1968, S. 200.

[105] Vgl. Simson/Geerds, 1969, S. 523.

[106] Vgl. Androulakis, 1966, S. 435 ff.

[107] Ling, 1997, S. 471.

[108] Dieckmann, 1975, S. 43 ff.; Heusinger, 1976, S. 280 ff.; zur Persönlichkeit der Zuhälter siehe Bargon, 1982, S. 262 ff.

[109] Horstkotte, 1974, S. 89; BGH, NStZ 1983, S. 220.

611 Allen Tatbestandsalternativen des § 181a StGB ist gemeinsam, dass es sich bei den Tatopfern durchweg um Personen – gleichgültig welchen Geschlechts oder Alters – handelt, die **der Prostitution nachgehen**. Der Begriff des der Prostitution Nachgehens entspricht demjenigen der §§ 180a Abs. 1 und 184a StGB.[110]

612 Die Begehungsformen des § 181a Abs. 1 und 2 StGB setzen voraus: Der Täter unterhält zu der sich prostituierenden Person im Hinblick auf die jeweilige Tathandlung Beziehungen, die über den Einzelfall hinausgehen. Lediglich bei der Ehegattenzuhälterei des § 181a Abs. 3 StGB kommt es hierauf nicht an, weil die Ehe schon über den Einzelfall hinausgehende Beziehungen begründet – der Nachweis, dass diese hinsichtlich der tatbestandsmäßigen Handlungen i.S. des Absatzes 1 bzw. 2 bestehen, braucht bei Abs. 3 nicht geführt zu werden.[111]

613 Die **Beziehungsklausel** erfasst Verhältnisse, die nach ihrer Art und Dauer typischerweise die Gefahr von Abhängigkeiten erhöhen.[112] Dabei muss es sich nicht um spezifisch zuhälterische Gegebenheiten handeln. Rein geschäftlich-wirtschaftliche Beziehungen genügen bereits[113], denn ausreichend ist jedes auf eine gewisse Dauer angelegte – gerade an die Prostitution angeknüpfte – Einvernehmen, das der Täter herstellt oder aufrechterhält, um das Opfer in seine Abhängigkeit zu bringen.[114] Neben persönlichen Verbindungen werden daher auch andere vermittelnde Beziehungen erfasst (z.B. der Boss eines Callgirl-Rings, der über Mittelsmänner die Opfer – die er nicht persönlich kennt – ausbeutet oder dirigiert). Unerheblich bleibt, wie das Verhältnis zwischen Täter und Prostituierten entstanden ist bzw. fortgesetzt wird. Gleiches gilt für die Frage, ob der Zuhälter Gewalt oder sonstige Druckmittel anwendet oder die sich prostituierende Person sich aus freien Stücken der Abhängigkeit unterwirft.[115]

614 Dem Tatbestandsmerkmal der **Beziehungen, die über den Einzelfall hinausgehen**, kommt aber vor allem eine negative Funktion zu: Bestimmte Fallkonstellationen sollen ausgeschieden werden.[116] Dies betrifft zum einen kurzfristige Geschäftsverbindungen, die nicht auf eine **gewisse Dauer** angelegt sind[117] (z.B. mit Hotelportiers während eines Kongresses). Zum anderen muss die Tathandlung i.S. des § 181a Abs. 1 bzw. 2 StGB **im Hinblick auf die Prostitution** geschehen. Dies schließt die Fälle aus, in denen die Prostitutionsausübung nicht den entscheidenden Bezugspunkt darstellt. So erfolgt ein Ausbeuten nur im Hinblick auf das Einkommen einer Prostituierten, wenn Friseure, Kosmetiker oder Ärzte für ihre Dienstleistungen besonders hohe Preise bzw. Honorare verlangen.[118] Nach § 181a Abs. 1 Nr. 1 StGB ist auch nicht der Vermieter zu bestrafen, der sich von Prostituierten hohe Mietzinsen zahlen lässt; liegt insoweit ein Ausbeuten unter Ausnutzung der Abhängigkeit vom Vermieter im Zusammenhang mit der Wohnungsge-

---

[110] Siehe oben Kap. 7.1.1.1.
[111] BT-Drs. VI/3521, S. 51.
[112] BGH, NStZ 1983, S. 220.
[113] KG, MDR 1977, S. 862.
[114] Lackner/Kühl, 1999, § 181a Rdn. 2.
[115] BGH, NStZ 1985, S. 453; 1994, S. 32.
[116] Horn in: SK-StGB, 1998, § 181a Rdn. 5.
[117] Laufhütte in: LK-StGB, 1995, § 181a Rdn. 4.
[118] Maurach/Schroeder/Maiwald, 1995, S. 213.

währung vor, kommt jedoch eine Strafbarkeit nach § 180a Abs. 2 Nr. 2 2. Alt. StGB in Betracht.[119]

7.3.1 Ausbeuterische Zuhälterei

Der Täter beutet gem. § 181a Abs. 1 Nr. 1 StGB eine sich prostituierende Person aus, wenn   **615**
- er die Prostitutionsausübung planmäßig und eigensüchtig als Erwerbsquelle ausnutzt und
- es dadurch zu einer spürbaren Verschlechterung der wirtschaftlichen Lage des Opfers kommt.[120]

7.3.1.1 Ausnützen eines Abhängigkeitsverhältnisses

Auf der Täterseite bedarf es einer besonderen Verwerflichkeit sowohl der Motivation als auch der Begehungsweise. In subjektiver Hinsicht verlangt ein Ausbeuten die **Eigensucht**. Hinzu kommt das **planmäßige Ausnützen** eines irgendwie gearteten **Herrschafts- oder Abhängigkeitsverhältnisses**.[121] Letzteres muss bereits bestehen[122], wobei jedoch gleichgültig bleibt, wie es zustande gekommen ist bzw. aufrechterhalten wird. Dies kann mittels Drohung oder Gewalt oder aus wirtschaftlichen Gründen (z.B. Schulden beim Zuhälter) geschehen. Auch persönliche Bindungen – sogar die von einer sich prostituierenden Person selbst angestrebte oder vorangetriebene Unterwerfung bzw. ihr Einverständnis damit[123] – vermögen ein Abhängigkeitsverhältnis zu begründen, das der Täter dann aufgrund seiner stärkeren Position bewusst als Mittel einsetzt, um aus der Prostitutionsausübung seine wirtschaftlichen Vorteile zu ziehen.[124] Ein bloßes Ausgehaltenwerden durch die Prostituierte reicht dagegen nicht aus – selbst wenn es zu erheblichen Zuwendungen kommt[125] –, denn das Gesetz richtet sich nicht gegen eine parasitäre Lebensform, sondern es will den sozialschädlich aktiven Täter treffen, der Prostituierte zum Zwecke ihrer Ausbeutung in Abhängigkeit hält.[126] Ein Ausbeuten i.S. des § 181a Abs. 1 Nr. 1 StGB bleibt zu bejahen, wenn der Täter eine Prostituierte nach gefühlsmäßiger Bindung durch Täuschung ausnutzt.   **616**

---

[119] Lenckner in: Schönke/Schröder, 1997, § 181a Rdn. 12; Tröndle/Fischer, 1999, § 181a Rdn. 10; krit. Maurach/Schroeder/Maiwald, 1995, S. 212.

[120] BGH, GA 1987, S. 261; BGH, NStZ 1989, S. 67; 1994, S. 32; 1996, S. 188; 1999, S. 349.

[121] Horn in: SK-StGB, 1998, § 181a Rdn. 4; Lenckner in: Schönke/Schröder, 1997, § 181a Rdn. 5.

[122] Anders Ling, 1997, S. 477.

[123] BGH, NStZ 1985, S. 453; 1996, S. 188; BayObLG, JR 1978, S. 80; Geerds, 1978, S. 82; Laufhütte in: LK-StGB, 1995, § 181a Rdn. 4; krit. aber Leo, 1995, S. 174; Oetjen, 1994, S. 482.

[124] Lenckner in: Schönke/Schröder, 1997, § 181a Rdn. 5.

[125] BGH, StrVert 1984, S. 334.

[126] BGH, NStZ 1996, S. 126.

Beispiel: Der A lernte die Prostituierte P kennen. Die Bekanntschaft zwischen beiden wurde zumindest auf ihrer Seite bald zu einer Liebesbeziehung. P gab ihre Räumlichkeiten auf, zog zu A in dessen Wohnung und ging im Nebenzimmer dort weiterhin auf ihre Rechnung der Prostitution nach. Als A die P fragte, ob sie auch „dominant arbeiten" könne, bejahte sie dies. In der Wohnung einer anderen Prostituierten wurde deshalb von A ein leer stehender Raum für diese Tätigkeit speziell hergerichtet.

P ging davon aus, in diesem Studio auf eigene Rechnung zu arbeiten und dementsprechend die Investitionen bezahlen zu müssen. Eine ausdrückliche Absprache dieses Inhalts wurde zwar nicht getroffen, P gab dem A aber während des Umbaus in der Vorstellung, es sei „ihr" Studio, den Großteil ihrer Einnahmen aus ihrer Tätigkeit und finanzierte damit zumindest teilweise die Investition. Außerdem wollte sie sich für den Einsatz des A mit einem Betrag von 1 000,— DM erkenntlich zeigen. Dazu bemerkte A, schenken lasse er sich nichts, aber sie könne ihm das Geld geben. Dies verstand sie so, dass sie nicht auf eigene Rechnung, sondern auf die des A arbeiten werde, dieser aber zur Vermeidung strafrechtlicher Verfolgung Geld nicht ausdrücklich verlangen, sondern sich geben lassen wollte. In dieser Annahme überließ sie ihm auch in der Folgezeit ihre gesamten Einnahmen. Ihr war klar, dass A das von ihr erwartete. Dabei wähnte sie die Verteilung der Verantwortlichkeiten im Zusammenhang mit einer gemeinsamen Lebensplanung, die A für sie beide entworfen hatte. Er hatte ihr vorgeschlagen, sie solle etwa zehn Jahre der Prostitution nachgehen, dann habe man genug Geld zusammengespart, um sich zur Ruhe zu setzen und sich ein „schönes Leben" zu machen. Die Verwaltung und das Ansparen des Geldes wollte A übernehmen, während P der Prostitution nachging. P, die den A sehr liebte und ihn auf Dauer an sich zu binden suchte, ließ sich darauf ein und gab ihm ihre gesamten Einkünfte aus der Prostitution. Lediglich für Wochenendfahrten erhielt sie etwas Geld. Zum Zweck der Aufgabe von Zeitungsanzeigen durfte sie ihren Arbeitsplatz verlassen, was A ansonsten zu unterbinden verstand, indem er auf den Verdienstausfall bei Kundennachfragen in ihrer Abwesenheit hinwies. Auf Versuche, etwas mehr Geld zu erhalten, erinnerte A sie an die gemeinsame Lebensplanung mit den Worten: „Ich bin der, der spart!"

Der BGH[127] sieht in dem Verhalten des A eine Verwirklichung des Tatbestandes des § 181a Abs. 1 Nr. 1 StGB. Zwar hat A zu keiner Zeit Gewalt oder Drohung angewandt, sondern vielmehr seine wirtschaftlich beherrschende Stellung durch Ausnutzung starker emotionaler Anhängigkeit der Prostituierten erlangt und behauptet. Allerdings steht der Umstand, dass sich eine Prostituierte in Bezug auf ihr Gewerbe aus freien Stücken dem Einfluss und den Entscheidungen eines anderen unterwarf, einer Verurteilung nach § 181a Abs. 1 Nr. 1 StGB nicht entgegen. Somit kann eine ausbeuterische Zuhälterei selbst dann vorliegen, wenn der Täter durch Täuschung die Prostituierte gefühlsmäßig derart an sich bindet, dass sie ihm ihre Einnahmen mit der Folge einer spürbaren Verschlechterung ihrer wirtschaftlichen Situation abliefert.[128]

7.3.1.2 Vermögensverschlechterung

617   Entscheidend für eine Strafbarkeit gem. § 181a Abs. 1 Nr. 1 StGB ist die Einschränkung der persönlichen und wirtschaftlichen Bewegungsfreiheit auf der Seite

---

[127] BGH, NStZ 1994, S. 32 f.

[128] Anders jedoch Oetjen, 1994, S. 483, die im Verhalten der P eine „autonome und damit gerade selbstbestimmte Entscheidung" sieht und einen Verstoß des A gegen das Selbstbestimmungsrecht der P verneint.

der sich prostituierenden Person durch den Umfang ihrer vermögenswerten Ablieferungen an den Zuhälter.[129] Ihr **Lebensstandard** muss sich **spürbar verschlechtert** haben. Die Beantwortung der Frage, ob eine solch nachhaltige Beschneidung der Vermögenslage eingetreten ist, setzt Feststellungen zu den Lebensumständen, insbesondere zur Höhe der Einnahmen und Abgaben der Prostituierten voraus.[130] Zu den Abgaben zählen dabei nicht nur Geldleistungen, sondern Vermögensvorteile aller Art (z.B. Sachleistungen, Pkw-Nutzung usw.).[131]

Eine spürbare Vermögensverschlechterung kann in der Regel angenommen werden, wenn das Opfer dem Zuhälter seinen gesamten Erlös abgibt und es im Belieben des Zuhälters steht, wie viel er ihm davon wieder zur eigenen Verfügung überlässt.[132] Abgaben in Höhe von 50 Prozent können bereits die Annahme einer Ausbeutung nahe legen.[133]   **618**

Abzustellen ist stets auf die **Opferseite** und dort auf einen Vergleich zwischen dem tatsächlichen und einem angenommenen Lebensstandard, den die oder der Prostituierte sich ohne die vermögenswerte Ausbeutung leisten könnte. Es kommt nicht darauf an, ob auf der Täterseite der Lebensunterhalt des Zuhälters ganz oder überwiegend aus den Abgaben bestritten wird.[134]   **619**

7.3.2 Dirigierende Zuhälterei

Bei der dirigierenden Zuhälterei besteht eine **bestimmende Einflussnahme** auf die Prostitutionsausübung durch den Täter.[135] § 181a Abs. 1 Nr. 2 StGB enthält insoweit drei Tatbestandsalternativen: **620**
- das Überwachen der Prostitutionsausübung (1. Alt.),
- das Bestimmen von Ort, Zeit, Ausmaß und anderen Umständen der Prostitutionsausübung (2. Alt.),
- das Treffen von Maßnahmen, die eine andere Person davon abhalten sollen, die Prostitution aufzugeben (3. Alt.).

Gemeinsam ist diesen Tatbeständen neben der Beziehungsklausel das Handeln des Täters **um seines Vermögensvorteils willen**. Das Merkmal des Vermögensvorteils umfasst Sachen, Rechte, Leistungen, Nutzungen und andere rechnerisch erfassbare Vorteile, die einen messbaren wirtschaftlichen Wert besitzen.[136] Die Aussicht auf eine derartige Bereicherung muss den Täter – zumindest auch – zu seinem Handeln motiviert haben. Ob er den erstrebten Vorteil tatsächlich erlangt hat, bleibt für die Tatbestandserfüllung irrelevant. Diese erfordert ferner keine Stoffgleichheit, d.h. eine Strafbarkeit wird nicht dadurch ausgeschlossen, dass die   **621**

---

[129] BGH, NStZ 1994, S. 33.
[130] BGH, StrVert 1984, S. 334; BGH, NStZ 1989, S. 67; 1994, S. 226; OLG Köln, StrVert 1994, S. 244 f.
[131] Lackner/Kühl, 1999, § 181a Rdn. 3.
[132] BGH, NStZ 1994, S. 32.
[133] BGH, NStZ 1999, S. 350.
[134] Lenckner in: Schönke/Schröder, 1997, § 181a Rdn. 4.
[135] BGH, MDR 1990, S. 294; BGH, NStZ 1996, S. 126.
[136] Laufhütte in: LK-StGB, 1995, § 181a Rdn. 9.

Zuwendungen an den Zuhälter aus anderen Mitteln als dem durch die Prostitution Erworbenen erfolgen (z.B. Geldzuwendungen von einem Sparbuch).[137]

622   Wer den Tatbestand des § 181a Abs. 1 Nr. 2 StGB verwirklicht, aber nicht zu seinem eigenen Vermögensvorteil handelt, kann nur Teilnehmer sein, für den § 28 Abs. 1 StGB gilt.[138]

7.3.2.1 Überwachen der Prostitutionsausübung

623   Die 1. Alt. des § 181a Abs. 1 Nr. 2 StGB verlangt auf der Täterseite ein Handeln, das geeignet ist, Prostituierte in Abhängigkeit zu ihrem Zuhälter zu halten, ihre Selbstbestimmung zu beeinträchtigen, sie zu einer intensiveren Ausübung der Prostitution zu veranlassen oder in sonstiger Weise ihre Entscheidungsfreiheit nachhaltig zu beeinflussen.[139] Es geht also nicht um ein lediglich beschützendes Agieren (z.B. Schutz vor anderen Zuhältern)[140] oder sonstiges Bewachen (z.B. um die Prostituierten rechtzeitig vor der Polizei zu warnen).[141] Vielmehr sind überwachende Maßnahmen erst solche, denen sich das Opfer wegen des bestimmenden Einflusses des Veranlassers nicht mehr ohne weiteres entziehen kann. Ein Überwachen im Sinne der Norm erfordert nicht notwendigerweise das Geben von Anweisungen.[142] Es kann auch in der Kontrolle der Einnahmen liegen (z.B. durch Einführung eines Bon-Systems), wenn diese geeignet ist, die Autonomie der Betroffenen zu beeinträchtigen.[143]

7.3.2.2 Bestimmen der Umstände

624   Auch bei der 2. Alt. des § 181a Abs. 1 Nr. 2 StGB nimmt der Täter bestimmenden Einfluss auf die Prostitutionsausübung, indem er **Anweisungen** gibt, die bezogen sind auf
- den Ort der Tätigkeit (z.B. Straße, Wohnheim, Club),
- die Zeit (Arbeitsregelungen, Urlaubsgewährung),
- das Ausmaß (Häufigkeit und Dauer sexueller Kontakte) oder
- andere Umstände (z.B. Festlegung des Preises für die Dienstleistungen).

625   Hierfür reichen die Prostitutionsausübung nur unterstützende Maßnahmen noch nicht aus[144], sondern die dirigierende **Einflussnahme** muss **aus einer überlegenen Machtposition** heraus erfolgen, die qualifizierte Ungehorsamsfolgen (z.B.

---

137 OLG Hamm, NJW 1972, S. 882.
138 Horn in: SK-StGB, 1998, § 181a Rdn. 15.
139 BGH, Urt. v. 12.2.1985 – 1 StR 835/84; BGH, StrVert 1986, S. 295; BGH, NStZ 1996, S. 126.
140 BT-Drs. VI/1552, S. 30.
141 Lenckner in: Schönke/Schröder, 1997, § 181a Rdn. 8.
142 BGH, StrVert 1986, S. 295.
143 BGH, NStZ 1982, S. 379; BGH, StrVert 1986, S. 295; BGH, NStZ 1989, S. 67; a.A. Horn in: SK-StGB, 1998, § 181a Rdn. 11.
144 BGH, NStZ 1983, S. 220.

Gewalt, Schutzentzug, Vorenthalten von Drogen usw.) nach sich zieht.[145] Findet die Prostitutionsausübung in einem Bordellbetrieb statt, so erleichtert eine darauf ausgerichtete betriebliche Organisation zwar die Prostitution und kann unter den Voraussetzungen des § 180a Abs. 1 Nr. 2 StGB zu bestrafen sein; für sich allein erfüllt sie aber noch nicht den Tatbestand des § 181a Abs. 1 Nr. 2 2. Alt. StGB.[146]

7.3.2.3 Abhalten vom Ausstieg aus der Prostitution

Die 3. Alt. des § 181a Abs. 1 Nr. 2 StGB wird verwirklicht, wenn der Täter auf der Grundlage seines bestimmenden Einflusses auf die sich prostituierende Person mit dem Ziel einwirkt, sie in ihrer Entscheidungsfreiheit über einen Ausstieg aus dem Prostitutionsgewerbe zu beeinträchtigen. In dieser Absicht trifft der Zuhälter Maßnahmen psychischer (z.B. Drohung, Täuschung) oder äußerer Art (z.B. Isolation, Entzug finanzieller Mittel), um die **Lösung vom Prostitutionsmilieu** zu **erschweren** bzw. ganz zu **verhindern**.[147] Dabei bedarf es eines Vorgehens, das zwar unterhalb der Schwelle einer Nötigung liegen kann[148], jedoch über ein bloßes Bitten und Zureden hinausgeht (z.B. genügt noch nicht der Hinweis auf den Verdienstausfall[149]). Für eine Tatbestandsverwirklichung bleibt unbeachtlich, ob auf Seiten des oder der Prostituierten überhaupt die Absicht bestand, die Tätigkeit aufzugeben, bzw. das Opfer faktisch am Ausstieg gehindert wurde.[150]

626

7.3.3 Fördernde Zuhälterei

Im Verhältnis zur ausbeuterischen und dirigierenden Zuhälterei stellt die fördernde – auch kupplerische genannt – die leichtere Begehungsform dar. Im Gegensatz zu § 181a Abs. 1 StGB mit einer Strafrahmenobergrenze von fünf Jahren Freiheitsentzug endet in Abs. 2 die Drohung bei drei Jahren Freiheitsstrafe. Zudem kann alternativ eine Geldstrafe verhängt werden.

627

Gem. § 181a Abs. 2 StGB macht sich strafbar, wer gewerbsmäßig die Prostitutionsausübung durch Vermittlung sexuellen Verkehrs fördert, wobei der Täter über den Einzelfall hinausgehende Beziehungen zu der sich prostituierenden Person gerade im Hinblick auf diese zuhälterische Tätigkeit unterhält.

Auch durch § 181a Abs. 2 StGB sollen die Betroffenen in ihrer persönlichen und wirtschaftlichen Freiheit geschützt werden.[151] Deshalb können solche fördernden Handlungen nicht von Abs. 2 erfasst sein, die noch nicht einmal typischerweise die Gefahr begründen, dass die oder der Prostituierte in eine der in

628

---

[145] BGH, NStZ 1983, S. 220; 1994, S. 32; Lenckner in: Schönke/Schröder, 1997, § 181a Rdn. 9.
[146] BGH, MDR 1990, S. 295; siehe aber auch Albrecht/Beckmann u.a., 1992, S. 64.
[147] Lackner/Kühl, 1999, § 181a Rdn. 4.
[148] Laufhütte in: LK-StGB, 1995, § 181a Rdn. 7.
[149] BGH, NStZ 1994, S. 32.
[150] Horn in: SK-StGB, 1998, § 181a Rdn. 13.
[151] BT-Drs. VI/3521, S. 50.

Abs. 1 umschriebenen Freiheitsbeschränkungen gerät.[152] Damit scheiden bereits Taxifahrer oder Hotelportiers als Täter aus, die als sog. Parasiten der Prostitution nur gelegentlich gegen Entgelt einschlägige Adressen mitteilen.[153]

629   Der Täter fördert die Prostitutionsausübung als Betreiber eines Callgirl-Rings oder als sog. Schlepper[154] durch **Vermittlung** sexuellen Verkehrs, indem er Kontakte zwischen Prostituierten und Freiern herstellt. Dies kann auch über Zeitungsanzeigen oder über Mittelsmänner erfolgen.[155] **Gewerbsmäßig** geht der Täter vor, sobald er sich aus wiederholter Tatbegehung eine nicht nur vorübergehende Einnahmequelle von einigem Umfang verschaffen möchte.[156]

630   Der Begriff des **sexuellen Verkehrs** umfasst alle Formen sexueller Handlungen mit oder ohne Körperkontakt.[157] Entscheidend für eine Tatbestandsverwirklichung ist die Förderung einer tatsächlich erfolgenden Prostitutionsausübung.[158]

631   Besteht zwischen einem Zuhälter und sich prostituierender Person bereits ein Abhängigkeitsverhältnis i.S. des § 181a Abs. 1 StGB und kommt es zu Förderhandlungen nach Abs. 2, stellen Letztere regelmäßig zugleich eine Beihilfe zu Abs. 1 dar.[159]

7.3.4 Ehegattenzuhälterei

632   § 181a Abs. 3 StGB bedroht zuhälterische Handlungen unter Ehegatten mit Strafe. Voraussetzung ist zum einen, dass der Ehepartner des Täters der Prostitution nachgeht. Dieser sich prostituierende Gatte wird vom Täter ausgebeutet (Abs. 1 Nr. 1), der Zuhälter nimmt zu seinem Vorteil bestimmenden Einfluss auf den Umfang der Prostitutionsausübung (Abs. 1 Nr. 2) oder fördert diese gewerbsmäßig durch Vermittlung sexueller Kontakte zwischen seinem Ehepartner und Dritten (Abs. 2). Im Gegensatz zu Abs. 1 und 2 enthält § 181 Abs. 3 StGB keine Beziehungsklausel.

7.4 Menschenhandel

633   Während §§ 180a und 181a StGB dem Schutz der persönlichen und wirtschaftlichen Unabhängigkeit von Menschen im Prostitutionsmilieu dienen, sollen §§ 180b und 181 StGB vor einer **Rekrutierung von Personen** beiderlei Geschlechts **für die Befriedigung sexueller Bedürfnisse Dritter** bewahren.

---

[152] Lenckner in: Schönke/Schröder, 1997, § 181a Rdn. 18.
[153] Horn in: SK-StGB, 1998, § 181a Rdn. 19.
[154] Müller-Emmert, 1974, S. 94.
[155] BGH, NStE Nr. 2 zu § 181a StGB.
[156] BGHSt. 1, S. 383.
[157] Laufhütte in: LK-StGB, 1995, § 181a Rdn. 13; Tröndle/Fischer, 1999, § 181a Rdn. 9; a.A. Horn in: SK-StGB, 1998, § 181a Rdn. 18: nur sexuelle Betätigung mit einem anderen.
[158] BGH, NStZ 1999, S. 615.
[159] Siehe Bottke, 1987, S. 33.

Geschützte Rechtsgüter sind in beiden Strafnormen die persönliche Freiheit und die sexuelle Selbstbestimmung; hinzu kommt bei § 180b Abs. 2 Nr. 2 StGB der Schutz junger Menschen. §§ 180b und 181 StGB bekämpfen insbesondere Handlungen, durch die andere in die Prostitution verbracht werden oder die es ihnen erschweren, sich wieder aus ihr zu lösen.[160]

Gem. § 6 Nr. 4 StGB gilt für §§ 180b und 181 StGB das **Weltrechtsprinzip**.   **634** Danach unterliegen solche Straftaten dem deutschen Strafrecht ohne Rücksicht auf den Tatort, das Recht des Tatorts oder die Nationalität des Täters.[161]

Mit den Vorschriften gegen den Menschenhandel hat der Gesetzgeber internationalen   **635** Verpflichtungen Rechnung getragen, die sich vor allem aus dem Internationalen Abkommen zur Bekämpfung des Mädchenhandels vom 4.5.1910[162] und der Internationalen Übereinkunft zur Unterdrückung des Frauen- und Kinderhandels vom 30.9.1921[163] in der jeweiligen Fassung vom 8.9.1972 ergeben.[164]

Die heute geltenden §§ 180b und 181 StGB wurden durch das 26. StÄG vom 14.7.1992[165] neu formuliert bzw. neu geschaffen[166]. Sie stellen auch eine Reaktion des Gesetzgebers auf die seit Mitte der achtziger Jahre geführte Diskussion[167] über die Probleme des Handels mit ausländischen Frauen und Mädchen[168], den Prostitutionstourismus[169] sowie die Heiratsvermittlung von nichtdeutschen Frauen dar. Mit §§ 180b und 181 StGB sollen gerade international und organisiert vorgehende Täter[170] besser erfasst werden können. Insoweit hatte die alte Fassung des § 180b StGB in der Praxis zu erheblichen Beweisschwierigkeiten geführt, was einen wirksamen strafrechtlichen Schutz insbesondere von ausländischen Opfern weitgehend verhinderte.[171]

Neben den in §§ 180b und 181 StGB selbst angedrohten **Unrechtsreaktionen**   **636** der Verhängung von Freiheitsstrafen (bzw. in § 180b Abs. 1 StGB der Geldstrafe) kann das Gericht gem. § 181b StGB auch Führungsaufsicht anordnen. In den Fällen des schweren Menschenhandels nach § 181 StGB können zudem unter bestimmten Voraussetzungen nach § 181c StGB eine Vermögensstrafe (§ 43a StGB) und die Anordnung des erweiterten Verfalls (§ 73d StGB) in Betracht kommen.

---

[160] Laufhütte in: LK-StGB, 1995, § 180b Rdn. 1, § 181 Rdn. 1; BGH, NStZ 1997, S. 338.
[161] Baumann/Weber/Mitsch, 1995, S. 86, 89.
[162] RGBl. 1913, S. 31.
[163] RGBl. II 1924, S. 180.
[164] BGBl. II 1972, S. 1074 ff., 1478 ff., 1482 ff.
[165] BGBl. I 1992, S. 1255.
[166] Zu den Gesetzesmaterialien: Tröndle/Fischer, 1999, § 180b Rdn. 1; siehe auch Schroeder, 1995, S. 231 ff.; Kelker, 1993, S. 291.
[167] Siehe Agisra, 1990; Dern, 1991, S. 329 ff.; Heine-Wiedenmann/Ackermann, 1992; Tübinger Projektgruppe Frauenhandel, 1989; vgl. auch Dreixler, 1998, S. 195 ff.; Kelker, 1993, S. 292; Wuttke, 1998, S. 12 ff.
[168] Zu aktuellen Problemen im Bereich des Menschenhandels siehe BT-Drs. XIII/10390; v. Fischer, 1999, S. 387 ff.; Renzikowski, 1999a, S. 53 ff.
[169] Dazu Bertram, 1996, S. 436 ff.; Schneider S., 1997.
[170] Dazu Keidel, 1998, S. 321 ff.; Sieber/Bögel, 1993, S. 200 ff.
[171] Vgl. BT-Drs. XII/2046, S. 4 f.

7.4.1 Menschenhandel gem. § 180b StGB

637   Das Vergehen des § 180b StGB enthält in Abs. 1 Ausgangsfälle des Menschenhandels und in Abs. 2 erschwerte Fallkonstellationen. Zu den mit Freiheitsstrafe bis zu fünf Jahren oder Geldstrafe bedrohten **Grundfällen des Abs. 1** gehören:
- das Ausnutzen einer Zwangslage, um dadurch das Einwirkungsopfer zur Aufnahme oder Fortsetzung der Prostitution zu bestimmen (Abs. 1 S. 1),
- das Ausnutzen einer auslandsspezifischen Hilflosigkeit, um das Einwirkungsopfer zu sexuellen Handlungen zu bringen (Abs. 1 S. 2).

638   § 180b Abs. 2 StGB **verschärft** den Strafrahmen auf Freiheitsstrafe von sechs Monaten bis zu zehn Jahren, wenn der Täter
- wegen einer auslandsspezifischen Hilflosigkeit auf das Opfer einwirkt, um es zur Aufnahme oder Fortsetzung der Prostitution zu bestimmen (Abs. 1 Nr. 1), oder
- zu Prostitutionszwecken auf eine Person unter 21 Jahren einwirkt (Abs. 2 Nr. 2).

639   § 180b Abs. 1 und 2 StGB unterscheiden sich auch insoweit, als nur in Abs. 1 der Täter seines Vermögensvorteils wegen handeln muss. Gemeinsam ist dagegen allen Tatbestandsalternativen des § 180b StGB das Merkmal der **Einwirkung** – eine intensive Einflussnahme[172] – auf eine andere Person. Diese liegt unterhalb der Intensitätsschwelle von Gewalt, Drohung mit einem empfindlichen Übel oder Täuschung, weil solche Vorgehensweisen von § 181 StGB speziell erfasst werden.[173] Ein Einwirken ist gegeben bei hartnäckigem Drängen[174], Überreden, Wecken von Neugier, Einsatz von Autorität usw. Keine intensive Einflussnahme auf den Willen des Opfers stellen mehr dar eine einfache Anfrage oder Aufforderung, ein Vorschlag oder Rat.[175]

7.4.1.1 Die Grundfälle des Menschenhandels

640   Die beiden Tatbestandsvarianten des § 180b Abs. 1 StGB divergieren hinsichtlich der vom Täter ausgenutzten besonderen Opfersituation sowie der von ihm verfolgten Zwecke. Übereinstimmend muss der Täter aber **seines Vermögensvorteils wegen** handeln. Dieses auch in § 181a Abs. 1 Nr. 2 StGB[176] normierte Merkmal stellt in der Praxis geringere Beweisanforderungen als der Begriff der Gewerbsmäßigkeit. Vermögensvorteile sind alle Sachen, Rechte und sonstigen rechnerisch messbaren Vorteile. Ihre Erlangung stellt ein Tatmotiv dar, wobei die Tatbestandsverwirklichung nicht voraussetzt, dass die Besserstellung auch tatsächlich

---

172 BGH, NJW 1985, S. 924.
173 Horn in: SK-StGB, 1998, § 180b Rdn. 3; Tröndle/Fischer, 1999, § 180b Rdn. 3.
174 BGH, NJW 1990, S. 196.
175 Lenckner in: Schönke/Schröder, 1997, § 180b Rdn. 7.
176 Dazu Kap. 7.3.2.

eingetreten ist.[177] Im Gegensatz zur Gewerbsmäßigkeit genügt ein einmaliges Handeln ohne Wiederholungsabsicht.[178]

(1) Ausnutzen einer Zwangslage

§ 180b Abs. 1 S. 1 StGB bestraft das in der Absicht der Erlangung eines Vermö-   **641** gensvorteils vorgenommene Einwirken auf eine andere Person, um diese in Kenntnis einer Zwangslage zur Aufnahme oder Fortsetzung der Prostitution[179] zu bestimmen.

Der objektive Tatbestand erfordert – neben dem Einwirken – das Bestehen ei-   **642** ner **Zwangslage**. Kennzeichnend für dieses Merkmal ist eine ernste persönliche oder wirtschaftliche Bedrängnis des Opfers, ohne dass es darauf ankommt, ob diese für den oder die Betroffene existenzbedrohend erscheint oder vermeidbar war.[180]

Auf der Ebene des subjektiven Tatbestandes bedarf es eines Agierens des Tä-   **643** ters in **Kenntnis** der Zwangslage. Dies setzt das Wissen um diejenigen Umstände voraus, aus denen sich die Lage des Opfers ergibt, sowie das Begreifen dieser Lage als eine Bedrängnis.[181]

§ 180b Abs. 1 S. 1 StGB verlangt zudem in subjektiver Hinsicht – neben dem   **644** erstrebten Vermögensvorteil – die **Täterabsicht**, das Opfer
– zur Aufnahme der Prostitution (1. Alt.), oder
– zur Fortsetzung der Prostitution (2. Alt.)
zu bestimmen.

Geht es dem Täter um die **Aufnahme der Prostitution**, muss er mit seinem   **645** Einwirken den Zweck verfolgen, dass dieses für die Fassung und Realisierung eines Prostitutionsentschlusses auf der Opferseite ursächlich wird, wobei das Opfer der Prostitution bislang noch nicht oder nicht mehr nachgegangen ist.

Die 2. Alt. der **Fortsetzung der Prostitution** liegt vor, wenn eine zum Tatzeit-   **646** punkt aktiv die Prostitution ausübende Person, die aber aus dem Prostitutionsmilieu ganz oder partiell aussteigen will, dazu gebracht werden soll, ihren Entschluss zur Beendigung der Tätigkeit aufzugeben. Aber selbst wenn eine Prostituierte keinen aktuellen Willen hat, die Prostitutionsausübung zu beenden, genügt bereits, dass der Täter auf sie einwirkt, weil er davon ausgeht, sie wolle möglicherweise mit ihrer Tätigkeit aufhören.[182]

Die 2. Alt. des § 180b Abs. 1 S. 1 StGB dient dem Schutz von Prostituierten   **647** **vor einer weiteren Verstrickung** in dieses Gewerbe[183], denn dadurch wird ihre persönliche bzw. wirtschaftliche Freiheit weiter gefährdet. Ein Fortsetzen der Prostitution ist deshalb gem. § 180b Abs. 1 S. 1 2. Alt. StGB – ebenso wie nach

---

177 Laufhütte in: LK-StGB, 1995, § 180b Rdn. 4.
178 Tröndle/Fischer, 1999, § 180b Rdn. 4.
179 Zum Begriff der Prostitution oben Kap. 7.1.1.1.
180 BT-Drs. XII/2589, S. 8.
181 Lackner/Kühl, 1999, § 180b Rdn. 6; siehe dazu auch Gössel, 1999a, S. 220; Schroeder, 1998, S. 344 ff.
182 BGH, NJW 1999, S. 3275.
183 So bereits BayObLG, NJW 1985, S. 277 (zur a.F.).

§ 180b Abs. 2 und § 181 Abs. 1 Nr. 1, 3 StGB – bereits dann gegeben, wenn das der Prostitution – auch freiwillig – nachgehende Opfer durch das Einwirken des Täters zu einer anderen Art der Betätigungsform gebracht werden soll, bei der es zu einer signifikanten **Erhöhung des bisherigen Abhängigkeits- oder Organisationsgrades** kommt.[184]

Beispiel: Der Angeklagte D brachte die zur Tatzeit 16-jährige Tschechin P aus der tschechischen Republik nach Deutschland, wo er sie zunächst an den Mitangeklagten Da. für die Dauer eines Monats für 1 800,— oder 2 000,— DM als Prostituierte „verkaufte". Der anderweitig verfolgte K „verkaufte" die seinerzeit 15-jährige Tschechin Ko. zu gleichen Bedingungen an den Mitangeklagten N. Aufgrund gemeinsamen Tatentschlusses von D und K waren die Mädchen, die zuvor schon in Tschechien für ihre späteren „Verkäufer" auf dem Straßenstrich der Prostitution nachgegangen waren, über die deutsch-tschechische Grenze geschmuggelt worden. Nach Ende der vereinbarten Zeit „verkaufte" der Angeklagte D die Zeugin P an Vietnamesen weiter. In der Folgezeit wurden an die Angeklagten N und Da. weitere Tschechinnen von D „verkauft".

In Deutschland wurden die Jugendlichen von den Angeklagten Da. und N gezwungen, in Regensburg und München mit einer Vielzahl – jedenfalls bis zu 20 – Freiern pro Tag zu verkehren, wobei beide Angeklagten die Mädchen arbeitsteilig bewachten, die Bedingungen der Prostitutionsausübung in allen Einzelheiten bestimmten, ihren gesamten Erlös vereinnahmten und die Mädchen mehrfach schlugen, wenn sie sich – etwa wegen Unterleibsschmerzen – weigerten, weitere Freier zu empfangen. Durch die ständige Überwachung, mangelnde Deutschkenntnisse der Mädchen und den Umstand, dass die Angeklagten deren von den „Verkäufern" besorgte, gefälschte Pässe verwahrten, sahen sich beide Tatopfer außerstande, ihrer vorbestimmten „Verwendung" zu entkommen.

Das erstinstanzliche Landgericht verurteilte die Angeklagten jeweils wegen schweren Menschenhandels in Tateinheit mit Zuhälterei, D darüber hinaus wegen tateinheitlich verübten Menschenhandels. Der BGH[185] hat das Urteil des Landgerichts bestätigt. Was die Tatbestände des Menschenhandels betrifft, sieht er das Tatbestandsmerkmal der Fortsetzung der Prostitution verwirklicht: „Nach der Neufassung der §§ 180b, 181 StGB durch das 26. StÄG reicht es aus, wenn ein bereits der Prostitution nachgehendes Opfer zu einer qualitativ andersartigen oder intensiveren, von ihm nicht gewollten Prostitutionsausübung gebracht und damit in seinem Recht auf sexuelle Selbstbestimmung verletzt wird."

Während eine in der Literatur vertretene Auffassung die **Verbringung zu einer intensiveren Prostitutionsform** im Zusammenhang mit dem Tatbestandsmerkmal der Fortsetzung der Prostitution nicht berücksichtigen will[186], gründet die zutreffende Auffassung des BGH auf die Gesetzesmaterialien.[187] In Übereinstimmung mit weiten Teilen der Literatur[188] sieht er die Grenze der Strafbarkeit „nunmehr zweifelsfrei über-

---

[184] Horn in: SK-StGB, 1998, § 180b Rdn. 6.
[185] BGHSt. 42, S. 179 ff.
[186] Maurach/Schroeder/Maiwald, 1995, S. 214; Schroeder, 1995, S. 235; siehe auch Wolters, 1997, S. 340.
[187] Vgl. BT-Drs. XII/2589, S. 8.
[188] Bottke, 1997, S. 251; Dencker, 1989, S. 251; Horn in: SK-StGB, 1998, § 180b Rdn. 6; Lackner/Kühl, 1999, § 180b Rdn. 5; Laufhütte in: LK-StGB, 1995, § 180b Rdn. 6; Lenckner in: Schönke/Schröder, 1997, § 180b Rdn. 9; Tröndle/Fischer, 1999, § 180b Rdn. 3.

schritten, wenn die vom Täter angestrebten Veränderungen die Lage des Opfers nachhaltig verschlechtern, weil sie zu einer verschärften Form der Prostitution führen und so das Recht des Tatopfers auf sexuelle Selbstbestimmung verletzen."[189]

In dem der Entscheidung des BGH zugrunde liegenden Fall waren die Mädchen ursprünglich nur auf dem Straßenstrich der Prostitution nachgegangen. Die von den Angeklagten dann praktizierte Form der sexuellen Ausbeutung, ihre ständige Überwachung und der Zwang zur Durchführung des Verkehrs mit den Freiern stellten das Bestimmen zu einer intensiveren Prostitutionsausübung dar.

Das Tatbestandsmerkmal der Fortsetzung der Prostitution ist aber noch nicht verwirklicht, wenn die die Prostitution ausübende Person zu einer anderen Betätigungsform gebracht wird, bei der es sich nicht um eine qualitativ abweichende Art der Prostitutionsausübung handelt (z.B. es nur um einen Ortswechsel geht). Keine Intensivierung der Form der Prostitutionsausübung stellt der Fall dar, in dem die der Prostitution nachgehende Person gewaltsam zur teilweisen Ablieferung ihrer Einnahmen gezwungen werden soll, denn hierdurch kommt es nicht zu einer andersartigen, von ihr nicht gewollten Form der Betätigung.[190]   **648**

Der Täter will das Opfer zur Aufnahme oder Fortsetzung der Prostitution **bestimmen**, wenn das Einwirken nach seinem objektiven und nach außen hin erkennbaren Sinn zumindest einer versuchten Anstiftung gleichkommt[191], also ein entsprechender Entschluss beim Opfer hervorgerufen wird. Einwirken, **um** zu bestimmen, ist eine Tätigkeit mit dem Ziel, einen Adressaten zu beeinflussen und dessen Willen in eine ganz bestimmte Richtung zu lenken[192]; der Täter beabsichtigt, die andere Person zu einem Verhalten zu bringen, zu dem sie sich ohne die Einflussnahme nicht entschließen würde.[193]   **649**

Für eine Tatbestandsvollendung ist eine tatsächliche Aufnahme der Tätigkeit nicht erforderlich.[194] Kommt es im Ergebnis nicht zur Ausübung der Prostitution, steht dies jedoch einer Vollendungsstrafe nicht entgegen, weil § 180b StGB einen Erfolg der Einwirkung nicht voraussetzt.[195]   **650**

(2) Ausnutzen auslandsspezifischer Hilflosigkeit zu sexuellen Handlungen

§ 180b Abs. 1 S. 2 StGB schützt männliche und weibliche Personen davor, dass sie zwar (noch) nicht zur Prostitution veranlasst, jedoch vom Täter in die Gefahr gebracht werden, aufgrund ihres Aufenthalts in einem fremden Land und der damit verbundenen Hilflosigkeit Opfer sexueller Ausbeutung und Vermarktung zu sein.   **651**

---

[189] BGHSt. 42, S. 181; krit. dazu Schroeder, 1997, S. 155 f.
[190] BGH, StrVert 1995, S. 23.
[191] Maurach/Schroeder/Maiwald, 1995, S. 170; Schroeder, 1995, S. 235.
[192] BGH, NJW 1985, S. 924.
[193] BGH, NStZ-RR 1998, S. 324.
[194] BGH, NStZ-RR 1998, S. 323.
[195] BGH, NStZ 2000, S. 86.

Anlass für die Normierung dieser Vorschrift waren insbesondere die Fälle des sog. Heiratstourismus[196], d.h. das Anwerben von Frauen in fremden Ländern und ihre Überlassung „zur Probe" an verschiedene Interessenten. Der Schutzzweck des § 180b Abs. 1 S. 2 StGB erfasst nach der Intention des Gesetzgebers ferner vor allem bereits in Deutschland befindliche Personen, deren Hilflosigkeit man dadurch ausbeutet, indem sie im Einzelfall mit Dritten zusammengebracht oder in Peepshows oder ähnlichen Einrichtungen „vermarktet" werden.[197]

652   Der von seiner Struktur her dem S. 1 des § 180b Abs. 1 StGB entsprechende S. 2 verlangt auf der Ebene des objektiven Tatbestandes – neben dem Einwirken – eine **auslandsspezifische Hilflosigkeit**. Eine solche liegt vor, sobald das Opfer nicht mehr fähig ist, das Ansinnen einer von ihm unerwünschten sexuellen Betätigung aus eigener Kraft zurückzuweisen, wobei dies auf den besonderen Schwierigkeiten des Aufenthalts in einem fremden Land beruht, dessen Sprache es nicht versteht oder spricht, dessen Lebensgewohnheiten ihm fremd sind und dessen rechtliche Schutzmöglichkeiten es nicht kennt.[198] Weitere Indizien für das Vorliegen einer auslandsspezifischen Hilflosigkeit stellen darüber hinaus das Nichtverfügen über eigene Barmittel sowie das Angewiesensein auf den Täter dar.[199]

653   Das Opfer kann bereits in den **Zustand der Hilflosigkeit** geraten sein, weil es sich in dem fremden Land aufhält. Es genügt aber auch schon die **hypothetische** auslandsspezifische **Hilflosigkeit**, in welche das Opfer bei einem Wechsel des Aufenthaltslandes geraten würde.[200]

654   Allerdings vermag nicht jedes andere Land zugleich ein **fremdes Land** i.S. des § 180b Abs. 1 S. 2 StGB zu sein – notwendig hierfür bleiben stets unvergleichbare Lebens- und Rechtsverhältnisse zwischen Herkunfts- und Aufenthaltsland (diese sind z.B. gegeben zwischen Deutschland und zahlreichen Ländern der Dritten Welt, nicht aber zwischen Deutschland und der Schweiz bzw. Österreich).[201] Keine Hilflosigkeit besteht jedoch bei Beeinträchtigungen und Zwangslagen in einem anderen Land, die jeden treffen können (z.B. Krankheit, Kontaktmangel usw.). Dies gilt auch für drohende legale Maßnahmen seitens des fremden Staates (z.B. Abschiebung). Hier wird allerdings zu prüfen sein, ob das Ausnutzen einer Zwangslage nach § 180b Abs. 1 S. 1 StGB vorliegt oder (z.B. bei Drohen mit einer Anzeige) § 181 Abs. 1 Nr. 1 StGB.[202]

655   In subjektiver Hinsicht handelt der Täter in **Kenntnis** der mit dem Aufenthalt in einem fremden Land verbundenen Hilflosigkeit. Problematisch ist insoweit, dass Kenntnis sich nur auf etwas in der Vergangenheit oder Gegenwart Liegendes beziehen kann[203], jedoch bei § 180b Abs. 1 S. 2 StGB eine hypothetische aus-

---

[196] Dazu Agisra, 1990, S. 61 ff.; Heine-Wiedenmann/Ackermann, 1992, S. 111 ff.

[197] BT-Drs. XII/2046, S. 6.

[198] BGH, NStZ 1999, S. 350; Horn in: SK-StGB, 1998, § 180b Rdn. 7; Schroeder, 1995, S. 233.

[199] BGH, NStZ 1999, S. 349.

[200] BT-Drs. XII/2589, S. 8.

[201] Dazu auch Laufhütte in: LK-StGB, 1995, § 180b Rdn. 10.

[202] Zum Ganzen auch Horn in: SK-StGB, 1998, § 180b Rdn. 7; Lenckner in: Schönke/Schröder, 1997, § 180b Rdn. 12; Schroeder, 1995, S. 233.

[203] Schroeder, 1995, S. 233.

landsspezifische Hilflosigkeit ausreicht. Insoweit muss daher das Tatbestandsmerkmal der Kenntnis in Voraussicht umgedeutet werden.[204]

§ 180b Abs. 1 S. 2 StGB verlangt zudem auf der subjektiven Tatbestandsebene – neben dem erstrebten Vermögensvorteil – die **Täterabsicht**, das Opfer zu sexuellen Handlungen[205] zu veranlassen, die es an oder vor einer dritten Person oder von einer dritten Person an sich vornehmen lassen soll. Damit sind nicht erfasst geschlechtsbezogene Betätigungen mit dem Täter oder von diesem.   **656**

Im Gegensatz zum Bestimmen (S. 1) muss der Täter das Opfer in S. 2 zu sexuellen Handlungen **bringen** wollen. Dies ist bereits gegeben, wenn er die Absicht verfolgt, mit seinem Einwirken für diesen Endzweck ursächlich zu sein. Es genügt also, dass der Täter das Endziel zunächst verschleiert und den oder die Betroffene in die Lage einer auslandsspezifischen Hilflosigkeit verbringt, in der das Opfer sich dann unter Umständen von sich aus angesichts seiner Situation zu sexuellen Handlungen bereit findet.[206]   **657**

7.4.1.2 Erschwerte Fälle der Einwirkung zu Prostitutionszwecken

Mit Freiheitsstrafe von sechs Monaten bis zu zehn Jahren will der Gesetzgeber denjenigen wegen Menschenhandels bestraft sehen, der zu Prostitutionszwecken auf eine durch ihren Aufenthalt in einem fremden Land hilflose Person (§ 180b Abs. 2 Nr. 1 StGB) oder auf ein Opfer unter 21 Jahren einwirkt (Nr. 2). Im Gegensatz zu § 180b Abs. 1 StGB ist gem. § 180b Abs. 3 StGB auch der Versuch des Abs. 2 strafbar.   **658**

Für § 180b Abs. 2 Nr. 1 StGB genügt auf der Opferseite das Vorliegen einer **auslandsspezifischen Hilflosigkeit** i.S. des Abs. 1 S. 2.[207] Im Gegensatz zu Abs. 1 S. 1 muss keine Zwangslage gegeben sein. Ohne Bedeutung bleibt es jedoch auf der Täterseite, ob der Täter zu seinem Vermögensvorteil handelt oder sonstige Motive ihn zu seinem Vorgehen veranlassen.[208]   **659**

In § 180b Abs. 2 Nr. 2 StGB wird die Zwangslage des Abs. 1 S. 1 durch das Alter des Opfers ersetzt. Handelt es sich um eine **Person unter 21 Jahren**, bedarf es keiner Feststellung ihrer Hilflosigkeit oder Unerfahrenheit.[209]   **660**

§ 180b Abs. 2 Nr. 2 StGB stellt die einzige Norm des Sexualstrafrechts mit einer **Schutzaltersgrenze von 21 Jahren** dar. Dies ist eigentlich systemwidrig.[210] Eine Schutzaltersgrenze in dieser Höhe entspricht zwar völkerrechtlichen Verpflichtungen, nicht aber den mit dem Erreichen des Volljährigkeitsalters von 18 Jahren dem Einzelnen zugetrauten Fähigkeiten zur Selbstbestimmung. Der absolute Schutz junger Menschen gilt allerdings auch für ausländische Opfer.   **661**

---

[204] Lackner/Kühl, 1999, § 180b Rdn. 8; siehe auch Gössel, 1999a, S. 232 f.; Schroeder, 1998, S. 344 ff.

[205] Zum Begriff der sexuellen Handlung oben Kap. 2.5.1.

[206] Lenckner in: Schönke/Schröder, 1997, § 180b Rdn. 13.

[207] Dazu oben Kap. 7.4.1.1 (2).

[208] Laufhütte in: LK-StGB, 1995, § 180b Rdn. 12.

[209] Horn in: SK-StGB, 1998, § 180b Rdn. 14.

[210] So selbst BT-Drs. XII/2046, S. 6.

662   § 180b Abs. 2 StGB differenziert zwischen zwei Arten von **Tathandlungen**:
– Der Täter wirkt auf eine Person ein, um sie zur Aufnahme oder Fortsetzung der Prostitution zu bestimmen (1. Alt.), oder
– er bringt die Person dazu, die Prostitution aufzunehmen oder fortzusetzen (2. Alt.).

663   Die Tatbestandsmerkmale der Aufnahme oder Fortsetzung der Prostitution entsprechen denen des § 180b Abs. 1 S. 1 StGB.[211] Während in Abs. 1 S. 2 der Täter einwirkt, um das Opfer zu sexuellen Handlungen zu bringen, will er in Abs. 2 1. Alt. die Person zur Prostitution **bestimmen**. Dies entspricht wiederum der in Abs. 1 S. 1 normierten Handlungsmodalität: Erforderlich ist die Absicht, beim Opfer einen Entschluss von der Mindestqualität einer versuchten Anstiftung hervorzurufen.[212]

> *Beispiel:* Das Ehepaar O war in Polen von der P angesprochen worden, ob es ihr eine Arbeitsstelle in Deutschland beschaffen könnte. Daraufhin spiegelte es der P eine nicht vorhandene Arbeitsmöglichkeit vor, um damit P nach Deutschland zu locken und zur Prostitution zu verleiten. Als P in Bonn eintraf, wirkten Herr und Frau O massiv auf sie ein.
>
> Das Vorgehen des Ehepaares O erfüllte – so der BGH[213] – den Tatbestand des § 180b Abs. 2 Nr. 1 StGB: P befand sich während ihres Aufenthalts in Bonn in einem Zustand auslandsspezifischer Hilflosigkeit. Sie war der deutschen Sprache nicht mächtig, verfügte über keinerlei finanzielle Mittel und war hinsichtlich ihrer Unterkunft und Verpflegung ausschließlich auf das Ehepaar O angewiesen. Dieses verstärkte ihre Hilflosigkeit dadurch, dass es der P den Pass abnahm und sie damit noch stärker an sich band. Diese „Bindung" schloss körperliche Züchtigungen aus nichtigem Anlass ein. Durch ihr Vorgehen wollten Herr und Frau O die P zur Aufnahme der Prostitution bestimmen.

664   Zur Aufnahme bzw. Fortsetzung der Prostitutionsausübung **bringt** der Täter eine andere Person (2. Alt.), sobald diese tatsächlich die Prostitution ausübt oder weiter ausübt. Erforderlich ist Kausalität zwischen dem Täterhandeln und diesem Taterfolg. Im Gegensatz zum bestimmenden Einwirken verlangt das Dazubringen nicht notwendigerweise eine unmittelbare Einwirkung auf den Willen des Opfers.[214] Das finale Vorgehen[215] kann bereits in einer Einführung in das Prostitutionsmilieu – z.B. durch Mitnahme des Opfers in einschlägige sog. Animierlokale – liegen.[216] Hierunter fallen auch alle faktischen Erleichterungen der Prostitutionsaufnahme bzw. -fortsetzung.[217]

665   Neben der Absicht des Bestimmens bzw. Zur-Prostitution-Bringens erfordert Abs. 2 auf der subjektiven Tatbestandsseite die Kenntnis des Täters von der aus-

---

211 Dazu oben Kap. 7.4.1.1 (1).
212 BGH, NJW 1985, S. 924; Schroeder, 1995, S. 235.
213 BGH, NStZ-RR 1997, S. 293 f.
214 Lackner/Kühl, 1999, § 180b Rdn. 10.
215 Lenckner in: Schönke/Schröder, 1997, § 180b Rdn. 18.
216 Maurach/Schroeder/Maiwald, 1995, S. 215.
217 Lackner/Kühl, 1999, § 180b Rdn. 10.

landsspezifischen Hilflosigkeit des Opfers (Nr. 1) oder vom Alter der betroffenen Person (Nr. 2).

7.4.2 Schwerer Menschenhandel

Mit § 181 StGB will der Gesetzgeber Menschen beiderlei Geschlechts vor den **666** **gravierendsten Formen der Rekrutierung** für die Befriedigung sexueller Bedürfnisse Dritter schützen. Wegen des Einsatzes qualifizierter Tatmittel hat er deshalb das Delikt als Verbrechen (§ 12 Abs. 1 StGB) eingeordnet.

§ 181 StGB stellt nur partiell eine echte Qualifikation zu § 180b StGB dar: § 181 Abs. 1 Nr. 3 StGB verlangt im Gegensatz zu § 180b Abs. 2 Nr. 1 1. Alt. StGB statt des bloßen Einwirkens ein gewerbsmäßiges Anwerben.[218] Im Übrigen ist § 181 StGB in Struktur und Beschreibung der Handlungszwecke § 180b StGB nachgebildet[219] und wird deshalb als ein funktionaler Qualifikationstatbestand behandelt.[220]

Nach § 181 Abs. 1 StGB wird wegen schweren Menschenhandels mit einer **667** Freiheitsstrafe von einem Jahr bis zu zehn Jahren (in minder schweren Fällen gem. § 181 Abs. 2 StGB mit Freiheitsentzug von sechs Monaten bis zu fünf Jahren) bestraft, wer als **Tathandlungen** eine andere Person
– mit Gewalt, durch Drohung mit einem empfindlichen Übel oder durch List zur Aufnahme oder Fortsetzung der Prostitution bestimmt (Nr. 1),
– durch List anwirbt oder gegen ihren Willen mit Gewalt, durch Drohung mit einem empfindlichen Übel oder durch List entführt, um sie in Kenntnis der Hilflosigkeit, die mit ihrem Aufenthalt in einem fremden Land verbunden ist, zu sexuellen Handlungen zu bringen, die sie an oder vor einer dritten Person vornehmen oder von einer dritten Person an sich vornehmen lassen soll (Nr. 2), oder
– gewerbsmäßig anwirbt, um sie in Kenntnis der Hilflosigkeit, die mit ihrem Aufenthalt in einem fremden Land verbunden ist, zur Aufnahme oder Fortsetzung der Prostitution zu bestimmen (Nr. 3).

7.4.2.1 Nötigung zur Prostitution

In § 181 Abs. 1 Nr. 1 StGB bestimmt der Täter das Opfer durch Nötigungsmittel **668** oder durch List dazu, die Prostitution aufzunehmen oder fortzusetzen.[221] Im Gegensatz zu § 180b Abs. 1 S. 1, Abs. 2 Nr. 1 1. Alt. und Nr. 2 1. Alt. StGB („um sie ... zu bestimmen") erfordert § 181 Abs. 1 Nr. 1 StGB die **faktische Prostitutionsaufnahme bzw. -fortsetzung**, wobei für den entsprechenden Entschluss des

---

[218] Vgl. auch BT-Drs. XII/2589, S. 9.
[219] Lackner/Kühl, 1999, § 181 Rdn. 2.
[220] Lenckner in: Schönke/Schröder, 1997, § 181 Rdn. 2; Maurach/Schroeder/Maiwald, 1995, S. 214; weiter gehend Tröndle/Fischer, 1999, § 181 Rdn. 2: „echter Qualifikationstatbestand".
[221] Siehe dazu oben Kap. 7.4.1.1 (1).

Opfers der Täter durch sein Verhalten (mit-)ursächlich geworden sein muss. Ohne Bedeutung für eine Strafbarkeit nach § 181 Abs. 1 Nr. 1 StGB bleibt, ob die Nötigungsmittel im In- oder Ausland angewendet werden und wo die Prostitutionsausübung erfolgen soll.[222]

669   Als **Tatmittel** zur Erfolgsverursachung benennt das Gesetz die Gewalt, die Drohung mit einem empfindlichen Übel sowie die List als Beeinträchtigungen der Willensbildungs- und -betätigungsfreiheit.

670   Der Begriff der **Gewalt** entspricht dem des Nötigungstatbestandes (§ 240 StGB).[223] Das ergibt sich bereits aus der komplementären Drohungsintensität: Während § 177 Abs. 1 Nr. 2 StGB eine Drohung mit gegenwärtiger Gefahr für Leib oder Leben (= qualifizierte Drohung) verlangt[224], genügt für § 181 Abs. 1 Nr. 1 StGB – wie bei § 240 Abs. 1 StGB – die Drohung mit einem empfindlichen Übel. Damit ist Gewalt auch i.S. des § 181 Abs. 1 Nr. 1 StGB der (nicht notwendigerweise erhebliche) Einsatz körperlicher Kraftentfaltung, der sich auf die Person, gegen die er gerichtet wird, nicht nur als psychischer, sondern als physischer Zwang auswirkt – das Opfer kann ihm in der konkreten Situation also nicht oder nur mit erheblicher Kraftentfaltung oder sonst in unzumutbarer Weise begegnen. Dabei wird Gewalt nicht dadurch ausgeschlossen, dass sich das Täterverhalten unmittelbar gegen einen Dritten oder gegen eine Sache richtet.[225]

671   Auch der Begriff der **Drohung mit einem empfindlichen Übel** entspricht dem des § 240 Abs. 1 StGB.[226] Wie beim Nötigungstatbestand bedarf es für § 181 Abs. 1 Nr. 1 StGB der Ankündigung eines künftigen Übels, dessen Eintritt der Ankündigende dem Adressaten gegenüber als von seinem Einfluss abhängig darstellt. Dabei muss das Übel empfindlich sein, d.h. für den Betroffenen einen solch erheblichen Nachteil bilden, dass es geeignet erscheint, ein Verhalten im Sinne des Täterverlangens zu motivieren.[227] Im Gegensatz zur Nötigung gem. § 240 StGB ist bei der Drohungsalternative des § 181 Abs. 1 Nr. 1 StGB keine besondere Verwerflichkeitsklausel i.S. des § 240 Abs. 2 StGB zu prüfen. Der Gesetzgeber ging offensichtlich davon aus, dass ein Bestimmen zur Prostitution durch Drohung mit einem empfindlichen Übel stets verwerflich bleibt.[228]

672   Den Handlungsmodalitäten der Gewalt und der Drohung wird in § 181 Abs. 1 Nr. 1 StGB die **List** als alternatives Tatmittel beigeordnet. Unter List versteht man

---

[222] Lenckner in: Schönke/Schröder, 1997, § 181 Rdn. 3.

[223] Gössel, 1987, S. 309; Lackner/Kühl, 1999, § 181 Rdn. 2a; Lenckner in: Schönke/Schröder, 1997, § 181 Rdn. 5; Otto, 1998, S. 352; Tröndle/Fischer, 1999, § 181 Rdn. 3; anders aber Laufhütte in: LK-StGB, 1995, § 181 Rdn. 2: Gewaltbegriff des § 177 StGB.

[224] Dazu oben Kap. 3.1.1.4.

[225] Vgl. zum Gewaltbegriff für viele Eser in: Schönke/Schröder, 1997, vor §§ 234 ff. Rdn. 6 ff.; Krey, 1986, S. 11 ff.; ders. 1998, S. 161 ff.; Küper, 1999, S. 154 ff.; Otto, 1998, S. 90 ff.; Rengier, 1999a, S. 114 ff.

[226] Dreixler, 1998, S. 219; Horn in: SK-StGB, 1998, § 181 Rdn. 5; siehe auch Laufhütte in: LK-StGB, 1995, § 181 Rdn. 2.

[227] Vgl. für viele Eser in: Schönke/Schröder, 1997, vor §§ 234 ff. Rdn. 30 ff.; Küper, 1999, S. 92 ff.; Otto, 1998, S. 94 f.

[228] Laufhütte in: LK-StGB, 1995, § 181 Rdn. 2; Lenckner in: Schönke/Schröder, 1997, § 181 Rdn. 5.

ein Verhalten, mit dem der Täter bezweckt, seine Ziele unter geflissentlichem und geschicktem Verbergen der wahren Absichten oder Umstände durchzusetzen.[229] Ein verbergendes Täterverhalten verlangt nicht notwendigerweise eine Täuschungshandlung oder eine Irrtumserregung.[230] Entscheidend ist, dass der Täter mittels seines listigen Vorgehens gerade das Ziel – die Prostitutionsausübung – verschleiert.

Beispiel: A bestimmte seine Freundin F zur Aufnahme und Ausübung der Prostitution. Dies gelang ihm, indem er ihr vortäuschte, er wolle mit ihr eine gemeinsame Zukunft aufbauen. Mit dem verdienten Geld werde er mit ihr zusammen später eine Gaststätte oder ein Hotel erwerben. In Wahrheit beutete A die F von vornherein aus und verbrauchte das von F mit der Prostitution verdiente Geld fast ausschließlich für sich selbst.

A hat F zwar darüber getäuscht, die Einkünfte aus der Prostitutionsausübung zum Aufbau einer gemeinsamen beruflichen Zukunft im Hotel- oder Gaststättengewerbe verwenden zu wollen. Dies genügt jedoch – so der BGH[231] –für die Tatbestandsalternative des Bestimmens durch List nicht. Verlangt ist mehr als „das bloß listige Schaffen eines Anreizes zur Ausübung der Prostitution gegenüber einer erwachsenen Person, die sich im Übrigen frei zur Aufnahme dieser Tätigkeit entschließt." Kein Bestimmen durch List stellt somit auch das Vorspiegeln schnellerer Reichtumserlangung oder der Absicht einer späteren Eheschließung dar.[232]

Erfordert § 181 Abs. 1 Nr. 1 StGB in seiner 3. Handlungsalternative, dass das verbergende Täterverhalten einerseits gerade das Ziel der Prostitutionsausübung verschleiert (das Opfer also nicht die Vornahme sexueller Handlungen bzw. deren Entgeltlichkeit erkennt) und andererseits das Opfer zur Prostitution bestimmt wird, bleiben nur wenige Sachverhaltskonstellationen denkbar, die zu einer Strafbarkeit führen können:[233] Das durch Täuschung in seiner Willensfreiheit beeinträchtigte Opfer ist in eine Situation gebracht, in der es sich zur Prostitutionsausübung genötigt sieht, oder es kommt zur Überlistung einer Person, bei der aufgrund ihres Alters oder sonstiger Beeinträchtigungen (z.B. psychische Erkrankung) eine Unfähigkeit zu freier Selbstbestimmung besteht.   **673**

Die Tat ist nach § 181 Abs. 1 Nr. 1 StGB **vollendet**, sobald der Täter das Opfer durch seine Nötigung bzw. durch die Anwendung von List zu einer Handlung **bestimmt** hat, welche die Merkmale der Prostitutionsausübung[234] aufweist, d.h. zu einem ersten Verhalten, das auf eine Aufnahme der Prostitution abzielt oder deren Fortsetzung darstellt.   **674**

---

229 BGHSt. 32, S. 269; BGH, NStZ 1996, S. 276; Eser in: Schönke/Schröder, 1997, vor §§ 234 ff. Rdn. 38; Küper, 1999, S. 207.
230 Anders aber Bohnert, 1978, S. 362; Krack, 1994, S. 18 ff.
231 BGHSt. 27, S. 27 f.; siehe dazu auch Schroeder, 1977, S. 253 ff.
232 Lackner/Kühl, 1999, § 181 Rdn. 4; Lenckner in: Schönke/Schröder, 1997, § 181 Rdn. 5.
233 Siehe auch Dreixler, 1998, S. 220; Horn in: SK-StGB, 1998, § 181 Rdn. 5; Laufhütte in: LK-StGB, 1995, § 181 Rdn. 3; Lenckner in: Schönke/Schröder, 1997, § 181 Rdn. 5; Schroeder, 1977, S. 357.
234 Dazu oben Kap. 7.1.1.1.

Beispiel: A hatte L genötigt, an Wochenenden in einem Club in D. der Prostitution nachzugehen. Zwei Monate später zwang er sie, in einem Bordell in H. zu arbeiten. Als L sich weigerte, sich weiterhin in diesem Bordell zu prostituieren, forderte A sie auf, in einem Bordell im holländischen V., mit dessen Besitzer er bereits telefoniert hatte, Geld zu verdienen. Während der Fahrt nach Holland erklärte L, sie beabsichtige, nicht mehr in Clubs der Prostitution nachgehen. Daraufhin versetzte ihr A mehrere Faustschläge an den Kopf. Aus Angst vor weiteren Schlägen begab sich L dann doch mit A in das Bordell in V., „um wieder für ihn Geld durch Prostitution zu verdienen". Weil der Besitzer des Bordells erklärte, „er beschäftige keine Frauen, die nur am Wochenende tätig sein wollen", fuhren A und L nach W. zurück.

Der BGH[235] hat in dem Vorgehen des A zu Recht nur einen Versuch des Schweren Menschenhandels gesehen. Zwar ist das Tatbestandsmerkmal der Fortsetzung der Prostitution schon erfüllt, wenn das Opfer eine erste Handlung vornimmt, die unmittelbar auf eine entgeltliche sexuelle Betätigung abzielt, wozu auch typische Anbahnungsversuche wie das Sichanbieten auf der Straße, in Animierlokalen oder Bordellen zählen. Vorliegend führte A jedoch nur Verhandlungen mit dem Betreiber eines Bordells über eine Tätigkeit der L als Prostituierte. Diese sollten erst die Voraussetzungen für die Vornahme von Prostitutionsaktivitäten schaffen.

675   Für die Tathandlung des Bestimmens gelten dieselben Grundsätze, die für das gleich lautende Merkmal bei der Anstiftung gem. § 26 StGB entwickelt wurden: Der Täter muss auf den Willen eines anderen Einfluss nehmen, ihn also zu einem Verhalten bringen, zu dem er sich ohne die Beeinflussung nicht entschlossen hätte.[236]

676   Auch im Rahmen des schweren Menschenhandels ist ein **Fortsetzen** der Prostitutionsausübung ferner dann gegeben, wenn eine sich bereits prostituierende Person zu einer qualitativ andersartigen von ihr nicht gewollten Form der Tätigkeit im Sinne einer Erhöhung des bisherigen Abhängigkeits- und Organisationsgrades bestimmt wird.[237]

Für eine Fortsetzung nicht mehr gewollter Prostitution oder für einen Zwang zu einer intensiveren Prostitutionsform i.S. der Norm genügt es jedoch nicht, wenn der Täter ein der Prostitution nachgehendes Opfer gewaltsam zur Ablieferung seiner Einnahmen veranlasst. § 181 StGB schützt nicht das Recht, nach Belieben über seine eigenen Einnahmen zu verfügen, sondern das Recht auf sexuelle Selbstbestimmung.[238]

677   Wendet der Täter bei verschiedenen Gelegenheiten wiederholt Nötigungsmittel an, um eine Prostituierte jeweils zur Fortsetzung ihrer Tätigkeit zu bestimmen, so bleibt die Anwendbarkeit von § 181 Abs. 1 Nr. 1 StGB keineswegs nur auf die erste Tat beschränkt. Hierbei handelt es sich **nicht** um ein **Dauerdelikt**.[239]

Beispiel: T überredete seine Freundin F mit Versprechungen im Hinblick auf eine spätere Heirat und einen gehobenen Lebensstil dazu, der Prostitution nachzugehen. Nach einigen Tagen empfand F zunehmend Ekel bei ihren Kontakten mit den Freiern und er-

---

235 BGH, NStZ-RR 1997, S. 294.
236 BGH, NStZ-RR 1998, S. 324.
237 BGHSt. 42, S. 179 ff.; siehe auch oben Kap. 7.4.1.1 (1).
238 BGH, StrVert 1995, S. 23; BGH, NStZ-RR 1996, S. 291.
239 Laufhütte in: LK-StGB, 1995, § 181 Rdn. 4; Tröndle/Fischer, 1999, § 181 Rdn. 3.

klärte T, die Tätigkeit sofort wieder aufgeben zu wollen. T, der zum Zweck der Prostitutionsausübung durch F ein Appartement angemietet und mit teuren Möbeln eingerichtet sowie F mit Kleidung ausgestattet hatte, bewog F zur Fortsetzung der Prostitution, indem er ihr drohte, sie bis zur Zahlung erheblicher Abfindungs- und Ersatzforderungen in dem Appartement festzuhalten und ihr Kunden zuzuführen. Als F dem T wiederum nach einigen Tagen mitteilte, sie habe keine Kraft mehr, als Prostituierte tätig zu sein, schlug T so lange auf F ein, bis sie erneut bereit war, Freier zu empfangen.

Der BGH[240] hat in einem vergleichbaren Fall entschieden, dass die Tat i.S. des § 181 Abs. 1 Nr. 1 StGB mit der ersten auf die Nötigung folgenden Prostitutionshandlung abgeschlossen und vollendet ist. Ein wiederholter Einsatz von Nötigungsmitteln kann nicht als unselbständige Einzelakte einer einheitlichen Tat gewertet werden. Wer der Prostitution, deren Fortsetzung der Täter erzwingt, bereits aufgrund früherer tatbestandsmäßiger Handlungen nachgeht, bleibt nicht vom Schutz des Tatbestandes ausgenommen: „Wer sich zur Aufgabe einer erzwungenen Prostitution entschließt, verdient nicht weniger Schutz als die Person, die eine aus freiem Entschluss ausgeübte Prostitution aufgibt. Entsprechend liefe es auch dem erstrebten Rechtsgüterschutz entgegen, wenn sich der Täter durch die erste tatbestandsmäßige Handlung i.S. des § 181 Abs. 1 Nr. 1 StGB die Tatbestandslosigkeit aller künftigen Wiederholungshandlungen zum Nachteil desselben Opfers sichern könnte."

7.4.2.2. Anwerben und Entführen

§ 181 Abs. 1 Nr. 2 StGB umfasst zwei Tatbestandsalternativen: **678**
- das Anwerben durch List (1. Alt.) und
- die Entführung durch List, Gewalt oder Drohung mit einem empfindlichen Übel gegen den Willen des Opfers (2. Alt.).

Bei beiden Alternativen muss der Täter in der Absicht handeln, die Betroffenen in Kenntnis ihrer **auslandsspezifischen Hilflosigkeit**[241] zu sexuellen Handlungen i.S. des § 184c Nr. 1 StGB (wozu auch deren Vornahme gegen Entgelt als Prostitutionsausübung zählt) zu **bringen**.[242] Dabei soll die sexualbezogene Betätigung dann an oder vor einer dritten Person erfolgen oder das Opfer sie von einem Dritten an sich vornehmen lassen.

(1) Anwerben durch List

Die Tatbestandsalternative der listigen **Anwerbung** erfordert den Abschluss eines   **679**
Vertrages oder einer **sonstigen Vereinbarung** zwischen dem Täter und einer anderen Person gleich welchen Geschlechts, wodurch der oder die Angeworbene sich verpflichtet sieht, eine bestimmte Tätigkeit (für die angeworben wurde) aufzunehmen.[243] Auf die zivilrechtliche Beurteilung oder Wirksamkeit der Vereinbarung kommt es ebenso wenig an wie darauf, ob das Anwerben im In- oder im

---

[240] BGH, NStZ 1996, S. 125.
[241] Dazu oben Kap. 7.4.1.1 (2).
[242] Dazu oben Kap. 7.4.1.1.
[243] BGH, NStZ 1994, S. 78; BGH, NStZ-RR 1997, S. 293.

Ausland erfolgt.[244] Auch die Art der wahrzunehmenden Tätigkeit ist nicht von Relevanz.

680   Entscheidend bleibt vielmehr: Der Anwerber – oder ein Dritter[245] – ist aufgrund der Vereinbarung in der Lage, dem Angeworbenen, der sich zur Ausübung der Tätigkeit verpflichtet glaubt, **Weisungen** zu **erteilen**; d.h., der Angeworbene ist zur Disposition des Anwerbers bzw. des Dritten gestellt.[246]

> *Beispiel:* Der gebürtige Russe R veranlasste die in Russland lebende I zur Einreise nach Deutschland, indem er ihr vorspiegelte, er werde ihr bei der Organisation einer Ausstellung von ihr – schon in Russland – gemalter Bilder behilflich sein, darüber hinaus werde er ihr auch die Anfertigung neuer Bilder ermöglichen und sie insgesamt bei der Vermarktung unterstützen. Tatsächlich verfügte R über keinerlei Kenntnisse hinsichtlich der Gepflogenheiten des Kunstmarktes und hatte bis zum Eintreffen der I auch noch keinerlei Aktivitäten in dieser Richtung entfaltet.
>
> Noch am Tag ihrer Ankunft in Deutschland wurde I von R aufgefordert, für ihn durch eine Tätigkeit in einem Bordell, einer Sexbar oder einem Pornostudio Geld heranzuschaffen. Als sich I diesem Ansinnen widersetzte, verlieh R seiner Forderung mit der Drohung Nachdruck, er werde anderenfalls „Leute vorbeischicken, die sie vergewaltigen, ihr Rauschgift spritzen und sie sodann ohne Papiere der Polizei übergeben würden mit dem Hinweis, sie sei eine in Deutschland illegal tätige rauschgiftsüchtige Prostituierte“. Ohne Papiere werde ihr die Polizei etwaiges Verteidigungsvorbringen nicht glauben und „sie mit Schimpf und Schande wie einen Hund aus Deutschland hinausjagen“. Sämtliche Bemühungen des R, die I zu der ihr angesonnenen Tätigkeit zu veranlassen, blieben erfolglos. R stellte schließlich einen Kontakt zu einer Galerie her und besorgte Utensilien zur Anfertigung von Gemälden. Es kam zu zwei Ausstellungen, wobei I eine Reihe von Gemälden mit Gewinn verkaufen konnte. I bot dem R an, ihn für seine Auslagen zu entschädigen, was R jedoch ablehnte. Nach einiger Zeit kehrte I wieder nach Russland zurück.
>
> Der BGH[247] vermochte keine zureichenden Anhaltspunkte für das Vorliegen eines Anwerbens i.S. des § 181 Abs. 1 Nr. 2 1. Alt. StGB zu erkennen. Er hält es für fraglich, ob zwischen R und I ein Vertrag abgeschlossen wurde, aufgrund dessen die I sich als verpflichtet betrachtete, als Malerin in Deutschland tätig zu sein. Nach Ansicht des BGH bleibt nicht ausgeschlossen, dass I es nur als ein Gebot des Anstandes ansah, sich nach Möglichkeit für die ihr von R erwiesene Unterstützung finanziell erkenntlich zu zeigen. Dies reicht jedoch nicht aus, das Vorliegen einer Vereinbarung im Sinne des Tatbestandsmerkmals des Anwerbens zu bejahen.

681   Bei dem Anwerben i.S. des § 181 Abs. 1 Nr. 2 1. Alt. StGB muss es sich um eine **Tätigkeit mit erheblichem Unrechtsgehalt** handeln, welche nachhaltig auf die Willensentschließung des Opfers einwirkt. Dies folgt sowohl aus der hohen Strafdrohung des § 181 Abs. 1 StGB (Freiheitsstrafe von einem Jahr bis zu zehn Jahren) als auch aus der komplementären Intensität der Handlungsmodalitäten der

---

[244] Horn in: SK-StGB, 1998, § 181 Rdn. 10; Lenckner in: Schönke/Schröder, 1997, § 181 Rdn. 8 f.

[245] BGH, NStZ 1994, S. 79.

[246] Dreixler, 1998, S. 220; Laufhütte in: LK-StGB, 1995, § 181 Rdn. 5.

[247] BGH, NStZ 1994, S. 78 f.

zweiten Tatbestandsalternative des Entführens.[248] Notwendig wird damit, dass die **Initiative** zum Abschluss des Vertrages oder der sonstigen Vereinbarungen **vom Täter** ausgeht, er also die treibende Kraft für das Zustandekommen ist.[249]

Beispiel: Als das Ehepaar O sich zu einem Besuch in Polen aufhielt, wurde es dort von der P angesprochen, ob es ihr eine Arbeit in Deutschland beschaffen könne. Diesem Wunsch der P nach einer Arbeitsaufnahme in Deutschland nutzten O und ihr Ehemann aus. Sie spiegelten P eine – tatsächlich nicht vorhandene – konkrete Arbeitsmöglichkeit vor, um damit P nach Deutschland zu locken und zur Prostitutionsausübung zu verleiten. Als P in Bonn eintraf, wirkten Herr und Frau O massiv und wiederholt auf sie ein, um sie zur Aufnahme der Prostitution zu bestimmen.

Eine erstinstanzliche Verurteilung wegen schweren Menschenhandels wurde vom BGH[250] aufgehoben, weil der Sachverhalt sich nicht unter das Tatbestandsmerkmal des Anwerbens i.S. von § 181 Abs. 1 Nr. 2 1. Alt. StGB subsumieren lässt. Es fehlen bereits Anhaltspunkte für die Annahme, P könne sich als verpflichtet angesehen haben, die in Aussicht gestellte Tätigkeit auszuüben. Zudem war die treibende Kraft für ein mögliches Einvernehmen hinsichtlich einer Arbeitstätigkeit in Deutschland die P selbst; insoweit bleibt kein massives Einwirken auf ihre Willensentschließung erkennbar.

An einem Anwerben i.S. des § 181 Abs. 1 Nr. 2 1. Alt. StGB fehlt es auch, **682** wenn der Täter lediglich die durch einen anderen erfolgte Anwerbung nachträglich **ausnutzt**.[251] Der „Abnehmer" bereits angeworbener Opfer hat zum Zeitpunkt der Anwerbung nicht selbst auf deren Willensentscheidung Einfluss genommen; er ist nicht als Wirkender aktiv geworden.

Beispiel: K vermittelte asiatische „Folkloretänzerinnen" und „Universalartistinnen" an eine Vielzahl von Barbetrieben. Dabei hatte er von dem Umstand Kenntnis, dass die Artistinnen in diesen Betrieben regelmäßig auch der Prostitution nachgehen mussten. K machte sich die auslandsspezifische Hilflosigkeit der mittellosen Asiatinnen zunutze, um sie als besonders preiswerte und willfährige Bardamen anzubieten. K vermittelte die Asiatinnen u.a. auch den Angeklagten F und R. Beide hatten aber keinen unmittelbaren Kontakt zu den Frauen aufgenommen und weder deren Willensentschließung bei Verhandlungen beeinflusst noch sonst auf sie eingewirkt.

Der BGH[252] wertete das Tätigwerden der Angeklagten F und R nur als ein bloßes späteres Ausnutzen der durch K bereits erfolgten Anwerbung. Nachdem es K war, der die Vertragsverhandlungen mit den Asiatinnen führte, die Verträge mit ihnen abschloss, und diese sich bei Beschwerden an K wandten, lag seitens F und R kein Anwerben i.S. des § 181 Abs. 1 Nr. 2 1. Alt. StGB vor. F und R haben lediglich die von K angeworbenen Damen für einen bestimmten Zeitraum „engagiert".

§ 181 Abs. 1 Nr. 2 1. Alt. StGB verlangt ein Anwerben durch **List**. Es handelt **683** sich hier um die einzige Strafnorm des Strafgesetzbuches, in der die List für sich steht und nicht den Begriffen der Gewalt und der Drohung als alternatives

---

[248] BGH, NStZ 1992, S. 434; BGH, NStZ-RR 1998, S. 323 f.
[249] Lenckner in: Schönke/Schröder, 1997, § 181 Rdn. 9.
[250] BGH, NStZ-RR 1997, S. 293.
[251] BGH, NStZ-RR 1998, S. 324; Laufhütte in: LK-StGB, 1995, § 181 Rdn. 5.
[252] BGH, NStZ 1992, S. 434.

Tatmittel zugeordnet ist. Wie in § 181 Abs. 1 Nr. 1 StGB versteht man hier unter List ein Verhalten, mit dem der Täter bezweckt, seine Ziele unter geflissentlichem und geschicktem Verbergen der wahren Absichten oder Umstände durchzusetzen.[253] Daran mangelt es, wenn das Opfer sich in klarer Kenntnis der Tragweite seines Handelns frei zur Prostitutionsausübung entschließt – mag der Täter auch durch ein listiges Verhalten (z.B. Täuschung über die Höhe des Entgelts) einen Anreiz dazu geschaffen haben.[254] Dies setzt aber voraus, dass das Opfer zu einer freiverantwortlichen Entscheidung fähig ist.[255]

684   Eine bloße Einwilligung, ins Ausland zu gehen, lässt jedoch die **Absicht** der Ausnutzung auslandsspezifischer Hilflosigkeit zum Verbringen zu sexuellen Handlungen nicht entfallen, wenn der Täter gerade solche Ziele verfolgt.[256] Dieser muss sich schon im Zeitpunkt des Anwerbens[257] bewusst sein: Das Opfer wird in einem anderen Land in eine hilflose Lage geraten oder ist bereits in eine solche gelangt, und es besteht deshalb eher die Bereitschaft, auf das angestrebte sexuelle Ansinnen einzugehen. Wurde dagegen erst absichtslos eine auslandsspezifische Hilflosigkeit geschaffen (z.B. im Wege einer gescheiterten Ehevermittlung) und das Opfer dann zur Vornahme sexueller Handlungen gebracht, unterfällt dies nicht § 181 Abs. 1 Nr. 2 1. Alt. StGB[258] – hier kann aber eine Strafbarkeit gem. § 181 Abs. 1 Nr. 1 StGB in Betracht kommen.

(2) Entführung gegen den Willen des Opfers

685   Die 2. Alt. des § 181 Abs. 1 Nr. 2 StGB verlangt das Entführen einer Person mittels Gewalt, Drohung mit einem empfindlichen Übel oder durch List. Diese Entführungsmittel entsprechen denjenigen des § 181 Abs. 1 Nr. 1 StGB.[259]

686   Ein **Entführen** gegen den Willen des Opfers setzt voraus: Der Täter nimmt eine Veränderung des Aufenthaltsortes einer Person vor – oder er veranlasst den Ortswechsel – mit der Wirkung, dass das Opfer seinem ungehemmten Einfluss (also seiner Herrschaftsgewalt) ausgeliefert wird.[260] Die Vollendung dieser Tathandlung liegt zu dem Zeitpunkt vor, zu dem die Verbringung des Opfers an einen anderen Ort erfolgt ist.[261]

687   Die in § 181 Abs. 1 Nr. 2 StGB erforderliche **Absicht**, eine Person in Kenntnis ihrer auslandsspezifischen Hilflosigkeit zu sexuellen Handlungen zu bringen, braucht zwar nicht schon zu Beginn der Entführungshandlung zu bestehen – sie muss jedoch spätestens bei Vollendung des Entführungsaktes gefasst sein.[262]

---

[253] BGHSt. 32, S. 269; BGH, NStZ 1996, S. 276; Eser in: Schönke/Schröder, 1997, vor §§ 234 ff. Rdn. 38; Küper, 1999, S. 207.
[254] BGHSt. 27, S. 27; Lackner/Kühl, 1999, § 181 Rdn. 4.
[255] Dencker, 1989, S. 252; Lenckner in: Schönke/Schröder, 1997, § 181 Rdn. 10.
[256] Laufhütte in: LK-StGB, 1995, § 181 Rdn. 8.
[257] Dreixler, 1998, S. 221.
[258] Horn in: SK-StGB, 1998, § 181 Rdn. 14.
[259] Siehe oben Kap. 7.4.2.1.
[260] BGHSt. 29, S. 237; BGH, NStZ 1994, S. 283; Küper, 1999, S. 116; Otto, 1998, S. 353.
[261] Dreixler, 1998, S. 222.
[262] Laufhütte in: LK-StGB, 1995, § 181 Rdn. 9.

Geht der Täter mit dem Tatmittel der **List** vor, so kann er täuschen[263]   **688**
- über den mit dem Ortswechsel verfolgten Zweck (z.B. Urlaubsreise ins Ausland), oder
- über Art und Ausmaß der sexualbezogenen Betätigung (z.B. Reise zu dem eine Lebenspartnerin suchenden Ausländer), oder
- über das Verbringen ins Ausland und eine daraus folgende Hilflosigkeit (z.B. das mit sexuellen Handlungen einverstandene Opfer erkennt den Landeswechsel nicht).

7.4.2.3 Gewerbsmäßiges Anwerben

§ 181 Abs. 1 Nr. 3 StGB stellt eine Qualifizierung von § 180b Abs. 2 Nr. 1 StGB   **689**
dar.[264] Das Einwirken wird durch das Qualifikationsmerkmal des gewerbsmäßigen Anwerbens ersetzt. Mit § 181 Abs. 1 Nr. 3 StGB will der Gesetzgeber insbesondere ausländische Frauen und Mädchen schützen, die zur Zeit der Tat bereits in ihrem Heimatland als Prostituierte arbeiten.[265]

Wie in § 181 Abs. 2 Nr. 1 1. Alt. StGB liegt ein **Anwerben** auf der objektiven   **690**
Tatbestandsseite vor, wenn es zur Herstellung eines Einvernehmens zwischen dem Täter und einem im Ausland dann hilflosen Opfer kommt. Dieses soll sich durch Abschluss einer Vereinbarung, welche die Prostitutionsausübung zum Inhalt hat, verpflichtet fühlen, entsprechenden Tätigkeiten nachzugehen.[266] Mit Blick auf die Höhe der Strafdrohung ist auch bei § 181 Abs. 1 Nr. 3 StGB das Tatbestandsmerkmal des Anwerbens einschränkend zu interpretieren. Es scheidet aus, falls die Aktivität ohne intensive Einwirkung zu einem bloßen Ausnutzen einer durch einen anderen erfolgten Anwerbung führt.[267]

Gewerbsmäßig handelt der Täter, wenn er die Absicht besitzt, sich aus einer   **691**
wiederholten Tatbegehung eine fortlaufende Einnahmequelle von gewisser Dauer und einigem Umfang zu verschaffen.[268] § 181 Abs. 1 Nr. 3 StGB verlangt zudem die **Absicht**, die angeworbene Person in Kenntnis ihrer auslandsspezifischen Hilflosigkeit[269] zur Aufnahme oder Fortsetzung der Prostitution zu bestimmen[270]. Für die Erfüllung des Tatbestandes kommt es – im Gegensatz zu § 181 Abs. 1 Nr. 2 StGB – nicht darauf an, ob das Opfer getäuscht wurde.[271]

> *Beispiel:* P ging in Tschechien auf dem Straßenstrich der Prostitution nach. A verbrachte P nach Deutschland, wo er sie als Prostituierte „verkaufte". Zuvor hatte A der P für den Fall, dass sie sich in eine Bar nach Deutschland „verkaufen" lasse, (wahrheitswidrig) in Aussicht gestellt, sie könne nach einem Monat wieder nach Tschechien

---

263 Siehe Lenckner in: Schönke/Schröder, 1997, § 181 Rdn. 11.
264 BT-Drs. XII/2589, S. 9.
265 BT-Drs. XII/2589, S. 9.
266 Lenckner in: Schönke/Schröder, 1997, § 181 Rdn. 14.
267 BGH, NStZ 1992, S. 434.
268 BGHSt. 1, S. 383; BGH, NStZ 1995, S. 85; Küper, 1998, S. 161.
269 Dazu oben Kap. 7.4.1.1 (2).
270 Dazu oben Kap. 7.4.1.1 (1).
271 BGHSt. 42, S. 182.

zurückkehren und müsse dann nicht mehr „anschaffen". A äußerte zudem, er wolle nicht mehr, dass P „auf dem Bürgersteig hin- und herlaufe", sie solle in eine Bar gehen, „wo es schön warm" sei.

Der BGH[272] sieht in dem Vorgehen des A ein Anwerben i.S. des § 181 Abs. 1 Nr. 3 StGB: A wirkte mit Versprechungen auf P ein und veranlasste sie dadurch zu einer Vereinbarung, aufgrund derer sie sich verpflichtet sah, in ihren befristeten „Verkauf" nach Deutschland einzuwilligen. Dabei wird eine Strafbarkeit des A nicht ausgeschlossen, weil die Anwerbung bereits in Tschechien stattfand, der A sich also bei der Anwerbung selbst noch keine auslandsspezifische Hilflosigkeit zunutze machte. „§ 181 Abs. 1 Nr. 3 StGB setzt nicht voraus, dass diese spezifische Hilflosigkeit schon im Zeitpunkt der Werbung besteht, vielmehr genügt es, dass der Täter in dem Bewusstsein wirbt, das Opfer werde im Ausland (später) in eine hilflose Lage geraten."

7.4.3 Verwirklichung mehrerer Tatbestände

692   Hat ein Täter das Delikt des schweren Menschenhandels vollendet und begeht er in dessen Beendigungsphase weitere Straftaten, die mit den Handlungen zur Deliktsbeendigung zusammenfallen, so stehen diese weiteren Gesetzesverletzungen zum vollendeten Menschenhandel im Verhältnis der **Tateinheit**.

Beispiel: B und D warben unter Vortäuschung einer Beschäftigung als Putzhilfen in Rumänien zwei Frauen an, um sie unter Ausnutzung ihrer hilflosen Lage als sprachunkundige und unerfahrene Ausländerinnen in einem Bordellbetrieb des D in Deutschland der Prostitution zuzuführen. Als sich die beiden Frauen weigerten, der Prostitution nachzugehen bzw. diese fortzusetzen, versuchten B und D durch wiederholte Drohungen, diese bis zur Zahlung von erheblichen Abfindungs- und Ersatzforderungen festzuhalten, ihr Ziel doch noch zu erreichen.

B und D haben zum einen durch das listige Anwerben der beiden rumänischen Frauen den Tatbestand des § 181 Abs. 1 Nr. 2 1. Alt. StGB vollendet, denn dieser setzt lediglich das Vorhaben voraus, die mit List angeworbenen Personen zu sexuellen Handlungen zu bringen. Die weiteren von B und D verwirklichten Delikte wie Förderung der Prostitution, dirigierende Zuhälterei durch D und Beihilfe dazu durch B wurden in der Beendigungsphase des schweren Menschenhandels begangen und sollten zugleich dazu dienen, die Deliktsbeendigung herbeizuführen. Obwohl es sich bei den weiteren Gesetzesverletzungen um solche mit einem selbständigen Unwertgehalt handelt, stehen sie zu § 181 Abs. 1 Nr. 2 1. Alt. StGB im Verhältnis der Tateinheit.[273]

693   Unterfällt ein Täterhandeln sowohl dem Tatbestand des § 181 Abs. 1 Nr. 3 StGB als auch § 180b Abs. 1 S. 2 StGB, tritt letzterer im Wege der Gesetzeskonkurrenz hinter § 181 Abs. 1 Nr. 3 StGB zurück.[274] Denn zum einen schließt das gewerbsmäßige Handeln ein solches um eines Vermögensvorteils willen i.S. des § 180b Abs. 1 S. 2 StGB notwendigerweise mit ein. Zum anderen ist auch das Anwerben eine spezifische Form des Einwirkens und die Prostitutionsausübung eine besondere Art der Vornahme bzw. Duldung sexueller Handlungen.

---

[272] BGHSt. 42, S. 182 f.
[273] BGH, NStZ 1995, S. 588 f.
[274] BGH, NStZ 1997, S. 180.

Dagegen stehen § 181 Abs. 1 Nr. 3 StGB und § 180b Abs. 2 Nr. 2 StGB im Verhältnis der Tateinheit.[275] Letztere Vorschrift dient dem Schutz junger Menschen bis zur Vollendung des 21. Lebensjahres – der Handlungsunwert wird von § 181 Abs. 1 Nr. 3 StGB nicht umfasst.

---

[275] BGH, NStZ 1997, S. 180.

8. Die strafrechtlichen Pornographieverbote

In § 184 StGB sind unter der Deliktsbezeichnung „**Verbreitung pornographi- 694 scher Schriften**" bestimmte Verbote zusammengefasst, die das Zugänglichmachen von Darstellungen mit pornographischem Inhalt betreffen.

Den Regelungen des § 184 StGB liegt die Erwägung des Gesetzgebers[1] zu- 695 grunde, dass der erwachsene Mensch die Freiheit besitzt, selbst zu bestimmen, was er lesen oder betrachten will. Das Fehlen gesicherter wissenschaftlicher Erkenntnisse über mögliche schädliche Folgen einer Konfrontation mit pornographischem Material führte mit dem 4. StrRG – unter Aufgabe der überkommenen Vorstellung, pornographische Erzeugnisse seien schlechthin gemeinschaftsverletzend und deshalb mit strafrechtlichen Mitteln zu unterdrücken – zu einer **partiellen Legalisierung**[2] von Pornographie. Die Selbstbestimmungsfreiheit des Einzelnen zum Pornographiekonsum findet nunmehr erst dort ihre Grenze, wo eine Verletzung besonders hoch zu bewertender Rechtsgüter droht oder die ernsthafte Gefahr einer solchen Rechtsgutsverletzung nahe liegt.

Der Gesetzgeber hat es für erforderlich erachtet, den Vorrang der Selbstbe- 696 stimmung des Bürgers zu verneinen, soweit dies zum Zweck des **Kinder- und Jugendschutzes** notwendig ist. Der Schutz der Jugend stellt nach der vom Grundgesetz selbst getroffenen Wertung ein wichtiges Gemeinschaftsanliegen und ein bedeutendes Ziel dar.[3] Der in Art. 5 Abs. 2 GG ausdrücklich erwähnte Jugendschutz genießt insbesondere wegen des in Art. 6 Abs. 2 S. 1 GG verbrieften Erziehungsrechts der Eltern Verfassungsrang.[4] Ein solcher kommt dem Kinder- und Jugendschutz zudem bereits aus Art. 1 Abs. 1 i.V.m. Art. 2 Abs. 1 GG zu. Junge Menschen haben einen Anspruch auf Persönlichkeitsentfaltung im Sinne der Grundrechtsnormen, wozu sie des Schutzes und der Hilfe bedürfen.[5] Dies betrifft auch die Bewahrung vor sexuellen Beeinträchtigungen sowie das Ermöglichen einer Sexualerziehung, welche das Persönlichkeitsrecht des einzelnen Kindes bzw. Jugendlichen achtet.[6] Damit ist der Staat berechtigt, Einflüsse von ihnen fern zu halten, die sich auf ihre Einstellung zum Bereich des Sexuellen – und damit auch auf ihre Persönlichkeitsentwicklung – nachteilig auswirken können.[7] Die Legisla-

---

1 Vgl. BT-Drs. VI/1552, S. 33; BT-Drs. VI/3251, S. 58; dazu Becker W., 1974, S. 177 ff.
2 Zur historischen Entwicklung der Pornographieverbote siehe Schroeder, 1992, S. 1 ff.
3 BVerfGE 30, S. 347 f.; 77, S. 356.
4 BVerfGE 7, S. 323 f.
5 BVerfGE 79, S. 63.
6 BVerfGE 47, S. 72 f.
7 BVerfGE 83, S. 140.

tive geht mit § 184 StGB jedoch von der wissenschaftlich nicht zweifelsfreien Hypothese aus, dass Jugendliche durch pornographische Schriften und Darstellungen in ihrer sexuellen Entwicklung[8] gestört werden können.[9]

697   Besonders schutzwürdig sind nach Ansicht des Gesetzgebers neben Kindern und Jugendlichen Personen, die ohne ihren Willen mit pornographischen Erzeugnissen in Kontakt kommen. Die Selbstbestimmungsfreiheit zum Pornographiekonsum findet deshalb auch dort eine Grenze, wo es um den **Schutz** des Einzelnen **vor ungewollter Konfrontation** mit Pornographie geht. Insoweit gründet eine entsprechende Beschränkung auf der mit der allgemeinen Handlungsfreiheit des Art. 2 Abs. 1 GG korrespondierenden Schutzpflicht des Staates, das Individuum vor **groben Belästigungen** durch Dritte zu bewahren.[10]

698   Das Gesetz pönalisiert in Form eines **Verbotskatalogs** spezifische Verbreitungsformen. Da mit der partiellen Freigabe von Pornographie für Erwachsene keine vollständige Abschirmung der Jugendlichen mehr möglich ist, beschränkt sich § 184 StGB bei der sog. **einfachen Pornographie** auf Tathandlungen, bei denen davon ausgegangen werden muss, dass sie – gerade auch wegen zu geringer Kontrollmöglichkeiten – in besonderem Maße den Schutz Minderjähriger bzw. denjenigen vor ungewollter Konfrontation in Frage stellen.

699   Bezogen auf das **geschützte Rechtsgut** lassen sich die einzelnen Tatbestände des § 184 Abs. 1 StGB differenzieren:[11]
– Nr. 1 bis 5 dienen in erster Linie dem Kinder- und Jugendschutz.
– Nr. 6 will dem Einzelnen ungewollte Konfrontationen ersparen.
– Nr. 7 zielt auf die Bewahrung Minderjähriger und Erwachsener vor unerwünschter Konfrontation ab.
– Nr. 8 betrifft Vorbereitungshandlungen für die in Nr. 1 bis 7 benannten Verhaltensweisen.
– Nr. 9 ist eine Vorschrift zum Schutz außenpolitischer Beziehungen.

700   Abgesehen von Nr. 9 geht es bei den Tatbeständen des § 184 Abs. 1 StGB somit um einen reinen **Individualschutz**.[12] Der Jugendschutz bleibt – neben dem Konfrontationsaspekt – auch mitbestimmend für das in § 184 Abs. 2 StGB normierte Verbreitungsverbot pornographischer Darbietungen durch den Rundfunk.[13]

701   Die teilweise Legalisierung von Pornographie durch das 4. StrRG betraf nur die einfache Pornographie. Geht es dagegen um sog. **harte Pornographie**, die Gewalttätigkeiten, sexuellen Missbrauch von Kindern oder sexuelle Handlungen von

---

[8]   Vgl. Horn in: SK-StGB, 1998, § 184 Rdn. 2; Lenckner in: Schönke/Schröder, 1997, § 184 Rdn. 3.

[9]   Zur Wirkungsforschung siehe Bohrer, 1992, S. 25 ff.; Ertel, 1990, S. 12 ff.; 473 ff.; Schreibauer, 1999, S. 30 ff.; Selg, 1986, S. 60 ff., 84 ff.

[10] Fischer K., 1995, S. 162.

[11] Laufhütte in: LK-StGB, 1995, § 184 Rdn. 1; Lenckner in: Schönke/Schröder, 1997, § 184 Rdn. 3; teilweise abweichend Beisel, 1997, S. 212, 232.

[12] Weiter gehend jedoch Tröndle/Fischer, 1999, § 184 Rdn. 4, die als Zielrichtung des § 184 StGB auch den „Schutz der Sexualverfassung" ansehen, „die mit Ehe und Familie (Art. 6 Abs. 1 GG) auf eine Verschmelzung von Eros und Sexus gerichtet ist und durch Pornographie, die diese Verschmelzung gefährdet ..., verletzt wird".

[13] Lackner/Kühl, 1999, § 184 Rdn. 1.

Menschen mit Tieren zum Gegenstand hat (§ 184 Abs. 3 StGB), wurde hierfür ein **absolutes Verbreitungsverbot** – auch unter Erwachsenen – beibehalten. Das 27. StÄG 1993[14] hat dann sowohl eine Erhöhung der Strafdrohung für die Herstellung und Verbreitung von Kinderpornographie mit sich gebracht als auch das Verschaffen und den Besitz von **Kinderrealpornographie** besonders unter Strafe gestellt.

Definitionen:	
Realpornographie:	Wiedergabe eines tatsächlichen Geschehens pornographischer Art.
Realitätsnahe Pornographie:	Nach ihrem äußeren Erscheinungsbild so real wirkende („wirklichkeitsnahe") Darstellung pornographischen Inhalts, dass das Vorliegen von Realpornographie nicht ausgeschlossen werden kann.
Fiktivpornographie:	Zeichnerische Darstellung, Beschreibung oder Imitation eines pornographischen Geschehens.
Harte Pornographie:	Pornographische Schriften, Ton- und Bildträger, Datenspeicher, Abbildungen und andere Darstellungen, die Gewalttätigkeiten, den sexuellen Missbrauch von Kindern oder sexuelle Handlungen von Menschen mit Tieren zum Gegenstand haben.
Kinderpornographie:	Pornographische Darstellungen, die den sexuellen Missbrauch von Kindern i.S. des § 176 StGB zum Gegenstand haben.
Gewaltpornographie:	Darstellung eines aggressiven, physische Kraft entfaltenden Verhaltens, das die körperliche Integrität einer Person unmittelbar gefährdet oder verletzt.
Sodomiepornographie:	Pornographische Darstellungen, die sexuelle Handlungen von Menschen mit Tieren zum Gegenstand haben.

702

---

[14] BGBl. I 1993, S. 1346; dazu Schroeder, 1993, S. 2581 ff.

703   Angesichts neuer technischer Möglichkeiten zur Manipulation von Bildern, die eine Unterscheidung von tatsächlichen und fiktiven Darstellungen erschweren, kam es mit dem Informations- und Kommunikationsdienste-Gesetz 1997[15] zu einer Einbeziehung **realitätsnaher Pornographie** in die Tatbestände des § 184 Abs. 4 und 5 StGB.

704   Auch die Absätze 3 bis 5 des § 184 StGB dienen dem **Jugendschutz**.[16] Hier nimmt der Gesetzgeber Lücken, die bei einer Freigabe der harten Pornographie an Erwachsene zwangsläufig entstünden, nicht hin (z.B. pornographische Erzeugnisse geraten aufgrund Wegwerfens oder unsorgfältiger Aufbewahrung an Jugendliche).[17] Neben dem Ziel, Kinder und Jugendliche in ihrer Persönlichkeitsentwicklung – insbesondere ihrer sozialen Orientierung – vor Beeinträchtigungen zu bewahren, bezieht sich der Schutzzweck[18] des § 184 Abs. 3 StGB darüber hinaus zum einen auch auf die **Entwicklung Heranwachsender und Jungerwachsener**. Daneben geht es um den **Schutz vor Gewalttaten** als Konsequenz aus der Annahme des Gesetzgebers, harte Pornographie – insbesondere Gewaltdarstellungen – könne zu aggressivem Verhalten anregen und deshalb kriminalitätsfördernde Wirkung besitzen; Personen, die zu einer Sexualbetätigung mit gewalttätigsadistischem oder pädophilem Einschlag neigen, würden zu entsprechenden Betätigungen animiert.

705   Im Hinblick auf den sexuellen Missbrauch von Kindern dienen § 184 Abs. 3 bis 5 StGB dem Schutz vor einer mittelbaren Förderung dieser Straftaten durch Vermarktung oder Besitz kinderpornographischer Produkte.[19] Wer **Kinderpornographie** erwirbt, schafft einen Anreiz für die weitere Herstellung, denn ein Besitzer solcher Darstellungen muss diese selbst hergestellt oder von anderen übernommen und damit den **sexuellen Missbrauch** von Kindern **gefördert** haben.

8.1 Pornographische Darstellungen

706   Gegenstand der einzelnen Tatbestände des § 184 StGB ist vom Wortlaut her das Verbreiten pornographischer Schriften. In den Absätzen 1, 3, 4 und 5 hat der Gesetzgeber jedoch klargestellt, dass der Schriftenbegriff im weiten Sinne gemäß der in § 11 Abs. 3 StGB enthaltenen Gleichstellungsklausel interpretiert werden muss. Keine Definition enthält das Gesetz für den Begriff der Pornographie.

---

[15]   BGBl. I 1997, S. 1870.
[16]   Einschränkend Beisel, 1997, S. 239.
[17]   BT-Drs. VI/1552, S. 33.
[18]   Dazu Laufhütte in: LK-StGB, 1995, § 184 Rdn. 2; Lenckner in: Schönke/Schröder, 1997, § 184 Rdn. 3; krit. Schroeder, 1992, S. 10.
[19]   BT-Drs. XII/3001, S. 5.

8.1.1 Die Schriftenklausel des § 11 Abs. 3 StGB

Durch die ausdrücklichen Verweise auf § 11 Abs. 3 StGB in § 184 Abs. 1, 3, 4 **707**
und 5 StGB bleiben die Tatobjekte der Strafnormen jedoch nicht auf Schriften
begrenzt. Der Schriftbegriff steht in gesetzestechnischer Vereinfachung zugleich für „Ton- und Bildträger, Datenspeicher, Abbildungen und andere Darstellungen" (§ 11 Abs. 3 StGB).

Schriften sind stofflich verkörperte Gedankenäußerungen mittels Buchstaben, **708**
Bildern oder Zeichen, die sinnlich wahrgenommen werden können.[20] Sie brauchen noch nicht den Endzustand als Buch, Magazin usw. erreicht zu haben, so
dass auch Drucksätze, Negative oder Matrizen ausreichen, sobald diese zur Vervielfältigung bestimmt sind.[21]

Der Begriff der Schriften steht nur stellvertretend für die übrigen in § 11 Abs. 3 **709**
StGB genannten Medien. Den eigentlichen Oberbegriff bildet die **Darstellung**.
Hierunter fallen stofflich verkörperte, sinnlich wahrnehmbare Zeichen, die einen
Vorgang oder sonstigen gedanklichen Inhalt vermitteln sollen und deren stoffliche
Verkörperung von gewisser Dauer ist.[22] Unerheblich bleibt, ob die Wahrnehmung
unmittelbar oder nur durch den Einsatz technischer Hilfsmittel möglich wird.[23]
Angesichts des Erfordernisses einer **dauerhaften Verkörperung** scheiden somit
Theateraufführungen, Rundfunk- und Fernsehsendungen ebenso aus wie sonstige
Live-Darstellungen (z.B. in Nachtlokalen).

Unter den Begriff der Darstellung i.S. des § 11 Abs. 3 StGB fallen ferner die **710**
auf Datenträgern wie Festplatten, CD-ROMs oder Arbeitsspeichern gespeicherten
Daten, welche die Inhalte nur zeitweise vorhalten.[24] Dies hat der Gesetzgeber mit
der durch Art. 4 Nr. 1 Informations- und Kommunikationsdienste-Gesetz 1997[25]
erfolgten Neufassung von § 11 Abs. 3 StGB mittels Hinzufügung des Begriffs
Datenspeicher klargestellt. Elektronische, elektromagnetische, optische, chemi-
sche oder sonstige Datenspeicher, die gedankliche Inhalte verkörpern und unter
Zuhilfenahme technischer Geräte wahrnehmbar machen, entsprechen den Schriften usw., wobei gleichgültig bleibt, welcher Art das zur Wahrnehmung eingesetzte
Gerät ist (z.B. Bildschirmanzeige). § 11 Abs. 3 StGB findet damit im Bereich der
Offline-Kommunikation ebenso Anwendung wie bei der Online-Kommunika-
tion.[26] Es bleibt jedoch für den Schriftenbegriff i.S. des § 11 Abs. 3 StGB eine
gewisse Datenfixierung von wenigstens minimaler Dauer unverzichtbar. Deshalb

---

[20] BGHSt. 13, S. 375.
[21] BGHSt. 32, S. 1; Lackner/Kühl, 1999, § 11 Rdn. 27.
[22] Rudolphi in: SK-StGB, 1998, § 11 Rdn. 56; Schreibauer, 1999, S. 173 f.; Tröndle/
Fischer, 1999, § 11 Rdn. 44.
[23] Eser in: Schönke/Schröder, 1997, § 11 Rdn. 78.
[24] Engel-Flechsig/Maennel/Tettenborn, 1997, S. 2990; Jäger/Collardin, 1996, S. 237;
Ritz, 1998, S. 55; siehe auch OLG Stuttgart, NStZ 1992, S. 38 zu den in Btx-Verfahren
verwendeten Datenträgern.
[25] Dazu unten 8.2.3.
[26] Eingehend dazu Barton, 1999, S. 118 f.

erfasst die Norm keine Inhalte, die unmittelbar in Echtzeit oder Echtzeit entsprechend übermittelt werden.[27]

711   Dem Oberbegriff der Darstellung kommt eine Auffangfunktion zu. Die im Gesetz ausdrücklich benannten Unterfälle sind neben den Schriften und Datenspeichern die Ton- und Bildträger sowie Abbildungen.[28] Insoweit lässt sich allerdings keine genaue Abgrenzung vornehmen; die Darstellungsarten greifen häufig ineinander über (z.B. bei Filmen). Zu den **Tonträgern** zählen die Gegenstände, die technisch gespeicherte Laute (Musik, Sprache) enthalten, wobei diese mittels Wiedergabegeräten akustisch wahrnehmbar gemacht werden. Auf **Bildträgern** sind Bilder oder Bildfolgen gespeichert. Durch technische Hilfsmittel kommt es hier zu einer optischen Wahrnehmung der Inhalte. **Abbildungen** sind optische Wiedergaben von Gegenständen oder Vorgängen der Außenwelt.

8.1.2 Begriff der Pornographie

712   Während § 184 StGB durch Verweise auf § 11 Abs. 3 StGB die von der Norm betroffenen Darstellungsarten näher benennt, bleibt der Begriff der Pornographie von einer Legaldefinition ausgenommen. In Literatur und Rechtsprechung wurde daher eine Fülle von Kriterien für die Bestimmung von Pornographie entwickelt.[29] Dabei kam es zur Bildung von Grundkonzeptionen, welche zum Teil wiederum miteinander kombiniert sind.

713   Übereinstimmung besteht insoweit, als pornographische Darstellungen zumindest einen Bezug zum Bereich des Sexuellen aufweisen, dies allein jedoch noch nicht ausreicht. Zur **Darstellung mit Sexualbezug** müssen in einem sachlichen Zusammenhang mit dem präsentierten sexuellen Geschehen bestimmte Elemente hinzukommen.

714   Aber gleichgültig, welche Kriterien nach den divergierenden Definitionsansätzen maßgeblich sein sollen, um dem Pornographiebegriff klarere Konturen zu verschaffen – es verbleibt letztlich die eigentliche Schwierigkeit, zureichend brauchbare und bestimmte Maßstäbe zu entwickeln, mit deren Hilfe sich der Begriff „pornographisch" auch im konkreten Einzelfall ausfüllen lässt.[30]

8.1.2.1 Irrealismus- und Isolierungskriterien

715   Bis zum 4. StrRG sanktionierte § 184 StGB a.F. die Verbreitung unzüchtiger Schriften, wobei das Merkmal „unzüchtig" auf den Maßstab des Scham- und Sittlichkeitsgefühls eines normalen Menschen verwies.[31]

---

27   Sieber, 1999c, Rdn. 605.
28   Vgl. zu den Begriffsbestimmungen Eser in: Schönke/Schröder, 1997, § 11 Rdn. 78; Gribbohm in: LK-StGB, 1997, § 11 Rdn. 125 ff.; Tröndle/Fischer, 1999, § 11 Rdn. 41 ff.
29   Umfassend dazu Schreibauer, 1999, S. 116 ff.; Schroeder, 1992, S. 16 ff.
30   Herkströter, 1992, S. 25; Lenckner in: Schönke/Schröder, 1997, § 184 Rdn. 4.
31   Siehe für viele Schwarz/Dreher, 1967, § 184 Anm. 2.

Bestimmend war nach der Rechtsprechung des BGH in seinem sog. „Fanny Hill"-Urteil[32] nicht die Beschreibung geschlechtlicher Vorgänge an sich, sondern dass „sexuelle Vorgänge in übersteigerter, anreißerischer Weise ohne Sinnzusammenhang mit anderen Lebensäußerungen geschildert werden".[33] Als Anhaltspunkte hierfür wertete der BGH:

– aufdringliche, verzerrende, unrealistische Darstellung geschlechtlicher Vorgänge;
– Verherrlichung von Ausschweifungen oder Perversitäten;
– obszöne Ausdrucksweisen.[34]

Wesentlich für die Definition der unzüchtigen Schriften waren somit vor allem   **716**
die **Isolierung der Sexualität** von anderen Lebensäußerungen und das **Unrealistische** der **Darstellungen**. Allerdings wird dem sog. Irrealismuskriterium zu Recht vorgehalten, dass es zu einer fragwürdigen Realismusprivilegierung führt; das Isolierungskriterium versagt schließlich bei bildlichen Einzeldarstellungen.[35]

8.1.2.2 Tendenzkonzeption

Der Gesetzgeber hat mit dem 4. StrRG den Begriff der unzüchtigen Schriften   **717**
durch den der pornographischen Schriften ersetzt und dabei bewusst darauf verzichtet, dessen künftige Auslegung durch eine Legaldefinition festzuschreiben. In den Gesetzesmaterialien wurde jedoch klargestellt, dass es zu einer Abkehr von den bisherigen Definitionsansätzen – auch des BGH – kommen sollte.

Nach der Intention des Gesetzgebers sind Darstellungen pornographisch, wenn sie
1. zum Ausdruck bringen, dass sie ausschließlich oder überwiegend auf die Erregung eines sexuellen Reizes bei dem Betrachter abzielen, und dabei
2. die im Einklang mit allgemeinen gesellschaftlichen Wertvorstellungen gezogenen Grenzen des Anstandes eindeutig überschreiten.[36]

Zentrale Kriterien dieses Definitionsansatzes stellen die **Anstandsverletzung**   **718**
und die **Stimulierungstendenz** dar. Diese sog. Tendenzkonzeption wird nicht nur von einem Teil der strafrechtlichen Literatur vertreten.[37] Auch der BGH bezieht sich nunmehr auf das Stimulierungstendenz-Kriterium, ergänzt dieses jedoch um das **Isolierungs-** und das **Aufdringlichkeitskriterium**: „Darstellungen ..., die unter Hintansetzung sonstiger menschlicher Bezüge sexuelle Vorgänge in grob aufdringlicher, anreißerischer Weise in den Vordergrund rücken und ausschließlich oder überwiegend auf die Erregung sexueller Reize abzielen."[38] Damit re-

---

32 BGHSt. 23, S. 40 ff.
33 BGHSt. 23, S. 44.
34 BGHSt. 23, S. 44.
35 Siehe Beratungen des Sonderausschusses für die Strafrechtsreform, 6. Wahlperiode, S. 1907 f.; dazu auch Fischer K., 1995, S. 150; Schroeder, 1992, S. 20 f.
36 BT-Drs. VI/3521, S. 60.
37 Siehe Lackner/Kühl, 1999, § 184 Rdn. 2; Laufhütte in: LK-StGB, 1995, § 184 Rdn. 7; Otto, 1998, S. 354.
38 BGHSt. 37, S. 59 f.

kurriert der BGH nicht auf die Anstandsverletzung, die ebenso wie der Begriff der allgemeinen gesellschaftlichen Wertvorstellungen zu unbestimmt bleibt, um eine brauchbare Richtlinie für die praktische Handhabung zu liefern.[39] Zwar bringt das Kriterium der Überschreitung von Anstandsgrenzen, gezogen durch die allgemeinen gesellschaftlichen Wertvorstellungen, zum Ausdruck, dass Pornographie sich ohne Rücksicht auf sich wandelnde **zeitbedingte Anschauungen** auf sexuellem Gebiet letztlich nicht definieren lässt. Ein Abstellen auf eine „vorherrschende Moralauffassung"[40], also auf außerrechtliche sexualmoralische oder sexualethische Wertmaßstäbe, macht jedoch den Pornographiebegriff demjenigen der unzüchtigen Schriften kaum überlegen.

8.1.2.3 Objektkonzeption

719   Das Wesen der Pornographie ergibt sich nicht primär aus einer vom Urheber oder Hersteller des sexuellen Werkes verfolgten Tendenz.[41] Nicht die subjektive Absicht der Reizerzielung führt zu einer Rechtsgutsgefährdung der freien sexuellen Selbstbestimmung i.S. des § 184 StGB, sondern in erster Linie die **Inhumanität der konkreten Darstellung**: Eine grobe und direkte Präsentation des Sexuellen, die den Menschen zu einem bloßen Objekt geschlechtlicher Begierde oder sexueller Betätigung jeglicher Art degradiert.[42]

720   Die sog. Objektkonzeption orientiert sich damit an der objektiven Art und dem Gehalt einer Darstellung. Diese muss gerade die Subjektqualität[43] bzw. die Autonomie eines Menschen negieren, indem er zu einem für andere verfügbaren – und damit auswechselbaren – Objekt herabgewürdigt wird: Bedeuten Darstellungen sexueller Handlungen oder die im Zusammenhang mit ihnen präsentierten Verhaltensweisen bzw. Einstellungen eine **Verletzung der Menschenwürde**[44], liegt Pornographie vor.

8.1.2.4 Schutzzweckorientierte Interpretation

721   Unter Kritik an den unterschiedlichen Grundkonzeptionen als bloßem Bemühen um eine Ermittlung des Wesens der existenten Pornographie[45] findet sich in der

---

[39] Gössel, 1987, S. 338; Tröndle/Fischer, 1999, § 184 Rdn. 6; OLG Karlsruhe, NJW 1974, S. 2015 f.

[40] So etwa Fischer K., 1995, S. 154.

[41] Gössel, 1987, S. 339.

[42] OLG Düsseldorf, NJW 1974, S. 1475; OLG Karlsruhe, NJW 1987, S. 1957; Tröndle/Fischer, 1999, § 184 Rdn. 7; zu Pornographie als Erniedrigung von Frauen siehe Baer/Slupik, 1988, S. 171 ff.

[43] Zur Verletzung der Menschenwürde als „prinzipielle Infragestellung der Subjektqualität des Menschen": BVerfGE 27, S. 16.

[44] Schumann, 1998, S. 579 f.

[45] Schroeder, 1992, S. 21.

Literatur ferner die Tendenz, den Pornographiebegriff teleologisch nach den Schutzzwecken der einzelnen Tatbestände des § 184 StGB auszulegen.[46]

Geht es um den Bereich des **Kinder- und Jugendschutzes**, sollen Darstellungen von auf sexuellem Gebiet sozial unerträglichen Verhaltensweisen von einer Verharmlosung oder Werbung bei Kindern und Jugendlichen ausgeschlossen werden. Dies betrifft die Wiedergabe von   **722**

– Sexualstraftaten,
– Prostitutionsausübung,
– einer entwürdigenden Einstellung zum anderen Geschlecht sowie
– die Überbewertung des Sexuellen unter Loslösung von anderen Lebensäußerungen und
– Darstellungen, die Sexualität mit Angst-, Ekel- oder Schamgefühlen besetzen.

Da die Norm des § 184 StGB (auch) den **Schutz vor ungewollter Konfrontation** bezweckt, wird insoweit auf das Kriterium der Anstandsverletzung[47] zurückgegriffen: Die Darstellung muss die Grenzen des sexuellen Anstands, welche im Einklang mit den allgemeinen gesellschaftlichen Wertvorstellungen stehen, eindeutig überschreiten.   **723**

Die Vielfalt der auf sexuellem Gebiet als „unerträglich"[48] qualifizierten Verhaltensweisen verdeutlicht bereits die Schwierigkeiten dieses Ansatzes auf dem Weg zu einer praktikablen Definition des Pornographiebegriffs.[49] Das Rekurrieren auf das überkommene Anstandskriterium beim Konfrontationsschutz birgt Gefahren einer divergierenden oder zu weit reichenden tatrichterlichen Interpretation[50] und führt letztlich zur Definition der unzüchtigen Schriften i.S. des § 184 StGB a.F. zurück.[51]   **724**

8.1.3 Pornographie und Kunstfreiheit

Zu praktischen Schwierigkeiten kann es kommen, wenn die Strafgerichte zu prüfen haben, ob es sich bei einer Darstellung nicht nur um Pornographie, sondern zugleich um ein Kunstwerk handelt, das in den Schutzbereich des Art. 5 Abs. 3 S. 1 GG fällt. Ist dies zu bejahen, bedarf es einer **einzelfallbezogenen tatrichterlichen Abwägung** zwischen der Kunstfreiheit einerseits und dem Jugendschutz andererseits.   **725**

Sowohl in der Rechtsprechung[52] als auch in der überwiegenden strafrechtlichen Literatur[53] wurde lange Zeit die einen Konflikt zwischen Art. 5 Abs. 3 S. 1 GG und § 184 StGB vermeidende sog. **Exklusivitätsthese** vertreten: Pornographie und Kunst schließen ein-   **726**

---

46 Siehe zum Folgenden Horn in: SK-StGB, 1998, § 184 Rdn. 4; Maurach/Schroeder/ Maiwald, 1995, S. 222; Schroeder, 1992, S. 21 ff.
47 Siehe BGHSt. 23, S. 42.
48 Schroeder, 1992, S. 27.
49 Krit. dazu auch Fischer K., 1995, S. 152.
50 So auch Horn in: SK-StGB, 1998, § 184 Rdn. 4.
51 Schumann, 1998, S. 571.
52 Siehe BGHSt. 5, S. 349.
53 Für viele: Schroeder, 1975, S. 65; Würtenberger, 1977, S. 91 ff.

ander schon begrifflich aus. Zum Wesen der Kunst gehöre die Übermittlung von Gedankeninhalten, eine Durchgeistigung und Sublimierung. Betrachtete man dagegen Pornographie als Darstellung geschlechtlicher Vorgänge ohne Sinnzusammenhang mit anderen Lebensäußerungen[54] unter Ausklammerung geistiger Bezüge oder schöpferischer Gestaltung, war zu folgern: Kunst kann zwar obszön sein, nicht jedoch pornographisch.

727   Der heute weitgehend vertretene **offene Kunstbegriff**[55] basiert auf der Erkenntnis der Unmöglichkeit einer allgemein gültigen Definition von Kunst. Er ist in negativer Hinsicht gekennzeichnet durch das Fehlen materiell-normativer Elemente und damit durch den Verzicht auf irgendeine Qualitätskontrolle. Auch darf die Anerkennung der Kunsteigenschaft nicht von einer Beurteilung der Wirkungen des Werkes abhängen.[56] Positiv geprägt wird der offene Kunstbegriff durch das formale Kriterium eines bestimmten Werktyps. Als Anknüpfungspunkte bleiben lediglich der Gebrauch herkömmlicher Gestaltungsformen künstlerischer Betätigung und deren Ergebnisse[57] wie z.B. Gemälde, Gedichte, Romane. Ein solcher Kunstbegriff, der darauf abstellt, dass der Künstler seine Eindrücke, Erfahrungen oder Erlebnisse in freier schöpferischer Gestaltung durch das Medium einer bestimmten Formensprache zur unmittelbaren Anschauung bringt, schließt Werke pornographischer Art nicht aus.

728   Mit zwei richtungsweisenden Entscheidungen haben deshalb der Bundesgerichtshof[58] und das Bundesverfassungsgericht[59] im Jahr 1990 die Exklusivitätsthese aufgegeben: Die Zuordnung eines Werkes zur Pornographie nimmt ihm nicht die Kunsteigenschaft. **Kunst und Pornographie schließen einander nicht aus.** Dabei steht selbst eine unrealistische und verzerrende Darstellung sexueller Vorgänge deren Qualifizierung als Kunst nicht im Wege, „da gerade die in der Übersteigerung und Verzerrung bestehende unrealistische Darstellung ein Mittel künstlerischer Gestaltung sein kann."[60]

729   Liegt ein pornographisches Kunstwerk vor, muss im jeweiligen Einzelfall abgewogen werden, ob die Freiheit der Kunst oder das Pornographieverbot vorgeht.[61] Es ist also die Frage zu entscheiden, inwiefern die Tatbestandserfüllung des § 184 StGB ihre **Rechtfertigung** nach Art. 5 Abs. 3 S. 1 GG findet, weil es sich bei der konkreten Darstellung auch um einen Kunstgegenstand handelt.[62] So sind im Hinblick auf den in Art. 1 und 6 GG zum Ausdruck kommenden Kinder- und Jugendschutz dessen Belange mit der Ausübung der Kunstfreiheit abzuwägen

---

54 BGHSt. 23, S. 44.
55 Zur Entwicklung durch das Bundesverfassungsgericht siehe BVerfGE 30, S. 173 ff.; 67, S. 224 ff.; 75, S. 377; BVerfG, JZ 1990, S. 635, 638; dazu auch Beisel, 1997, S. 134 ff.; Vlachopoulos, 1996, S. 109 ff.
56 BVerfGE 81, S. 291.
57 BVerfGE 67, S. 226 f.
58 BGHSt. 37, S. 55 ff.; siehe dazu Jeand'Heur, 1991, S. 165 ff.; Maiwald, 1990, S. 1141 ff.
59 BVerfGE 83, S. 130 ff.; siehe dazu Borgmann, 1992, S. 130 ff.; Herkströter, 1992, S. 23 ff.; Karpen/Hofer, 1992, S. 1060 ff.; Würkner, 1992, S. 1 ff.
60 BGHSt. 37, S. 60.
61 BVerfGE 83, S. 146; BGHSt. 37, S. 64.
62 Fischer K., 1995, S. 165; Horn in: SK-StGB, 1998, § 184 Rdn. 6.

(sog. **Kollisionslösung**), wobei keinem der beiden Rechtsgüter von vornherein Vorrang vor dem anderen zukommt.[63] Die Abwägung besteht – so der BGH[64] – in einer ins Einzelne gehenden Würdigung des Inhalts des Kunstwerks.

Als **Abwägungskriterien** werden benannt:[65]   **730**
– die Intensität der von dem jeweiligen Werk drohenden Gefahr für Kinder und Jugendliche[66],
– die Frage der Zuordnung des Gesamtcharakters einer Darstellung zum Bereich der sog. harten Pornographie[67],
– die künstlerische Gestaltung und das Maß der Einbettung der pornographischen Schilderung in die Gesamtkonzeption des Kunstwerks[68],
– die Zuordnung zu einer bestimmten Darstellungsart (literarisches Werk oder Videoproduktion bzw. sog. Sexmagazin)[69],
– das Ansehen des Kunstwerks bei Publikum und Kritik[70],
– das Maß der Isolierung der Wiedergabe sexualbezogener Vorgänge ohne gedankliche Verarbeitung im Gegensatz zu einer Einbettung der Darstellung in Handlungszusammenhänge[71],
– die sich wandelnde Akzeptanz erotischer Darstellungen als sozialpsychologisches Phänomen[72].

Diese Kriterien erscheinen kaum geeignet, Abgrenzungsschwierigkeiten auf   **731**
der Rechtfertigungsebene zu beseitigen.[73] Sie geben keine allgemeinen Regeln für einen rechtlich erlaubten Umgang mit pornographischer, den Tatbestand des § 184 StGB erfüllender Kunst wieder. Das differenzierte Abwägungssystem von Bundesverfassungsgericht und Bundesgerichtshof bedingt letztlich fehlende Rechtssicherheit und provoziert angesichts der unberechenbaren Rechtslage Verbotsirrtümer.

8.2 Nebenstrafrechtlicher Jugendschutz

Neben den Kinder- und Jugendschutztatbeständen des § 184 StGB finden sich   **732**
strafbewehrte Normen zur Bewahrung junger Menschen vor unmittelbaren Gefahren für ihr körperliches, geistiges oder seelisches Wohl bzw. ihrer sittlichen

---

63 BVerfGE 83, S. 146; BVerwG, NJW 1993, S. 1491; siehe auch Pernice in: Dreier (Hrsg.), 1996, Art. 5 Rdn. 38; Schmidt-Bleibtreu/Klein, 1999, Art. 5 Anm. 15b.
64 BGHSt. 37, S. 64.
65 Siehe auch Fischer K., 1995, S. 166 ff.; Schreibauer, 1999, S. 161 ff.
66 BVerfGE 83, S. 147.
67 BGHSt. 37, S. 65.
68 BVerfGE 83, S. 147 f.
69 BGHSt. 37, S. 65.
70 BVerfGE 83, S. 148.
71 BGHSt. 37, S. 64.
72 BVerfGE 83, S. 147; BGHSt. 37, S. 65.
73 Krit. auch Horn in: SK-StGB, 1998, § 184 Rdn. 6a; Jeand'Heur, 1991, S. 165 ff.; Lenckner in: Schönke/Schröder, 1997, § 184 Rdn. 5a; Maiwald, 1990, S. 1141 ff.; Maurach/ Schroeder/Maiwald, 1995, S. 223; Schroeder, 1992, S. 52 ff.

Gefährdung durch Darstellungen pornographischer Machart insbesondere im Gesetz zum Schutze der Jugend in der Öffentlichkeit (JÖSchG)[74] und im Gesetz über die Verbreitung jugendgefährdender Schriften und Medieninhalte (GjSM)[75]. Hinsichtlich des Kinder- und Jugendschutzes im Internet normieren das TDG als Art. 1 des Gesetzes zur Regelung der Rahmenbedingungen für Informations- und Kommunikationsdienste (Informations- und Kommunikationsdienste-Gesetz, IuKDG)[76] sowie der Staatsvertrag über Mediendienste (Mediendienste-Staatsvertrag, MDStV)[77] Verantwortlichkeiten von Providern.

8.2.1 Jugendschutzgesetz

733   Für **öffentliche Filmvorführungen** (in Kinos, Gaststätten usw.) sowie das **Zugänglichmachen bespielter Videokassetten, Bildplatten und vergleichbarer Bildträger in der Öffentlichkeit** sehen §§ 6 und 7 JÖSchG ein vorbeugendes Prüfverfahren vor. Danach obliegt es den obersten Landesbehörden (i.d.R. den für Jugendfragen zuständigen Ministerien der einzelnen Bundesländer), ein **Jugendfreigabeverfahren**[78] durchzuführen. Diese bedienen sich hierzu der „Freiwilligen Selbstkontrolle der Filmwirtschaft, Jugendprüfung" (FSKJ). Ausgestellt werden Freigabebescheinigungen nach Alterseinstufungen (Freigegeben ohne Altersbeschränkung, ab sechs, ab zwölf, ab sechzehn Jahren oder Nicht freigegeben unter achtzehn Jahren), die dann regelmäßig die obersten Landesjugendbehörden übernehmen. Gem. § 6 Abs. 2 bzw. § 7 Abs. 2 JÖSchG dürfen Filme, Videokassetten usw. nicht zur Vorführung vor Kindern und Jugendlichen freigegeben werden, wenn sie deren körperliches, geistiges oder seelisches Wohl beeinträchtigen.

734   Ein Veranstalter oder Gewerbetreibender begeht nach § 12 Abs. 1 JÖSchG eine **Ordnungswidrigkeit,** wenn er etwa
– entgegen einer Freigabebeschränkung einem Kind oder einem Jugendlichen die Anwesenheit bei einer öffentlichen Filmveranstaltung gestattet (Nr. 5);
– einem Kind oder einem Jugendlichen einen bespielten Bildträger zugänglich macht, der nicht für seine Altersstufe freigegeben ist (Nr. 6);
– entgegen § 7 Abs. 3 JÖSchG mit „Nicht freigegeben unter achtzehn Jahren" gekennzeichnete Bildträger im Einzelhandel außerhalb von Geschäftsräumen, in Kiosken oder anderen Verkaufsstellen, die der Kunde nicht zu betreten pflegt, oder im Versandhandel anbietet oder überlässt (Nr. 8).

735   Gem. § 12 Abs. 4 JÖSchG verwirklicht ein vorsätzlich gegen §§ 6 und 7 JÖSchG verstoßender Veranstalter oder Gewerbetreibender einen **Straftatbestand** (bedroht mit Freiheitsstrafe bis zu einem Jahr oder Geldstrafe), wenn er damit die Ursache für eine schwere Gefährdung eines Kindes oder Jugendlichen in seiner körperlichen, geistigen oder seelischen Entwicklung setzt und die Gefahr mindestens leichtfertig herbeiführt. Die gleiche

---

74   BGBl. I 1985, S. 425; I 1990, S. 1221; I 1994, S. 3186.
75   BGBl. I 1985, S. 1502; I 1997, S. 1870, 2390.
76   BGBl. I 1997, S. 1870.
77   Z.B. in Bayern: BayGVBl. 1997, S. 225.
78   Dazu Gernert/Stoffers, 1985, S. 85 ff.; Greger, 1986, S. 13; v. Hartlieb, 1985, S. 832 f.; Scholz, 1999, S. 18 f.; Störzer, 1986, S. 378 f.; Vlachopoulos, 1996, S. 270 ff.

Strafe droht ihm, sobald er seine Zuwiderhandlung aus Gewinnsucht begeht oder beharrlich wiederholt.

Um einen möglichst lückenlosen Jugendschutz zu gewährleisten, normieren § 6   **736**
Abs. 3 S. 2 JÖSchG für zu öffentlicher Vorführung bestimmte Filme sowie § 7
Abs. 6 JÖSchG für Bildträger eine **Mitteilungspflicht** der obersten Landesjugendbehörden. Diese haben die Strafverfolgungsbehörden zu informieren, wenn
sich bei der Entscheidung über die Alterseinstufung „Nicht freigegeben unter
achtzehn Jahren" ergibt, dass ein Verstoß gegen § 184 StGB (oder §§ 130 Abs. 2,
131 StGB) in Betracht kommt.

Alle von der obersten Landesjugendbehörde nach § 6 JÖSchG bereits einge-   **737**
stuften Filme unterliegen nicht mehr dem Jugendmedienschutz der §§ 1 und 11
GjSM, § 6 Abs. 7 JÖSchG. Insoweit stellen die in § 12 JÖSchG mit Geldbuße
oder Strafe bewehrten Vorführungs-, Ankündigungs- und Werbeverbote einen
zureichenden Jugendschutz sicher. Von einem Antrags- und Kontrollverfahren
nach dem GjSM betroffen werden jedoch gem. § 7 Abs. 5 JÖSchG Videokassetten und sonstige Bildträger, die noch nicht zur Jugendprüfung vorgelegen haben
oder die mit „Nicht freigegeben unter achtzehn Jahren" gekennzeichnet sind.
Durch diese Regelung soll gewährleistet bleiben, dass die über die Verbote des § 7
Abs. 3 JÖSchG hinausgehenden strafbewehrten Vertriebsbeschränkungen des
GjSM auch bei bespielten Videokassetten, Bildplatten und vergleichbaren
Bildträgern zur Geltung kommen.

8.2.2 Jugendmedienschutz nach dem GjSM

Verbreitungsverbote für **Schriften**, die geeignet sind, Kinder oder Jugendliche   **738**
sittlich zu gefährden, enthalten die §§ 3 bis 5 GjSM.[79] Dabei stehen nach § 1
Abs. 3 S. 1 GjSM den Schriften **Ton- und Bildträger, Datenspeicher, Abbildungen und andere Darstellungen** gleich.

Voraussetzungen für die Abgabe-, Vertriebs- und Werbeverbote i.S. der §§ 3   **739**
bis 5 GjSM stellen (abgesehen von den bereits im Vorfeld einer Listenaufnahme
eingreifenden Ausnahmen des § 5 Abs. 1 GjSM) dar:
- Es fand ein **Antrags- und Kontrollverfahren** gem. §§ 11 ff. GjSM vor der
  Bundesprüfstelle für jugendgefährdende Schriften (BPS)[80] statt. Diese stellte in
  dem auf das einzelne Medium bezogenen Verfahren eine Jugendgefährdung
  fest, ordnete die Aufnahme des Werkes in die **Liste** der indizierten Schriften
  (§ 1 Abs. 1 S. 1 GjSM) an und machte die Indizierung im Bundesanzeiger bekannt (§ 19 GjSM).
- Eine **Listenaufnahme** erfolgte **von Amts wegen** nach § 18 Abs. 1 S. 2 1. Alt.
  GjSM, weil ein Strafgericht in einer rechtskräftigen Entscheidung festgestellt
  hat, dass eine Schrift pornographisch ist.

---

[79] Dazu Scholz, 1999, S. 59 ff.
[80] Dazu eingehend Vlachopoulos, 1996, S. 245 ff.

– Es greifen die Beschränkungen der §§ 3 bis 5 GjSM auch ohne Indizierungs-
verfahren und Aufnahme in die Liste der BPS kraft Gesetzes ein, weil es sich
gem. § 6 GjSM um eine **schwer gefährdende Schrift** handelt, wozu die pornographischen Schriften i.S. des § 184 StGB zählen (§ 6 Nr. 2 GjSM).[81]

740　　Kommt es unter Verstoß gegen §§ 3 bis 5 GjSM zur Verbreitung einer indizierten jugendgefährdenden Schrift oder eines schwer gefährdenden Werkes i.S.
des § 6 GjSM, stellt dies unter den Voraussetzungen des § 21 GjSM eine **Straftat**
dar. Die Strafdrohung liegt bei vorsätzlichem Handeln bei Freiheitsstrafe bis zu
einem Jahr oder Geldstrafe (Abs. 1); ist Fahrlässigkeit gegeben, beträgt die angedrohte Freiheitsstrafe höchstens sechs Monate (Abs. 3).

741　　Die in § 21 GjSM normierten strafbewehrten Zuwiderhandlungen entsprechen
einzelnen Tatbeständen des § 184 Abs. 1 StGB, soweit diese unmittelbar oder
mittelbar dem Jugendschutz dienen.

GjSM	StGB
§ 3 Abs. 1 Nr. 1 i.V.m. § 21 Abs. 1 Nr. 1	§ 184 Abs. 1 Nr. 1
§ 3 Abs. 1 Nr. 2 i.V.m. § 21 Abs. 1 Nr. 2	§ 184 Abs. 1 Nr. 2
§ 3 Abs. 1 Nr. 3 i.V.m. § 21 Abs. 1 Nr. 3	§ 184 Abs. 1 Nr. 3a
§ 4 Abs. 1 Nr. 1–4 i.V.m. § 21 Abs. 1 Nr. 4	§ 184 Abs. 1 Nr. 3
§ 4 Abs. 2 S. 1 i.V.m. § 21 Abs. 1 Nr. 5	§ 184 Abs. 1 Nr. 8 3. Alt.
§ 4 Abs. 3 i.V.m. § 21 Abs. 1 Nr. 6	§ 184 Abs. 1 Nr. 4
§ 5 Abs. 2 i.V.m. § 21 Abs. 1 Nr. 7	§ 184 Abs. 1 Nr. 5

Übersicht: **Inhaltlich entsprechende Tatbestände**

Das Nebeneinander von GjSM und § 184 Abs. 1 StGB führt bei inhaltlich
identischen Tatbeständen dazu, dass derselbe Unwertsachverhalt in zwei verschiedenen Gesetzen normiert ist, welche zudem die gleiche Strafdrohung vorse-
hen.[82]

742　　**Abweichungen** bestehen zum einen auf der subjektiven Tatseite: Während
§ 21 Abs. 3 GjSM auch fahrlässiges Handeln pönalisiert, setzt § 184 StGB allein
Vorsatz voraus. Der Gesetzgeber lässt das sog. Erzieherprivileg des § 21 Abs. 4
GjSM (keine Strafbarkeit, „wenn der zur Sorge für die Person Berechtigte die

---

[81]　§ 6 GjSM schließt aber nicht aus, dass die BPS zur Schaffung von Rechtsklarheit auch
schwer gefährdende Schriften in die Liste aufnimmt (Brockhorst-Reetz, 1989, S. 32).

[82]　Dazu Brockhorst-Reetz, 1989, S. 53.

Schrift einem Kind oder Jugendlichen anbietet, überlässt oder zugänglich macht") für sämtliche Straftatbestände des § 21 GjSM gelten, in § 184 Abs. 6 S. 1 StGB aber nur für § 184 Abs. 1 Nr. 1 StGB.[83] In § 184 StGB findet sich auch keine § 21 Abs. 5 GjSM entsprechende Regelung, wonach das Gericht von einer Bestrafung absehen kann, wenn das Anbieten, Überlassen oder Zugänglichmachen der Schrift durch einen Täter erfolgt, der

- selbst Jugendlicher ist oder
- dem in § 52 Abs. 1 StPO genannten Personenkreis angehört.[84]

Verwirklicht der Täter inhaltsgleiche Tatbestände sowohl des § 184 Abs. 1 StGB als auch des § 21 GjSM, tritt § 21 GjSM im Wege der Gesetzeskonkurrenz hinter § 184 StGB zurück.[85] Die Vorschriften des GjSM bleiben jedoch anwendbar, soweit sie den Bereich des § 184 Abs. 1 StGB überschreiten.

8.2.3 Verantwortlichkeitsregelungen für Diensteanbieter im Internet

Gerade im Hinblick auf eine mögliche Konfrontation mit Pornographie hat der Kinder- und Jugendschutz im Internet Bedeutung erlangt.[86] Eine Kenntnisnahme von rechtswidrigen, insbesondere auch pornographischen Inhalten im Internet durch Minderjährige kann nicht ausgeschlossen werden.[87] Kinder und Jugendliche haben häufig die Möglichkeit eines unkontrollierten und unkontrollierbaren Internet-Zugangs.[88] Hinzu kommt, dass das Alter der Netzteilnehmer oftmals nicht nachprüfbar bleibt und daher leicht gefälscht werden kann. Minderjährige sind in der Lage, sich als volljährig auszugeben. Sie erlangen dadurch Zugang etwa zu Newsgroups oder Chat-Foren, welche nur für Erwachsene bestimmt sind.   **743**

Neben den bereits existierenden Jugendschutzbestimmungen hat der Gesetzgeber mit dem am 1.8.1997 in Kraft getretenen **Informations- und Kommunikationsdienste-Gesetz**[89] auf das Vorhandensein rechtswidriger Inhalte im Internet reagiert. Art. 1 des IuKDG bildet das Gesetz über die Nutzung von Telediensten (**Teledienstegesetz, TDG**). Den Sachverhalt Multimedia haben zudem die Bundesländer durch den **Mediendienste-Staatsvertrag**[90] geregelt. TDG und MDStV haben teilweise den gleichen Regelungsgehalt; sie unterscheiden sich im Wesent-   **744**

---

83 Zur analogen Anwendung des § 184 Abs. 6 S. 1 StGB auf andere Tatbestandsalternativen des § 184 StGB siehe unten Kap. 8.3.1.2 (2).

84 Für eine entsprechende Anwendung von § 21 Abs. 5 GjSM auf § 184 StGB Lackner/Kühl, 1999, § 184 Rdn. 14; Lenckner in: Schönke/Schröder, 1997, § 184 Rdn. 68.

85 Lackner/Kühl, 1999, § 184 Rdn. 14; Laufhütte in: LK-StGB, 1995, § 184 Rdn. 56; Maurach/Schroeder/Maiwald, 1995, S. 228; Meier, 1985, S. 341; Tröndle/Fischer, 1999, § 184 Rdn. 50; a.A. Lenckner in: Schönke/Schröder, 1997, § 184 Rdn. 68.

86 Dazu Altenhain, 1997, S. 485 ff.; Sieber, 1997, S. 586.

87 Zur Problematik der Pädophilen, die es auf einen Kontakt mit Kindern auch in eigentlich für Kinder bestimmten Bereichen des Internets abgesehen haben: Vassilaki, 1997, S. 298.

88 Siehe Jofer, 1999, S. 54.

89 BGBl. I 1997, S. 1870.

90 Z.B. in Bayern: BayGVBl. 1997, S. 225.

lichen in ihren Geltungsbereichen.[91] Die Teledienste haben Individualkommuni-
kation zum Gegenstand und unterfallen damit der Zuständigkeit des Bundes. Für
sie gelten die Regelwerke des TDG und des GjSM. Im Gegensatz dazu beziehen
sich die Mediendienste auf Allgemein- bzw. Massenkommunikation und sind
mithin Ländersache. Für sie gilt der MDStV.

745   Sowohl IuKDG als auch MDStV enthalten keine über das StGB und die strafrechtlichen Nebengesetze hinausgehenden Straftatbestände.[92] Sie regeln in §§ 5
TDG/MDStV die **Verantwortlichkeit von Providern.** Hinsichtlich der Rechts-
folgen wird auf die allgemeinen Gesetze verwiesen.[93] Die Strafbarkeit der Ein-
steller oder Anbieter von Daten pornographischen Inhalts richtet sich somit nach
§ 184 StGB. Als Tathandlungen in Computernetzen kommen etwa das Zugänglichmachen i.S. des § 184 Abs. 1 Nr. 1, 2 StGB (z.B. bei Darstellung auf einem
Monitor) sowie das öffentliche Zugänglichmachen nach § 184 Abs. 3 Nr. 2 StGB
in Betracht.[94]

746   Bei der Strafbarkeit von **Providern** ist nach der Qualität der Inhalte zu diffe-
renzieren. Als zentrale Normen enthalten § 5 TDG sowie die landesrechtliche
Bestimmung des § 5 MDStV ein abgestuftes Verantwortlichkeitssystem:[95]
− Wer eigene Inhalte zur Nutzung bereithält, ist gem. §§ 5 Abs. 1 TDG/MDStV
  nach den allgemeinen Gesetzen voll verantwortlich.
− Wer fremde Inhalte zur Nutzung bereithält, bleibt gem. §§ 5 Abs. 2
  TDG/MDStV nur verantwortlich, wenn er von diesen Inhalten Kenntnis besitzt
  und es ihm technisch möglich und zumutbar ist, deren Nutzung zu verhindern.
− Nach §§ 5 Abs. 3 TDG/MDStV trifft denjenigen keine Verantwortlichkeit, der
  nur den Zugang zur Nutzung fremder Inhalte vermittelt.

747   §§ 5 Abs. 1 TDG/MDStV verfolgen das Prinzip der **uneingeschränkten Ei-
genverantwortlichkeit**: „Anbieter sind für eigene Inhalte, die sie zur Nutzung
bereithalten, nach den allgemeinen Gesetzen verantwortlich." Diese Regelung
beruht auf dem Grundsatz, dass „offline" strafbare Inhalte auch „online" strafbar
sein müssen.[96] Der Diensteanbieter, der eigene Inhalte bereithält, kann diese regelmäßig auch selbst kontrollieren. Er hat damit nach den allgemeinen Gesetzen
dieselben Pflichten wie derjenige, der eigene Inhalte z.B. in Schriften veröffent-
licht.

748   Hinsichtlich fremder Dateninhalte normieren §§ 5 Abs. 2 TDG/MDStV eine
bedingte Verantwortlichkeit für Service-Provider und Online-Dienste. Diese

---

91 Vgl. Barton, 1999, S. 92 f.; Engel-Flechsig/Maennel/Tettenborn, 1998, S. 10; Sieber,
    1997, S. 583.
92 § 20 MDStV enthält jedoch eine Reihe von Ordnungswidrigkeitstatbeständen (dazu
    Engel-Flechsig/Maennel/Tettenborn, 1998, S. 10).
93 Dazu Ritz, 1998, S. 68; ebenso Moritz, 1998, S. 506; Sieber, 1999, S. 7, die § 5 TDG
    als „Vorfilter" für die Anwendung der allgemeinen Gesetze betrachten (ablehnend LG
    München, NJW 2000, S. 1051 f.).
94 Sieber, 1996, S. 495; ders., 1999c, Rdn. 607; zur Anwendbarkeit des deutschen Straf-
    rechts im globalen Cyberspace siehe Sieber, 1999b, S. 2065 ff.
95 Pelz, 1999, S. 57; Sieber, 1999, S. 3.
96 Engel-Flechsig/Maennel/Tettenborn, 1998, S. 32; Moritz, 1998, S. 505; Sieber, 1999,
    S. 12.

sind „für fremde Inhalte, die sie zur Nutzung bereithalten, nur dann verantwortlich, wenn sie von diesen Inhalten Kenntnis haben und es ihnen technisch möglich und zumutbar ist, deren Nutzung zu verhindern." Dieser Haftungsbegrenzung liegt die Erkenntnis zugrunde, dass Diensteanbieter Daten mit Hilfe der vorhandenen Standardsoftware löschen können, wenn sie präzise Kenntnisse über die auf ihren Servern gespeicherten rechtswidrigen Inhalte erhalten.[97]

§§ 5 Abs. 3 S. 1 TDG/MDStV beinhalten einen **Ausschluss strafrechtlicher**   749
Verantwortlichkeit von Access-Providern „für fremde Inhalte, zu denen sie lediglich den Zugang zur Nutzung vermitteln". Diese Regelung beruht[98] zum einen darauf, dass eine gänzliche Kontrolle des Datenflusses durch den Access-Provider technisch unmöglich bleibt. Die Datenmengen durchlaufen das Netz zu schnell, um eine Filterung vorzunehmen. Außerdem können aufgrund der Netzübertragungstechnik häufig nur Bruchstücke der Netzinhalte herausgefiltert werden. Schließlich stellt eine wirksame Kontrolle durch Verschlüsselungsverbote und permanente Überwachung des Datenverkehrs einen nachhaltigen Eingriff in das Fernmeldegeheimnis dar.

Zum Schutz von Minderjährigen vor rechtswidrigen Inhalten wurden auch **technische**   750
Verfahren entwickelt. So existieren Kontrollprogramme wie z.B. „Cyberpatrol", „Cybersitter", „NetNanny" oder „Surfwatch", mit denen Eltern ihre Kinder am privaten Computer vor jugendgefährdenden Darstellungen schützen können.[99] Eine weitere technische Möglichkeit zur Unterstützung von Jugendschutzmaßnahmen stellen Rating-Systeme[100] dar, die zumeist auf dem Indizierungsstandard „PICS" (Platform for Internet Content Selection[101]) basieren. Mit deren Hilfe wird eine Einordnung in Kategorien und anschließende Kennzeichnung jugendgefährdender Inhalte ermöglicht. Diese können dann mit Indizes versehen und vom User oder vom Access-Provider ausgefiltert werden.[102]

Neben technischen Schutzmöglichkeiten soll durch **Selbstkontrolle der Diensteanbie-**   751
ter aktiv zum Jugendschutz im Internet beigetragen werden. Dieses Ziel verfolgt der 1997 gegründete Verein „Freiwillige Selbstkontrolle Multimedia-Diensteanbieter e. V." (FSM).[103] Die Organisation freiwilliger Selbstkontrolle hat durch § 8 Abs. 4 S. 5 MDStV und § 7a S. 5 GjSM gesetzliche Anerkennung gefunden. Gewerbsmäßige Anbieter von Mediendiensten, deren Angebote möglicherweise auch jugendgefährdende Inhalte enthalten, haben grundsätzlich einen Jugendschutzbeauftragten zu bestellen – sind die Anbieter aber Mitglied einer Organisation der freiwilligen Selbstkontrolle, so entfällt diese Verpflichtung.

Die Mitglieder des FSM verfolgen als Zielsetzungen:
- Sicherstellung des Jugendschutzes und Ahndung der Bereitstellung allgemein unzulässiger Inhalte;

---

97 Sieber, 1997, S. 655 ff.; ders., 1999, S. 12.
98 Dazu eingehend Sieber, 1999, S. 11; ders., 1999a, S. 197; siehe auch Graf, 1999, S. 285 f.
99 Siehe Sieber, 1997, S. 654; Stange, 1996, S. 428.
100 Dazu Köhntopp/Neundorf, 1999, S. 114.
101 Zu den technischen Grundlagen siehe Secorvo Security Consulting, 1999, S. 11 ff., 73 ff.
102 Sieber, 1999c, Rdn. 612.
103 Umfassend Engel-Flechsig/Maennel/Tettenborn, 1998, S. 34; Klötzer, 1998, S. 22 f.; Rath-Glawatz/Waldenberger, 1997, S. 766 ff.

- Einhaltung der gesetzlichen Vorgaben für redaktionell gestaltete Inhalte in elektronischen Diensten;
- Sicherstellung und Beachtung der Vorschriften zur Anbieterkennzeichnung.

Nach dem Verhaltenskodex gehört zu den absolut unzulässigen Inhalten die Verbreitung pornographischer Schriften i.S. des § 184 Abs. 3 StGB. Minderjährigen dürfen ferner keine Darstellungen angeboten oder vermittelt werden, die gegen § 184 Abs. 1 StGB verstoßen. Entsprechend § 8 Abs. 2 und 3 MDStV haben sich die Mitglieder des FSM verpflichtet, Inhalte, die das Wohl von Kindern und Jugendlichen beeinträchtigen können, nur anzubieten, wenn dem Nutzer die Sperrung der Angebote ermöglicht und Vorsorge dafür getroffen wird, dass Minderjährige diese üblicherweise nicht wahrnehmen.

752   Die Jugendministerien der Bundesländer haben schließlich als gemeinsame Initiative „**jugendschutz.net**" geschaffen. Diese Stelle soll die Durchsetzung der im MDStV enthaltenen Jugendschutzbestimmungen unterstützen.[104]

8.3 Das Verbreiten einfacher Pornographie

753   Die in § 184 Abs. 1 und 2 StGB normierten Tatbestände dienen in erster Linie dem Kinder- und Jugendschutz (Abs. 1 Nr. 1 bis 5), der Bewahrung vor einer ungewollten Konfrontation mit pornographischem Material (Abs. 1 Nr. 6), oder sie zielen auf beide Schutzbereiche ab (Abs. 1 Nr. 7, Abs. 2). Hinzu kommt eine Pönalisierung schon von Vorbereitungshandlungen der in Abs. 1 Nr. 1 bis 7 bezeichneten Verhaltensweisen (Abs. 1 Nr. 8). Abs. 1 Nr. 9 betrifft schließlich die außenpolitischen Beziehungen.

754   Die einzelnen Tatbestandsalternativen hat der Gesetzgeber als **abstrakte Gefährdungsdelikte** ausgestaltet.[105] Damit kommt es für die jeweilige Deliktsverwirklichung nicht darauf an, ob im Einzelfall eine konkrete Verletzung des geschützten Rechtsguts (z.B. die tatsächliche Beeinträchtigung eines Jugendlichen in seiner Persönlichkeitsentwicklung) eingetreten ist. Dies kann bei der Strafzumessung Relevanz erlangen.

8.3.1 Tatbestände der Kinder- und Jugendgefährdung

755   Alle Tatbestandsalternativen des § 184 Abs. 1 StGB betreffen Darstellungen i.S. des § 11 Abs. 3 StGB.[106] Primär[107] dem Kinder- und Jugendschutz dienen die Nrn. 1 bis 5 des § 184 Abs. 1 StGB. Tatobjekte sind hierbei Minderjährige beiderlei Geschlechts.

---

104 Zu dieser und weiteren Jugendschutzinitiativen siehe Secorvo Security Consulting, 1999, S. 30 ff.

105 Horn in: SK-StGB, 1998, § 184 Rdn. 2; Ilg, 1997, S. 93; Laufhütte in: LK-StGB, 1995, § 184 Rdn. 3, 18; Weigend, 1994, S. 133.

106 Dazu oben Kap. 8.1.1.

107 Lackner/Kühl, 1999, § 184 Rdn. 1; Laufhütte in: LK-StGB, 1995, § 184 Rdn. 1; Lenckner in: Schönke/Schröder, 1997, § 184 Rdn. 3; Otto, 1998, S. 354.

8.3.1.1 Der Kerntatbestand des § 184 Abs. 1 Nr. 1 StGB

Das Anbieten, Überlassen oder Zugänglichmachen einer pornographischen Dar-   **756**
stellung an eine Person unter achtzehn Jahren stellt den Kerntatbestand der Ju-
gendschutzdelikte des § 184 Abs. 1 StGB dar.[108] Ausdrücklich auf § 184 Abs. 1
Nr. 1 StGB verweist § 184 Abs. 6 S. 1 StGB, wonach das sog. Erzieherprivileg
zum Tatbestandsausschluss führt.

(1) Tathandlungen

Den Modalitäten des § 184 Abs. 1 Nr. 1 StGB ist gemeinsam: Der Täter verschafft   **757**
einem (oder mehreren) **bestimmten minderjährigen Opfer(n)** die unmittelbare
konkrete Möglichkeit der Kenntnisnahme pornographischer Werke, oder er
stellt diese in Aussicht.[109]

Ein **Anbieten** i.S. des § 184 Abs. 1 Nr. 1 1. Alt. StGB liegt vor, wenn einem   **758**
(oder mehreren) bestimmten Jugendlichen gegenüber ausdrücklich oder konkludent die Bereitschaft zu einer Besitzübertragung erklärt, also ein konkretes Angebot gemacht wird.[110] Daran fehlt es etwa bei Zeitschriftenanzeigen oder Ausleg-
ware in Schaufenstern.[111] Die Tatbestandsalternative des Anbietens ist vollendet,
sobald der konkrete Angebotsempfänger die Äußerung des Anbietenden wahrgenommen und verstanden hat.[112] Es kommt dagegen nicht darauf an, ob der pornographische Charakter der angebotenen Schrift vom minderjährigen Opfer erkannt
wurde – es muss (z.B. als Kind) auch nicht in der Lage gewesen sein, ihn überhaupt erkennen zu können.[113] Für eine Vollendung des Anbietens bedarf es keiner
Reaktion des Adressaten im Sinne einer Angebotsannahme.

Das **Überlassen** ist die Übertragung der tatsächlichen Sachherrschaft vom bis-   **759**
herigen Gewahrsaminhaber auf einen anderen.[114] Für § 184 Abs. 1 Nr. 1 2. Alt.
StGB reicht es dabei aus, wenn das Kind oder der Jugendliche den Gegenstand
mit pornographischem Inhalt zumindest kurzzeitig zur eigenen Verfügung oder
zum Gebrauch erlangt. Da die Rechtsgutsgefährdung bereits mit der bloßen Möglichkeit der Inhaltswahrnehmung eintritt, braucht das Vorliegen pornographischen
Materials für den Minderjährigen nicht erkennbar zu sein.[115]

---

[108] Maurach/Schroeder/Maiwald, 1995, S. 223.
[109] Lenckner in: Schönke/Schröder, 1997, § 184 Rdn. 6.
[110] BGHSt. 34, S. 98; siehe dazu Eckstein, 1997, S. 51; weiter gehend Schreibauer, 1999,
    S. 187: auch Bereitschaftserklärung zur unkörperlichen Zugänglichmachung.
[111] OLG Düsseldorf, NStE Nr. 5 zu § 184 StGB.
[112] Horn in: SK-StGB, 1998, § 184 Rdn. 8.
[113] Horn in: SK-StGB, 1998, § 184 Rdn. 8; Lackner/Kühl, 1999, § 184 Rdn. 5; a.A. Lauf-
    hütte in: LK-StGB, 1995, § 184 Rdn. 20; weiter gehend Lenckner in: Schönke/
    Schröder, 1997, § 184 Rdn. 7.
[114] BGHSt. 26, S. 15; 28, S. 294.
[115] Laufhütte in: LK-StGB, 1995, § 184 Rdn. 21; Lenckner in: Schönke/Schröder, 1997,
    § 184 Rdn. 8.

760   Das **Zugänglichmachen** i.S. des § 184 Abs. 1 Nr. 1 3. Alt. StGB kann erfolgen durch

– körperliches Überlassen des Erzeugnisses,
– sonstiges Ermöglichen der Inhaltswahrnehmung.

761   Das Werk mit pornographischem Inhalt muss seiner Substanz nach in den Herkunfts- oder Wahrnehmungsbereich eines Kindes oder Jugendlichen gelangen mit der Folge: Der Minderjährige erhält die konkrete und nahe liegende Möglichkeit der Kenntnisnahme[116] (z.B. Übergabe eines Bildes; Liegenlassen eines Magazins in Räumlichkeiten, in denen sich Jugendliche befinden). Neben dem körperlichen Überlassen reichen für ein Zugänglichmachen ferner sämtliche Tätigkeiten aus, bei denen Minderjährigen eine sonstige konkrete Möglichkeit eröffnet wird, vom Inhalt pornographischen Materials Kenntnis zu nehmen.[117] Hierzu gehören etwa das Zeigen von Bildern[118] oder das Vorlesen von Texten, wobei für die Tatbestandserfüllung schon ein Anbieten solch sinnlicher Wahrnehmungsmöglichkeiten von pornographischen Inhalten genügt.[119] In Computernetzen verbreitete bzw. in Computern gespeicherte Abbildungen oder Texte sind zugänglich gemacht, sobald der Zugriff auf die Informationen erfolgen kann.[120] Nicht erforderlich bleibt dagegen eine Übertragung des Trägermediums.[121] Ein Zugänglichmachen liegt insbesondere bei der Darstellung auf einem Monitor vor[122], d.h. sobald der Inhalt sichtbar und wahrnehmbar gemacht wird.[123]

762   § 184 Abs. 1 Nr. 1 3. Alt. StGB setzt für alle Formen des Zugänglichmachens im Sinne dieser Norm voraus: Das minderjährige Opfer muss sich faktisch gerade in dem räumlichen Bereich befinden, in dem die unmittelbare Zugriffsmöglichkeit auf die Sache selbst oder die Möglichkeit der sinnlichen Inhaltswahrnehmung gegeben ist.[124] § 184 Abs. 1 Nr. 1 3. Alt. StGB verlangt als abstraktes Gefährdungsdelikt keine tatsächliche Kenntniserlangung des minderjährigen Opfers vom Inhalt einer pornographischen Darstellung. Auch braucht es nicht verstanden zu haben, dass es sich um solches Material handelt.[125]

763   An einem **Zugänglichmachen** fehlt es aber bereits, wenn ein Jugendlicher die Möglichkeit der Kenntnisnahme vom Inhalt pornographischen Materials erst durch das **Überwinden objektiver Hindernisse** zu erlangen vermag. Dies gilt insbesondere bei Beseitigung der der Wahrnehmung inkriminierter Inhalte entgegenstehenden Barrieren mittels ausdrücklich verbotener oder rechtswidriger Handlungen.[126] Derartige Vorgehensweisen der Zugangsverschaffung sind z.B.

---

[116] OLG Karlsruhe, NJW 1984, S. 1976.
[117] Horn in: SK-StGB, 1998, § 184 Rdn. 8; Laufhütte in: LK-StGB, 1995, § 184 Rdn. 21; Lenckner in: Schönke/Schröder, 1997, § 184 Rdn. 9.
[118] BGH, NJW 1976, S. 1984.
[119] Lenckner in: Schönke/Schröder, 1997, § 184 Rdn. 9.
[120] Stange, 1996, S. 426; siehe auch Sieber, 1999c, Rdn. 607.
[121] Derksen, 1997, S. 1881.
[122] Sieber, 1996, S. 495; Walther, 1990, S. 523.
[123] Barton, 1999, S. 137.
[124] Beisel/Heinrich, 1996, S. 96; Lenckner in: Schönke/Schröder, 1997, § 184 Rdn. 9.
[125] Laufhütte in: LK-StGB, 1995, § 184 Rdn. 21.
[126] Horn in: SK-StGB, 1998, § 184 Rdn. 8; siehe aber auch Walther, 1990, S. 524.

das Aufreißen von in Plastikfolie eingeschweißten Magazinen und Entfernen undurchsichtiger Abdeckungen[127] oder das Überwinden besonderer Rating-Systeme, welche den Zugriff auf bestimmte Daten erschweren[128] (Missbrauch von Passwörtern; Umgehung von Sperren, die den Zugang zur „adult community" durch spezielle Altersverifikation sichern sollen).[129]

(2) Tatbestandsausschließendes Erzieherprivileg

Gem. § 184 Abs. 6 S. 1 StGB bleibt straflos, wer als **Personensorgeberechtig-**   **764**
ter[130] dem ihm anvertrauten Minderjährigen pornographische Schriften, Ton- und Bildträger, Datenspeicher, Abbildungen oder andere Darstellungen anbietet, überlässt bzw. zugänglich macht.

Dieses sog. Erzieherprivileg[131] stellt nach dem Wortlaut des Gesetzes („Ab-   **765**
satz 1 Nr. 1 ist nicht anzuwenden") einen Tatbestandsausschließungsgrund dar, dessen Berechtigung nur schwer erklärbar bleibt: Obwohl ein empirisch gesicherter Nachweis über mögliche schädliche Folgen einer Konfrontation Jugendlicher mit pornographischem Material fehlt, hat das 4. StrRG die einfache Pornographie dennoch nur partiell legalisiert und die Kinder- und Jugendschutztatbestände des § 184 Abs. 1 StGB als abstrakte Gefährdungsdelikte ausgestaltet. Umgekehrt geht der Gesetzgeber offenbar von einer „abstrakten Ungefährlichkeit"[132] einfacher Pornographie für die Entwicklung Minderjähriger aus, wenn diese seitens ihrer jeweils zur Personensorge Berechtigten mit pornographischen Darstellungen konfrontiert werden. Jene sollen in ihrer erzieherischen Entscheidungsfreiheit nicht beschränkt werden.[133] Das Erzieherprivileg des § 184 Abs. 6 S. 1 StGB schließt die Anwendung des § 184 Abs. 1 Nr. 1 StGB selbst dann aus, wenn das Verhalten des' Erziehungsberechtigten eine grobe Verletzung seiner Erziehungspflichten darstellt.

Bedenklich erscheint bei dem negativen Sonderdelikt[134] des § 184 Abs. 6 S. 1 StGB je-   **766**
doch die **fehlende Missbrauchsklausel.** Eine solche begrenzt in § 180 Abs. 1 S. 2 StGB[135] das Erzieherprivileg bei der Förderung sexueller Handlungen unter Sechzehnjähriger – es kommt dort zu keinem Tatbestandsausschluss, wenn der Sorgeberechtigte durch die Tathandlung „seine Erziehungspflicht gröblich verletzt". Bezogen auf die durch Sorgeberechtigte veranlasste Konfrontation junger Menschen mit pornographischen Darstellungen bietet – hinsichtlich der vom Gesetzgeber mit den Jugendschutznormen des § 184 Abs. 1 StGB für erforderlich gehaltenen Altersgrenze von achtzehn Jahren – der Tatbestand der

---

[127] OLG Karlsruhe, NJW 1984, S. 1976.
[128] Sieber, 1996, S. 496; ders., 1999c, Rdn. 612.
[129] A.A. Barton, 1999, S. 138: rein tatsächliche Zugriffsmöglichkeit genügt.
[130] Dazu oben Kap. 5.2.1.1 (1).
[131] Zur Entstehungsgeschichte siehe Becker/Ruthe, 1974, S. 509; Schroeder, 1976, S. 391 ff.
[132] Schroeder, 1976, S. 399.
[133] Horn in: SK-StGB, 1998, § 184 Rdn. 12; Lenckner in: Schönke/Schröder, 1997, § 184 Rdn. 9b.
[134] Tröndle/Fischer, 1999, § 184 Rdn. 43.
[135] Dazu oben Kap. 5.3.2.2 (2) (b).

Verletzung der Fürsorge- oder Erziehungspflicht gem. § 171 StGB nur einen partiellen Ersatz. Zwar ist in den Bereich der psychischen Entwicklung im Sinne dieser Norm auch die sittliche einbezogen.[136] § 171 StGB betrifft jedoch lediglich gröbliche Verletzungen der Sorgepflichten gegenüber Personen unter sechzehn Jahren.

767   § 184 Abs. 6 S. 1 StGB privilegiert als tatbestandsausschließende Norm nur unmittelbar die Personensorgeberechtigten. Die Norm kann nach dem eindeutigen Willen des Gesetzgebers[137] als sog. verlängertes Erzieherprivileg **Dritten** nicht tatbestandsausschließend zugute kommen, die durch ihr Tätigwerden (z.B. Aushändigung einer pornographischen Schrift durch den Verkäufer auf Anweisung der Erziehungsperson direkt an einen Minderjährigen) in Vollziehung einer Einwilligung des Sorgeberechtigten handeln.[138] Ist der **Dritte** nur **Teilnehmer** an einer vom Sorgeberechtigten vorgenommenen Tathandlung i.S. des § 184 Abs. 1 Nr. 1 StGB (z.B. weiß der Verkäufer von pornographischem Material, dass ein bestimmter Käufer dieses an seine Kinder weitergibt), scheitert eine Sanktionierung wegen Anstiftung oder Beihilfe am Fehlen einer strafbaren Haupttat. Handelt andererseits der **Sorgeberechtigte** nur als **Teilnehmer** (veranlasst er z.B. einen Dritten, dem ihm anvertrauten Minderjährigen pornographische Schriften zugänglich zu machen), bleibt er dennoch gem. § 184 Abs. 6 S. 1 StGB straflos.

768   Das Erzieherprivileg des § 184 Abs. 6 S. 1 StGB führt zu einem s t r a f - r e c h t l i c h e n Tatbestandsausschluss. Zivilrechtliche Maßnahmen gem. §§ 1666 ff. BGB wegen Gefährdung des Kindeswohls durch missbräuchliche Ausübung elterlicher Sorge bleiben unberührt.

8.3.1.2 Besondere Fälle des Zugänglichmachens

769   Während § 184 Abs. 1 Nr. 1 StGB als Tathandlung das Verschaffen einer konkreten Möglichkeit der Kenntnisnahme von pornographischem Material verlangt, erfasst § 184 Abs. 1 Nr. 2 StGB **Verhaltensweisen im Vorfeld der Nr. 1**: Die Darstellung i.S. des § 11 Abs. 3 StGB braucht nicht einem (oder mehreren) bestimmten Minderjährigen tatsächlich zugänglich geworden zu sein – ausreichend ist, dass irgendein Jugendlicher mit dem Gegenstand in Wahrnehmungskontakt hätte geraten können, also die **abstrakte Möglichkeit der Kenntnisnahme** bestand.[139] Der Täter überlässt es dem Zufall, ob eine Darstellung faktisch i.S. des § 184 Abs. 1 Nr. 1 StGB Jugendlichen zugänglich gemacht wird. Sie gelangt zunächst nur in den potentiellen Wahrnehmungsbereich Minderjähriger, wobei jedoch die Gefahr der Kenntnisnahme nahe liegen muss.[140]

---

[136] Lenckner in: Schönke/Schröder, 1997, § 170d Rdn. 7.
[137] BT-Drs. VII/1166.
[138] Lackner/Kühl, 1999, § 180 Rdn. 13; Maurach/Schroeder/Maiwald, 1995, S. 173; Schroeder, 1976, S. 399; a.A. Horn in: SK-StGB, 1998, § 184 Rdn. 13; Lenckner in: Schönke/Schröder, 1997, § 184 Rdn. 9d; differenzierend Tröndle/Fischer, 1999, § 180 Rdn. 14, § 184 Rdn. 43.
[139] Horn in: SK-StGB, 1998, § 184 Rdn. 16; Lenckner in: Schönke/Schröder, 1997, § 184 Rdn. 10.
[140] OLG Celle, MDR 1985, S. 693.

(1) Tathandlungen

§ 184 Abs. 1 Nr. 2 StGB verlangt das Zugänglichmachen pornographischer   **770**
Schriften an Orten, die
– Personen unter achtzehn Jahren zugänglich sind oder
– von Personen unter achtzehn Jahren eingesehen werden können.

Als **zugänglich** sind alle **Orte** anzusehen, die Minderjährige ohne Überwin-   **771**
dung tatsächlicher oder rechtlicher Hindernisse betreten können. Hierzu zählen
nicht nur öffentliche Lokalitäten (z.B. Plätze, Straßen, Kaufhäuser, Verkaufsräu-
me, Tankstellen), sondern auch solche, die nur für begrenzte Personenmehrheiten
vorgesehen bleiben (z.B. Wohnungen, Heime), wenn zu diesen Jugendliche gehören. Wird für das Betreten einer Räumlichkeit Eintritt verlangt, stellt das kein die
Zugänglichkeit beeinträchtigendes Hindernis dar. Etwas anderes gilt aber für
Vorkehrungen, die eine Wahrnehmung pornographischen Materials durch Jugendliche ausschließen sollen (z.B. Verbote auf Hinweisschildern), wenn für
deren Beachtung Sorge getragen ist.[141] Gelingt es Minderjährigen dennoch unter
Überwindung von Hindernissen (z.B. durch Begehung von Hausfriedensbruch
gem. § 123 StGB), an einen derartigen Ort zu gelangen, dann wird dieser für Personen unter achtzehn Jahren faktisch zugänglich und damit ein solcher i.S. des
§ 184 Abs. 1 Nr. 2 StGB.[142]

Bleibt ein Ort, an dem pornographische Erzeugnisse zu erlangen oder wahrzu-   **772**
nehmen sind, für Kinder und Jugendliche nicht zugänglich, so wird er dennoch
von § 184 Abs. 1 Nr. 2 StGB erfasst, wenn er von einem anderen Ort aus, der
seinerseits Minderjährigen zugänglich ist, von diesen **eingesehen** werden kann.

Beispiel: In einem Autokino kommt es nach 22 Uhr zur Vorführung pornographischer
Filme. An der Kasse befindet sich eine Verbotstafel, auf welcher Jugendlichen nach
22 Uhr der Zutritt zum Autokino untersagt wird. Die Kassierer sind zudem angewiesen,
sich in Zweifelsfällen von Besuchern einen Ausweis zeigen zu lassen. Damit stellt das
Autokino keinen Ort dar, der Personen unter achtzehn Jahren zugänglich ist. Befinden
sich in der Nachbarschaft aber Wohnhäuser, in denen auch Jugendliche leben, so liegt
ein tatbestandsmäßiger Ort i.S. des § 184 Abs. 1 Nr. 2 StGB vor, wenn die optischen
Inhalte der Filme von dort aus ohne weitere Bemühungen (z.B. Einsatz eines Fern-
rohrs) zu betrachten sind. Angesichts des eindeutigen Gesetzeswortlauts („eingesehen
werden kann") genügt eine nur akustische Wahrnehmungsmöglichkeit aber nicht.[143]

Bei beiden Tatortalternativen ist erforderlich: Gerade im Zeitpunkt des Zu-   **773**
gänglichmachens pornographischer Darstellungen besteht die Möglichkeit des
Zugangs oder der Einsehbarkeit für Jugendliche.[144]

Als Tatmodalitäten benennt § 184 Abs. 1 Nr. 2 StGB, dass der Täter an den zu-   **774**
gänglichen oder einsehbaren Orten das pornographische Material **ausstellt, an-**

---

[141] Lackner/Kühl, 1999, § 184 Rdn. 5; siehe dazu Deblitz, 1995, S. 45.
[142] Horn in: SK-StGB, 1998, § 184 Rdn. 17; Lenckner in: Schönke/Schröder, 1997, § 184
Rdn. 11.
[143] Laufhütte in: LK-StGB, 1995, § 184 Rdn. 23; a.A. Deblitz, 1995, S. 49; Horn in: SK-
StGB, 1998, § 184 Rdn. 18.
[144] Lenckner in: Schönke/Schröder, 1997, § 184 Rdn. 12, 13.

schlägt, vorführt oder **sonst zugänglich macht.** Dabei stellt das Merkmal des sonst Zugänglichmachens den Oberbegriff dar; das Ausstellen, Anschlagen und Vorführen sind nur beispielhaft angeführte Modalitäten.

775   Entsprechend § 184 Abs. 1 Nr. 1 StGB umfasst in Nr. 2 das Zugänglichmachen die – hier allerdings abstrakte – Möglichkeit der Kenntnisnahme durch

– körperliches Überlassen des pornographischen Erzeugnisses oder
– sonstiges Ermöglichen der Inhaltswahrnehmung.

Der Täter muss im Ergebnis einen Zustand verursachen, welcher die Kenntnisnahme Jugendlicher von einem pornographischen Erzeugnis als solchem ermöglicht.[145] Daran fehlt es, wenn er Hindernisse errichtet, die von den Minderjährigen erst in rechtswidriger Weise überwunden werden müssen.

Beispiel: Der Pächter einer Bundesautobahn-Tankstelle stellt im Kassenraum u.a. pornographische Schriften zum Verkauf aus. Die ausgestellten, in dünne Plastikfolien eingeschweißten Magazine bleiben uneinsehbar. Die Darstellungen auf den Titel- und Rückseiten sind undurchsichtig abgedeckt, so dass die Geschlechtsmerkmale bzw. der dargestellte Geschlechtsverkehr nur aufgrund der noch erkennbaren Körperteile der Modelle erahnt werden können. Die Abdeckungen tragen die Aufschrift: „Verkauf an Jugendliche unter 18 Jahren streng verboten; wer verschweißte Packungen aufreißt, muss diese an der Kasse bezahlen."

Das OLG Celle[146] hat eine Strafbarkeit des Pächters gem. § 184 Abs. 1 Nr. 2 StGB verneint. Es ist beim Auslegen pornographischer Schriften unter solchen Sicherheitsvorkehrungen keine Gefahr gegeben, dass die Hefte in den potentiellen Wahrnehmungsbereich von Minderjährigen gelangen. Geschlossene Folien und Textabdeckungen der äußeren Umschlagseiten verhindern gerade die nahe liegende Möglichkeit der Inhaltswahrnehmung. Das Zugänglichmachen i.S. des § 184 Abs. 1 Nr. 2 StGB (ebenso wie bei Nr. 1) bedeutet eine Möglichkeit der Kenntnisnahme ohne Verletzung rechtlicher Verbote bzw. ohne Überwindung faktischer Hindernisse. Deshalb müssten Jugendliche erst entgegen der ausdrücklichen Untersagung die Plastikfolien und Abdeckungen entfernen.

776   Kein Zugänglichmachen i.S. des § 184 Abs. 1 Nr. 2 StGB von Pornographie gegenüber Minderjährigen liegt auch in der Ausstrahlung **codierter Fernsehsendungen** mit entsprechenden Inhalten, die vom Empfänger nur dann unverzerrt wahrgenommen werden können, wenn er einen Decoder oder eine Decodierkarte besitzt. Dabei muss aber die Ausgabe solcher Zugangssperren lediglich an Erwachsene sichergestellt sein.[147] In diesem Fall sind notwendige Hindernisse errichtet, die Jugendliche von einer möglichen Wahrnehmung ausschließen[148] bzw. ihnen den Zugang ohne weitere eigene Bemühungen unmöglich machen. Eine Strafbarkeit nach § 184 Abs. 1 Nr. 2 (oder Nr. 1) StGB kann den Besitzer des Decoders oder der sog. Smart-Card jedoch treffen, wenn er Minderjährigen inso-

---

[145] Horn in: SK-StGB, 1998, § 184 Rdn. 19.
[146] OLG Celle, MDR 1985, S. 693.
[147] Beisel/Heinrich, 1996, S. 97; Lenckner in: Schönke/Schröder, 1997, § 184 Rdn. 15; Schreibauer, 1999, S. 213; a.A. Lackner/Kühl, 1999, § 184 Rdn. 6; Ramberg, 1994, S. 141.
[148] V. d. Horst, 1993, S. 228.

weit Zugangsmöglichkeiten verschafft oder seine Empfangsanlage so unzureichend absichert, dass sie von Jugendlichen genutzt werden kann.

(2) Analoge Anwendung von § 184 Abs. 6 S. 1 StGB

Das sog. **Erzieherprivileg** führt vom Wortlaut des § 184 Abs. 6 S. 1 StGB her nur   777
zu einer Nichtanwendbarkeit des § 184 Abs. 1 Nr. 1 StGB.
Der Tatbestand des § 184 Abs. 1 Nr. 2 StGB stellt jedoch eine Strafbarkeitsvorverlagerung in das Vorfeld der in Nr. 1 sanktionierten Verhaltensweisen dar. Sind es zur Personensorge berechtigte Personen, die Minderjährigen pornographische Darstellungen an für sie zugänglichen oder einsehbaren Orten zugänglich machen, kommt es daher entsprechend § 184 Abs. 6 S. 1 StGB zu einem Tatbestandsausschluss.[149]

8.3.1.3 Verbot bestimmter Vertriebsformen

Wie § 184 Abs. 1 Nr. 1 und 2 StGB zielt auch der Tatbestand der Nr. 3 auf den   778
Kinder- und Jugendschutz ab. Dem Gesetzgeber kommt es hier darauf an, spezifische Wege einer gewerbsmäßigen Verbreitung von Pornographie zu untersagen, bei denen keine zuverlässige Alterskontrolle auf der Kundenseite garantiert ist oder diese insgesamt nicht zureichend überwacht werden kann.[150]

Tathandlungen der Nr. 3 sind das vorsätzliche **Anbieten** oder **Überlassen** por-   779
nographischer Schriften i.S. des § 11 Abs. 3 StGB in bestimmten Vertriebsformen. Die Interpretation der Begriffe des Anbietens und des Überlassens entspricht derjenigen in § 184 Abs. 1 Nr. 1 StGB.[151]

Als verbotene Vertriebswege benennt § 184 Abs. 1 Nr. 3 StGB:
– Einzelhandel in Verkaufsstellen, die der Kunde nicht zu betreten pflegt;
– Versandhandel;
– gewerbliche Leihbüchereien und Lesezirkel.

(1) Einzelhandel in Verkaufsstellen

Verkaufsstellen, die der Kunde nicht zu betreten pflegt, bilden in § 184 Abs. 1   780
Nr. 3 1. Alt. StGB den Oberbegriff. Beispielhaft benennt das Gesetz noch den Einzelhandel außerhalb von Geschäftsräumen bzw. in Kiosken.[152]

Unter **Einzelhandel** versteht man das gewerbsmäßige Anschaffen oder Her-   781
stellen von Waren und deren Vertrieb an einzelne Endverbraucher.[153] Die Bereiche des Groß- und Zwischenhandels unterfallen damit nicht dem Vertriebsverbot

---

[149] Horn in: SK-StGB, 1998, § 184 Rdn. 22; Lackner/Kühl, 1999, § 184 Rdn. 10; Laufhütte in: LK-StGB, 1995, § 184 Rdn. 25; Lenckner in: Schönke/Schröder, 1997, § 184 Rdn. 15a.
[150] Vgl. BT-Drs. VI/3521, S. 60.
[151] Dazu oben Kap. 8.3.1.1 (1).
[152] Horn in: SK-StGB, 1998, § 184 Rdn. 26.
[153] BayObLG, NJW 1974, S. 2060.

des § 184 Abs. 1 Nr. 3 StGB. Die 1. Alt. der Norm setzt nicht voraus, dass der Vertrieb pornographischer Waren den primären Geschäftszweck darstellt. Entscheidend bleibt nur: Der Handel (auch) mit solchen Erzeugnissen erfolgt in der Absicht einer Gewinnerzielung.[154]

782   Sinn des § 184 Abs. 1 Nr. 3 1. Alt. StGB ist die Untersagung des Einzelhandels von Verkaufsstellen aus, bei denen die Käufe mehr oder weniger im Vorübergehen getätigt werden und aufgrund dessen Minderjährige einen erleichterten Zugang zu pornographischen Erzeugnissen erhalten können.[155] Die Gefahr eines Vertriebs in der Öffentlichkeit – und damit vor den Augen von Kindern und Jugendlichen – besteht bei Geschäftsräumen, die der Kunde zu betreten pflegt, nicht. Deshalb sind sog. Sex-Shops oder andere Ladengeschäfte (z.B. Buchhandlungen) von § 184 Abs. 1 Nr. 3 1. Alt. StGB nicht betroffen.[156]

783   Zu den Verkaufsstellen, die der Kunde nicht zu betreten pflegt, zählen neben den im Gesetz ausdrücklich benannten Kiosken andere Arten von Verkaufsständen (z.B. auf Märkten), in die der Käufer nicht hineingehen muss. Erfasst werden schließlich alle Formen des ambulanten Handels (z.B. Haustürgeschäfte).[157]

(2) Versandhandel

784   § 184 Abs. 1 Nr. 3 2. Alt. StGB verbietet das Anbieten oder Überlassen von pornographischem Material im **Versandhandel**. Bei dieser Geschäftsart erfolgt die Lieferung der zu bezahlenden Ware an den Endverbraucher, ohne dass es zwischen Händler und Kunde zu einem persönlichen Kontakt kommt: Der Kunde bestellt vielmehr schriftlich, telefonisch oder auf anderem Wege beim Lieferanten.[158] Wesentlich bleibt die Vertriebsform. Diese gilt unabhängig von den einer konkreten Lieferung zugrunde liegenden vertraglichen Beziehungen.[159] Es muss sich auf der Seite des Lieferanten auch nicht um einen Betrieb handeln, der überwiegend auf den Warenversand ausgerichtet ist.[160]

785   Dem Versandhandel erlegt das Gesetz für den Bereich pornographischer Erzeugnisse ein **absolutes Vertriebsverbot** auf[161], das selbst den Vertrieb ins Ausland umfasst.[162] Das Verbot ergibt sich aus dem für den Versandhandel typischen **Fehlen des persönlichen Kontakts zwischen Anbieter und Kunden**; die bestehende Anonymität schließt ausreichende Volljährigkeitskontrollen aus. Minderjährige sind in der Lage, sich telefonisch, schriftlich oder bei Online-Bestellungen als Erwachsene auszugeben und auf diesem Wege in den Besitz von Pornographie zu gelangen.

---

[154] Laufhütte in: LK-StGB, 1995, § 184 Rdn. 26.
[155] Lenckner in: Schönke/Schröder, 1997, § 184 Rdn. 21.
[156] Dazu auch Beisel, 1997, S. 215 f.; Uschold, 1976, S. 2249.
[157] Lenckner in: Schönke/Schröder, 1997, § 184 Rdn. 21.
[158] BVerfG, NJW 1982, S. 1512; OLG Düsseldorf, JR 1985, S. 158; OLG Schleswig, SchlHA 1987, S. 104.
[159] Eckstein, 1997, S. 48.
[160] Lenckner in: Schönke/Schröder, 1997, § 184 Rdn. 22.
[161] BVerfGE 30, S. 349.
[162] OLG Karlsruhe, NJW 1987, S. 1957.

Das absolute Vertriebsverbot für den Versandhandel i.S. des § 184 Abs. 1 Nr. 3   **786**
2. Alt. StGB kann ein Versandhändler nicht dadurch umgehen, indem er Maßnahmen ergreift, die seiner Ansicht nach geeignet sind, den Interessen des Jugendschutzes gerecht zu werden.

> *Beispiel:* A war Inhaber der Firma „R-R-V". Über diese Firma vertrieb er gegen Ent-
> gelt pornographische Artikel. Den Handel betrieb er ausschließlich im Bildschirmtext-
> verfahren. Sein Vertriebssystem stand dabei nur einer geschlossenen Benutzergruppe
> offen. Jeder Bezugsinteressent hatte zunächst durch Übersendung seines Personalaus-
> weises einen Altersnachweis zu erbringen. Daraufhin wurden ihm von A eine
> Codenummer sowie eine Mitgliedsnummer übermittelt. Erst die Verwendung der
> Codenummer versetzte den interessierten Betreiber eines Bildschirmtextgerätes in die
> Lage, das Programm des A anzuwählen und dessen Angebot auf dem Bildschirm zu
> studieren. Bei der Bestellung von Waren musste sodann von dem Interessenten die zu-
> geteilte Mitgliedsnummer angegeben werden. Durch diese Vorgehensweise wollte A
> im Anschluss an eine zuvor erfolgte Durchsuchung seiner Firmenräume durch die
> Staatsanwaltschaft den Interessen des Jugendschutzes gerecht werden.
>
> Das OLG Düsseldorf[163] hat in einer Entscheidung zu diesem Sachverhalt zu Recht
> ausgeführt, dass § 184 Abs. 1 Nr. 3 2. Alt. StGB nicht restriktiv interpretiert werden
> darf. Der Gesetzgeber hat das Anbieten oder Überlassen pornographischer Schriften im
> Versandhandel schlechthin mit Strafe bedroht. Daher steht es einem Versandhändler
> nicht frei, die Anwendung des dem Jugendschutz dienenden Gesetzes durch Ergreifen
> von Maßnahmen auszuschalten, die seiner Meinung nach geeignet erscheinen, den In-
> teressen des Jugendschutzes zu dienen.[164] **Distanzkontrollen** sind nicht – ebenso we-
> nig wie persönliche Überprüfungen – von einer solchen Sicherheit, dass sie das Gelan-
> gen von pornographischem Material an Minderjährige mittels Manipulationen verhin-
> dern.[165]

Eine Deanonymisierung kann jedoch dann zum Nichtvorliegen eines Versand-   **787**
handels i.S. des § 184 Abs. 1 Nr. 3 2. Alt. StGB führen, wenn die Lieferung gewollt und ausnahmslos von einem **persönlichen Erscheinen** des Kunden abhängt.

> *Beispiel:* T vertrieb als Geschäftsführer von B-U-Läden in der Stadt F. unter dieser
> Firma pornographische Erzeugnisse an Kunden. Diese hatten in einem der Läden oder
> in Kinos der B-U-Vertriebskette eine schriftliche Bestellung aufzugeben. Die Bestel-
> lung war jeweils im Beisein eines Mitarbeiters der Firma zu unterschreiben, die Voll-
> jährigkeit des Bestellers durch Vorlage des Personalausweises nachzuweisen.
>
> Bei den Maßnahmen des T handelte es sich nicht um bloße Distanzkontrollen, die
> aus subjektiver Sicht sicherstellen sollten, dass ausschließlich volljährige Kunden be-
> liefert wurden. Das OLG Schleswig[166] hat vielmehr zutreffend festgestellt: Es ist schon
> der Begriff des Versandhandels i.S. des § 184 Abs. 1 Nr. 3 StGB nicht erfüllt. Denn
> dieser entfällt bei einer „Vertriebsform, in der die Lieferung eines Produkts generell
> und ausnahmslos das persönliche Erscheinen des Kunden beim Anbieter voraussetzt."
> Damit betrieb T selbst dann keinen Versandhandel im Sinne der Norm, wenn er das bei

---

[163] OLG Düsseldorf, JR 1985, S. 159.
[164] Zustimmend auch Lampe, 1985, S. 161.
[165] So auch Eckstein, 1997, S. 51.
[166] OLG Schleswig, SchlHA 1987, S. 104.

ihm bestellte Produkt nach der persönlichen Kontaktaufnahme an die kontaktierte Person versandt hat.[167]

(3) Gewerbliches Entleihen

788 Unter die zum Zweck des Kinder- und Jugendschutzes verbotenen Vertriebsformen stellt der Gesetzgeber auch das Anbieten und Überlassen von Pornographie in gewerblichen Leihbüchereien und Lesezirkeln.[168] Bei beiden Vertriebsarten sieht er keine zureichende Gewährleistung eines Zugangsausschlusses für Minderjährige.

789 **Gewerbliche Leihbüchereien** sind solche, in denen Bücher zum Zweck einer Gewinnerzielung gegen Entgelt vermietet werden.[169] Damit fallen öffentliche Bibliotheken, die nicht auf Gewinnerzielung ausgerichtet sind, nicht unter die Norm.[170] Angesichts des eindeutigen Wortlauts („...büchereien") erfasst der Tatbestand ferner nicht das gewerbsmäßige Vermieten von Filmen oder Videokassetten.[171]

790 Ein **gewerblicher Lesezirkel** vermietet periodisch erscheinende Druck- und Zeitschriften im Wege des Umlaufs an einen größeren Lesekreis.

8.3.1.4 Gewerbliche Vermietung

791 Vor allem Missstände auf dem Markt mit sog. Porno-Videos haben Mitte der achtziger Jahre den Gesetzgeber veranlasst, ein „Gesetz zur Neuregelung des Jugendschutzes in der Öffentlichkeit"[172] zu verabschieden. Durch dieses Gesetz wurde in § 184 Abs. 1 StGB der Tatbestand der Nr. 3a eingefügt.[173] Die Neuregelung war notwendig geworden, weil § 184 Abs. 1 Nr. 3 StGB gerade nicht die Vermietung bzw. eine vergleichbare Gebrauchsgewährung innerhalb von Geschäftsräumen erfasst, die der Kunde zu betreten pflegt, und Videotheken vom Wortlaut der Norm her keine Leihbüchereien darstellen. Werden pornographische Materialien in einem für Minderjährige nicht zugänglichen und nicht einsehbaren Raum angeboten, liegt keine Verwirklichung des Tatbestandes von § 184 Abs. 1 Nr. 2 StGB vor. Dem Gesetzgeber kam es mit der Regelung des § 184 Abs. 1 Nr. 3a StGB darauf an, den Zugang von unter Achtzehnjährigen zu Ladengeschäften zu verhindern, in denen das Geschäft mit der Vermietung von Videokassetten betrieben wird. Über den Ausschluss des unmittelbaren Kontakts mit den Erzeugnissen selbst sollte zudem denkbaren Gefährdungen von Minderjährigen vorgebeugt werden, die sich aus einer Wahrnehmbarkeit der Abwicklung entsprechender Vermittlungsgeschäfte unter Erwachsenen ergeben können. Die Beschränkung auf eine Präsentation pornographischer Erzeugnisse in – von den Hauptgeschäftsräumen abgetrennten – Nebenzimmern (sog. shop in the shop) erschien unter Kinder- und Jugendschutzaspekten selbst bei entsprechenden Zutrittsverboten als

---

[167] Dazu auch Eckstein, 1997, S. 49.
[168] Krit. dazu Schroeder, 1992, S. 43 f.
[169] Laufhütte in: LK-StGB, 1995, § 184 Rdn. 28.
[170] Zu den jugendschutzrechtlichen Anforderungen an den Internet-Zugang in öffentlichen Bibliotheken: Klötzer, 1998, Kap. 5.
[171] BGHSt. 27, S. 52; 29, S. 69; BVerfG, NJW 1982, S. 1512.
[172] BGBl. I 1985, S. 425.
[173] Siehe dazu Greger, 1986, S. 8 ff.

nicht ausreichend.[174] Das Vermieten soll deshalb Geschäften vorbehalten bleiben, die auf den Vertrieb von Pornographie spezialisiert sind.

§ 184 Abs. 1 Nr. 3a StGB statuiert ein grundsätzliches Verbot für das Anbieten **792** oder Überlassen pornographischer Schriften i.S. des § 11 Abs. 3 StGB im Wege gewerblicher Vermietung oder einer vergleichbaren gewerblichen Gewährung des Gebrauchs. **Gewerbliche Vermietung** ist eine Gebrauchsüberlassung gegen Entgelt zum Zweck nicht nur vorübergehender Gewinnerzielung.[175] Mit der Einbeziehung der **vergleichbaren gewerblichen Gebrauchsgewährung** werden Umgehungsgeschäfte vermieden (z.B. das zeitweilige unentgeltliche Überlassen von Filmen an Mitglieder eines gewerblichen Videoclubs, die für ihre Mitgliedschaft Beiträge zahlen).[176] Tathandlungen der Nr. 3a bilden das vorsätzliche **Anbieten** oder **Überlassen**, wobei diese Merkmale wie in § 184 Abs. 1 Nr. 1 (und Nr. 3) StGB[177] auszulegen sind.

Von dem Verbot des § 184 Abs. 1 Nr. 3a StGB ausgenommen bleiben das **793** mietweise Anbieten und Überlassen pornographischer Schriften i.S. des § 11 Abs. 3 StGB
– in Ladengeschäften, die Personen unter achtzehn Jahren nicht zugänglich sind und von ihnen nicht eingesehen werden können,
– im Geschäftsverkehr mit gewerblichen Entleihern.

(1) Ladengeschäfte

Mit § 184 Abs. 1 Nr. 3a StGB wollte der Gesetzgeber den Zugang zur Porno- **794** graphie für Erwachsene so weit einschränken, wie dies für einen wirksamen Kinder- und Jugendschutz unerlässlich erscheint. Vom Gesetzeszweck her ist deshalb der **Begriff** des **Ladengeschäfts** zu interpretieren: Ladengeschäfte im Sinne der Norm sind organisatorisch und räumlich selbständige Geschäftslokale des Einzelhandels, die über einen eigenen Zugang von der Straße oder von einer sonstigen allgemeinen Verkehrsfläche (Passage, Flur, Treppenhaus) her verfügen.[178] Es sollen damit gerade einzelne Geschäftsräume eines Ladengeschäfts als einer organisatorischen Einheit vom Vermietungsverbot nicht ausgenommen sein. Liegt ein Ladengeschäft vor, zählen dazu nicht nur die Räume des Geschäfts, in denen die Waren angeboten werden, sondern auch die Nebenräume, die in einem Zusammenhang mit den eigentlichen Hauptgeschäftsräumen stehen und mit diesen eine betriebliche Einheit bilden (z.B. Büros, Lagerräume usw.).[179] Wann nur ein „Laden im Laden" und wann ein abgetrenntes Ladengeschäft i.S. des § 184 Abs. 1 Nr. 3a StGB anzunehmen ist, richtet sich nicht nach den rechtlichen Gegebenhei-

---

[174] BT-Drs. X/2546, S. 25.
[175] Laufhütte in: LK-StGB, 1995, § 184 Rdn. 32.
[176] BT-Drs. X/2546, S. 24.
[177] Siehe oben Kap. 8.3.1.1 (1).
[178] BGH, NJW 1988, S. 272; BayObLG, NJW 1986, S. 1701; Beisel, 1997, S. 218; Greger, 1986, S. 8; Maatz, 1986, S. 174; Schreibauer, 1999, S. 230; Tröndle/Fischer, 1999, § 184 Rdn. 20c.
[179] BayObLG, NJW 1986, S. 1701.

ten (wie etwa der Identität des Inhabers), sondern muss nach dem **äußeren Erscheinungsbild** beurteilt werden.[180]

> *Beispiel:* A betreibt eine Videothek. Wegen Umbaumaßnahmen hat er für einen Zeitraum von mehreren Monaten eine bestimmte Geschäftsfläche angemietet und diese mit ca. 2,20 Meter hohen Spanplatten von der Ladenstraße und den übrigen Geschäften abgetrennt. Der Zugang besteht aus zwei Pendeltüren, die etwa 20 cm über dem Fußboden enden und über ein Schloss verfügen. Der Bereich, in dem die pornographischen und indizierten Videofilme aufgestellt sind, bleibt vom übrigen Verkaufsraum ebenfalls durch Spanplatten abgetrennt und ist durch eine mit einem Vorhang verhängte Türöffnung zu betreten. Sowohl an der Pendeltüre als auch an dem Vorhang hat A deutlich sichtbare Schilder angebracht, worauf Personen unter achtzehn Jahren der Zutritt verboten wird.
>
> Das BayObLG[181] hat die Videothek des A als eigenständiges Einzelhandelsgeschäft eingeordnet. Das Ladenlokal ist zwar von den übrigen dort untergebrachten Geschäften völlig getrennt, hat allerdings während der Umbauzeit keinen eigenen Zugang zur Straße, sondern kann nur unmittelbar von der Ladenstraße aus betreten werden. Die Ladenstraße, eine für die Allgemeinheit auch ohne Kaufabsicht zugängliche Fläche, stellt einen bloß als Verkehrsfläche genutzten Raum dar und steht damit einer Passage, einem Flur oder Treppenhaus gleich.

795   Kein einheitliches Ladengeschäft liegt somit auch vor bei einem Einkaufszentrum, in dem die einzelnen Geschäftslokale räumlich in ein Ensemble eingebunden sind und die jeweiligen selbständigen und räumlich abgegrenzten Geschäfte wie von einer Straße her von Verbindungsgängen auf einer oder mehreren Ebenen betreten werden können.[182] Da es dem Gesetzgeber in § 184 Abs. 1 Nr. 3a StGB bei der Ausnahmeregelung vom generellen Vermietungsverbot wesentlich auf das Kriterium der Vertriebsform ankam, verlangt ein Ladengeschäft keine Ortsgebundenheit, so dass mobile Videotheken hierunter fallen können.[183]

796   Das Ladengeschäft darf Personen unter achtzehn Jahren nicht zugänglich und nicht von ihnen einsehbar sein. Wie beim Tatbestand des § 184 Abs. 1 Nr. 2 StGB[184] sind Geschäfte dann für Minderjährige **nicht zugänglich**, wenn ihnen das Betreten durch ein eindeutiges und deutlich erkennbares Verbot untersagt und für dessen Einhaltung Sorge getragen wird. Für eine **Nichteinsehbarkeit** ist es unzureichend, dass lediglich der Blick auf die pornographischen Erzeugnisse verwehrt bleibt.

> *Beispiel:* A betrieb in der Stadt H. eine Videothek. An der Außenfront dieses Geschäftes klebte auf dem Schaufenster neben dem Eingang ein großes Schild mit dem Text „Zutritt nur für Erwachsene". Durch eine zweiflügelige, mit großen Glasscheiben versehene Türe betrat man von der Straße her einen Windfang. Von diesem Windfang ging eine Seitentüre ab, die verschlossen und nicht zum Durchgang bestimmt war, da sich hinter ihr ein Regal befand, das die Sicht in den Raum verwehrte und ein Öffnen

---

[180] Greger, 1989, S. 30.
[181] BayObLG, NStE Nr. 2 zu § 184 StGB.
[182] BGH, NJW 1988, S. 272.
[183] OLG Hamm, NStZ 1988, S. 415.
[184] Dazu oben Kap. 8.3.1.2 (1).

der Türe verhinderte. Vom Windfang führte – der ersten zweiflügeligen Eingangstüre gegenüberliegend – eine weitere zweiflügelige, wiederum mit großen Glasscheiben versehene Eingangstüre in das Ladeninnere. Dort war ein Teilbereich durch Wände abgetrennt, in welchem Porno- und Horrorfilme angeboten wurden. Durch die Glasscheiben der Eingangstüren waren von außen nur leere Regale zu erkennen. Durch die etwa 40 Meter lange Schaufensterfront konnte man im übrigen – über von innen hinter den Fenstern aufgestellte Stellwände hinweg – nur die Decke mit den eingeschalteten Deckenlampen sehen.

Das OLG Hamburg[185] ist aufgrund des Sachverhalts zu dem Ergebnis gelangt: Das Ladengeschäft des A vermochte von Personen unter achtzehn Jahren eingesehen zu werden.

Von einem Teil der Literatur[186] wird der Ausschlussgrund der Nichteinsehbarkeit des Ladengeschäfts dahin gehend interpretiert, dass sich die Wahrnehmbarkeit auf die inkriminierten pornographischen Schriften als solche in dem Geschäft erstrecken muss. Eine derartige Auslegung steht jedoch bereits im Widerspruch zum kriminalpolitischen Zweck des § 184 Abs. 1 Nr. 3a StGB: Es soll nicht nur der unmittelbare Kontakt von Kindern und Jugendlichen mit pornographischen Erzeugnissen ausgeschlossen werden. Der Gesetzgeber wollte vielmehr auch denkbaren Gefährdungen vorbeugen, die sich daraus ergeben können, dass Kinder und Jugendliche den Vorgang der Vermietung von entsprechenden Videofilmen usw. an erwachsene Kunden beobachten können.[187] Damit setzt die Einsehbarkeit eines Ladengeschäfts nicht die Wahrnehmbarkeit der angebotenen Waren von außerhalb voraus.

An einer Einsehbarkeit fehlt es, wenn nur das kurzzeitige Öffnen der Ladentüre durch Kunden Sichtmöglichkeiten gewährt, der Inhaber jedoch dafür Sorge trägt, dass Minderjährige dennoch von der Geschäftsabwicklung nichts erkennen können.[188]   **797**

(2) Gewerbliche Entleiher

Nach § 184 Abs. 6 S. 2 StGB gilt § 184 Abs. 1 Nr. 3a StGB nicht, wenn das Anbieten oder Überlassen pornographischer Erzeugnisse im Wege der Vermietung oder sonstigen Gebrauchsgewährung im Geschäftsverkehr mit gewerblichen Entleihern erfolgt. Dieser **Tatbestandsausschließungsgrund**[189] kommt Personen zugute, die Pornographie zu gewerblichen Zwecken anmieten[190] (z.B. zur Vorführung von Filmen in Nachtlokalen). Werden die Verleihgeschäfte in Räumen getätigt, die Minderjährigen zugänglich sind, greift der Tatbestand des § 184 Abs. 1 Nr. 2 StGB ein.   **798**

---

[185] OLG Hamburg, NJW 1992, S. 1184 f.

[186] Beisel, 1997, S. 220; Lenckner in: Schönke/Schröder, 1997, § 184 Rdn. 25b.

[187] Vgl. auch BGH, NJW 1988, S. 272; Greger, 1988, S. 416; Tröndle/Fischer, 1999, § 184 Rdn. 20c.

[188] OLG Stuttgart, MDR 1987, S. 1047.

[189] Lenckner in: Schönke/Schröder, 1997, § 184 Rdn. 25c.

[190] BT-Drs. X/2546, S. 24.

8.3.1.5 Einfuhr im Versandhandel

799   Gem. § 184 Abs. 1 Nr. 4 StGB macht sich strafbar, wer es unternimmt, pornographische Schriften i.S. des § 11 Abs. 3 StGB im Wege des Versandhandels einzuführen. Der Begriff des Versandhandels entspricht hierbei dem des § 184 Abs. 1 Nr. 3 2. Alt. StGB.[191]

800   **Einführen** im Wege des Versandhandels ist das Absenden der Ware aus dem Ausland unmittelbar an den Kunden als Endabnehmer – es fehlt auch bei Nr. 4 an einem persönlichen Kontakt zwischen Anbieter und Besteller. Von diesen führt allein der Absender ein, nicht aber der Abnehmer.[192] Eine Einfuhr liegt vor, sobald das bestellte Material ins Inland gelangt.

801   Der Gesetzgeber hat § 184 Abs. 1 Nr. 4 StGB als **Unternehmenstatbestand** ausgestaltet. Damit sind i.S. des § 11 Abs. 1 Nr. 6 StGB sowohl die Vollendung als auch bereits der Versuch strafbar. Die Norm trifft schon denjenigen, der unmittelbar dazu ansetzt, als Versender pornographisches Material in den räumlichen Geltungsbereich des Strafgesetzbuches einzuführen (z.B. durch Aufgabe zur Post im Ausland).

802   Die zollamtliche Überwachung des Einfuhrverbots ist in den zollrechtlichen Normen geregelt.[193]

8.3.1.6 Werbung

803   Mit § 184 Abs. 1 Nr. 5 StGB will der Gesetzgeber verhindern, dass Minderjährige für pornographische Erzeugnisse interessiert und auf die möglichen Bezugsquellen aufmerksam gemacht werden.[194] Als Tathandlungen benennt die Norm das Anbieten, Ankündigen und Anpreisen pornographischer Schriften i.S. des § 11 Abs. 3 StGB. Diese Arten des Werbens erscheinen unter dem Aspekt des Kinder- und Jugendschutzes als besonders gefährlich, sobald eine hohe Breitenwirkung bzw. ein unüberschaubarer Wirkungsbereich gegeben ist.

Unter Achtzehnjährige werden deshalb vor zwei Modalitäten der Werbung geschützt: Diese erfolgt

– öffentlich an einem Ort, der Personen unter achtzehn Jahren zugänglich ist oder von ihnen eingesehen werden kann (1. Alt.);
– durch Verbreiten von Schriften außerhalb des Geschäftsverkehrs mit dem einschlägigen Handel (2. Alt.).

---

[191] Siehe oben Kap. 8.3.1.3 (2).
[192] Horn in: SK-StGB, 1998, § 184 Rdn. 31; Laufhütte in: LK-StGB, 1995, § 184 Rdn. 33; Lenckner in: Schönke/Schröder, 1997, § 184 Rdn. 27; a.A. Tröndle/Fischer, 1999, § 184 Rdn. 21.
[193] Dazu eingehend Tröndle/Fischer, 1999, § 184 Rdn. 21a.
[194] Vgl. BGHSt. 34, S. 98; 34, S. 219.

(1) Tathandlungen

Beide Tatbestandsalternativen des § 184 Abs. 1 Nr. 5 StGB verlangen die Bege-   **804**
hung der gleichen Vorgehensweisen des Anbietens, Ankündigens und Anpreisens
als besondere Formen des Werbens.

Der Begriff des **Anbietens** in Nr. 5 unterscheidet sich von demjenigen in Nr. 1   **805**
und Nr. 3.[195] Während dort einem (oder mehreren) bestimmten Minderjährigen
ausdrücklich oder konkludent ein konkretes Angebot gemacht wird, gibt in Nr. 5
der Anbietende seine Erklärungen vor einem individuell unbestimmten Personenkreis ab. Es erfolgt eine Kundgabe (z.B. durch Auslagen in Schaufenstern, auf
Plakaten usw.) der Bereitschaft zur Zugänglichmachung pornographischer Darstellungen.[196] Vom Normzweck – Bewahrung der Jugendlichen vor einem Erwe-
cken des Interesses an Pornographie – her bleibt es für ein Anbieten i.S. der Nr. 5
unerheblich, wenn das Angebot einen ausdrücklichen Hinweis auf eine Abgabe
des Materials nur an Erwachsene enthält.[197]

Ein **Ankündigen** ist die einem größeren Personenkreis gegenüber abgegebene   **806**
Erklärung, mit der auf die Gelegenheit zum Bezug bzw. zu sonstigem Zugang
hingewiesen wird.[198]

Unter einem **Anpreisen** versteht man die lobende Erwähnung und ausdrückli-   **807**
che Empfehlung pornographischer Schriften[199] in der Absicht, sie anderen zugänglich zu machen.[200]

Im Hinblick auf den Schutzbereich des § 184 Abs. 1 Nr. 5 StGB muss es sich   **808**
bei dem angebotenen, angekündigten oder angepriesenen Material tatsächlich um
Pornographie handeln.[201] Für diese beinhaltet die Vorschrift aber **kein absolutes
Werbeverbot**. § 184 Abs. 1 Nr. 5 StGB erfordert für alle drei Tathandlungen des
Werbens: Der pornographische Charakter des Werbeobjekts ist für einen durchschnittlich interessierten und informierten Betroffenen erkennbar gemacht und
wird von diesem auch so verstanden.[202] Eine lediglich **neutrale Werbung**[203] für
pornographische Schriften bleibt damit nicht gem. § 184 Abs. 1 Nr. 5 StGB strafbar.

Beispiel: Zwei Tankstellenpächter hatten in den jedermann zugänglichen Verkaufsräu-
men der Tankstellen pornographische Schriften in Verkaufsständern zum Verkauf an
Erwachsene ausgelegt. Der Ständer befand sich jeweils in Sicht des Verkaufspersonals,
die Schriften waren einzeln in Plastikfolie eingeschweißt. Auf den Titelseiten blieb –
neben Titeln wie „Frivol", „Weekend-Sex", „Sex and Life" und Angaben über Verlag

---

195 Dazu oben Kap. 8.3.1.1 (1) und 8.3.1.3.
196 BGHSt. 34, S. 98; Meier, 1985, S. 342.
197 Lenckner in: Schönke/Schröder, 1997, § 184 Rdn. 30.
198 Cramer, 1989, S. 612; Deblitz, 1995, S. 86; Meier, 1985, S. 342.
199 Deblitz, 1995, S. 91; Meier, 1985, S. 342; RGSt. 37, S. 142.
200 Horn in: SK-StGB, 1998, § 184 Rdn. 36.
201 OLG Hamburg, MDR 1978, S. 506.
202 Krit. insoweit Beisel, 1997, S. 225 f.
203 Siehe dazu Cramer, 1989, S. 611 ff.; Deblitz, 1995, S. 57 ff.; Meier, 1985, S. 341 ff.;
    ders., 1987, S. 1610 f.; Schumann, 1978, S. 1134 ff.; ders., 1978a, S. 2495 f.; a.A.
    OLG München, NJW 1987, S. 453.

und Preis – meist nur der Kopf einer Frau und ein Teil des Oberkörpers – teils beklei-
det, teils nackt – abgebildet; die übrigen Körperteile deckte schwarze Pappe ab. Ähnlich waren die Rückseiten der Magazine gestaltet. Darstellungen des Geschlechtsverkehrs oder von Geschlechtsmerkmalen konnten von außen nicht gesehen werden.

Der BGH[204] hat in seiner Entscheidung zu diesem Fall klargestellt: **Werbung und
Werbeobjekt** gehören **untrennbar** zusammen:

Das Objekt, für das geworben wird, muss in Erscheinung treten. Strafbedroht ist das
öffentliche Anbieten nur, wenn es nach seinem Aussagegehalt erkennbar macht, dass es
sich auf pornographisches Material bezieht, und dadurch im Sinne der gesetzgeberischen Zielsetzung „gefährlich" wird.

„Ob die Voraussetzung, dass sich die Werbung auf pornographisches Material bezieht, gegeben ist, hängt letztlich weniger davon ab, wie die Werbung im Einzelnen
ausgestaltet ist, als vielmehr davon, wie sie in der Verkehrsanschauung verstanden
wird. ... Zwar wird das Publikum eine Werbung für Pornographie um so eher verstehen, je klarer diese Werbung auf den Charakter des angebotenen Materials hinweist;
aber auch versteckte Werbung kann genügen, wenn sie nur allgemein so verstanden
wird. Daher kommt es hier auch weniger darauf an, ob dem Angebot ein klar erkennba-
rer Hinweis auf den Charakter der angebotenen Schrift innewohnt ... oder ob die Pornographie sich nur erahnen lässt. Entscheidend ist, wie der durchschnittlich interessierte und informierte Betrachter die Werbung versteht. Diese Beurteilung ist letztlich
vom Tatrichter zu treffen."[205]

809   Der pornographische Charakter des beworbenen Materials muss sich **aus der
Werbemaßnahme selbst** ergeben.

Beispiel: Der Betreiber eines Filmtheaters veröffentlichte Zeitungsanzeigen, in denen
er für die pornographischen Filme „Internet d'Amour" und „Blue Sex" warb. Die An-
zeigen enthielten aber keinen Hinweis auf den pornographischen Charakter dieser Filme.

Der BGH[206] hob eine vorinstanzliche Verurteilung des Angeklagten wegen Werbung für pornographische Filme auf: „Dafür, wie der Inhalt einer Zeitungsanzeige oder
einer sonstigen Werbemaßnahme zu verstehen ist, ist entscheidend, wie der durchschnittlich interessierte und informierte Betrachter die Werbung versteht. Ausgangs-
punkt der Beurteilung bleibt jedoch die Gestaltung der jeweiligen Werbemaßnahme –
hier die Anzeige. Der Betrachter muss seine Information, es werde für Pornographie
geworben, aus der Anzeige selbst entnehmen können und entnommen haben; es genügt
nicht, dass er aus sonstigen ihm bekannten Umständen aus dem Umfeld der Werbemaßnahme diesen Schluss zieht. Erscheint daher eine für sich unverfängliche Anzeige
für einen Film in der Zeitung, weiß aber der Betrachter, dass in dem werbenden Filmtheater regelmäßig pornographische Filme gezeigt werden, genügt das nicht; sein – im
Übrigen letztlich unsicherer – Schluss würde nur aus dem Umfeld der Anzeige gezogen."

Dagegen läge in diesem Fall eine versteckte Werbung für Pornographie vor, wenn
der Betreiber sein Filmtheater als „Porno-Palast" bezeichnet und diesen Firmennamen
in seinen Zeitungsanzeigen angeführt hätte.[207]

---

[204] BGHSt. 34, S. 94 ff.
[205] BGHSt. 34, S. 99; krit. Greger, 1987, S. 210 f.
[206] BGH, NJW 1989, S. 409.
[207] Lenckner in: Schönke/Schröder, 1997, § 184 Rdn. 31.

Verlangt eine Strafbarkeit gem. § 184 Abs. 1 Nr. 5 StGB die Erkennbarkeit des Porno-   **810**
graphischen aus der Werbeaussage selbst, gilt dies ausnahmsweise nicht für gem. § 1
GjSM indiziertes Material. Dieses ist bereits durch die Eintragung in die Liste der indizierten Schriften als kinder- und jugendgefährdend eingestuft und mit deren Veröffentlichung als solches bekannt gemacht, so dass insoweit auch eine neutrale Werbung verboten
bleibt.[208]

Alle Formen des Werbens i.S. des § 184 Abs. 1 Nr. 5 StGB setzen die Absicht   **811**
des Handelnden voraus, ein **positives Interesse** zugunsten des beworbenen Ob-
jekts **hervorzurufen**. Damit wirbt nicht im Sinne dieser Norm, wer gerade ein
gegenläufiges Ziel verfolgt.

> *Beispiel:* Der Redakteur einer Illustrierten erstellt einen kritischen Beitrag zu einem
> pornographischen Videofilm und publiziert diesen in der nächsten Ausgabe unter Nen-
> nung des Titels, der Vertriebsfirma und der Bezugsquelle. In seinem Artikel finden sich
> mehrfach Inhaltsangaben. Zudem sind einige Filmszenen abgebildet. Unter anderem
> heißt es in dem Beitrag, es sei „unfassbar, dass ein solcher Film verkauft und verliehen
> werden darf".
>
> In einem ähnlichen Fall hat der BGH[209] die Strafbarkeit eines Journalisten verneint:
> „Werben enthält ein finales Element insofern, als das wohlwollende Interesse des Pub-
> likums am Gegenstand der Werbung geweckt oder gefördert werden soll; die bloße
> Erwähnung der Existenz des Gegenstands, aber auch die nähere Darlegung von Einzel-
> heiten genügen jedenfalls dann nicht, wenn dies im Rahmen einer kritischen Auseinan-
> dersetzung geschieht. ... Insgesamt war der Beitrag der Angeklagten daher zwar objek-
> tiv geeignet, Interesse an dem indizierten Film zu wecken; er enthielt jedoch keine
> werbende Kundgebung, durch die auf die Gelegenheit zum Bezug aufmerksam ge-
> macht werden sollte".[210]

(2) Öffentliches Werben an bestimmten Orten

Nach der ersten Tatmodalität des § 184 Abs. 1 Nr. 5 StGB macht sich strafbar,   **812**
wer Pornographie öffentlich an einem Ort anbietet, ankündigt oder anpreist, der
Minderjährigen zugänglich oder von ihnen einsehbar ist. Ein **öffentliches** Werben
liegt vor[211], wenn die Handlung von unbestimmt vielen Personen, die keine persönlichen Beziehungen miteinander verbinden, wahrgenommen werden kann
(z.B. Plakate auf Werbeflächen). Öffentlich bietet der Täter aber auch an, wenn er
sich an einen bestimmten Personenkreis wendet, dessen Mitglieder jedoch nicht in
persönlicher Beziehung zueinander stehen (z.B. Werbung für die Besucher einer
Nachtbar). Die Tatbestandsmerkmale der **Zugänglichkeit** sowie der **Einsehbarkeit** der Orte für Kinder und Jugendliche entsprechen denjenigen des § 184 Abs. 1
Nr. 2 StGB.[212]

---

[208] BGHSt. 33, S. 1; 34, S. 99; BVerfG, NJW 1986, S. 1241; BVerwG, NJW 1977,
 S. 1411; krit. insoweit Beisel, 1997, S. 225 ff.; Lenckner in: Schönke/Schröder, 1997,
 § 184 Rdn. 31.
[209] BGHSt. 34, S. 219 ff.
[210] BGHSt. 34, S. 220.
[211] Siehe dazu Deblitz, 1995, S. 43.
[212] Dazu oben Kap. 8.3.1.2 (1).

813   Öffentliches Werben und Zugänglichkeit bzw. Einsehbarkeit des Ortes müssen bei § 184 Abs. 1 Nr. 5 1. Alt. StGB kumulativ verwirklicht sein. So erfüllt ein öffentlich anbietender Täter nicht die Voraussetzungen der 1. Alt., wenn er an einem für Minderjährige unzugänglichen bzw. uneinsehbaren Ort handelt (z.B. Werbung in einem für unter Achtzehnjährige gesperrten Lokal). Gleiches gilt im umgekehrten Fall (z.B. Werbung für die Mitglieder eines geschlossenen Jugendclubs), wobei insoweit aber eine Strafbarkeit gem. § 184 Abs. 1 Nr. 1 oder 2 StGB in Betracht kommt.[213]

(3) Verbreiten von Werbeschriften

814   § 184 Abs. 1 Nr. 5 2. Alt. StGB dient dem Kinder- und Jugendschutz, indem die Kenntniserlangung von pornographischen Erzeugnissen und entsprechenden Bezugsquellen auf dem Weg über Werbematerial verhindert werden soll, das Pornographie anbietet, ankündigt oder anpreist. Schriften i.S. des § 11 Abs. 3 StGB[214] mit Werbung für pornographische Darstellungen i.S. des § 11 Abs. 3 StGB (z.B. Prospekte, Postwurfsendungen) gelangen zur **Verbreitung**, sobald sie den Kreis der an ihrer Herstellung Beteiligten verlassen und einem vom Handelnden nicht mehr kontrollierbaren Personenkreis zugänglich gemacht sind.[215]

815   Aufgrund der Zuordnung von § 184 Abs. 1 Nr. 5 StGB zu den abstrakten Gefährdungsdelikten kommt es für die Erfüllung des Verbreitungsmerkmals nicht darauf an, dass die Schrift an mehrere Personen weitergegeben wird. Eine Rechtsgutsgefährdung liegt bereits dann vor, wenn nur einer Person der Zugang zweckgerichtet ermöglicht ist und damit der Täter keine Kontrolle mehr über das Werbematerial besitzt.[216]

816   Die Werbung für Pornographie durch Verbreiten von Schriften ist nicht tatbestandsmäßig, soweit sie **innerhalb des Geschäftsverkehrs mit dem einschlägigen Handel** geschieht. Der Handel im Sinne dieser Ausnahmeklausel betrifft nicht nur Verkaufstätigkeiten, sondern auch Vermiet- und Verleihgeschäfte.[217] Einschlägig ist ein Handel, der sich mit dem Vertrieb von Schriften i.S. des § 11 Abs. 3 StGB beschäftigt – es wird nicht vorausgesetzt, dass gerade Handel mit pornographischen Erzeugnissen erfolgt.[218] Straflos bleibt damit z.B. die Zusendung von Werbematerial für pornographische Bücher an Buchhändler, die bislang noch keine solchen Werke in ihrem Warenangebot führen.

---

213 Lenckner in: Schönke/Schröder, 1997, § 184 Rdn. 32.
214 Horn in: SK-StGB, 1998, § 184 Rdn. 40; Laufhütte in: LK-StGB, 1995, § 184 Rdn. 35; a.A. wegen des fehlenden Hinweises auf § 11 Abs. 3 StGB: Deblitz, 1995, S. 51.
215 BGH, NJW 1977, S. 1695; Deblitz, 1995, S. 52; Laufhütte in: LK-StGB, 1995, § 184 Rdn. 35.
216 Deblitz, 1995, S. 53; Franke, 1984, S. 471; Horn in: SK-StGB, 1998, § 184 Rdn. 40, 69.
217 Horn in: SK-StGB, 1998, § 184 Rdn. 41.
218 Deblitz, 1995, S. 55; Horn in: SK-StGB, 1998, § 184 Rdn. 41; Lackner/Kühl, 1999, § 184 Rdn. 6b; Laufhütte in: LK-StGB, 1995, § 184 Rdn. 35; Lenckner in: Schönke/Schröder,1997, § 184 Rdn. 35; a.A. Tröndle/Fischer, 1999, § 184 Rdn. 22.

Straftaten nach § 184 Abs. 1 Nr. 5 2. Alt. StGB sind **Presseinhaltsdelikte**[219], die Straf-   **817**
barkeit der Verbreitung pornographischer Schriften ergibt sich hier aus dem Inhalt der
jeweiligen Druckwerke selbst. Damit gelten die spezifischen Verjährungsbestimmungen
der landesrechtlichen Pressegesetze.[220]

8.3.2 Schutz vor ungewollter Konfrontation

Der allgemeinen Handlungsfreiheit des Art. 2 Abs. 1 GG steht die Schutzpflicht   **818**
des Staates gegenüber, den einzelnen Bürger vor **groben Belästigungen** durch
Dritte zu schützen.[221] Kommt der einzelne Minderjährige oder Erwachsene ohne
seinen Willen mit pornographischen Erzeugnissen in Kontakt, sieht der Gesetzgeber hierin einen so „einschneidenden, groben Eingriff in die Intimsphäre"[222], dass
es einer strafrechtlichen Regelung bedarf.[223] Gem. § 184 Abs. 1 Nr. 6 StGB macht
sich deshalb strafbar, wer pornographische Schriften i.S. des § 11 Abs. 3 StGB an
einen anderen gelangen lässt, ohne von diesem hierzu aufgefordert worden zu
sein.

An einen anderen gelangen lässt der Täter pornographisches Material, sobald   **819**
dieses seinen Verfügungsbereich verlassen hat und in den Gewahrsam eines anderen gerät, dem dann die Möglichkeit der Kenntnisnahme vom Inhalt eröffnet ist –
ob eine tatsächliche Inhaltswahrnehmung erfolgt, bleibt unerheblich.[224] § 184
Abs. 1 Nr. 6 StGB erfordert keine körperliche Übergabe an eine bestimmte Ziel-
person; es genügt bereits das Liegenlassen pornographischer Werke[225] (z.B. in
Wohnungen, in öffentlichen Verkehrsmitteln oder Einrichtungen), wenn dies
Dritten die Möglichkeit gibt, ohne Überwindung von Hindernissen in den Besitz
der Schrift zu kommen und von ihrem Inhalt Kenntnis zu nehmen.

Der Tatbestand des § 184 Abs. 1 Nr. 6 StGB setzt weiter voraus: Der andere,   **820**
an den die Schrift i.S. des § 11 Abs. 3 StGB gelangt, darf den Täter **hierzu nicht
aufgefordert** haben (z.B. unverlangte Zusendung von Werbung für pornographische Erzeugnisse). Gerät sie dagegen infolge vorheriger ausdrücklicher oder kon-
kludenter[226] Anforderung in den Verfügungsbereich des Bestellers, entfällt eine
Tatbestandserfüllung. Dabei muss sich die Aufforderung nicht auf eine ganz bestimmte Schrift beziehen. Im Sinne einer Einverständniserklärung genügt, dass ein
Empfänger zuvor zum Ausdruck gebracht hat, er sei mit dem Gelangen von

---

[219] BayObLG, MDR 1980, S. 73.
[220] Tröndle/Fischer, 1999, § 78 Rdn. 8; siehe auch Groß, 1994, S. 313.
[221] Fischer K., 1995, S. 162.
[222] BT-Drs. VI/1552, S. 34.
[223] Krit. Lenckner in: Schönke/Schröder, 1997, § 184 Rdn. 3; für eine Verankerung des
     mit der Schaffung von § 184 Abs. 1 Nr. 6 StGB intendierten Jugendschutzes in § 6
     Nr. 6 StGB: Beisel, 1997, S. 221 f.
[224] Lackner/Kühl, 1999, § 184 Rdn. 6c.
[225] So ausdrücklich BT-Drs. VI/3521, S. 61; zustimmend auch Horn in: SK-StGB, 1998,
     § 184 Rdn. 46; Laufhütte in: LK-StGB, 1995, § 184 Rdn. 37; Tröndle/Fischer, 1999,
     § 184 Rdn. 23; krit. dagegen Lenckner in: Schönke/Schröder, 1997, § 184 Rdn. 36,
     hinsichtlich des Liegenlassens an öffentlichen Orten.
[226] Laufhütte in: LK-StGB, 1995, § 184 Rdn. 37.

Pornographie in seinen Gewahrsam einverstanden.[227] Ein nur vermutetes Einverständnis wirkt genauso wenig tatbestandsausschließend wie eine nachträgliche Genehmigung.[228]

8.3.3 Tatbestände mit doppelter Schutzrichtung

821 Sowohl dem **Jugendschutz** als auch dem Schutz Erwachsener vor einer **ungewollten Konfrontation** mit Pornographie dienen die Tatbestände des § 184 Abs. 1 Nr. 7 StGB sowie des § 184 Abs. 2 StGB.[229] Danach gilt ein grundsätzliches Verbot pornographischer öffentlicher Filmvorführungen; zudem besteht ein Verbreitungsverbot für pornographische Darbietungen im Rundfunk.

8.3.3.1 Öffentliche Filmvorführung

822 Nach § 184 Abs. 1 Nr. 7 StGB wird bestraft, wer gegen Entgelt in einer öffentlichen Filmvorführung pornographische Darstellungen zeigt, wobei er das Entgelt ganz oder überwiegend für diese Vorführung verlangt.

Der Gesetzgeber verfolgte mit dieser Norm das Ziel[230], die Vorführung pornographischer Filme in Bars, Nachtlokale und ähnliche Betriebe abzudrängen. Die eigentliche Gefahr für Jugendliche sah er in der öffentlichen Darbietung solcher Filme in Filmtheatern, bei denen er zureichend wirksame Alterskontrollen bezweifelte. Um herkömmliche Filmtheater – in denen die Vorführung unterbunden bleiben sollte – von anderen Unternehmen zu unterscheiden, hielt die Legislative die sog. Entgeltklausel für ein „einigermaßen brauchbares Abgrenzungskriterium"[231]: einerseits die Nachtlokale usw., bei denen Live- und Filmdarbietungen über den Getränkepreis abgerechnet werden – andererseits Filmtheater, die typischerweise das Entgelt für die Filmvorführungen verlangen. Ziel der Entgeltklausel war, dem Besucher pornographischer Filmvorführungen zumindest das Doppelte der Aufwendungen abzuverlangen, die für den Besuch eines herkömmlichen Kinos erforderlich wären; eine Hürde, die gerade Jugendlichen den Besuch pornographischer Filmvorführungen erschwert.[232]

(1) Tathandlung

823 Eine Straftat gem. § 184 Abs. 1 Nr. 7 StGB setzt zunächst voraus: Eine pornographische Darstellung wird im Rahmen einer öffentlichen Filmvorführung gezeigt.

824 Eine **Filmvorführung** bedeutet die Ermöglichung der optischen Wahrnehmung von auf einem Bildträger gespeicherten Bildern sowie die optische und akustische

---

[227] Horn in: SK-StGB, 1998, § 184 Rdn. 47.

[228] Laufhütte in: LK-StGB, 1995, § 184 Rdn. 37; siehe auch Lenckner in: Schönke/Schröder, 1997, § 184 Rdn. 6

[229] BT-Drs. VI/3521, S. 61.

[230] Krit. zum Gesetzeszweck Beisel, 1997, S. 234.

[231] BT-Drs. VI/3521, S. 61; zur Verfassungsmäßigkeit siehe BVerfGE 47, S. 109 ff.; für eine Streichung der Vorschrift: Beisel, 1997, S. 236.

[232] A.A. Beisel, 1997, S. 235.

Wahrnehmung der auf einem Bild- und Tonträger gespeicherten Bilder und Tö-
ne.[233] Nicht vom Filmbegriff erfasst sind Standbilder.[234] Das Vorführen eines
Films liegt andererseits aber vor, wenn der Betreiber einer Videothek seinen Kun-
den das Betrachten pornographischer Filme in Einzelkabinen ermöglicht, wo der
Kunde durch Auslösen einer Automatik den von ihm selbst gewählten Film zum
Laufen bringt. Damit ist die Tatherrschaft über die Vorführanlage nicht auf den
Kunden übergegangen.[235] Die dem Kunden gebotene Möglichkeit stellt lediglich
eine technische Vereinfachung dar.

Öffentlich ist eine Filmvorführung, sobald sie von einem größeren, individuell   **825**
nicht feststehenden oder jedenfalls durch persönliche Beziehungen nicht verbundenen Personenkreis gleichzeitig wahrgenommen werden kann.[236] Dabei spielt es
keine Rolle, wenn der Betreiber Jugendliche ausschließt und durch Kontrollen den
Zutritt nur auf Erwachsene beschränkt. Öffentlich i.S. des § 184 Abs. 1 Nr. 7
StGB sind deshalb Filmvorführungen in einem sog. Sex-Shop, wenn außer Minderjährigen jeder beliebige Kunde Zutritt findet.[237] Die Öffentlichkeit entfällt auch
nicht deshalb, weil der Eintritt von einer sog. Mitgliedschaft abhängig gemacht
wird – diese aber lediglich mit dem Besuch des Lokals und faktisch nur für die
Zeit des Aufenthalts darin erworben ist.[238] Durch den rein formalen Akt einer
Bezeichnung des Aufenthalts als Mitgliedschaft ändert sich nichts an der allgemeinen Zugänglichkeit.

Eine Filmvorführung ist dann **nicht öffentlich**, wenn sie jeweils nur   **826**
– von einer Person oder
– von unbestimmt vielen Einzelpersonen nacheinander oder
– gleichzeitig von einem sehr kleinen, fest umgrenzten und individuell bestimm-
  baren Personenkreis (etwa zwei bis fünf Personen)
verfolgt werden kann.[239]

Etwas anderes gilt jedoch, sobald ein Film in mehreren Videokabinen gleichzeitig läuft und damit für mehrere Zuschauer wahrnehmbar ist. Dann unterscheidet er sich hinsichtlich seines Wirkungsbereichs nicht von einem Film, welchen
die Zuschauer gemeinsam in einem Kinoraum verfolgen.[240] Dabei bleibt es mit
Blick auf den Schutzzweck letztlich ohne Relevanz, ob nur eine Person einen
bestimmten Film tatsächlich betrachtet – der Film muss nur öffentlich wahrnehmbar sein.[241]

---

[233] Schreibauer, 1999, S. 268.
[234] Horn in: SK-StGB, 1998, § 184 Rdn. 52; Lenckner in: Schönke/Schröder, 1997, § 184
Rdn. 39; a.A. Laufhütte in: LK-StGB, 1995, § 184 Rdn. 38; Tröndle/Fischer, 1999,
§ 184 Rdn. 24.
[235] KG, NStZ 1985, S. 230.
[236] BayObLG, NJW 1976, S. 527; KG, NStZ 1985, S. 220.
[237] KG, JR 1978, S. 167.
[238] OLG Hamm, NJW 1973, S. 817.
[239] KG, NStZ 1985, S. 220; Lenckner in: Schönke/Schröder, 1997, § 184 Rdn. 40.
[240] KG, NStZ 1985, S. 221.
[241] Schreibauer, 1999, S. 269.

(2) Die Entgeltklausel

827   Findet eine öffentliche Vorführung pornographischer Filme statt, setzt eine Strafbarkeit nach § 184 Abs. 1 Nr. 7 StGB voraus, dass diese **entgeltlich** erfolgt. Hierunter fällt nach § 11 Abs. 1 Nr. 9 StGB jede in einem Vermögensvorteil bestehende Gegenleistung. An einer Vorführung gegen Entgelt fehlt es z.B., wenn der
Betreiber eines Nachtlokals ohne Erhöhung der Getränkepreise Filme mit pornographischen Darstellungen zeigt.

828   Wird für die Vorführung ein Entgelt verlangt, erfordert eine Strafbarkeit nach
§ 184 Abs. 1 Nr. 7 StGB ferner: Dieses Entgelt muss **ganz oder überwiegend für
die Vorführung** des Films **verlangt** werden.

> *Beispiel:* G betreibt ein Filmtheater, in dem er pornographische Tonfilme vorführt.
> Der Besucher hat an der Kasse einen Gesamteintrittspreis von 12,— DM zu zahlen. Um
> zum Zuschauerraum Zutritt zu erhalten, erwirbt er mit dem Eintrittspreis an der Kasse
> zugleich ein Pornomagazin. Nach dem Aufdruck auf der Eintrittskarte entfallen von
> den 12,— DM auf die Filmvorführung 5,— DM und 7,— DM auf das Magazin. G be-
> streitet eine Strafbarkeit, weil das an der Kasse zu zahlende Entgelt überwiegend für
> das Pornoheft zu entrichten sei.

Entgegen der ursprünglich vom Gesetzgeber mit § 184 Abs. 1 Nr. 7 StGB verfolgten Intention, die Vorführung pornographischer Filme aus herkömmlichen
Filmtheatern in Nachtclubs usw. abzudrängen, versuchten die Kinobetreiber – wie
im Beispiel – die Strafnorm zu umgehen, indem sie den Eintritt vom Erwerb zusätzlicher Leistungen abhängig machten. Da der gesetzgeberische Wille in der
Entgeltklausel jedoch in nur unvollkommener Form zum Ausdruck kommt[242],
bildeten sich in der Rechtsprechung divergierende Ansätze zu deren Interpretation
heraus (z.B. Art des Betriebes, Willensrichtung des Besuchers, betriebswirtschaft-
liche Analyse).[243]

Zentrale Aussagen zur Interpretation der Entgeltklausel enthielt schließlich ein
Beschluss des Bundesverfassungsgerichts aus dem Jahr 1978.[244] Hierin wurde mit
Blick auf den Gesetzeswortlaut allen Ansichten eine Absage erteilt, welche die
Strafbarkeit ausschließlich auf den betrieblichen Charakter (Kino oder Bar) oder
die primäre Motivation des Kunden (Filmbesuch oder Erwerb von Leistungen)
gründeten. Abzustellen ist vielmehr darauf, ob zwischen der Filmvorführung und
der weiteren Leistung ein **innerer Zusammenhang** besteht:

829   Ein **innerer Zusammenhang** bleibt zu **verneinen**, sofern der Besucher mit
dem Eintritt zugleich Gegenstände erwerben muss, für die er während der Filmvorführung keine Verwendung hat[245] (z.B. Bücher, Tonträger, Magazine usw.).
Selbst wenn dann der Wert der weiteren Leistung den der Filmvorführung

---

[242] Rogall, 1979, S. 715; krit. zur Entgeltklausel auch Horn in: SK-StGB, 1998, § 184
Rdn. 54; Lenckner in: Schönke/Schröder, 1997, § 184 Rdn. 38a; Meyer, 1979, S. 251;
Rudolphi, 1977, S. 380; Schreibauer, 1999, S. 275.
[243] Siehe BGH, MDR 1978, S. 769; KG, JR 1978, S. 167; OLG Stuttgart, Die Justiz 1977,
S. 9.
[244] BVerfGE 47, S. 109 ff.; siehe auch BGHSt. 29, S. 68 ff.
[245] BGHSt. 29, S. 72.

überwiegt, ist – so das BVerfG – die Betrachtungsweise, das Entgelt werde für die Filmvorführung i.S. des § 184 Abs. 1 Nr. 7 StGB verlangt, mit Art. 103 Abs. 2 GG vereinbar: „Dass durch die bloße Zugabe einer solchen 'Nebenleistung' von entsprechendem Wert ein an sich strafbares Verhalten nicht straflos werden muss, lässt sich für jedermann erkennen."[246] Es ist somit bei fehlendem inneren Zusammenhang das Entgelt, ohne dessen Entrichtung der Besuch der Filmvorführung unmöglich wird, ganz auf die Filmvorführung anzurechnen.[247]

Ein **innerer Zusammenhang** wird dagegen **bejaht**, wenn die weitere Leistung objektiv geeignet und subjektiv dazu bestimmt ist, der Durchführung der Filmvorführung oder deren Besuch zu dienen.[248] Hierzu bedarf es einer **Gesamtbetrachtung**.   **830**

> *Beispiel:* A betreibt eine Bar, zu der auch ein Filmvorführraum gehört. Der Besucher löst an der Bartheke zum Gesamtpreis von 14,— DM eine Karte zum Betreten des Vorführraums, in dem pornographische Filme gezeigt werden. Zugleich berechtigt die erworbene Karte den Besucher zum Genuss von Getränken bis zum Wert von 8,— DM.

Werden während der Filmvorführung Getränke verabreicht oder sonstige gastronomische Leistungen angeboten, macht dies den Besuch angenehmer und begründet damit einen inneren Zusammenhang.[249] Die beiden Teilleistungen sind zu einer einheitlichen Darbietung verbunden. Das schließt es aus, sie im Wege einer isolierten Betrachtungsweise mit der Konsequenz zu trennen, das auf die Filmvorführung entfallende Teilentgelt als für diese Vorführung „ganz" verlangt i.S. des § 184 Abs. 1 Nr. 7 StGB anzusehen[250] (im Beispiel nur die verbleibenden 6,— DM als den für die Filmvorführung „ganz" verlangten Betrag). Die Strafnorm sieht ja gerade die Möglichkeit des Überwiegens einer weiteren Leistung vor.[251]

Zur **Ermittlung des Überwiegens eines Entgelts im Einzelfall**, d.h. des Wertes der gebotenen Teilleistungen, ist auf das für die jeweilige Leistung **angemessene und übliche Entgelt** abzustellen.[252] Anderenfalls stünde die Strafbarkeit zur Disposition des Kinobetreibers[253], der über seine Preisfestlegungen stets Straffreiheit erlangen könnte.   **831**

> *Beispiel:* In einem Kino-Center werden in dem Vorführraum C pornographische Filme gezeigt. Zutritt erhält der Besucher nach Erwerb einer Eintrittskarte zum Preis von 18,— DM. Auf die Preisgestaltung weist ein über der Kasse angebrachtes Schild hin, das folgenden Wortlaut hat: „Information für die Besucher des Kinos C! Eintrittspreis 18,— DM. Mit Kauf eines Getränks für 10,— DM sind Sie berechtigt, gegen einen Aufpreis von 8,— DM das Kino C zu besuchen. Strenges Jugendverbot – Ausweiskontrolle!"

---

246 BVerfGE 47, S. 122.
247 Laufhütte in: LK-StGB, 1995, § 184 Rdn. 40; BGHSt. 29, S. 72.
248 OLG Karlsruhe, Die Justiz 1979, S. 233.
249 BGHSt. 29, S. 70.
250 Anders aber noch BGH, GewArch 1977, S. 205.
251 So ausdrücklich BVerfGE 47, S. 122.
252 BGHSt. 29, S. 70.
253 BVerfGE 47, S. 109.

832   Wird bei der Vorführung pornographischer Filme eine damit im Zusammenhang stehende Nebenleistung angeboten, dann **verlangt** der Unternehmer das
Entgelt **überwiegend für die Vorführung**, wenn

– der verlangte Gesamtpreis hinter dem Doppelten des angemessenen Entgelts
  für die Filmvorführung zurückbleibt, wobei es auf den Wert der Nebenleistung
  nicht ankommt, oder

– der verlangte Gesamtpreis nicht hinter dem Doppelten des angemessenen Entgelts für die Filmvorführung zurückbleibt, der angemessene Wert der angebotenen Nebenleistung aber die Hälfte des verlangten Gesamtpreises nicht erreicht.[254]

Das Gericht muss zunächst durch Vergleiche vor allem der Lage sowie der
Aufmachung herkömmlicher Filmtheater und der Dauer der dort jeweils gezeigten
Filme den üblichen und damit angemessenen Filmpreis ermitteln. Macht dann im
konkreten Fall der für den Zutritt zum Kino verlangte Gesamtpreis nicht das Dop-
pelte des für einen herkömmlichen Film gleicher Dauer in einem vergleichbaren
Kino üblicherweise zu entrichtenden Eintrittspreises aus, verstößt die Vorführung
pornographischen Inhalts bereits gegen § 184 Abs. 1 Nr. 7 StGB (so, wenn im
Beispiel bei einem Gesamtpreis von 18,— DM der übliche Filmpreis bei 10,—
DM läge).

Erscheint der Gesamtpreis zunächst unbedenklich, stellt das Gericht den angemessenen Wert der angebotenen Nebenleistung fest – bei Getränken nach Art und
Menge des Angebotenen sowie hinsichtlich der Lage bzw. Ausstattung einer entsprechenden Gaststätte. Macht der angemessene Wert der Nebenleistung im Ergebnis weniger als die Hälfte des Gesamtpreises aus, wird das überwiegende Entgelt faktisch für den Film verlangt (beläuft sich der angemessene Getränkewert im
Beispiel bei einem Gesamtpreis von 18,— DM auf 8,— DM und der übliche
Filmpreis auf 9,— DM, verlangt der Betreiber des Kinos für den Film tatsächlich
ein überwiegendes Entgelt in Höhe von 10,— DM).

8.3.3.2 Darbietungen im Rundfunk

833   Zu den Tatbeständen mit doppelter Schutzrichtung gehört auch § 184 Abs. 2
StGB. Danach macht sich strafbar, wer eine pornographische Darbietung durch
Rundfunk verbreitet.

§ 184 Abs. 2 StGB wurde vom Gesetzgeber eingeführt, weil dieser sich nicht
sicher war, ob § 184 Abs. 1 StGB auch live ausgestrahlte Sendungen erfasst.[255]
Damit zählen zu den Darbietungen i.S. des § 184 Abs. 2 StGB keine Reproduk-
tionen von Bild- und Tonträgern[256], sondern nur **Live-Sendungen**.[257]

---

[254] OLG Stuttgart, NStZ 1981, S. 262.

[255] Vgl. BT-Drs. VI/3521, S. 8, 61.

[256] Anders aber Horn in: SK-StGB, 1998, § 184 Rdn. 63; Lackner/Kühl, 1999, § 184
Rdn. 7; Weigend, 1994, S. 133.

[257] Beisel/Heinrich, 1996, S. 98 f.; dies., 1996a, S. 495; Brockhorst-Reetz, 1989, S. 87;
v. d. Horst, 1993, S. 228; Lenckner in: Schönke/Schröder, 1997, § 184 Rdn. 51;

Gem. § 2 Abs. 1 RStV ist **Rundfunk** „die für die Allgemeinheit bestimmte **834** Veranstaltung und Verbreitung von Darbietungen aller Art in Wort, in Ton und in Bild unter Benutzung elektrischer Schwingungen ohne Verbindungsleitung oder längs oder mittels eines Leiters. Der Begriff schließt Darbietungen ein, die verschlüsselt verbreitet werden oder gegen besonderes Entgelt empfangbar sind." Für den Rundfunkbegriff bleibt es irrelevant, ob es sich um einen öffentlich-rechtlichen oder einen privatrechtlichen Sender handelt.[258] Auch auf die Technik der Übertragung (Satellit, Kabel usw.) kommt es nicht an.

Da § 184 Abs. 2 StGB von seinen Schutzzwecken her die Möglichkeit der **835** Kenntnisnahme der inkriminierten Inhalte durch eine Vielzahl von Personen – insbesondere Minderjährige – verhindern will, liegt eine **Deliktsvollendung** schon mit der Ausstrahlung einer pornographischen Darbietung vor. Eines Zugangsnachweises bedarf es nicht mehr, es sei denn, das Signal konnte – etwa aufgrund eines technischen Defekts – bei keinem Empfänger ankommen.[259]

Als **Täter** des § 184 Abs. 2 StGB taugen nur diejenigen Personen, die für das **836** Ausstrahlen bzw. Aussenden einer Darbietung verantwortlich sind. Zu den Verbreitern gehören vor allem der Programmdirektor, der verantwortliche Redakteur, nicht aber die Hersteller der Sendung (z.B. Autor, Produzent) oder die mit der technischen Durchführung der Produktion bzw. Sendung Befassten (z.B. Kameraleute).[260] Letztere können jedoch als Gehilfen strafbar sein.

8.3.4 Vorfeldtatbestand des § 184 Abs. 1 Nr. 8 StGB

Zu den Straftatbeständen des § 184 Abs. 1 Nr. 1 bis 7 StGB hat der Gesetzgeber **837** mit § 184 Abs. 1 Nr. 8 StGB einen Vorfeldtatbestand geschaffen. Dadurch sollen schon **Vorbereitungshandlungen** mit dem Ziel einer illegalen Verbreitung pornographischer Darstellungen frühzeitig pönalisiert werden. Zudem ermöglicht § 184 Abs. 1 Nr. 8 StGB die Beschlagnahme und Einziehung (§ 111b Abs. 1 StPO, § 74d Abs. 1 S. 1 2. Alt. i.V.m. Abs. 3 StGB) von pornographischen Erzeugnissen zu einem Zeitpunkt, in dem die jeweiligen Tatbestände noch nicht erfüllt sind.[261]

§ 184 Abs. 1 Nr. 8 StGB verbietet als Vorbereitungshandlungen das Herstellen, Beziehen, Liefern, Vorrätighalten sowie das Unternehmen des Einführens pornographischer Schriften i.S. des § 11 Abs. 3 StGB. Auf der subjektiven Tatseite verlangt die Norm eine besondere Verwendungsabsicht.

Schreibauer, 1999, S. 288; Sieber, 1996, S. 495; Tröndle/Fischer, 1999, § 184 Rdn. 33; krit. zur Strafwürdigkeit der Live-Ausstrahlung: Beisel, 1997, S. 238 f.

[258] Lenckner in: Schönke/Schröder, 1997, § 184 Rdn. 51.

[259] Schreibauer, 1999, S. 289.

[260] Horn in: SK-StGB, 1998, § 184 Rdn. 63; Lenckner in: Schönke/Schröder, 1997, § 184 Rdn. 51; Tröndle/Fischer, 1999, § 184 Rdn. 33; a.A. Lackner/Kühl, 1999, § 184 Rdn. 7 hinsichtlich Autor, Produzent, Regisseur.

[261] BT-Drs. VI/3521, S. 61; krit. zur weiten Ausdehnung der Strafbarkeit unter Hinweis auf Aspekte der Verhältnismäßigkeit: Schreibauer, 1999, S. 282; ähnlich Beisel, 1997, S. 236.

8.3.4.1 Vorbereitungshandlungen

838   Die in § 184 Abs. 1 Nr. 8 StGB unter Strafe gestellten Verhaltensweisen sind
- das Herstellen selbst;
- das Beziehen, Liefern, Vorrätighalten oder das Unternehmen der Einfuhr bereits hergestellter pornographischer Darstellungen.

(1) Herstellung

839   Erfasst ist die **Anfertigung** von pornographischen Schriften, Ton- und Bildträgern, Datenspeichern, Abbildungen und anderen Darstellungen. Diese werden zum einen hergestellt[262], sobald sie einen **Zustand erreichen**, in dem sie **als solche geeignet** sind, für eine der in § 184 Abs. 1 Nr. 1 bis 7 StGB benannten Taten **Verwendung zu finden** (z.B. von einem Negativ vervielfältigte Fotos, von einem Masterband kopierte Videokassetten). Zum anderen fallen unter die 1. Alt. des § 184 Abs. 1 Nr. 8 StGB bereits die **Anfertigungen sog. Mutterstücke** mit pornographischen Inhalten, aus denen erst im Wege der Vervielfältigung die gem. § 184 Abs. 1 Nr. 1 bis 7 StGB zur Verbreitung vorgesehenen Darstellungen gewonnen werden sollen (z.B. das vom Fotograf aufgenommene Negativ, die Herstellung des Masterbandes zum Zwecke des Ziehens von Videokopien). Damit werden auch die technischen Ausgangsmaterialien, deren Verbreitung selbst nicht beabsichtigt ist, sondern an die der Vervielfältigungsprozess mittelbar anknüpft, in den strafrechtlichen Bereich einbezogen.

840   Eine Schrift, aus der Vervielfältigungsstücke gewonnen werden sollen, stellt auch das **Manuskript** dar. Dieses ist i.S. des § 184 Abs. 1 Nr. 8 1. Alt. StGB aber erst dann hergestellt, wenn die Gefahr einer jederzeit möglichen Verbreitung unmittelbar bevorsteht.[263]

> *Beispiel:* A hat in mehrmonatiger Arbeit das Manuskript für einen von ihm zum Druck und zur Veröffentlichung vorgesehenen Roman hergestellt und dem Inhaber des K-Verlags zum Zwecke der Veröffentlichung zugeleitet. Der Roman enthält verschiedene Passagen, in denen weibliche Personen zu bloßen Objekten sexueller Betätigung degradiert werden, wobei sich die handelnden Beteiligten positiv über solche Verhaltensweisen äußern. A war bekannt, dass der K-Verlag Manuskripte vor einem endgültigen Druck durch seinen „Hausanwalt" auf strafbare Formulierungen und Passagen durchsehen ließ. Von diesem beanstandete Textstellen wurden dann mit dem Autor besprochen.
>   Der BGH[264] hatte in einem ähnlich gelagerten Fall (bezogen auf die Strafnorm des § 131 Abs. 1 Nr. 4 StGB) zu entscheiden, ob eine Schrift, die hergestellt wird, um aus ihr gewonnene Stücke zu vertreiben, ein Manuskript sein kann, welches lediglich als Vorlage für den Inhalt der zu verbreitenden Vervielfältigungsstücke dient. Der BGH

---

[262] Dazu Horn in: SK-StGB, 1998, § 184 Rdn. 58; Lackner/Kühl, 1999, § 184 Rdn. 5; Laufhütte in: LK-StGB, 1995, § 184 Rdn. 43; Lenckner in: Schönke/Schröder, 1997, § 184 Rdn. 43.

[263] Horn in: SK-StGB, 1998, § 184 Rdn. 58; Schreibauer, 1999, S. 278; Tröndle/Fischer, 1999, § 184 Rdn. 26.

[264] BGHSt. 32, S. 1 ff.

hat aufgezeigt: Eine unterschiedslose Einbeziehung von Manuskripten bedeutet einen zu weit gehenden Eingriff in die grundgesetzlich garantierte Meinungsfreiheit. Dies hätte zur Folge, „dass schon das bloße Verfertigen eines Manuskripts, einen nach § 131 oder § 184 StGB beachtlichen Inhalt vorausgesetzt, strafbar wäre, wenn nur in diesem Zeitpunkt die Absicht späterer Vervielfältigung und Verbreitung besteht. Der Autor wäre selbst dann zu bestrafen, wenn das Manuskript nie über seinen Schreibtisch hinaus gelangt und damit die Handlung noch nicht bis zu einer nahe liegenden Gefährdung der geschützten Rechtsgüter gediehen ist. Selbst ein 'Rücktritt' durch alsbaldige Vernichtung des nach außen überhaupt nicht in Erscheinung getretenen Manuskripts wäre ausgeschlossen." Deshalb ist ein Manuskript erst dann hergestellt, „wenn die Gefahr jederzeit möglicher Verbreitung bereits ganz nahe gerückt ist."[265]

Voraussetzung hierfür ist nach Ansicht des BGH, dass der zu verbreitende Inhalt der Schrift endgültig feststeht – wobei ein Vorbehalt kleinerer, sachlich unbedeutender Änderungen, wie sie etwa beim Korrekturlesen üblich sind, unbeachtlich bleibt. Das Manuskript muss zudem zur technischen Vervielfältigung (also zum Druck) „frei sein": „Wird ein Manuskript ... an einen Verlag gegeben, so ist diese Voraussetzung dann erfüllt, wenn der für die Schriftleitung Zuständige der Veröffentlichung des Textes mit diesem Inhalt zugestimmt hat. Damit steht der zur Veröffentlichung bestimmte und für sie tatsächlich freigegebene Text, aus dem die Vervielfältigungsstücke gewonnen werden, fest."[266]

Da hier noch eine Überprüfung des Manuskriptinhalts durch den Rechtsanwalt ausstand, lag noch kein Text vor, dessen Inhalt zur Veröffentlichung freigegeben war und an dem auch dessen strafrechtliche Relevanz abschließend hätte beurteilt werden können.

(2) Weitere Tatbestandsalternativen

Die in § 184 Abs. 1 Nr. 8 StGB neben dem Herstellen verwandten Merkmale gehen davon aus, dass bereits eine Schrift im Sinne der ersten Tatbestandsalternative hergestellt ist.   **841**

Eine pornographische Schrift **bezieht**, wer an ihr durch abgeleiteten Erwerb – also durch mit dem Vorbesitzer einverständlichen Gewahrsamswechsel – tatsächlich Verfügungsmacht erlangt.[267] An einem Beziehen fehlt es daher beim Diebstahl pornographischer Ware ebenso wie bei deren unverlangter Entgegennahme.[268]   **842**

Den umgekehrten Vorgang des Beziehens bezeichnet der Begriff des **Lieferns**: Der Lieferer verschafft einem anderen mit dessen Einverständnis Gewahrsam. Auch von dieser Tatbestandsalternative wird ein unaufgefordertes Gelangenlassen an einen anderen nicht erfasst.[269] Die Gewahrsamsverschaffung hat keineswegs auf Dauer zu erfolgen, sie kann auf Zeit bestehen. Daher liegt schon in der Vermietung pornographischen Materials ein Liefern (z.B. Vermietung von Filmen an   **843**

265 BGHSt. 32, S. 8.
266 BGHSt. 32, S. 8.
267 Lenckner in: Schönke/Schröder, 1997, § 184 Rdn. 44.
268 Tröndle/Fischer, 1999, § 184 Rdn. 28.
269 Lenckner in: Schönke/Schröder, 1997, § 184 Rdn. 45.

Lichtspieltheater, in denen sie i.S. des § 184 Abs. 1 Nr. 7 StGB zur Verwendung kommen sollen).[270]

844   Pornographisches Material wird **vorrätig gehalten** durch dessen Bereitstellung zum Kauf, Vermieten, Verschenken oder zu sonstiger Abgabe.[271] Der Täter muss – als unmittelbarer oder mittelbarer Besitzer – die Verfügungsgewalt innehaben. Ein bloßes Verwahren für einen anderen bleibt dagegen unzureichend. Ein Vorrätighalten verlangt aber nicht notwendigerweise die Existenz eines Vorrats. Es genügt, wenn einzelne Stücke pornographischer Schriften i.S. des § 11 Abs. 3 StGB zur Disposition stehen.[272]

845   Die Tatbestandsalternative des **Unternehmens**, pornographisches Material **einzuführen**, ist in einem engen Zusammenhang mit der Strafnorm des § 184 Abs. 1 Nr. 4 StGB[273] zu sehen. Mit § 184 Abs. 1 Nr. 8 5. Alt. StGB sollen Konstellationen des Einführens erfasst werden, die nicht bereits unter § 184 Abs. 1 Nr. 4 StGB fallen, also nicht im Wege des Versandhandels an den Kunden als Endabnehmer erfolgen.[274] Der Vorfeldtatbestand der Nr. 8 ist bei einem Täter gegeben, der zum Zeitpunkt des Grenzwechsels vom Ausland ins Inland die tatsächliche Verfügungsgewalt über das Material hat.[275] Gem. § 11 Abs. 1 Nr. 6 StGB wird schon der Versuch der Einfuhr erfasst. Ein solcher liegt dann vor, wenn der Täter mit dem Material einen grenznahen Ort erreicht und dieses von dort aus in Richtung Staatsgrenze in Bewegung setzt.[276]

8.3.4.2 Verwendungsabsicht

846   Auch § 184 Abs. 1 Nr. 8 StGB erfordert für den subjektiven Tatbestand ein vorsätzliches Handeln, wobei bedingter Vorsatz genügt. Hinzu kommen muss jedoch, dass der Täter die pornographischen Schriften i.S. des § 11 Abs. 3 StGB herstellt, bezieht, liefert, vorrätig hält oder einzuführen unternimmt, **um** die pornographischen Erzeugnisse oder aus ihnen gewonnene Stücke (z.B. Abzüge, Kopien, Nachdrucke usw.) i.S. des § 184 Abs. 1 Nrn. 1 bis 7 StGB **zu verwenden** oder **einem anderen eine solche Verwendung zu ermöglichen.**

847   Der Täter muss also schon während der Verwirklichung einer Tathandlung i.S. des § 184 Abs. 1 Nr. 8 StGB die **Absicht** verfolgen,
– einen der in § 184 Abs. 1 Nrn. 1 bis 7 StGB genannten Tatbestände selbst zu erfüllen oder
– mit einer Tathandlung i.S. des § 184 Abs. 1 Nr. 8 StGB dafür ursächlich zu werden, dass ein anderer einen der in Nrn. 1 bis 7 genannten Tatbestände erfüllt.

---

[270] BGHSt. 29, S. 72 f.; krit. jedoch Lenckner in: Schönke/Schröder, 1997, § 184 Rdn. 45.
[271] Horn, 1977, S. 2331; Lackner/Kühl, 1999, § 184 Rdn. 5.
[272] Lenckner in: Schönke/Schröder, 1997, § 184 Rdn. 46.
[273] Siehe oben Kap. 8.3.1.5.
[274] Krit. zu dieser Tatbestandsalternative Schreibauer, 1999, S. 281; Tröndle/Fischer, 1999, § 184 Rdn. 31.
[275] Horn in: SK-StGB, 1998, § 184 Rdn. 58.
[276] BGH, MDR 1983, S. 685 (zur versuchten Einfuhr von Betäubungsmitteln).

8.3.5 Ausfuhr ins Ausland

Systemfremd im 13. Abschnitt des StGB über die Straftaten gegen die sexuelle **848** Selbstbestimmung ist die Norm des § 184 Abs. 1 Nr. 9 StGB, die dem **Schutz außenpolitischer Beziehungen** dient.[277] Vermieden werden sollen Konflikte mit anderen Staaten[278], soweit dort für pornographische Darstellungen strengere Verbotsnormen bestehen.

Daher macht sich nach § 184 Abs. 1 Nr. 9 StGB strafbar,

– wer es unternimmt, pornographische Schriften i.S. des § 11 Abs. 3 StGB auszuführen, und

– dabei in der Absicht handelt, die Schriften bzw. die aus ihnen gewonnenen Stücke im Ausland unter Verstoß gegen die dort geltenden Strafvorschriften zu verbreiten, öffentlich zugänglich zu machen oder eine solche Verwendung zu ermöglichen.

§ 184 Abs. 1 Nr. 9 StGB wurde vom Gesetzgeber als **Unternehmensdelikt** i.S. **849** des § 11 Abs. 1 Nr. 6 StGB ausgestaltet, so dass die Vollendungsstrafe schon bei einer versuchten Ausfuhr verwirkt ist.

Ausfuhr verlangt das Überschreiten der Staatsgrenze des Hoheitsgebietes der **850** Bundesrepublik Deutschland. Allerdings unternimmt ein Täter bereits, das Material auszuführen, wenn er es zunächst in einen Drittstaat als Durchfuhrland verbringt, in dem die beabsichtigte Verwendung erlaubt wird, und seinem Tatplan gemäß die pornographischen Erzeugnisse erst danach in das eigentliche Zielland gelangen sollen. Anderenfalls könnte die Strafnorm leicht umgangen werden.[279] Vom Schutzzweck her kommt § 184 Abs. 1 Nr. 9 StGB ferner dann zur Anwendung, wenn Deutschland selbst nur als Durchfuhrland dient.[280]

Der Täter muss bei der Ausfuhr mit der **Absicht** handeln, das pornographische **851** Material unter Verstoß gegen Verbote ausländischer Strafvorschriften zu verbreiten[281], öffentlich zugänglich zu machen[282] oder eine derartige Verwendung einem anderen zu ermöglichen. Dem eindeutigen Wortlaut gemäß verlangt § 184 Abs. 1 Nr. 9 StGB ein Verbreiten usw. mit zielgerichtetem Handeln gegen eine **ausländische Strafnorm**, die eine Kriminalsanktion androht.[283] Angesichts des Normzwecks einer Vermeidung außenpolitischer Konflikte besteht allerdings keine

---

[277] BT-Drs. VI/3521, S. 61; siehe auch OLG Karlsruhe, NJW 1987, S. 1957; a.A. Lüttger, 1985, S. 171: Schutz der ausländischen Sexualordnung; für eine Streichung der Vorschrift: Beisel, 1997, S. 238.

[278] Siehe auch Schreibauer, 1999, S. 85.

[279] Lackner/Kühl, 1999, § 184 Rdn. 6 f.; Laufhütte in: LK-StGB, 1995, § 184 Rdn. 45; Tröndle/Fischer, 1999, § 184 Rdn. 32.

[280] Lenckner in: Schönke/Schröder, 1997, § 184 Rdn. 49; Schreibauer, 1999, S. 284; OLG Schleswig, NJW 1971, S. 2319.

[281] Zum Begriff des Verbreitens siehe Kap. 8.3.1.6 (3).

[282] Zum Begriff des Zugänglichmachens siehe Kap. 8.3.1.2 (1); zum Merkmal der Öffentlichkeit Kap. 8.3.1.6 (2).

[283] A.A. Tröndle/Fischer, 1999, § 184 Rdn. 32: ausreichend die Androhung einer Geldbuße.

Notwendigkeit, § 184 Abs. 1 Nr. 9 StGB dann anzuwenden, wenn der Täter sein beabsichtigtes Handeln im Zielland fälschlicherweise für strafbar hält.[284]

8.4 Das absolute Verbot harter Pornographie

852   Von der partiellen Legalisierung der Pornographie durch das 4. StrRG hat der Gesetzgeber die sog. harte Pornographie ausgenommen. Hierunter zählen nach § 184 Abs. 3 StGB pornographische Schriften, Ton- und Bildträger, Datenspeicher, Abbildungen und sonstige Darstellungen, die
– Gewalttätigkeiten,
– Kinderpornographie oder
– sexuelle Handlungen von Menschen mit Tieren
zum Gegenstand haben.

853   Die harte Pornographie unterfällt zunächst dem gleichen Pornographiebegriff[285] wie § 184 Abs. 1 und 2 StGB.[286] Während jedoch die sog. einfache Pornographie vor allem zum Schutz Minderjähriger sowie in Fällen ungewollter Konfrontation strafrechtlichen Verboten unterliegt, gilt für die harte Pornographie ein **absolutes Verbreitungsverbot** auch unter Erwachsenen.

854   Differenzierungen zwischen **Gewalt- und Sodomiepornographie** einerseits und **Kinderpornographie** andererseits sieht § 184 StGB in Abs. 3 hinsichtlich der Sanktionsdrohung vor (Freiheitsstrafe von drei Monaten bis zu fünf Jahren, wenn die pornographischen Schriften den sexuellen Missbrauch von Kindern zum Gegenstand haben, sonst Freiheitsstrafe bis zu drei Jahren oder Geldstrafe). Darüber hinaus enthält § 184 Abs. 4 StGB in Fällen gewerbs- oder bandenmäßiger Begehungsweise für den Bereich der Kinderpornographie bei Wiedergabe von tatsächlichem oder wirklichkeitsnahem Geschehen einen qualifizierten Tatbestand für Tathandlungen i.S. des § 184 Abs. 3 StGB. Die versuchte und vollendete Besitzverschaffung und den Besitz solcher Kinderpornographie stellt § 184 Abs. 5 StGB unter Strafe.

855   Ging es bei der strafrechtlichen Ahndung von **Kinderpornographie** dem Gesetzgeber zunächst nur um deren Wirkungen auf den Betrachter (vor allem hinsichtlich der Entwicklung Minderjähriger sowie der Anreize für pädophile Täter), richtete sich Anfang der neunziger Jahre der kriminalpolitische Blick zudem auf die **Herstellung** der Kinderpornographie.[287] Zwar bedrohte bereits § 176 StGB a.F. den sexuellen Missbrauch von Kindern und unterlagen Veröffentlichung und Verbreitung von Kinderpornographie sowie Vorbereitungshandlungen dazu gem. § 184 Abs. 3 StGB a.F. einem absoluten strafrechtlichen Verbot. Obwohl diese Vorschriften verhindern sollten, dass solche Produkte entstehen und auf

---

[284] Lenckner in: Schönke/Schröder, 1997, § 184 Rdn. 49; Schreibauer, 1999, S. 284; a.A. Horn in: SK-StGB, 1998, § 184 Rdn. 62; Tröndle/Fischer, 1999, § 184 Rdn. 32.

[285] Dazu oben Kap. 8.1.2.

[286] Horn in: SK-StGB, 1998, § 184 Rdn. 65; Lackner/Kühl, 1999, § 184 Rdn. 8; Laufhütte in: LK-StGB, 1995, § 184 Rdn. 13; Lenckner in: Schönke/Schröder, 1997, § 184 Rdn. 52; Tröndle/Fischer, 1999, § 184 Rdn. 34.

[287] Dazu Schroeder, 1990, S. 299 ff.; ders., 1993, S. 2581 f.

den „Markt" gelangen konnten, entwickelte sich aber durch den Videobereich eine neue
Form sexuellen Kindesmissbrauchs. Überwiegend von Amateurfilmern – häufig von Vä-
tern oder anderen Verwandten – Streifen mit Kindern aus der eigenen Familie hergestellte
bzw. mit Kindern aus der Dritten Welt[288] aufgenommene Filme werden privat getauscht
oder geschäftsmäßig verwertet. Dabei bestand die kriminalpolitische Problematik in der
Tatsache, dass die an den Filmen unmittelbar Beteiligten regelmäßig maskiert bzw. in
erkennungsgeeigneten Körperteilen nicht dargestellt sind, was ihre Ermittlung und Bestrafung erschwerte. Dies veranlasste den Gesetzgeber mit dem 27. StÄG 1993[289] zur Bekämpfung des Videomarktes und des damit verbundenen sexuellen Missbrauchs von Kindern zu
einer Erhöhung der Strafdrohungen für die Verbreitung kinderpornographischer Darstellungen sowie zu einer Bestrafung von Besitz und Besitzverschaffung solchen Materials.[290]
Damit werden nicht nur die Hersteller, Abgeber bzw. Vertreiber verstärkt in die strafrechtliche Verantwortlichkeit genommen, sondern auch die Erwerber. Denn diese fördern durch
ihr Handeln mittelbar den sexuellen Kindesmissbrauch.[291] Die Tatbestände des § 184
Abs. 3 bis 5 StGB dienen damit im Hinblick auf die Kinderpornographie zusätzlich dem
Schutz möglicher kindlicher Darsteller.[292]

Für Straftaten nach § 184 Abs. 3 und 4 StGB gilt gem. § 6 Nr. 6 StGB das **856**
Weltrechtsprinzip. Selbst bei Begehung im Ausland sind diese unabhängig vom
Recht des Tatorts und der Nationalität von Tätern und Opfern nach deutschem
Strafrecht zu ahnden.

8.4.1 Verbreitungsverbot des § 184 Abs. 3 StGB

Die Einheitlichkeit des Pornographiebegriffs hat zur Folge, dass die Tatbestände **857**
von § 184 Abs. 1 und 2 StGB auch die pornographischen Erzeugnisse des § 184
Abs. 3 StGB betreffen. Darüber hinaus werden von § 184 Abs. 3 StGB noch weitere Begehungsmodalitäten erfasst, die auf der Tatbestandsseite gleichermaßen die
in dieser Norm benannten Arten der harten Pornographie betreffen.

8.4.1.1 Darstellungsgegenstände

(1) Gewalttätigkeit

§ 184 Abs. 3 1. Alt. StGB umfasst pornographische Schriften i.S. des § 11 Abs. 3 **858**
StGB, die Gewalttätigkeiten zum Gegenstand haben. Dabei geht es um sexuelle
Handlungen, deren Vornahme mit Gewalt gegen eine – lebende – Person verbunden ist. Allerdings verwendet der Gesetzgeber in § 184 Abs. 3 StGB (wie z.B.
auch in §§ 113 Abs. 2 S. 2 Nr. 2, 125 Abs. 1 Nr. 1, 131 Abs. 1 StGB) den Begriff
der Gewalttätigkeit(en), der enger zu interpretieren ist als derjenige der Gewalt.[293]

---

[288] Siehe Wuttke, 1998, S. 108 ff.
[289] BGBl. I 1993, S. 1346.
[290] Vgl. BT-Drs. XII/3001, S. 4 ff.; BT-Drs. XII/4883, S. 6 ff.
[291] Schroeder, 1990, S. 300.
[292] Schroeder, 1993, S. 2582.
[293] Tröndle/Fischer, 1999, § 113 Rdn. 29.

Es bedarf der Darstellung eines aggressiven, physische Kraft entfaltenden Verhaltens, das die körperliche Integrität einer Person unmittelbar gefährdet oder verletzt[294] (z.B. Misshandlungen, Folterungen, Nötigungen zur Duldung sexueller Handlungen). Ein bloßes Bedrohen reicht nicht aus.[295]

> *Beispiel:* B ist Inhaber eines Filmverleihs. Vermietet werden pornographische Filme an Lichtspieltheater, in denen dann deren öffentliche Aufführung erfolgt. B wird vorgeworfen, in einem Fall pornographische Schriften i.S. des § 11 Abs. 3 StGB verbreitet zu haben, die Gewalttätigkeiten zum Gegenstand hatten. Es ging dabei um eine einzelne Szene in einem der vermieteten Filme. Darin wird eine Frau durch Bedrohung mit einer Pistole dazu gezwungen, bestimmte sexuelle Handlungen mit einem Mann vorzunehmen.
>
> Der BGH[296] hat in diesem Fall einen Freispruch des B durch das erstinstanzliche Gericht bestätigt. Es liege in der Darstellung keine unmittelbar gegen eine Person gerichtete Entfaltung physischer Kraft. Daran fehle es „bei einer Drohung, die nicht mit gleichzeitiger Gewaltanwendung verbunden ist und auf die Beugung des Willens unter Hinweis auf eine mögliche künftige Gewaltanwendung abzielt".

859   Unerheblich ist, ob es sich bei den dargestellten Gewalttätigkeiten um tatsächlich begangene oder nur gespielte handelt.[297] Damit bleibt insoweit auch ein Einverständnis des Gewaltadressaten ohne Bedeutung.[298]

860   Die Ausgestaltung des § 184 Abs. 3 StGB als abstraktes Gefährdungsdelikt sowie der Verzicht des Gesetzgebers auf eine sog. Geeignetheitsklausel (die Darstellung muss nicht konkret geeignet sein, den Zuschauer etwa zu Nachahmungshandlungen anzuregen) haben zur Folge: Auch verharmlosende Darstellungen bleiben Gewalttätigkeiten i.S. des § 184 Abs. 3 StGB.

> *Beispiel:* Der Angeklagte betrieb einen Sex-Shop, in dem er u.a. den Farbstummfilm „Die perverse Herrin und ihre Opfer" verkaufte. In diesem Film suchen zwei Frauen per Zeitungsannonce ein Hausmädchen. Als sich eines meldet, wird es gegen seinen Willen geschlagen, geknebelt und gefesselt. Ein zweites Mädchen erleidet dieselbe Prozedur. Darüber hinaus wird es noch mit einer Peitsche geschlagen sowie an seinem Körper eine brennende Zigarette ausgedrückt. Im Anschluss an die „Torturen", welche die beiden Frauen den Mädchen zufügen, begehen sie gegenseitig geschlechtliche Handlungen. Allerdings sind die Szenen zu schlecht gespielt, um bei einem Zuschauer den Eindruck der Ernsthaftigkeit erwecken zu können. Nach den Feststellungen des Landgerichts geht der Gesamteindruck dahin, dass in dem Film zwar Gewalttätigkeiten dargestellt werden, diese aber ebenso wenig ernst zu nehmen seien, „wie beispielsweise in Dick-und-Doof-Filmen oder anderen Filmgrotesken" gleicher Art. Der Zuschauer beginne spontan zu lachen, wobei dieses Lachen aber nicht durch eine humorvolle Darstellungsweise bewirkt werde, sondern ein Lachen „im Sinne von Lächerlichkeit" sei.
>
> Der Angeklagte stellte von dem Film eine geschnittene Fassung her, in der die Szenen der Auspeitschung sowie des Ausdrückens der brennenden Zigarette fehlten. Diese

---

[294] BVerfGE 87, S. 227; BGH, NJW 1980, S. 66; Laufhütte in: LK-StGB, 1995, § 184 Rdn. 14.
[295] Gössel, 1987, S. 343.
[296] BGH, NJW 1980, S. 66.
[297] OLG Karlsruhe, MDR 1977, S. 864.
[298] Schreibauer, 1999, S. 137.

geschnittene Fassung führte er dann im Vorführraum seines Sex-Shops Besuchern öffentlich vor. Das Landgericht ging davon aus, dass der Film in seiner ungeschnittenen Fassung Gewalttätigkeiten i.S. des § 184 Abs. 3 StGB zum Gegenstand hatte. Hinsichtlich der vorgeführten geschnittenen Fassung sah es den Tatbestand des § 184 Abs. 3 StGB allerdings als nicht erfüllt an.

Das OLG Köln[299] konstatiert, dass es bei der Beurteilung einer Gewalttätigkeit i.S. des § 184 Abs. 3 StGB nicht allein auf den Inhalt der einzelnen Szenen ankommt, sondern auch die in dem jeweiligen Film zum Ausdruck kommenden Andeutungen und Zusätze sowie der Gesamteindruck, den ein objektiver Betrachter gewinnen muss, zu berücksichtigen sind. An einer Gewalttätigkeit fehlt es erst dann, wenn eine an sich gewalttätige Handlung durch die Art der Darstellung, den weiteren Gang der Handlung, Übersteigerungen, Situationskomik oder andere Stilmittel so verfremdet wird, dass sie insgesamt den Charakter einer Gewalttätigkeit verliert. Eine solche Distanzierung oder Verfremdung liegt jedoch nicht schon in einer unzureichenden Vermittlung des Eindrucks der Echtheit. Auch die harmlose oder verharmlosende Darstellung einer Gewalttätigkeit bleibt Darstellung von Gewalttätigkeit i.S. von § 184 Abs. 3 StGB.

(2) Kinderpornographie

Das Verbot pädophiler Pornographie dient dem Konsumentenschutz wie dem Opferschutz – hinsichtlich Letzterem sowohl vor sexuellem Missbrauch von Kindern als Folgen des Konsums als auch bei der Herstellung der Darstellungen selbst.   **861**

Betrifft § 184 Abs. 3 2. Alt. StGB als Gegenstand der pornographischen Schriften i.S. des § 11 Abs. 3 StGB den sexuellen Missbrauch von Kindern, umfasst diese Tatbestandsalternative alle Handlungen, die nach §§ 176, 176a und 176b StGB mit Strafe bedroht sind.   **862**

Gegenstände sexualbezogener Darstellungen können gemäß dem Grunddelikt des § 176 StGB sein, dass eine Person
- sexuelle Handlungen an einem Kind vornimmt oder an sich von einem Kind vornehmen lässt (Abs. 1);
- ein Kind dazu bestimmt, sexuelle Handlungen an einem Dritten vorzunehmen oder von einem Dritten an sich vornehmen zu lassen (Abs. 2);
- sexuelle Handlungen vor einem Kind vornimmt (Abs. 3 Nr. 1);
- ein Kind dazu bestimmt, sexuelle Handlungen an sich vorzunehmen (Abs. 3 Nr. 2) oder
- auf ein Kind durch Vorzeigen pornographischer Abbildungen oder Darstellungen, mittels Abspielen von Tonträgern pornographischen Inhalts oder durch entsprechende Reden einwirkt (Abs. 3 Nr. 3).

Der identische Wortlaut von § 184 Abs. 3 2. Alt. StGB und der Überschrift des § 176 StGB („Sexueller Missbrauch von Kindern") verdeutlicht, dass ohne Einschränkungen auf die Tathandlungen des § 176 StGB verwiesen wird.   **863**

Beispiel: Der 71-jährige A befand sich mit den beiden siebenjährigen Mädchen S und C in einem Hotelzimmer. Dabei fertigte er von den Kindern Fotografien an. Unter anderem forderte er die unbekleidete C auf, sich auf das Bett zu legen und die Beine zu

---

[299] OLG Köln, NJW 1981, S. 1458 f.

spreizen. Er fertigte dann von ihr drei Lichtbilder, auf denen in Nahaufnahmen das Geschlechtsteil und das Gesäß des Kindes hervorgehoben wurden.

Der BGH[300] hat in dem Vorgehen des A das Bestimmen eines Kindes gesehen, eine sexuelle Handlung vor ihm vorzunehmen. Denn das Spreizen der Beine, um die unbedeckte Scheide offen zur Schau zu stellen, enthält eine nicht unerhebliche sexuelle Handlung, durch die der Betrachter auch sexuell provoziert werden soll. Zugleich tritt der BGH einer in der Literatur vertretenen Ansicht[301] entgegen, wonach ein Vergleich der Darstellungsgegenstände des § 184 Abs. 3 StGB (Gewalttätigkeiten an Menschen; sexuelle Handlungen mit Tieren) ergebe, dass die Darstellung von Handlungen ohne Körperkontakt nicht tatbestandsmäßig sei. Eine solch einschränkende Auslegung ist jedoch „dem Gesetz, das ausdrücklich den 'sexuellen Missbrauch von Kindern' ohne Einengung auf bestimmte Tathandlungen nennt, nicht zu entnehmen".[302]

864   Bereits aus dem geschützten Rechtsgut des § 176 StGB – der ungestörten Entwicklung Minderjähriger – ergibt sich, dass taugliche Tatobjekte des § 184 Abs. 3 2. Alt. StGB nur **lebende Kinder** sein können.[303] Auch der Schutzzweck einer Bewahrung Minderjähriger vor sexuellem Missbrauch durch die Herstellung kinderpornographischer Erzeugnisse spricht gegen eine Einbeziehung toter Kinder.

865   Die tatbestandsmäßige und rechtswidrige Verwirklichung einer Tatalternative des § 176 StGB muss **Gegenstand der Darstellung** sein. Bestimmt der Täter gem. § 176 Abs. 3 Nr. 2 StGB ein Kind zur Vornahme sexueller Handlungen an sich selbst oder nach § 176 Abs. 2 StGB zu sexueller Betätigung mit einem Dritten, verlangt eine Strafbarkeit nach § 184 Abs. 3 StGB: Auch dieses Bestimmen wurde zum Darstellungsgegenstand.[304] Jedoch muss – außer der sexuellen Handlung – der Bestimmungsakt nicht notwendigerweise unmittelbar der Darstellung zu entnehmen sein, d.h. man braucht die Aufforderung an das Kind nicht zu hören oder zu sehen.[305] Vielmehr genügt etwa bei Fotoaufnahmen, dass das Bild klar zum Ausdruck bringt: Das Kind ließ sich nur unter Beeinflussung durch einen anderen so wie dargestellt fotografieren; der sexuelle Missbrauch einschließlich der Aufforderung des Täters wird aus dem Bild ablesbar[306] (z.B. wenn Kinder unter anreißerischer Hervorhebung ihres Geschlechtsteils oder in obszönen Stellungen auf Bildern zu sehen sind). Zu einer angesichts der Schutzzwecke des § 184 Abs. 3 StGB bedauerlichen Strafbarkeitslücke kommt es jedoch, soweit die Animation der Kinder durch den Täter nach dem Darstellungsinhalt nicht erkennbar bleibt.[307]

---

[300] BGHSt. 43, S. 368; siehe auch BGHSt. 45, S. 42 f.

[301] Laufhütte in: LK-StGB, 1995, § 184 Rdn. 15.

[302] BGHSt. 43, S. 368; so im Ergebnis auch Lackner/Kühl, 1999, § 184 Rdn. 4; Tröndle/Fischer, 1999, § 184 Rdn. 36.

[303] Lackner/Kühl, 1999, § 184 Rdn. 4; Laufhütte in: LK-StGB, 1995, § 184 Rdn. 15; Tröndle/Fischer, 1999, § 184 Rdn. 36; a.A. Schreibauer, 1999, S. 145.

[304] Lenckner in: Schönke/Schröder, 1997, § 184 Rdn. 55.

[305] BGHSt. 45, S. 42 f.

[306] BGHSt. 45, S. 43; OLG Koblenz, NJW 1979, S. 1468.

[307] Siehe Horn in: SK-StGB, 1998, § 184 Rdn. 66, der deshalb § 184 Abs. 3 2. Alt. StGB von § 176 StGB inhaltlich lösen will und § 184 Abs. 3 StGB stets dann zu bejahen sucht, wenn „das Sexualverhalten eines Kindes zum Gegenstand einer pornographischen Schrift gemacht wird". Eine Erweiterung des § 184 Abs. 3, 4 und 5 StGB um die

§ 184 Abs. 3 2. Alt. StGB setzt voraus: Die pornographische Darstellung hat **866** den sexuellen Missbrauch von Kindern zum inhaltlichen Gegenstand. Damit sind gem. § 184 Abs. 3 2. Alt. StGB sowohl **Kinderrealpornographie** (der Darstellung liegt ein tatsächlicher Kindesmissbrauch zugrunde) als auch **Kinderfiktivpornographie** (ein Missbrauch wird nur beschrieben, gezeichnet oder imitiert) vom Tatbestand erfasst.

Muss die dargestellte Handlung die Merkmale des § 176 StGB aufweisen und **867** kann es sich dabei zugleich um Fiktivpornographie handeln, genügt für eine Tatbestandserfüllung bei § 184 Abs. 3 2. Alt. StGB die Darstellung des sexuellen Kindesmissbrauchs auf der Opferseite durch ein sog. **Scheinkind**.[308] Denn ein Missbrauch vermag auch dadurch gefördert zu werden, dass beim Betrachter der Eindruck erweckt ist, bei dem Opfer handele es sich um eine Person unter vierzehn Jahren. Aus dem pornographischen Werk selbst muss der Betrachter jedoch den Eindruck gewinnen, es werde der Missbrauch eines Kindes dargestellt.[309]

(3) Sodomiepornographie

Von einer partiellen Legalisierung ausgenommen und einem absoluten Verbot **868** unterstellt hat der Gesetzgeber mit § 184 Abs. 3 3. Alt. StGB pornographische Schriften i.S. des § 11 Abs. 3 StGB, die sexuelle Handlungen von Menschen mit Tieren zum Gegenstand haben.[310] Als zum Bereich der Straftaten gegen die sexuelle Selbstbestimmung gehörend soll § 184 Abs. 3 3. Alt. StGB nicht dem Tierschutz, sondern der Bewahrung junger Menschen vor einem sodomitischen Sexualverhalten dienen.

Eine Darstellung sexueller Handlungen mit Tieren liegt vor, wenn die Abbildung oder Beschreibung einen **körperlichen Kontakt zwischen Mensch und** **869** **Tier** enthält.[311] Diese Betätigung muss – wäre sie unter Menschen geschehen – einer sexuellen Handlung i.S. des § 184c StGB entsprechend aus der Darstellung heraus erkennbar sein.[312] Vom Schutzbereich der Norm her bleibt es gleichgültig, ob es bei dem Darstellungsobjekt um ein lebendes oder ein totes Tier geht.[313]

Formulierung „oder sexuelle Handlungen von Kindern" fordert Schreibauer, 1999, S. 148.
[308] Laufhütte in: LK-StGB, 1995, § 184 Rdn. 15; Schreibauer, 1999, S. 143 f.
[309] Horn in: SK-StGB, 1998, § 184 Rdn. 66; Lenckner in: Schönke/Schröder, 1997, § 184 Rdn. 55.
[310] Krit. dazu Beisel, 1996, S. 859 ff.; eine beschränkte Freigabe für Erwachsene mit den Verboten des § 184 Abs. 1 und 2 StGB zum Schutz Minderjähriger schlägt Schreibauer, 1999, S. 151 vor.
[311] Horn in: SK-StGB, 1998, § 184 Rdn. 67.
[312] Laufhütte in: LK-StGB, 1995, § 184 Rdn. 16.
[313] Lenckner in: Schönke/Schröder, 1997, § 184 Rdn. 56; Schreibauer, 1999, S. 150; Tröndle/Fischer, 1999, § 184 Rdn. 37; a.A. Laufhütte in: LK-StGB, 1995, § 184 Rdn. 16.

8.4.1.2 Tathandlungen

870   Bezogen auf die Darstellungsgegenstände der sog. harten Pornographie normiert § 184 Abs. 3 StGB ein absolutes Herstellungs- und Verbreitungsverbot.
Strafbar macht sich, wer Gewalt-, Kinder- oder Sodomiepornographie
- verbreitet (Nr. 1),
- öffentlich ausstellt, anschlägt, vorführt oder sonst zugänglich macht (Nr. 2) oder
- herstellt, bezieht, liefert, vorrätig hält, anbietet, ankündigt, anpreist, einzuführen oder auszuführen unternimmt, um sie oder aus ihnen gewonnene Stücke i.S. der Nrn. 1 oder 2 zu verwenden oder einem anderen eine solche Verwendung zu ermöglichen (Nr. 3).

(1) Verbreitung

871   Das Verbreitungsverbot des § 184 Abs. 3 Nr. 1 StGB wird verletzt, sobald das pornographische Material den Kreis der an seiner Herstellung Beteiligten durch körperliche Weitergabe verlassen hat und mindestens ein Stück in den Gewahrsam einer anderen Person gelangt, deren weiteres Verhalten vom Täter nicht mehr kontrollierbar ist. Dies muss in der Absicht geschehen, es einem größeren Personenkreis zugänglich zu machen. Damit entspricht der Begriff des Verbreitens dem des § 184 Abs. 1 Nr. 5 2. Alt. StGB.[314]

(2) Öffentliches Zugänglichmachen

872   Der Wortlaut des § 184 Abs. 3 Nr. 2 StGB stimmt hinsichtlich der Tathandlungen des Ausstellens, Anschlagens und Vorführens usw. mit demjenigen des § 184 Abs. 1 Nr. 2 StGB überein.[315] Das Zugänglichmachen von Gewalt-, Kinder- bzw. Sodomiepornographie muss hier jedoch öffentlich[316] geschehen, also für einen größeren, individuell nicht feststehenden oder jedenfalls durch persönliche Beziehungen nicht verbundenen Personenkreis erfolgen.

(3) Vorbereitungshandlungen

873   In § 184 Abs. 3 Nr. 3 StGB hat der Gesetzgeber bestimmte Vorbereitungshandlungen zu den in § 184 Abs. 3 Nr. 1 und 2 StGB benannten Taten unter Strafe gestellt.
Dabei entsprechen das Herstellen, Beziehen, Liefern und Vorrätighalten den in § 184 Abs. 1 Nr. 8 StGB angeführten Tatbestandsmerkmalen.[317] Das Anbieten, Ankündigen oder Anpreisen ist mit in § 184 Abs. 1 Nr. 5 StGB verwendeten Merkmalen identisch.[318] Das Unternehmen der Einfuhr bzw. der Ausfuhr findet

---

314 Siehe oben Kap. 8.3.1.6.
315 Siehe oben Kap. 8.3.1.2.
316 Zum Merkmal der Öffentlichkeit oben Kap. 8.3.1.6 (2).
317 Siehe oben Kap. 8.3.4.1.
318 Siehe oben Kap. 8.3.1.6 (1).

sich als Tathandlung bereits in § 184 Abs. 1 Nr. 8[319] bzw. Nr. 9[320] StGB. Die Täterabsicht des § 184 Abs. 3 Nr. 3 StGB, die pornographischen Schriften i.S. des § 11 Abs. 3 StGB mit gewalt-, kinder- oder sodomiepornographischem Inhalt selbst oder die aus ihnen gewonnenen Stücke i.S. des § 184 Abs. 3 Nr. 1 und 2 StGB zu verwenden oder einem anderen die Verwendung zu ermöglichen, entspricht der in § 184 Abs. 1 Nr. 8 StGB normierten Verwendungsabsicht.[321]

8.4.2 Qualifikationstatbestand des § 184 Abs. 4 StGB

Geht es um **Kinderpornographie**, die ein tatsächliches Geschehen wiedergibt,   **874**
und verwirklicht der Täter eine oder mehrere Handlungsalternativen i.S. des § 184 Abs. 3 StGB, trifft ihn eine höhere Strafe, wenn er insoweit
– gewerbsmäßig oder
– als Mitglied einer Bande, die sich zur fortgesetzten Begehung solcher Taten verbunden hat,
handelt.

Neben der Kinderrealpornographie erfasst § 184 Abs. 4 StGB seit dem Inkraft-   **875**
treten des IuKDG 1997[322] auch die Wiedergabe wirklichkeitsnahen Geschehens. Dies war notwendig geworden, weil Bilder technisch so bearbeitet werden können, dass der Betrachter nicht mehr zu unterscheiden vermag, ob es sich bei der Darstellung um einen realen sexuellen Kindesmissbrauch oder lediglich um eine technische Manipulation handelt.[323] Da § 184 Abs. 4 StGB jedoch Kinderfiktivpornographie gerade nicht betrifft, hätte eine Beschränkung auf die Wiedergabe nur tatsächlichen Geschehens zu Beweisschwierigkeiten und damit zu einem Leerlaufen der Strafnorm in der Praxis geführt.[324]

Es genügt nunmehr bereits das Vorliegen **realitätsnaher Kinderpornogra-**   **876**
phie: Erfasst werden diejenigen Fälle, bei denen Schriften i.S. des § 11 Abs. 3 StGB derart real wirkende Darstellungen sexuellen Missbrauchs von Kindern enthalten, dass das Vorliegen von Real- oder Fiktivpornographie nicht ausgeschlossen werden kann (z.B. bei virtuellen Sequenzen in Datennetzen).[325] Hierzu zählt auch das Schaffen von Scheinwirklichkeiten, die nach dem Willen des Herstellers als solche gerade nicht erkennbar sein sollen.[326]

> *Beispiel:* Ein Täter fertige Lichtbilder eines unbekleideten und tatsächlich schlafenden Kindes an, das ein Bein angewinkelt hatte. Der Betrachter der Fotos kann annehmen, das Kind sei dazu bestimmt worden, sich schlafend zu stellen und eine aufreizende Pose einzunehmen.

---

[319] Siehe oben Kap. 8.3.4.1 (2).
[320] Dazu oben Kap. 8.3.5.
[321] Dazu oben Kap. 8.3.4.2.
[322] BGBl. I 1997, S. 1870.
[323] Mayer F., 1996, S. 1789.
[324] Vgl. Schreibauer, 1999, S. 141.
[325] BT-Drs. XIII/7934, S. 41; Engel-Flechsig/Maennel/Tettenborn, 1998, S. 32; Jofer, 1999, S. 170.
[326] BGHSt. 43, S. 369 f.

877   Mit dem gegenüber dem Grunddelikt des § 184 Abs. 3 StGB in Abs. 4 erhöhten Strafrahmen (Freiheitsstrafe von sechs Monaten bis zu zehn Jahren) ermöglicht das Gesetz die angemessene Bestrafung solcher Täter, die **gewerbsmäßig** handeln, also „sich aus der wiederholten Begehung von Straftaten eine Einnahmequelle von gewisser Dauer und Erheblichkeit schaffen wollen".[327] Gewerbsmäßigkeit kann schon bei der ersten Tatbegehung vorliegen, wenn der Täter in der entsprechenden Absicht vorgeht.[328]

878   Die Strafdrohung des § 184 Abs. 4 StGB stellt zudem eine Reaktion auf organisierte Herstellungs- und Vertriebsstrukturen dar. Dabei ergibt sich die besondere Gefährlichkeit nicht aus der Tatausführung durch mehrere Personen, sondern aus der Existenz von Banden, die teilweise dem Bereich der Organisierten Kriminalität zuzurechnen sind.[329] Eine **Bande** besteht aus wenigstens zwei Personen.[330] Diese haben sich aufgrund einer ausdrücklichen oder stillschweigenden Übereinkunft für eine gewisse Dauer zur fortgesetzten Begehung mehrerer selbständiger, im Einzelnen noch ungewisser Taten i.S. des § 184 Abs. 3 StGB (Herstellung, Vertrieb von Kinderpornographie) zusammengeschlossen[331] (vor allem sog. Kinderpornoringe).

879   Als **Bandenmitglied** handelt derjenige, der sich in die Bandenorganisation eingegliedert hat und seine Tatbeiträge im übergeordneten Interesse einer bandenmäßigen Verbindung begeht.[332] Die Zugehörigkeit zu einer Bande stellt ein strafschärfendes persönliches Merkmal i.S. des § 28 Abs. 2 StGB dar.[333] Bei mittäterschaftlichem Zusammenwirken ohne das Vorliegen einer Bande kommt daher nur eine Strafbarkeit gem. § 184 Abs. 3 StGB in Betracht.

880   Nach § 184 Abs. 7 S. 1 StGB ist in den Fällen des § 184 Abs. 4 StGB die Norm des § 73d StGB anzuwenden. Während Schriften i.S. des § 11 Abs. 3 StGB mit gewalt-, kinder- und sodomiepornographischem Inhalt gem. § 74d Abs. 1 StGB der Einziehung unterliegen, kann bei gewerbs- oder bandenmäßiger Verbreitung i.S. des § 184 Abs. 4 StGB der **erweiterte Verfall** angeordnet werden. Nach § 73d StGB darf das Gericht den Verfall von Gegenständen bestimmen, wenn Umstände die Annahme rechtfertigen, dass diese für rechtswidrige Taten oder aus solchen erlangt wurden.

8.4.3 Besitzverschaffung und Besitz

881   Mit § 184 Abs. 5 StGB wollte der Gesetzgeber des 27. StrÄndG 1993 der **mittelbaren Verantwortlichkeit** von Konsumenten für den sexuellen Missbrauch von Kindern Rechnung tragen, weil erst die Nachfrage der Kunden, die sich kinder-

---

[327] BT-Drs. XII/3001, S. 5.
[328] Laufhütte in: LK-StGB, 1995, § 184 Rdn. 52.
[329] Schnieders/Lenzen, 1995, S. 325.
[330] BGHSt. 23, S. 239; BGH, NStZ 1998, S. 255; a.A. Rengier, 1999, S. 68 (mindestens drei Personen).
[331] Zum Bandenbegriff siehe Küper, 1999, S. 39 f.; Wessels/Hillenkamp, 1999, S. 100 f.
[332] BGH, NJW 1998, S. 2913.
[333] BGH, NStZ 1996, S. 128.

pornographische Filme, Videos, Fotografien usw. beschaffen, den Anreiz gibt, solche Darstellungen durch Missbrauch von Kindern herzustellen.[334]

Wie in § 184 Abs. 4 StGB sind Tatgegenstände des § 184 Abs. 5 StGB nicht **882** alle kinderpornographischen Erzeugnisse, sondern nur solche Schriften i.S. des § 11 Abs. 3 StGB, die ein tatsächliches Geschehen wiedergeben (**Kinderrealpornographie**) oder zur **realitätsnahen Kinderpornographie** gehören, also solch real wirkende Darstellungen sexuellen Kindesmissbrauchs enthalten, dass das Vorliegen von Real- oder Fiktivpornographie nicht ausgeschlossen werden kann.[335]

Tathandlungen sind **883**
– das Sich-Verschaffen des Besitzes,
– einem anderen den Besitz zu verschaffen,
– die versuchte Besitzverschaffung,
– der Besitz.

§ 184 Abs. 5 S. 1 StGB ist als **Unternehmensdelikt** ausgestaltet, so dass die **884** Strafbarkeit Versuch und Vollendung umfasst (§ 11 Abs. 1 Nr. 6 StGB). Betroffen sind alle Erwerbs- und Gebrauchsüberlassungsgeschäfte (Kauf, Schenkung, Tausch, Miete, Leihe usw.), durch die der Konsument die Verfügungsgewalt über das Material erlangt.[336] Selbst das Verschaffen des mittelbaren Besitzes genügt.[337] Der Tatbestand des § 184 Abs. 5 S. 1 StGB wird ferner durch ein eigenmächtiges Sich-Verschaffen erfüllt (z.B. Diebstahl, Unterschlagung), denn dieses kann beim Vorbesitzer zur Nachfrage nach Ersatz und damit zur Begehung weiterer Straftaten gem. §§ 176 ff. StGB an kindlichen Darstellern führen.[338] Besitz verschafft sich zudem, wer reale oder realitätsnahe kinderpornographische (Bild-)Dateien auf Datenträger (z.B. Diskette, Festplatte) abspeichert.[339] Ein Sich-Verschaffen kann schließlich im Anfertigen eines Lichtbildes liegen, das einen sexuellen Kindesmissbrauch wiedergibt.[340]

Beim **Besitzverbot** des § 184 Abs. 5 S. 2 StGB handelt es sich dogmatisch um **885** ein echtes Unterlassungsdelikt.[341] Jeder, der ein tatsächliches Herrschaftsverhältnis über reale oder realitätsnahe Kinderpornographie innehat, darf dieses nicht aufrechterhalten, sondern ist verpflichtet, solche Erzeugnisse aus seinem Herrschaftsbereich zu entfernen. Hinsichtlich des Besitzbegriffs ging der Gesetzgeber von einer Orientierung am Merkmal „besitzen" in § 29 Abs. 1 Nr. 3 BtMG aus.[342] Damit gilt nicht der zivilrechtliche Besitzbegriff, sondern die faktische – auch

---

[334] BT-Drs. XII/3001, S. 5; BT-Drs. XII/4883, S. 8; krit. dazu Jäger, 1993, S. 232 f.; Lackner/Kühl, 1999, § 184 Rdn. 8b.
[335] BT-Drs. XIII/7934, S. 41; Engel-Flechsig/Maennel/Tettenborn, 1998, S. 32; Jofer, 1999, S. 170.
[336] BT-Drs. XII/3001, S. 6.
[337] Laufhütte in: LK-StGB, 1995, § 184 Rdn. 48.
[338] Lenckner in: Schönke/Schröder, 1997, § 184 Rdn. 64; Schreibauer, 1999, S. 306 f.
[339] Hilgendorf, 1997, S. 330; Schreibauer, 1999, S. 310; Vassilaki, 1998, S. 34 f.; AG Hamburg, CR 1998, S. 33 f.
[340] BGHSt. 43, S. 369.
[341] Horn in: SK-StGB, 1998, § 184 Rdn. 78.
[342] BT-Drs. XII/3001, S. 5.

zeitweilige – Einwirkungsmöglichkeit im Sinne eines ungehinderten Zugangs zur Sache.[343]

Besitz i.S. des § 184 Abs. 5 StGB umfasst
- den unmittelbaren Besitz,
- den mittelbaren Besitz (z.b. Inhaber des Schlüssels für ein Schließfach),
- die Besitzdienerschaft (z.b. Bote, der die Ware überbringt, soweit es sich nicht nur um eine kurze Hilfstätigkeit handelt).[344]

886   Einen **Tatbestandsausschließungsgrund**[345] enthält § 184 Abs. 6 S. 3 StGB für diejenigen Fälle, in denen Besitzverschaffung und Besitz i.S. des § 184 Abs. 5 StGB ausschließlich der Erfüllung rechtmäßiger dienstlicher oder beruflicher Pflichten dienen. Hierzu zählen[346] zum einen Handlungen von Behörden im Rahmen der Wahrnehmung staatlicher Aufgaben (z.B. Strafverfolgung, Prüfung zur Indizierung jugendgefährdender Schriften). Zum anderen geht es um Personen, die an der staatlichen Tätigkeit beteiligt sind (z.B. Sachverständige, Rechtsanwälte) und denen deshalb der Besitz zur Aufgabenerfüllung gestattet bleibt. Gleiches gilt für die Bereiche konkreter wissenschaftlicher Forschungstätigkeit bzw. ärztlicher Behandlung sexuell missbrauchter Kinder. Dabei wird mit dem Ausschließlichkeitserfordernis sichergestellt: Die Ausübung der Dienst- oder Berufpflicht muss der alleinige Grund für den Besitz von realen oder realitätsnahen kinderpornographischen Darstellungen bleiben.[347]

887   Kinderpornographische Erzeugnisse i.S. des § 184 Abs. 5 StGB sind gem. § 184 Abs. 7 S. 2 StGB als sog. Beziehungsgegenstände nach § 74 StGB **einzuziehen**, ohne dass eine Weiterverbreitungsabsicht gem. § 74d StGB vorliegen muss. § 184 Abs. 7 S. 3 StGB ermöglicht durch Verweis auf § 74a StGB auch eine Einziehung von Produkten, die nicht dem Besitzer gehören.

---

[343] Laufhütte in: LK-StGB, 1995, § 184 Rdn. 48.

[344] Lackner/Kühl, 1999, § 184 Rdn. 8b; Maurach/Schroeder/Maiwald, 1995, S. 227; Tröndle/Fischer, 1999, § 184 Rdn. 42; a.A. Lenckner in: Schönke/Schröder, 1997, § 184 Rdn. 65.

[345] Schroeder, 1993, S. 2583.

[346] Siehe BT-Drs. XII/4883, S. 8 f.

[347] BT-Drs. XII/4883, S. 9.

Literatur

Abel, M.: Vergewaltigung. Stereotypen in der Rechtsprechung und empirische Befunde. Weinheim – Basel 1988.

Achilles, I./Bätz, R./Bartzok, M. u.a.: Sexualpädagogische Materialien für die Arbeit mit geistig behinderten Menschen. Weinheim – Basel 1995.

Agisra (Hrsg.): Frauenhandel und Prostitutionstourismus. Eine Bestandsaufnahme zu Prostitutionstourismus, Heiratsvermittlung und Menschenhandel mit ausländischen Mädchen und Frauen. München 1990.

Albrecht, H.-J.: Die Determinanten der Sexualstrafrechtsreform, in: ZStW Bd. 111 (1999), S. 863 ff.

Albrecht, P.-A./Beckmann, H. u.a.: Strafrecht – ultima ratio. Empfehlungen der Niedersächsischen Kommission zur Reform des Strafrechts und des Strafverfahrensrechts. Baden-Baden 1992.

Altenhain, K.: Die strafrechtliche Verantwortung für die Verbreitung mißbilligter Inhalte in Computernetzen, in: CR 1997, S. 485 ff.

Amelung, K.: Die Zulässigkeit der Einwilligung bei den Amtsdelikten, in: Festschrift für Dünnebier. Berlin – New York 1982, S. 487 ff.

Amir, M.: Patterns in Forcible Rape. Chicago – London 1971.

Androulakis, N.: Zur Frage der Zuhälterei, in: ZStW Bd. 78 (1966), S. 432 ff.

Arbeitskreis „Sexuelle Gewalt" beim Komitee für Grundrechte und Demokratie (Hrsg.): Sexuelle Gewalt. Erfahrungen, Analysen, Forderungen. Sensbachtal 1985.

Auerbach, H.: Die eigenhändigen Delikte unter besonderer Berücksichtigung der Sexualdelikte des 4. StrRG. Frankfurt a.M. 1978.

Baer, S./Slupik, V.: Entwurf eines Gesetzes gegen Pornographie, in: KJ 1988, S. 171 ff.

Baier, H.: Anmerkung zum Urteil des BGH v. 1.7.1998, in: JA 1999, S. 9 ff.

Balloff, R.: Kinder vor Gericht. Opfer, Täter, Zeugen. München 1992.

Bandemer, D.: Beharrliches Zuwiderhandeln als dauerhaftes Problem: Die symptomatische Bedeutung wiederholten Verhaltens, in: GA 1989, S. 257 ff.

Bange, D.: Die dunkle Seite der Kindheit. Sexueller Mißbrauch an Mädchen und Jungen. Ausmaß – Hintergründe – Folgen. Köln 1992.

Bange, D./Deegener, G.: Sexueller Mißbrauch an Kindern – Ausmaß, Hintergründe, Folgen. Weinheim 1996.

Barabas, F.: Sexualität und Recht. Ein Leitfaden für Sozialarbeiter, Pädagogen, Juristen, Jugendliche und Eltern. Frankfurt a.M. 1998.

Bargon, M.: Prostitution und Zuhälterei. Lübeck 1982.

Barton, D.-M.: Multimedia-Strafrecht. Ein Handbuch für die Praxis. Neuwied 1999.

Bauer, F./Bürger-Prinz, H./Giese, H./Jäger, H. (Hrsg.): Sexualität und Verbrechen. Beiträge zur Strafrechtsreform. Frankfurt a.M. 1963.

Bauer, W.: Geschichte und Wesen der Prostitution. 4. Aufl., Stuttgart 1963.

Baumann, J./Brauneck, A./Grünwald, G. u.a.: Alternativ-Entwurf eines Strafgesetzbuches. Besonderer Teil – Sexualdelikte, Straftaten gegen Ehe, Familie und Personenstand, Straftaten gegen den religiösen Frieden und die Totenruhe. Tübingen 1968.

Baumann, J./Weber, U./Mitsch, W.: Strafrecht. Allgemeiner Teil. 10. Aufl., Bielefeld 1995.

Baurmann, M.: Sexualität, Gewalt und psychische Folgen. 1. Aufl., Wiesbaden 1983.

Baurmann, M.: Sexuelle Gewalttätigkeit in der Ehe, in: Deutsche Richterakademie (Hrsg.): Gewalt an Frauen – Gewalt in der Familie. Heidelberg 1990, S. 37 ff.

Baurmann, M.: Die offene, heimliche und verheimlichte Gewalt von Männern gegen Frauen, in: Janshen, D. (Hrsg.): Sexuelle Gewalt. Frankfurt a.M. 1991, S. 223 ff.

Baurmann, M.: Sexualität, Gewalt und psychische Folgen. 2. Aufl., Wiesbaden 1996.

Beck, K.: Die sexuelle Handlung. Tübingen 1988.

Becker, M.: Sexuelle Gewalt gegen Mädchen mit geistiger Behinderung. Daten und Hintergründe. Heidelberg 1995.

Becker, W.: Pornographische und gewaltdarstellende Schriften nach dem Vierten Strafrechts-Reformgesetz, in: MDR 1974, S. 177 ff.

Becker, W./Ruthe, R.: Das Erzieherprivileg nach dem Vierten Strafrechts-Reformgesetz, in: FamRZ 1974, S. 508 ff.

Becker-Fischer, M./Fischer, G.: Sexuelle Übergriffe in Psychotherapie und Psychiatrie. Berlin – Köln 1997.

Behm, U.: Anmerkung zum Urteil des BayObLG v. 21.7.1988, in: JZ 1989, S. 301 f.

Beisel, D.: Die Verfassungswidrigkeit des Verbots von Schriften sodomitischen Inhalts, in: ZUM 1996, S. 859 ff.

Beisel, D.: Die Kunstfreiheitsgarantie des Grundgesetzes und ihre strafrechtlichen Grenzen. Heidelberg 1997.

Beisel, D./Heinrich, B.: Die Strafbarkeit der Ausstrahlung pornographischer Sendungen in codierter Form durch das Fernsehen, in: JR 1996, S. 95 ff.

Beisel, D./Heinrich, B.: Die Strafbarkeit der Ausstrahlung jugendgefährdender Fernsehsendungen, in: NJW 1996a, S. 491 ff.

Bellay, Th.: Anmerkung zum Beschluss des BGH v. 21.4.1995, in: NStZ 1995, S. 496 f.

Benard, Ch./Schlaffer, E.: Die ganz gewöhnliche Gewalt in der Ehe. Reinbek bei Hamburg 1978.

Benz, W.: Sexuell anstößiges Verhalten. Ein kriminologischer Beitrag zum Exhibitionismus (§ 183 StGB) und zur Erregung öffentlichen Ärgernisses (§ 183a StGB) sowie zu deren strafrechtlicher Problematik – mit einem rechtshistorischen und einem rechtsvergleichenden Überblick. Darmstadt 1982.

Berger-Zehnpfund, P.: Kinderpornographie im Internet, in: Kriminalistik 1996, S. 635 ff.

Bertram, G.: Sextourismus und Strafverfolgung, in: NJW 1996, S. 436 ff.

Bittmann, F./Merschky, M.: Erste Erfahrungen mit § 177 StGB 1997 (Sexuelle Nötigung; Vergewaltigung), in: NJ 1998, S. 461 ff.

Blazek, H.: Rosa Zeiten für rosa Liebe. Zur Geschichte der Homosexualität. Frankfurt a.M. 1996.

Bockelmann, P.: Zur Reform des Sexualstrafrechts, in: Festschrift für Maurach. Karlsruhe 1972, S. 391 ff.

Bohlander, M.: Der Einsatz von Videotechnologie bei der Vernehmung kindlicher Zeugen im Strafverfahren, in: ZStW Bd. 107 (1995), S. 82 ff.

Bohnert, J.: Das Tatbestandsmerkmal der „List" im Strafgesetzbuch, in: GA 1978, S. 353 ff.

Bohrer, A.: Einflüsse des Pornographiekonsums auf Geschlechtsrollenstereotype, Beziehungsfähigkeit, Sexualverhalten und Selbstbild bei männlichen Jugendlichen. Regensburg 1992.

Borgmann, K.: Kann Pornographie Kunst sein? – BVerfGE 83, 130, in: JuS 1992, S. 916 ff.

Bottke, W.: Anmerkung zum Urteil des BGH v. 6.11.1985, in: JR 1987, S. 33 f.

Bottke, W.: Anmerkung zum Urteil des BGH v. 16.7.1996, in: JR 1997, S. 250 ff.

Boujong, K. (Hrsg.): Karlsruher Kommentar zum Gesetz über Ordnungswidrigkeiten. München 1989 (zit.: Bearbeiter in: KK-OWiG).

Breiter, M.: Vergewaltigung – Ein Verbrechen ohne Folgen? Wien 1995.

Brockhaus, U./Kolshorn, M.: Sexuelle Gewalt gegen Mädchen und Jungen. Mythen, Fakten, Theorien. Frankfurt a.m. – New York 1993.

Brockhorst-Reetz, B.: Repressive Maßnahmen zum Schutze der Jugend im Bereich der Medien Film, Video und Fernsehen. München 1989.

Brownmiller, S.: Against our Will. New York 1975.

Brownmiller, S.: Gegen unseren Willen. Vergewaltigung und Männerherrschaft. Frankfurt a.M. 1978.

Bruns, M.: Zur geplanten einheitlichen Jugendschutzvorschrift, in: ZRP 1991, S. 166 f.

Bruns, M.: Nochmals: Zur geplanten einheitlichen Jugendschutzvorschrift, in: ZRP 1991a, S. 325 ff.

Bruns, M.: Schutz der Moral unter dem Vorwand des Jugendschutzes, in: ZRP 1993, S. 232.

Bundesministerium für Jugend, Familie und Gesundheit (Hrsg.): Untersuchung „Vergewaltigung als soziales Problem – Notruf und Beratung für vergewaltigte Frauen". Stuttgart u.a. 1983.

Bürgin, D./Rost, B.: Krankheitsbilder in der Folge von sexuellem Mißbrauch, Mißhandlung und Vernachlässigung. Psychische und psychosomatische Erkrankungen bei Kindern und Jugendlichen, in: Egle, U./Hoffmann, S./Joraschky, P. (Hrsg.): Sexueller Mißbrauch, Mißhandlung, Vernachlässigung. Stuttgart – New York 1997, S. 133 ff.

Busse, D./Volbert, R./Steller, M.: Belastungserleben von Kindern in Hauptverhandlungen. Bonn 1996.

Cramer, P.: Zur strafrechtlichen Beurteilung der Werbung für Pornofilme, in: AfP 1989, S. 611 ff.

Daude, P.: Das Strafgesetzbuch für das Deutsche Reich. Mit den Entscheidungen des Reichsgerichts. 16. Aufl., München – Berlin 1926.

Deblitz, Th.: Die Strafbarkeit der Werbung für pornographische Schriften. Kiel 1995.

Degler, H.-D. (Hrsg.): Vergewaltigt. Frauen berichten. Reinbek bei Hamburg 1981.

Dencker, F.: Prostituierte als Opfer von Menschenhandel (§ 181 StGB), in: NStZ 1989, S. 249 ff.

Dencker, F.: Anmerkung zum Beschluss des BGH v. 19.8.1998, in: JR 1999, S. 33 ff.

Dencker, F./Struensee, E./Nelles, U./Stein, U.: Einführung in das 6. Strafrechtsreformgesetz 1998. München 1998.

Derksen, R.: Strafrechtliche Verantwortung für in internationalen Computernetzen verbreitete Daten mit strafbarem Inhalt, in: NJW 1997, S. 1878 ff.

Dern, H.: Menschenhandel, Gesellschaft und Polizei, in: MschrKrim 1991, S. 329 ff.

Dessecker, A.: Veränderungen im Sexualstrafrecht, in: NStZ 1998, S. 1 ff.

Deutsche Gesellschaft für Sexualforschung: Stellungnahme zur beabsichtigten Einführung eines Straftatbestandes „Sexueller Mißbrauch von Jugendlichen", in: MschrKrim 1992, S. 225 ff.

Deutsche Gesellschaft für Sexualforschung: Stellungnahme zum „Gesetz zur Bekämpfung von Sexualdelikten", in: Zeitschrift für Sexualforschung 1998, S. 163 ff.

Dieckmann, R.: Das Bild des Zuhälters in der Gegenwart. Erscheinungsformen und Möglichkeiten der Bekämpfung. Wiesbaden 1975.

Dost, O.: Psychologie der Notzucht. Hamburg 1963.

Dreher, E.: Die Neuregelung des Sexualstrafrechts eine geglückte Reform? in: JR 1974, S. 45 ff.

Dreier, H. (Hrsg.): Grundgesetz Kommentar, Bd. I. Tübingen 1996.

Dreixler, M.: Der Mensch als Ware. Erscheinungsformen modernen Menschenhandels unter strafrechtlicher Sicht. Frankfurt a.M. 1998.

Dufour, P.: Geschichte der Prostitution. Reprint Frankfurt a.M. 1995.

Eckstein, K.: Pornographie und Versandhandel, in: wistra 1997, S. 47 ff.

Eisenberg, U.: Kriminologie. 4. Aufl., Köln u.a. 1995.

Eisenberg, U./Hackethal, A.: „Gesetz zur Bekämpfung von Sexualdelikten und anderen gefährlichen Straftaten" vom 26.1.1998, in: ZfStrVo 1998, S. 196 ff.

Elliott, M.: Frauen als Täterinnen – Sexueller Mißbrauch an Mädchen und Jungen. Ruhnmark 1995.

Engel-Flechsig, S./Maennel, F./Tettenborn, A.: Das neue Informations- und Kommunikationsdienste-Gesetz, in: NJW 1997, S. 2981 ff.

Engel-Flechsig, S./Maennel, F./Tettenborn, A.: Neue gesetzliche Rahmenbedingungen für Multimedia. Die Regelungen des IuKDG und des MDStV. Heidelberg 1998.

Ertel, H.: Erotica und Pornographie. Repräsentative Befragung und psychophysiologische Langzeitstudie zu Konsum und Wirkung. München 1990.

Eschweiler, P.: Die Kuppelei. Frankfurt a.M. 1970.

Falckenberg, O. (Hrsg.): Das Buch von der Lex Heinze. Leipzig 1900.

Feldmann, H.: Vergewaltigung und ihre psychischen Folgen. Ein Beitrag zur posttraumatischen Belastungsreaktion. Stuttgart 1992.

Feustel, G.: Käufliche Lust. Eine Kultur- und Sozialgeschichte der Prostitution. Leipzig 1993.

Finkelhor, D./Browne, A.: Initial and Long-term Effects, in: Finkelhor, D. (Ed.): A Sourcebook on Child Sexual Abuse. Beverly Hills 1996, S. 180 ff.

v. Fischer, D.: Junge Frauen als Opfer des Menschenhandels aus osteuropäischen Staaten, in: BewHi 1999, S. 387 ff.

Fischer, K.: Die strafrechtliche Beurteilung von Werken der Kunst. Frankfurt a.M. u.a. 1995.

Fischer, Th.: Anmerkung zum Urteil des BGH v. 20.10.1999, in: NStZ 2000, S. 142 f.

Fischer, Th.: Sexuelle Selbstbestimmung in schutzloser Lage. Zum Anwendungsbereich von § 177 Abs. 1 Nr. 3 StGB, in: ZStW Bd. 112 (2000a), S. 75 ff.

Flothmann, K./Dilling, J.: Vergewaltigung – Erfahrungen danach. Frankfurt a.M. 1987.

Frank, O.: Die Strafbarkeit homosexueller Handlungen. Aachen 1997.

Franke, E.: Strukturmerkmale der Schriftenverbreitungstatbestände des StGB, in: GA 1984, S. 453 ff.

Freud, S.: Das ökonomische Problem des Masochismus, in: Gesammelte Werke, Bd. 13. London 1940, S. 371 ff.

Freund, G.: Der Entwurf eines 6. Gesetzes zur Reform des Strafrechts, in: ZStW Bd. 109 (1997), S. 455 ff.

Frommel, M.: Wie kann die Staatsgewalt die Frauen vor sexueller Gewalt schützen? in: ZRP 1987, S. 242 ff.

Frommel, M.: Das klägliche Ende der Reform der sexuellen Gewaltdelikte, in: ZRP 1988, S. 233 ff.

Frommel, M.: Zur Aufhebung von § 175 StGB und § 182 StGB und der Einführung einer einheitlichen Jugendschutzvorschrift für sexuelle Handlungen, in: KJ 1992, S. 80 ff.

Frommel, M.: Sexualisierte Gewalt, in: WE-Kriminalpolitikforschung (Hrsg.): Zur Reform des Sexualstrafrechts. Bremen 1994, S. 99 ff.

Frommel, M.: Zaghafte Versuche einer Reform der sexuellen Gewaltdelikte, in: KJ 1996, S. 164 ff.

Füllkrug, M.: Die Bearbeitung von Sexualdelikten, in: Lehr- und Studienbriefe Kriminalistik Nr. 10, 1998, S. 3 ff.

Geerds, F.: Anmerkung zum Urteil des BayObLG v. 21.12.1976, in: JR 1978, S. 81 ff.

Geerds, F.: Anmerkung zum Urteil des OLG Köln v. 5.12.1978, in: JR 1979, S. 343 ff.

Geerds, F.: Anmerkung zum Urteil des BGH v. 6.12.1983, in: JR 1984, S. 430 ff.

Geerds, F.: Anmerkung zum Urteil des BayObLG v. 18.12.1984, in: JR 1985, S. 472 ff.

Geppert, K.: Zur straf- und strafverfahrensrechtlichen Bewältigung von Serienstraftaten, in: NStZ 1996, S. 57 ff.

Geppert, K.: Zum „Waffen"-Begriff, zum Begriff des „gefährlichen Werkzeugs", zur „Scheinwaffe" und zu anderen Problemen im Rahmen der neuen §§ 250 und 244 StGB, in: Jura 1999, S. 599 ff.

Gernert, W./Stoffers, M.: Das Gesetz zum Schutze der Jugend in der Öffentlichkeit. Hamm 1985.

Gleß, S.: Obrigkeit und Hurenwirt, in: ZRP 1994, S. 436 ff.

Gleß, S.: Die Reglementierung von Prostitution in Deutschland. Berlin 1999.

Godenzi, A.: Gewalt im sozialen Nahraum. 3. Aufl., Basel – Frankfurt a.M. 1996.

Göhler, E.: Ordnungswidrigkeitengesetz. 12. Aufl., München 1998.

Gollner, G.: Homosexualität. Ideologiekritik und Entmythologisierung einer Gesetzgebung. Berlin 1974.

Göppinger, H.: Kriminologie. 5. Aufl., München 1997.

Gössel, K. H.: Strafrecht Besonderer Teil Bd. 1: Delikte gegen immaterielle Rechtsgüter des Individuums. Heidelberg 1987.

Gössel, K. H.: Über die sog. Regelbeispielstechnik und die Abgrenzung zwischen Straftat und Strafzumessung, in: Festschrift für Hirsch. Berlin – New York 1999, S. 183 ff.

Gössel, K. H.: Über das Verhältnis von Vorsatz und subjektiven Tatbestandselementen, dargestellt an den Beispielen des Diebstahls (§ 242 StGB) und des Menschenhandels (§§ 180b, 181 StGB), in: Gedächtnisschrift für Zipf. Heidelberg 1999a, S. 217 ff.

Graalmann-Scheerer, K.: Die Privilegierung des Freiers im Straf- und Ordnungswidrigkeitenrecht, in: GA 1995, S. 349 ff.

Graf, J.: Internet: Straftaten und Strafverfolgung, in: DRiZ 1999, S. 281 ff.

Grau, G. (Hrsg.): Homosexualität in der NS-Zeit. Dokumente einer Diskriminierung und Verfolgung. Frankfurt a.M. 1993.

Graupner, H.: Sexualität, Jugendschutz und Menschenrechte. Über das Recht von Kindern und Jugendlichen auf sexuelle Selbstbestimmung. Frankfurt a.M. 1997.

Greger, R.: Die Video-Novelle 1985 und ihre Auswirkungen auf StGB und GjS, in: NStZ 1986, S. 8 ff.

Greger, R.: Anmerkung zum Beschluss des BGH v. 10.6.1986, in: JR 1987, S. 210 f.

Greger, R.: Anmerkung zum Urteil des OLG Hamm v. 27.1.1988, in: NStZ 1988, S. 416.

Greger, R.: Anmerkung zum Urteil des BGH v. 7.7.1987, in: JR 1989, S. 29 f.

Gropp, W.: Delikstypen mit Sonderbeteiligung. Untersuchungen zur Lehre von der „notwendigen Teilnahme". Tübingen 1992.

Groß, R.: Zum Pressestrafrecht, in: NStZ 1994, S. 312 ff.

Gunder, T.: Der Umgang mit Kindern im Strafverfahren. Eine empirische Untersuchung zur Strafverfolgung bei Sexualdelinquenz. Frankfurt a.M. 1999.

Hafke, Ch.: Vertrauen und Versuchung. Über Machtmißbrauch in der Therapie. Reinbek bei Hamburg 1998.

Hagendorn, N.: Schutz der Opfer von Gewaltdelikten durch den Ausschluß der Öffentlichkeit im Strafverfahren. Frankfurt a.M. u.a. 1999.

Hammerschlag, H./Schwarz, O.: Das Gesetz zur Bekämpfung von Sexualdelikten und anderen gefährlichen Straftaten, in: NStZ 1998, S. 321 ff.

Hanack, E.-W.: Empfiehlt es sich, die Grenzen des Sexualstrafrechts neu zu bestimmen? Gutachten für den 47. Deutschen Juristentag. München 1968.

Harbeck, B.: Sexualstrafrecht – Erste Erfolge? in: Neue Kriminalpolitik 4/1997, S. 4 ff.

v. Hartlieb, H.: Gesetz zur Neuregelung des Jugendschutzes in der Öffentlichkeit, in: NJW 1985, S. 830 ff.

Hasdenteufel, I.: Die Strafprozeßordnung als Grenze des Einsatzes von Videotechnologie in Strafverfahren bei sexuell mißbrauchten Kindern. Bonn 1997.

Hasler, I.: Sexueller Mißbrauch von Kindern. München 1995.

Heiliger, A.: Täterstrategien und Prävention. Sexueller Mißbrauch an Mädchen innerhalb familiarer und familienähnlicher Strukturen. München 2000.

Heiliger, A./Engelfried, C.: Sexuelle Gewalt. Männliche Sozialisation und potentielle Täterschaft. Frankfurt a.M. – New York 1995.

Heine-Wiedenmann, D./Ackermann, L.: Umfeld und Ausmaß des Menschenhandels mit ausländischen Mädchen und Frauen. Stuttgart u.a. 1992.

Heise, F.: Europäisches Gemeinschaftsrecht und nationales Strafrecht. Bielefeld 1998.

Helmken, D.: Vergewaltigung in der Ehe. Heidelberg 1979.

Helmken, D.: Eheliche Vergewaltigung, in: ZRP 1993, S. 459 ff.

Helmken, D.: Vergewaltigungsreform und kein Ende? Zum Stand der Reform der §§ 177 ff. StGB, in: ZRP 1995, S. 302 ff.

Helmken, D.: § 179 StGB – letzter Stolperstein der Vergewaltigungsreform? in: ZRP 1996, S. 241 ff.

Hensch, T./Teckentrup, G.: Schreie lautlos. Mißbrauch in Therapien. Freiburg 1993.

Herkströter, D.: Rundfunkfreiheit, Kunstfreiheit und Jugendschutz, in: AfP 1992, S. 23 ff.

Herzberg, R./Schlehofer, H.: Anmerkung zum Urteil des BGH v. 6.12.1983, in: JZ 1984, S. 481 ff.

Hettinger, M.: Entwicklungen im Strafrecht und Strafverfahrensrecht der Gegenwart. Versuch einer kritischen Bestandsaufnahme. Heidelberg 1997.

Heusinger, R.: Der Tätertyp des Zuhälters in seiner kriminologischen und dogmatischen Bedeutung. Erlangen 1976.

Heyne, C.: Tatort Couch. Sexueller Mißbrauch in der Therapie – Ursachen, Fakten, Folgen und Möglichkeiten der Verarbeitung. Zürich 1991.

Heyne, C.: Täterinnen. Offene und versteckte Aggressionen von Frauen. Zürich 1996.

Hilgendorf, E.: Grundfälle zum Computerstrafrecht, in: JuS 1997, S. 323 ff.

Hillenkamp, Th.: Beweisnot und materielles Recht, in: Festschrift für Wassermann. Neuwied 1985, S. 861 ff.

Hillenkamp, Th.: Anmerkung zum Beschluss des BGH v. 2.4.1985, in: StrVert 1986, S. 150 ff.

Hillenkamp, Th.: Anmerkung zum Urteil des BGH v. 15.3.1989, in: NStZ 1989, S. 529 f.

Hirsch, M.: Realer Inzest. Psychodynamik des sexuellen Mißbrauchs in der Familie. 3. Aufl., Berlin – Heidelberg u.a. 1994.

Hobe, K.: Therapie, Strafe und Sicherung: Zur strafrechtlichen Regelung des Exhibitionismus im Vierten Gesetz zur Reform des Strafrechts, in: Hess, H./Störzer, H./Streng, F. (Hrsg.): Sexualität und soziale Kontrolle. Beiträge zur Sexualkriminologie. Heidelberg 1978, S. 69 ff.

v. Hören, A.: Ungereimtheiten bei der strafrechtlichen Verfolgung des Exhibitionismus, in: ZRP 1987, S. 19 ff.

Horn, E.: Das „Inverkehrbringen" als Zentralbegriff des Nebenstrafrechts, in: NJW 1977, S. 2329 ff.

Horn, E.: Anmerkung zum Urteil des BGH v. 24.9.1980, in: JR 1981, S. 251 ff.

Hörnle, T.: Die wichtigsten Änderungen des Besonderen Teils des StGB durch das 6. Gesetz zur Reform des Strafrechts, in: Jura 1998, S. 169 ff.

v. d. Horst, R.: Rollt die Euro-Pornowelle? – Zur Strafbarkeit von aus dem Ausland gesendeter Porno-Satellitenprogramme nach deutschem Strafrecht, in: ZUM 1993, S. 227 ff.

Horstkotte, H.: Kuppelei, Verführung und Exhibitionismus nach dem Vierten Gesetz zur Reform des Strafrechts, in: JZ 1974, S. 84 ff.

Ignor, A.: Der Straftatbestand der Beleidigung. Baden-Baden 1995.

Ilg, E.: Der strafrechtliche Schutz der sexuellen Selbstbestimmung des Kindes. Regensburg 1997.

Jäger, H.: Strafgesetzgebung und Rechtsgüterschutz bei Sittlichkeitsdelikten. Stuttgart 1957.

Jäger, H.: Irrationale Kriminalpolitik, in: Festschrift für Schüler-Springorum. Köln u.a. 1993, S. 229 ff.

Jäger, M.: Symbolisches Strafrecht – expressive Kriminalpolitik: Die Reform der Sexualdelikte, in: Institut für Kriminalwissenschaften und Rechtsphilosophie Frankfurt a.M. (Hrsg.): Irrwege der Strafgesetzgebung. Frankfurt a.M. u.a. 1999, S. 49 ff.

Jäger, U./Collardin, M.: Die Inhaltsverantwortlichkeit von Online-Diensten, in: CR 1996, S. 236 ff.

Jähnke, B./Laufhütte, H./Odersky, W. (Hrsg.): StGB. Leipziger Kommentar. 11. Aufl., Berlin – New York 1992 ff. (zit.: Bearbeiter in: LK-StGB).

Janshen, D. (Hrsg.): Sexuelle Gewalt. Die alltägliche Menschenrechtsverletzung. Frankfurt a.M. 1991.

Jeand'Heur, B.: Anmerkung zum Urteil des BGH v. 21.6.1990, in: StrVert 1991, S. 165 ff.

Jenks, Ch.: Kindheitsbilder und der Diskurs über den sexuellen Mißbrauch, in: Zeitschrift für Sexualforschung 1997, S. 208 ff.

Jescheck, H./Weigend, Th.: Lehrbuch des Strafrechts. Allgemeiner Teil. 5. Aufl., Berlin 1996.

Jesionek, U.: Anzeige- und Aussageverhalten bei Kindesmißbrauch, in: Festschrift für Platzgummer. Wien – New York 1995, S. 369 ff.

Joecks, W.: Strafgesetzbuch. München 1999.

Jofer, R.: Strafverfolgung im Internet. Phänomenologie und Bekämpfung kriminellen Verhaltens in internationalen Computernetzen. Frankfurt a.M. u.a. 1999.

Jones, D.: Sexueller Mißbrauch von Kindern. Gesprächsführung und körperliche Untersuchung. Stuttgart – New York 1996.

Jung, H./Kunz, K.: Das Absehen von Strafe nach § 174 IV StGB, in: NStZ 1982, S. 409 ff.

Jungjohann, E.: Das Dilemma des mißhandelten Kindes. Frankfurt a.M. 1996.

Kaiser, G.: Kriminologie. Ein Lehrbuch. 3. Aufl., Heidelberg 1996.

Kaiser, H.: Das Wesen der Zuhälterei und ihre kriminalpolitische Beurteilung. Köln 1937.

Karpen, U./Hofer, K.: Die Kunstfreiheit des Art. 5 III 1 GG in der Rechtsprechung seit 1985 – Teil 2, in: JZ 1992, S. 1060 ff.

Kavemann, B.: Täterinnen. Frauen, die Mädchen und Jungen sexuell mißbrauchen. Köln 1994.

Kavemann, B./Lohstöter, I.: Väter als Täter. Sexuelle Gewalt gegen Mädchen. Reinbek bei Hamburg 1984.

Keidel, L.: Menschenhandel als Phänomen Organisierter Kriminalität. Erscheinungsformen des weltweiten Handels mit der Ware Frau, in: Kriminalistik 1998, S. 321 ff.

Keiser, C.: Das Kindeswohl im Strafverfahren. Frankfurt a.M. u.a. 1998.

Kelker, B.: Die Situation von Prostituierten im Strafrecht und ein freiheitliches Rechtsverständnis – Betrachtung der Situation nach dem 26. Strafrechtsänderungsgesetz, in: KritV 1993, S. 289 ff.

Kentler, H./Schorsch, E.: Kein Strafrecht gegen exhibitionistische Handlungen, in: Jäger, H./Schorsch, E. (Hrsg.): Sexualwissenschaft und Strafrecht. Stuttgart 1987, S. 105 ff.

Kiehl, W.: Das Ende der „kleinen Sexualdelikte"? in: NJW 1989, S. 3003.

Kintzi, H.: Der Schutz kindlicher Opferzeugen im Strafverfahren, in: Weisser Ring (Hrsg.): Kinder als Gewaltopfer – was kommt danach? Mainz 1997, S. 19 ff.

Kirchhoff, S.: Sexueller Mißbrauch vor Gericht. Bd. 1: Beobachtung und Analyse. Opladen 1994.

Kleiber, D./Velten, D.: Prostitutionskunden. Eine Untersuchung über soziale und psychologische Charakteristika von Besuchern weiblicher Prostituierter in Zeiten von AIDS. Baden-Baden 1994.

Klötzer, S.: Jugendschutz und Internet in öffentlichen Bibliotheken. Köln 1998.

Klug, U.: Rechtsphilosophische und rechtspolitische Probleme des Sexualstrafrechts, in: Bauer, F./Bürger-Prinz, H./Giese, H./Jäger, H. (Hrsg.): Sexualität und Verbrechen. Frankfurt a.M. 1963, S. 27 ff.

Köberer, W.: Anmerkung zum Urteil des BGH v. 17.9.1985, in: StrVert 1986, S. 295 ff.

Köhntopp, M./Neundorf, D.: Inhaltsfilterung und Jugendschutz im Internet, in: Fox, D./Horster, P. (Hrsg.): Datenschutz und Datensicherheit. Wiesbaden 1999.

Krack, R.: List als Straftatbestandsmerkmal. Frankfurt a.M. u.a. 1994.

Kramer, A.: Sexualdelikte – als abstrakte Gefährdungsdelikte. Tübingen 1981.

Kraushaar, E.: Einhundert Jahre schwul. Berlin 1997.

Kreß, C.: Das Sechste Gesetz zur Reform des Strafrechts, in: NJW 1998, S. 633 ff.

Kreuzer, M.: Das älteste Gewerbe – Prostitution im Überblick, in: Kriminalistik 1990, S. 237 ff.

Krey, V.: Zum Gewaltbegriff im Strafrecht. 1. Teil: Probleme der Nötigung mit Gewalt (§ 240 StGB). Wiesbaden 1986.

Krey, V.: Zum Gewaltbegriff im Strafrecht. 2. Teil: Parallelitäten und Divergenzen zwischen der Gewalt i.S. des § 240 StGB (Nötigung) und den Gewaltbegriffen anderer Straftatbestände. Wiesbaden 1988.

Krey, V.: Strafrecht Besonderer Teil Bd. 1: Besonderer Teil ohne Vermögensdelikte. 11. Aufl., Stuttgart u.a. 1998

Krey, V.: Strafrecht Besonderer Teil Bd. 2: Vermögensdelikte. 12. Aufl., Stuttgart u.a. 1999.

Kröber, H.-L.: Die Strafrechtsreformen zur Sexual- und Gewaltdelinquenz, in: Zeitschrift für Sexualforschung 1998, S. 59 ff.

Kudlich, H.: Zum Stand der Scheinwaffenproblematik nach dem 6. Strafrechtsreformgesetz, in: JR 1998, S. 357 ff.

Küper, W.: Strafrecht Besonderer Teil. Definitionen mit Erläuterungen. 3. Aufl., Heidelberg 1999.

Küper, W.: Verwirrungen um das neue „gefährliche Werkzeug" (§§ 244 I Nr. 1a, 250 I Nr. 1a, II Nr. 1 StGB), in: JZ 1999a, S. 187 ff.

Küpper, G.: Strafrecht Besonderer Teil I. Delikte gegen Rechtsgüter der Person und Gemeinschaft. Berlin – Heidelberg 1996.

Kusch, R./Mössle, K.: Verschärfter Jugendschutz – Zur Auslegung des neuen § 182 StGB, in: NJW 1994, S. 1504 ff.

Lackner, K./Kühl, K.: Strafgesetzbuch. 23. Aufl., München 1999.

Lampe, E.: Anmerkung zum Urteil des OLG Düsseldorf v. 16.4.1984, in: JR 1985, S. 159 ff.

Laubenthal, K.: Zur Strafbarkeit der ehelichen Vergewaltigung, in: Vorgänge 1984, S. 8 ff.

Laubenthal, K.: Beleidigung Jugendlicher durch sexuelle Handlungen, in: JuS 1987, S. 700 ff.

Laubenthal, K.: Der Versuch des qualifizierten Delikts einschließlich des Versuchs im besonders schweren Fall bei Regelbeispielen, in: JZ 1987a, S. 1065 ff.

Laubenthal, K.: Anmerkung zum Urteil des BGH v. 12.4.1988, in: JR 1988, S. 335 f.

Laubenthal, K.: Strafrechtliche Garantenhaftung von Polizisten und außerdienstliche Kenntniserlangung, in: JuS 1993, S. 907 ff.

Laubenthal, K.: Schutz sexuell mißbrauchter Kinder durch Einsatz von Videotechnologie im Strafverfahren, in: JZ 1996, S. 335 ff.

Laubenthal, K.: Anmerkung zum Urteil des BGH v. 7.1.1997, in: JZ 1997, S. 687 f.

Laubenthal, K.: Strafvollzug. 2. Aufl., Berlin – Heidelberg – New York 1998.

Laubenthal, K.: Opferschutzregelungen für sexuell mißbrauchte Kinder im österreichischen und deutschen Strafverfahrensrecht, in: Gedächtnisschrift für Zipf. Heidelberg 1999, S. 469 ff.

Laubenthal, K.: Anmerkung zum Urteil des BGH v. 3.11.1998, in: JZ 1999a, S. 583 f.

Lautmann, R.: Sexualdelikte – Straftaten ohne Opfer, in: ZRP 1980, S. 44 ff.

Lautmann, R.: Die Lust am Kind. Hamburg 1994.

Leferenz, H.: Die Sexualdelikte des E 62, in: ZStW Bd. 77 (1965), S. 379 ff.

Lenckner, Th.: Das 33. Strafrechtsänderungsgesetz – das Ende einer langen Geschichte, in: NJW 1997, S. 2801 ff.

Lenckner, Th.: Juristische Aspekte im Umgang mit der Sexualität behinderter Menschen, in: Färber, H.-P./Lipps, W./Seyfarth, Th. (Hrsg.): Sexualität und Behinderung. Umgang mit einem Tabu. Tübingen 1998, S. 169 ff.

Leo, U.: Die strafrechtliche Kontrolle der Prostitution. Kiel 1995.

Leopold, B./Steffan, E./Paul, N.: Dokumentation zur rechtlichen und sozialen Situation von Prostituierten in der Bundesrepublik Deutschland. Stuttgart u.a. 1994.

Lesch, H.: Waffen, (gefährliche) Werkzeuge und Mittel beim schweren Raub nach dem 6. StrRG, in: JA 1999, S. 30 ff.

Leydecker, S.: „onetwotwo" – ein Bordell. Wiesbaden 1996.

Licht, M.: Vergewaltigungsopfer. Psychosoziale Folgen und Verarbeitungsprozesse. Pfaffenweiler 1989.

Ling, M.: Die ausbeuterische Prostitution – Versuch einer Begriffsbestimmung, in: GA 1997, S. 468 ff.

Löwer-Hirsch, M.: Sexueller Mißbrauch in der Psychotherapie. Göttingen 1998.

Lüthge-Bartholomäus, R.: Die polizeirechtliche Schließung von „Massagesalons", in: NJW 1975, S. 1871 ff.

Lüttger, H.: Bemerkungen zur Methodik und Dogmatik des Strafschutzes für nichtdeutsche öffentliche Rechtsgüter, in: Festschrift für Jescheck. Berlin 1985, S. 121 ff.

Lux, P.: „Justizfreier" Raum für Call-Girl-Ringe, Bars und Clubs, in: Kriminalistik 1985, S. 402 ff.

Maatz, K.: Anmerkung zum Beschluss des LG Essen v. 26.6.1985, in: NStZ 1986, S. 174 f.

Maier, A.: Audiovisuelle Vernehmung kindlicher Opfer von Straftaten gegen die sexuelle Selbstbestimmung im Strafverfahren. Frankfurt a.M. u.a. 1997.

Maiwald, M.: Anmerkung zum Urteil des BGH v. 21.6.1990, in: JZ 1990, S. 1141 ff.

Marquardt, C./Lossen, J.: Sexuell mißbrauchte Kinder in Gerichtsverfahren. Münster 1999.

Marx, M.: Zum Begriff „Öffentlichkeit" in § 183 StGB, in: JZ 1972, S. 112 ff.

Maurach, R./Schroeder, F.-C./Maiwald, M.: Strafrecht Besonderer Teil. Teilbd. 1: Straftaten gegen Persönlichkeits- und Vermögenswerte. 8. Aufl., Heidelberg 1995.

Mayer, F.: Recht und Cyberspace, in: NJW 1996, S. 1782 ff.

Mayer, H.: Die sogenannte sexuelle Revolution und das Strafrecht, in: Festschrift für Heinitz. Berlin 1972, S. 119 ff.

Meier, B.: Zur Strafbarkeit der neutralen Werbung für pornographische Schriften, in: NStZ 1985, S. 341 ff.

Meier, B.: Strafbarkeit des Anbietens pornographischer Schriften, in: NJW 1987, S. 1610 f.

Meier, B.: Zum Schutz der Bevölkerung erforderlich? Anmerkungen zum „Gesetz zur Bekämpfung von Sexualdelikten und anderen gefährlichen Straftaten" vom 26.1.1998, in: Ehrengabe für Brauneck. Mönchengladbach 1999, S. 445 ff.

Meyer, D.: Vermeidbarkeit des Verbotsirrtums und Erkundigungspflicht – KG, JR 1978, 166, in: JuS 1979, S. 250 ff.

Michel, N.: Anmerkung zum Beschluss des OLG Zweibrücken v. 18.4.1995, in: NStZ 1998, S. 357 f.

Mildenberger, E.: Schutz kindlicher Zeugen im Strafverfahren durch audiovisuelle Medien. Frankfurt a.M. u.a. 1995.

Mildenberger, E.: Schutzlos – Hilflos – Widerstandsunfähig: Einige Anmerkungen zur Auslegung der Tatbestandserweiterung des § 177 StGB n.F. Münster 1998.

Mitnick, M.: Inzestuös mißbrauchte Kinder. Symptome und Behandlungsmethoden, in: Backe, L./Leick, N./Merrick, J./Michelsen, N. (Hrsg.): Sexueller Mißbrauch von Kindern in Familien. Köln 1986, S. 83 ff.

Mitsch, W.: Die Strafbarkeit der Ehegattenvergewaltigung im geltenden Recht, in: JA 1989, S. 484 ff.

Mitsch, W.: Anmerkung zum Urteil des BGH v. 29.10.1992, in: NStZ 1993, S. 384 f.

Mitsch, W.: Recht der Ordnungswidrigkeiten. Berlin – Heidelberg – New York 1995.

Mitsch, W.: Strafrecht Besonderer Teil 2. Vermögensdelikte (Kernbereich)/Teilbd. 1. Berlin – Heidelberg u.a. 1998.

Mitsch, W.: Die Vermögensdelikte im Strafgesetzbuch nach dem 6. Strafrechtsreformgesetz, in: ZStW Bd. 111 (1999), S. 65 ff.

Moggi, F.: Sexuelle Kindesmißhandlung: Traumatisierungsmerkmale, typische Folgen und ihre Ätiologie, in: Amann, G./Wipplinger, R. (Hrsg.): Sexueller Mißbrauch. Überblick zu Forschung, Beratung und Therapie. Tübingen 1997, S. 187 ff.

Molketin, R.: Anmerkung zum Urteil des BGH v. 24.9.1991, in: NStZ 1992, S. 179 f.

Molloy, C.: Hurenalltag. Frankfurt a.M. 1992.

Moritz, H.: Anmerkung zum Urteil des AG München v. 28.5.1998, in: CR 1998, S. 505 ff.

Müller-Dietz, H.: Kriminalprävention zwischen (Resozialisierungs-)Chance und (Kriminalitäts-)Risiko – am Beispiel des § 183 Abs. 3 StGB, in: Gedächtnisschrift für K. Meyer. Berlin – New York 1990, S. 735 ff.

Müller-Emmert, A.: Kuppelei, Prostitutionsförderung und Zuhälterei als Straftaten gegen die sexuelle Selbstbestimmung, in: DRiZ 1974, S. 93 ff.

Münder, J.: Sexualstrafrecht bei Fremderziehung und Fremdbetreuung, in: ZfJ 1986, S. 353 ff.

Nedopil, N.: Forensische Psychiatrie – Klinik, Begutachtung und Behandlung zwischen Psychiatrie und Recht. München 1996.

Neumann, U./Schild, W. (Hrsg.): Nomos Kommentar zum Strafgesetzbuch. Baden-Baden 1995 ff. (zit.: Bearbeiter in: NK-StGB).

Nitze, R.: Anmerkung zum Urteil des BGH v. 17.9.1985, in: NStZ 1986, S. 359 ff.

Noack, C./Schmid, H.: Sexuelle Gewalt gegen Menschen mit geistiger Behinderung. 2. Aufl., Esslingen 1996.

Oetjen, K.: Anmerkung zum Urteil des BGH v. 21.7.1993, in: StrVert 1994, S. 482 ff.

Ostendorf, H.: Strafrechtliche Sozialkontrolle gegenüber dem sexuellen Mißbrauch von Kindern im sozialen Nahraum, in: Backe, L./Leick, N./Merrick, J./Michelsen, N. (Hrsg.): Sexueller Mißbrauch von Kindern in Familien. Köln 1986, S. 148 ff.

Otto, H.: Anmerkung zum Urteil des BGH v. 15.3.1989, in: JZ 1989, S. 803 f.

Otto, H.: Die Neufassung der §§ 177–179 StGB, in: Jura 1998, S. 210 ff.

Otto, H.: Grundkurs Strafrecht. Die einzelnen Delikte. 5. Aufl., Berlin – New York 1998.

Otto, H.: Das Verhältnis von § 177 Abs. 1, 3. Alt. zu § 177 Abs. 1, 1. u. 2. Alt. JK 1999, StGB § 177/4.

Pateow, B.: Vergewaltigung in der Ehe. Freiburg i. Br. 1987.

Pelz, Ch.: Die Strafbarkeit von Online-Anbietern, in: wistra 1999, S. 53 ff.

Pope, K./Bouhoutsos, J.: Als hätte ich mit einem Gott geschlafen. Sexuelle Beziehungen zwischen Therapeuten und Patienten. Hamburg 1992.

Pott, Ch.: Rechtsgutsgedanke versus Freiheitsverletzung. Zum Begriff des Unrechts bei der Vergewaltigung nach dem 6. Strafrechtsreformgesetz, in: KritV 1999, S. 91 ff.

Probst, H.: Polizei und Prostitution, in: Kriminalistik 1986, S. 549 ff.

Prostituiertenprojekt Hydra (Hrsg.): Beruf: Hure. Hamburg 1988.

Prostituiertenprojekt Hydra (Hrsg.): Freier – Das heimliche Treiben der Männer. Hamburg 1991.

Rabe, A.: Die Probleme des § 180a I Nr. 2 StGB unter besonderer Berücksichtigung des Selbstbestimmungsrechts der Prostituierten. Bochum 1998.

Ramberg, K.: Erfahrungen bei der Strafverfolgung der Verbreitung von Pornographie via Satellit, in: ZUM 1994, S. 140 ff.

Ranft, O.: Rechtsprechungsbericht zu den Unterlassungsdelikten – Teil 2, in: JZ 1987, S. 908 ff.

Rasch, W.: Forensische Psychiatrie. 2. Aufl., Stuttgart u.a. 1999.

Rath-Glawatz, M./Waldenberger, A.: Freiwillige Selbstkontrolle Multimedia-Diensteanbieter e.V. – Ein Beitrag der Medienwirtschaft zum Jugendschutz im Internet, in: CR 1997, S. 766 ff.

Rengier, R.: Strafrecht Besonderer Teil I. Vermögensdelikte. 3. Aufl., München 1999.

Rengier, R.: Strafrecht Besonderer Teil II. Delikte gegen die Person und Allgemeinheit. 2. Aufl., München 1999a.

Renzikowski, J.: Das Sexualstrafrecht nach dem 6. Strafrechtsreformgesetz, in: NStZ 1999, S. 377 ff., S. 440 ff.

Renzikowski, J.: Frauenhandel – Freiheit für Täter, Abschiebung für die Opfer? in: ZRP 1999a, S. 53 ff.

Ritz, D.: Inhalteverantwortlichkeit von Online-Diensten. Strafbarkeit von Online-Diensten in ihrer Funktion als Inhalteanbieter, Online-Service-Provider und Internet-Access-Provider für die Verbreitung von Pornographie im elektronischen Datennetz. Frankfurt a.M. u.a. 1998.

Rogall, K.: Zur Auslegung der Entgeltklausel in § 184 Abs. 1 Nr. 7 StGB, in: JZ 1979, S. 715 ff.

Rosenau, H.: Tendenzen und Gründe der Reform des Sexualstrafrechts, in: StrVert 1999, S. 388 ff.

Rössner, D.: Gewaltbegriff und Opferperspektive bei der Vergewaltigung, in: Festschrift für Leferenz. Heidelberg 1983, S. 527 ff.

Röthlein, C.: Der Gewaltbegriff im Strafrecht – unter besonderer Berücksichtigung der Sexualdelikte. München 1986.

Rotthaus, K.: Neue Aufgaben für den Strafvollzug bei der Bekämpfung von Sexualdelikten und anderen gefährlichen Straftaten, in: NStZ 1998, S. 597 ff.

Rudolphi, H.-J.: Anmerkung zum Urteil des KG v. 24.3.1977, in: JR 1977, S. 380 ff.

Rudolphi, H.-J.: Anmerkung zum Beschluss des BGH v. 15.7.1986, in: JR 1987, S. 336 ff.

Rudolphi, H.-J./Horn, E./Günther, H.-L./Samson, E. (Hrsg.): Systematischer Kommentar zum Strafgesetzbuch. 6. Aufl., Neuwied 1998 (zit.: Bearbeiter in: SK-StGB).

Sander, G.: Zur Beurteilung exhibitionistischer Handlungen. Berlin 1996.

Sander, G./Hohmann, O.: Sechstes Gesetz zur Reform des Strafrechts (6. StrRG): Harmonisiertes Strafrecht? in: NStZ 1998, S. 273 ff.

Schall, H.: Auslegungsfragen des § 179 StGB und das Problem der eigenhändigen Delikte, in: JuS 1979, S. 104 ff.

Schall, H.: Die Strafaussetzung zur Bewährung gem. § 183 Abs. 3 StGB, in: JR 1987, S. 397 ff.

Schatzschneider, W.: Rechtsordnung und Prostitution – Einige Anmerkungen zur staatlichen Reglementierung des „ältesten Gewerbes", in: NJW 1985, S. 2793 ff.

Schetsche, M.: Der 'einvernehmliche Mißbrauch' – Zur Problematik der Begründung des sexualstrafrechtlichen Schutzes von Kindern und Jugendlichen, in: MschrKrim 1994, S. 201 ff.

Schlothauer, R./Sättele, A.: Zum Begriff des „gefährlichen Werkzeugs" in den §§ 177 Abs. 3 Nr. 1, 244 Abs. 1 Nr. 1a, 250 Abs. 1 Nr. 1a StGB i.d.F. des 6. StrRG, in: StrVert 1998, S. 505 ff.

Schlüchter, E.: Bochumer Erläuterungen zum 6. Strafrechtsreformgesetz. Thüngersheim – Frankfurt a.M. 1998.

Schmidt-Bleibtreu, B./Klein, F.: Kommentar zum Grundgesetz. 9. Aufl., Neuwied 1999.

Schmidt-Jortzig, E.: Bekämpfung von Sexualdelikten in Deutschland und auf internationaler Ebene, in: NStZ 1998, S. 441 ff.

Schmoll, D.: Videovernehmung kindlicher Opfer im Strafprozeß. Verfahrens- und verfassungsrechtliche Lösungen auf der Grundlage des Zeugenschutzgesetzes. Frankfurt a.M. u.a. 1999.

Schneider, A.: Diagnostik und Intervention bei sexuellem Mißbrauch von Kindern, in: Kruse, K./Oehmichen, M. (Hrsg.): Kindesmißhandlung und sexueller Mißbrauch. Lübeck 1993, S. 63 ff.

Schneider, H. J.: Neuere kriminologische Forschungen zur Prostitution, in: Festschrift für Middendorff. Bielefeld 1986, S. 257 ff.

Schneider, H. J.: Kriminologie. Berlin – New York 1987.

Schneider, H. J.: Sexueller Mißbrauch an Kindern. Neue kriminologische und viktimologische Erkenntnisse, in: Kriminalistik 1997, S. 458 ff.

Schneider, H. J.: Die Verbesserung des Schutzes der Gesellschaft vor gefährlichen Sexualstraftätern, in: JZ 1998, S. 436 ff.

Schneider, H. J.: Sexueller Mißbrauch an Kindern, in: Sieverts, R./Schneider, H. J. (Hrsg.): Handwörterbuch der Kriminologie, Bd. 5. Berlin – New York 1998a, S. 502 ff.

Schneider, S.: Prostitutionstourismus in Thailand. Würzburg 1997.

Schnieders, P./Lenzen, M.: Kinderpornographie in Deutschland, in: der kriminalist 1995, S. 322 ff.

Schöch, H.: Das Gesetz zur Bekämpfung von Sexualdelikten und anderen gefährlichen Straftaten vom 26.1.1998, in: NJW 1998, S. 1257 ff.

Scholz, R.: Jugendschutz. Gesetz zum Schutze der Jugend in der Öffentlichkeit, Gesetz über die Verbreitung jugendgefährdender Schriften und Medieninhalte und andere Vorschriften. 3. Aufl., München 1999.

Schönke, A./Schröder, H.: Strafgesetzbuch. 25. Aufl., München 1997 (zit.: Bearbeiter in: Schönke/Schröder).

Schorsch, E.: Sexualstraftäter. Stuttgart 1971.

Schorsch, E.: Perversion, Liebe, Gewalt. Aufsätze zur Psychopathologie und Sozialpsychologie der Sexualität. Stuttgart 1993.

Schreibauer, M.: Das Pornographieverbot des § 184 StGB. Grundlagen – Tatbestandsprobleme – Reformvorschläge. Regensburg 1999.

Schroeder, F.-C.: Die Straftaten gegen die sexuelle Selbstbestimmung nach dem Entwurf eines 4. StrRG, in: ZRP 1971, S. 14 f.

Schroeder, F.-C.: Systematische Stellung und Rechtsgut der Sexualstraftaten nach dem 4. StrRG, in: Festschrift für Welzel. Berlin 1974, S. 859 ff.

Schroeder, F.-C.: Das neue Sexualstrafrecht. Entstehung – Analyse – Kritik. Karlsruhe 1975.

Schroeder, F.-C.: Das „Erzieherprivileg" im Strafrecht, in: Festschrift für R. Lange. Berlin – New York 1976, S. 391 ff.

Schroeder, F.-C.: Die Veranlassung zur Prostitution mit Gewalt oder List (§ 181 Nr. 1 StGB), in: JR 1977, S. 357 ff.

Schroeder, F.-C.: Pornographieverbot als Darstellerschutz? in: ZRP 1990, S. 299 ff.

Schroeder, F.-C.: Pornographie, Jugendschutz und Kunstfreiheit. Heidelberg 1992.

Schroeder, F.-C.: Die Reform der Straftaten gegen die Entwicklung des Sexuallebens, in: ZRP 1992a, S. 295 ff.

Schroeder, F.-C.: Das 27. Strafrechtsänderungsgesetz – Kinderpornographie, in: NJW 1993, S. 2581 ff.

Schroeder, F.-C.: Das 29. Strafrechtsänderungsgesetz – §§ 175, 182 StGB, in: NJW 1994, S. 1501 ff.

Schroeder, F.-C.: Irrwege aktionistischer Gesetzgebung – das 26. StÄG (Menschenhandel), in: JZ 1995, S. 231 ff.

Schroeder, F.-C.: Anmerkung zum Beschluss des BayObLG v. 31.3.1995, in: JR 1996, S. 40 f.

Schroeder, F.-C.: Anmerkung zum Urteil des BGH v. 16.7.1996, in: JZ 1997, S. 155 f.

Schroeder, F.-C.: Neuartige Absichtsdelikte, in: Festschrift für Lenckner. München 1998, S. 333 ff.

Schroeder, F.-C.: Die Revolution des Sexualstrafrechts 1992–1998, in: JZ 1999, S. 827 ff.

Schroth, U.: Zentrale Interpretationsprobleme des 6. Strafrechtsreformgesetzes, in: NJW 1998, S. 2861 ff.

Schulte, R.: Sperrbezirke. Tugendhaftigkeit und Prostitution in der bürgerlichen Welt. Hamburg 1994.

Schulz, Ch.: Paragraph 175 (abgewickelt). Homosexualität und Strafrecht im Nachkriegsdeutschland – Rechtsprechung, juristische Diskussionen und Reformen seit 1945. Hamburg 1994.

Schumann, H.: Werbeverbote für jugendgefährdende Schriften, in: NJW 1978, S. 1134 ff.

Schumann, H.: Nochmals: Werbeverbote für jugendgefährdende Schriften, in: NJW 1978a, S. 2495 f.

Schumann, H.: Zum strafrechtlichen und rundfunkrechtlichen Begriff der Pornographie, in: Festschrift für Lenckner. München 1998, S. 565 ff.

Schünemann, B.: Die Mißachtung der sexuellen Selbstbestimmung des Ehepartners als kriminalpolitisches Problem, in: GA 1996, S. 307 ff.

Schwarz, E.: Entwicklung und Reform der Entführungsdelikte (§§ 235–238 StGB). Tübingen 1972.

Schwarz, O./Dreher, E.: Strafgesetzbuch. 29. Aufl., München – Berlin 1967.

Secorvo Security Consulting: Jugendschutz und Filtertechnologien im Internet. www.secorvo.de. Stand 1999.

Selg, H.: Pornographie: Psychologische Beiträge zur Wirkungsforschung. Bern 1986.

Senn, Ch.: Gegen jedes Recht. Sexueller Mißbrauch und geistige Behinderung. Berlin 1993.

Sick, B.: Zweierlei Recht für zweierlei Geschlecht. Wertungswidersprüche im Geschlechterverhältnis am Beispiel des Sexualstrafrechts, in: ZStW Bd. 103 (1991), S. 43 ff.

Sick, B.: Die Rechtsprechung zur Sexualbeleidigung, in: JZ 1991a, S. 330 ff.

Sick, B.: Sexuelles Selbstbestimmungsrecht und Vergewaltigungsbegriff. Ein Beitrag zur gegenwärtigen Diskussion einer Neufassung des § 177 StGB unter Berücksichtigung der Strafbarkeit de lege lata und empirischer Gesichtspunkte. Berlin 1993.

Sick, B.: Die sexuellen Gewaltdelikte oder: Der Gegensatz zwischen Verbrechensempirie und Rechtswirklichkeit, in: MschrKrim 1995, S. 281 ff.

Sieber, U.: Strafrechtliche Verantwortlichkeit für den Datenverkehr in internationalen Computernetzen, in: JZ 1996, S. 429 ff., 494 ff.

Sieber, U.: Kontrollmöglichkeiten zur Verhinderung rechtswidriger Inhalte in Computernetzen, in: CR 1997, S. 581 ff., 653 ff.

Sieber, U.: Die rechtliche Verantwortlichkeit im Internet. Grundlagen, Ziele und Auslegung von § 5 TDG und § 5 MDStV, in: MMR-Beilage 2/1999.

Sieber, U.: Die Verantwortlichkeit von Internet-Providern im Rechtsvergleich, in: ZUM 1999a, S. 196 ff.

Sieber, U.: Internationales Strafrecht im Internet. Das Territorialitätsprinzip der §§ 3, 9 StGB im globalen Cyberspace, in: NJW 1999b, S. 2065 ff.

Sieber, U.: Strafrecht und Strafprozeßrecht, in: Hoeren, Th./Sieber, U. (Hrsg.): Handbuch Multimedia-Recht – Rechtsfragen des elektronischen Geschäftsverkehrs. Teil 19. München 1999c.

Sieber, U./Bögel, M.: Logistik der Organisierten Kriminalität. Wiesbaden 1993.

Simson, G./Geerds, F.: Straftaten gegen die Person und Sittlichkeitsdelikte. München 1969.

Sommer, U.: Verselbständigte Beihilfehandlungen und Straflosigkeit des Gehilfen, in: JR 1981, S. 490 ff.

Sonntag, U./Haering-Lehn, J./Gerdes, U. u.a. (Hrsg.): Übergriffe und Machtmißbrauch in psychosozialen Arbeitsfeldern. Phänomene, Strukturen, Hintergründe. Tübingen 1995.

Sowada, Ch.: Die „notwendige Teilnahme" als funktionales Privilegierungsmodell im Strafrecht. Berlin 1992.

Spann, W./Rauch, E.: Sexualdelikt und ärztliche Begutachtung. Mit Fallbeispielen aus der täglichen Praxis. Landsberg 1999.

Spenner, R.: Die Strafbarkeit des „sexuellen Mißbrauchs" in der Psychotherapie gem. den §§ 174 ff. StGB. Frankfurt a.M. u.a. 1999.

Stange, A.: Pornographie im Internet. Versuche einer strafrechtlichen Bewältigung, in: CR 1996, S. 424 ff.

Stein-Hilbers, M./Bundschuh, C.: Zur Propagierung und Entkriminalisierung von Pädosexualität, in: KrimJ 1998, S. 299 ff.

Steinmeister, I.: „Jugendschutz" gegen Jugendliche? in: ZRP 1992, S. 87 ff.

Störzer, H. U.: Der jugendliche Sittenstrolch, in: JuS 1976, S. 175 ff.

Störzer, H. U.: Sittlichkeitsprozeß und junges Opfer, in: Hess, H./Störzer, H. U./Streng, F. (Hrsg.): Sexualität und soziale Kontrolle. Beiträge zur Sexualkriminologie. Heidelberg 1978, S. 101 ff.

Störzer, H. U.: Gewaltdarstellungen im Videobereich. Zur rechtlichen und tatsächlichen Situation, in: Kriminalistik 1986, S. 377 ff.

Streng, F.: Die psychoanalytischen Theorien zur Sexualkriminalität. Heidelberg 1974.

Streng, F.: Strafrechtliche Sanktionen – Grundlagen und Anwendung. Stuttgart u.a. 1991.

Streng, F.: Überfordern Sexualstraftaten das Strafrechtssystem? Kriminalpolitische Überlegungen zum Verhältnis von Tat- und Täterstrafrecht, in: Festschrift für Bemmann. Baden-Baden 1997, S. 443 ff.

Sturm, R.: Das Vierte Gesetz zur Reform des Strafrechts, in: JZ 1974, S. 1 ff.

Teufert, E.: Notzucht und sexuelle Nötigung. Ein Beitrag zur Kriminologie und Kriminalistik der Sexualfreiheitsdelikte unter Berücksichtigung der Geschichte und der geltenden strafrechtlichen Regelung. Frankfurt a.M. 1980.

Tönnies, S.: Symbolische Gesetzgebung: Zum Beispiel § 175 StGB, in: ZRP 1992, S. 411 ff.

Tröndle, H.: Verordnung von Kontrazeptiva an Minderjährige – eine Straftat? in: MedR 1992, S. 320 ff.

Tröndle, H.: Ideologie statt Jugendschutz? in: ZRP 1992a, S. 297 ff.

Tröndle, H./Fischer, Th.: Strafgesetzbuch. 49. Aufl., München 1999.

Trube-Becker, E.: Gewalt gegen das Kind. Vernachlässigung, Mißhandlung, sexueller Mißbrauch und Tötung von Kindern. 2. Aufl., Heidelberg 1987.

Tübinger Projektgruppe Frauenhandel (Hrsg.): Frauenhandel in Deutschland. Bonn 1989.

Uschold, E.: Verkauf jugendgefährdender Schriften in jugendzugänglichen Geschäftsräumen, in: NJW 1976, S. 2249 f.

Vassilaki, I.: Multimediale Kriminalität. Entstehung, Formen und rechtspolitische Fragen der „Post-Computerkriminalität", in: CR 1997, S. 297 ff.

Vassilaki, I.: Anmerkung zum Urteil des AG Hamburg v. 8.7.1997, in: CR 1998, S. 34 ff.

Vlachopoulos, S.: Kunstfreiheit und Jugendschutz. Berlin 1996.

Vogt, I.: Neues zum Thema Sex in der Therapie, in: Verhaltenstherapie und psychosoziale Praxis 1990, S. 104 ff.

Volbert, R./Pieters, V.: Zur Situation kindlicher Zeugen vor Gericht. Bonn 1993.

Wagner, H.: Die Rechtsprechung zu den Straftaten im Amt seit 1975 – Teil 3, in: JZ 1987, S. 705 ff.

Walther: Zur Anwendbarkeit der Vorschriften des strafrechtlichen Jugendmedienschutzes auf im Bildschirmtext verbreitete Mitteilungen, in: NStZ 1990, S. 523 ff.

Weber, M./Rohleder, Ch.: Sexueller Mißbrauch. Jugendhilfe zwischen Aufbruch und Rückschritt. Münster 1995.

Weigend, Th.: Strafrechtliche Pornographieverbote in Europa, in: ZUM 1994, S. 133 ff.

Weihrauch, M.: Zur Strafverfolgung bei Exhibitionismus – vor und nach dem Vierten Gesetz zur Reform des Strafrechts von 1975, in: Hess, H./Störzer, H./Streng, F. (Hrsg.): Sexualität und soziale Kontrolle. Beiträge zur Sexualkriminologie. Heidelberg 1978, S. 83 ff.

Weis, K.: Die Vergewaltigung und ihre Opfer. Eine viktimologische Untersuchung zur gesellschaftlichen Bewertung und individuellen Betroffenheit. Stuttgart 1982.

Wesel, U.: Prostitution als Beruf, in: NJW 1999, S. 2865 f.

Wessels, J./Beulke, W.: Strafrecht Allgemeiner Teil. 29. Aufl., Heidelberg 1999.

Wessels, J./Hettinger, M.: Strafrecht Besonderer Teil/1. Straftaten gegen Persönlichkeits- und Gemeinschaftswerte. 22. Aufl., Heidelberg 1999.

Wessels, J./Hillenkamp, Th.: Strafrecht Besonderer Teil/2. Straftaten gegen Vermögens- werte. 21. Aufl., Heidelberg 1999.

Wilhelm, J.: Strafgesetzbuch. Synoptische Gegenüberstellung der neuen Fassung durch das Sechste Gesetz zur Reform des Strafrechts und der alten Fassung vom 31. Januar 1998. München 1998.

Wille, R.: Die forensisch-psychopathologische Beurteilung der Exhibitionisten, Pädophi- len, Inzest- und Notzuchttäter. Untersuchungen und Katamnesen. Kiel 1968.

Wilmer, Th.: Sexueller Mißbrauch von Kindern. Empirische Grundlagen und kriminalpo- litische Überlegungen. Frankfurt a.M. u.a. 1996.

Winkelbauer, W.: Anmerkung zum Beschluss des BGH v. 15.7.1986, in: JZ 1986, S. 1119 ff.

Wirtz, U.: Seelenmord – Inzest und Therapie. 3. Aufl., Zürich 1990.

Wirtz, U.: Das Abstinenzgebot in der Psychotherapie, in: Heyne, C. (Hrsg.): Tatort Couch. Zürich 1991, S. 29 ff.

Witter, H.: Die Beurteilung Erwachsener im Strafrecht, in: Göppinger, H./Witter, H. (Hrsg.): Handbuch der forensischen Psychiatrie. Berlin – Heidelberg – New York 1972, S. 966 ff.

Witter, H.: Zur prognostischen Beurteilung von Exhibitionisten, in: Festschrift für Würten- berger. Berlin 1977, S. 333 ff.

Wolter, J.: Gewaltanwendung und Gewalttätigkeit, in: NStZ 1985, S. 245 ff.

Wolters, G.: Anmerkung zum Urteil des BGH v. 16.7.1996, in: NStZ 1997, S. 339 ff.

Würkner, J.: Die Freiheit der Kunst in der Rechtsprechung von BVerfG und BVerwG, in: NVwZ 1992, S. 1 ff.

Wurmser, L.: Das Rätsel des Masochismus. Psychoanalytische Untersuchungen von Über- Ich-Konflikten und Masochismus. Berlin – Heidelberg u.a. 1993.

Würtenberger, Th.: Vom strafrechtlichen Kunstbegriff, in: Festschrift für Dreher. Berlin – New York 1977, S. 79 ff.

Wuttke, G.: Kinderprostitution, Kinderpornographie, Tourismus. Göttingen 1998.

Zemp, A./Pircher, E.: Sexuelle Ausbeutung von Mädchen und Frauen mit Behinderung. Wien 1996.

Zieschang, F.: Besonders schwere Fälle und Regelbeispiele – ein legitimes Gesetzgebungs- konzept? in: Jura 1999, S. 561 ff.

Zipf, H.: Kriminalpolitik. 2. Aufl., Heidelberg – Karlsruhe 1980.

Sachverzeichnis

Anhang: Auszug aus dem Strafgesetzbuch

in der Fassung der Bekanntmachung vom 10.3.1987[1],
geändert durch das Sechste Gesetz zur Reform des Strafrechts (6. StrRG) vom
26.1.1998.[2]

Besonderer Teil

Dreizehnter Abschnitt.
Straftaten gegen die sexuelle Selbstbestimmung

§ 174. Sexueller Missbrauch von Schutzbefohlenen.
(1) Wer sexuelle Handlungen

1. an einer Person unter sechzehn Jahren, die ihm zur Erziehung, zur Ausbildung oder zur Betreuung in der Lebensführung anvertraut ist,

2. an einer Person unter achtzehn Jahren, die ihm zur Erziehung, zur Ausbildung oder zur Betreuung in der Lebensführung anvertraut oder im Rahmen eines Dienst- oder Arbeitsverhältnisses untergeordnet ist, unter Missbrauch einer mit dem Erziehungs-, Ausbildungs-, Betreuungs-, Dienst- oder Arbeitsverhältnis verbundenen Abhängigkeit oder

3. an seinem noch nicht achtzehn Jahre alten leiblichen oder angenommenen Kind

vornimmt oder an sich von dem Schutzbefohlenen vornehmen lässt, wird mit Freiheitsstrafe bis zu fünf Jahren oder mit Geldstrafe bestraft.

(2) Wer unter den Voraussetzungen des Absatzes 1 Nr. 1 bis 3

1. sexuelle Handlungen vor dem Schutzbefohlenen vornimmt oder

2. den Schutzbefohlenen dazu bestimmt, dass er sexuelle Handlungen vor ihm vornimmt,

um sich oder den Schutzbefohlenen hierdurch sexuell zu erregen, wird mit Freiheitsstrafe bis zu drei Jahren oder mit Geldstrafe bestraft.

(3) Der Versuch ist strafbar.

(4) In den Fällen des Absatzes 1 Nr. 1 oder des Absatzes 2 in Verbindung mit Absatz 1 Nr. 1 kann das Gericht von einer Bestrafung nach dieser Vorschrift absehen, wenn bei Berücksichtigung des Verhaltens des Schutzbefohlenen das Unrecht der Tat gering ist.

---

[1] Neubekanntmachung des StGB für das Deutsche Reich vom 15.5.1871 (RGBl. 1871, S. 127) in der ab 1.4.1987 geltenden Fassung, BGBl. I 1987, S. 945, ber. S. 1160.

[2] BGBl. I 1998, S. 164.

§ 174a. Sexueller Missbrauch von Gefangenen, behördlich Verwahrten oder Kranken und Hilfsbedürftigen in Einrichtungen.

(1) Wer sexuelle Handlungen an einer gefangenen oder auf behördliche Anordnung verwahrten Person, die ihm zur Erziehung, Ausbildung, Beaufsichtigung oder Betreuung anvertraut ist, unter Missbrauch seiner Stellung vornimmt oder an sich von der gefangenen oder verwahrten Person vornehmen lässt, wird mit Freiheitsstrafe bis zu fünf Jahren oder mit Geldstrafe bestraft.

(2) Ebenso wird bestraft, wer eine Person, die in einer Einrichtung für kranke oder hilfsbedürftige Menschen stationär aufgenommen und ihm zur Beaufsichtigung oder Betreuung anvertraut ist, dadurch missbraucht, dass er unter Ausnutzung der Krankheit oder Hilfsbedürftigkeit dieser Person sexuelle Handlungen an ihr vornimmt oder an sich von ihr vornehmen lässt.

(3) Der Versuch ist strafbar.

§ 174b. Sexueller Missbrauch unter Ausnutzung einer Amtsstellung.

(1) Wer als Amtsträger, der zur Mitwirkung an einem Strafverfahren oder an einem Verfahren zur Anordnung einer freiheitsentziehenden Maßregel der Besserung und Sicherung oder einer behördlichen Verwahrung berufen ist, unter Missbrauch der durch das Verfahren begründeten Abhängigkeit sexuelle Handlungen an demjenigen, gegen den sich das Verfahren richtet, vornimmt oder an sich von dem anderen vornehmen lässt, wird mit Freiheitsstrafe bis zu fünf Jahren oder mit Geldstrafe bestraft.

(2) Der Versuch ist strafbar.

§ 174c. Sexueller Missbrauch unter Ausnutzung eines Beratungs-, Behandlungs- oder Betreuungsverhältnisses.

(1) Wer sexuelle Handlungen an einer Person, die ihm wegen einer geistigen oder seelischen Krankheit oder Behinderung einschließlich einer Suchtkrankheit zur Beratung, Behandlung oder Betreuung anvertraut ist, unter Missbrauch des Beratungs-, Behandlungs- oder Betreuungsverhältnisses vornimmt oder an sich von ihr vornehmen lässt, wird mit Freiheitsstrafe bis zu fünf Jahren oder mit Geldstrafe bestraft.

(2) Ebenso wird bestraft, wer sexuelle Handlungen an einer Person, die ihm zur psychotherapeutischen Behandlung anvertraut ist, unter Missbrauch des Behandlungsverhältnisses vornimmt oder an sich von ihr vornehmen lässt.

(3) Der Versuch ist strafbar.

§ 175. *(weggefallen)*

§ 176. Sexueller Missbrauch von Kindern.

(1) Wer sexuelle Handlungen an einer Person unter vierzehn Jahren (Kind) vornimmt oder an sich von dem Kind vornehmen lässt, wird mit Freiheitsstrafe von sechs Monaten bis zu zehn Jahren, in minder schweren Fällen mit Freiheitsstrafe bis zu fünf Jahren oder mit Geldstrafe bestraft.

(2) Ebenso wird bestraft, wer ein Kind dazu bestimmt, dass es sexuelle Handlungen an einem Dritten vornimmt oder von einem Dritten an sich vornehmen lässt.

(3) Mit Freiheitsstrafe bis zu fünf Jahren oder mit Geldstrafe wird bestraft, wer

1. sexuelle Handlungen vor einem Kind vornimmt,
2. ein Kind dazu bestimmt, dass es sexuelle Handlungen an sich vornimmt, oder
3. auf ein Kind durch Vorzeigen pornographischer Abbildungen oder Darstellungen, durch Abspielen von Tonträgern pornographischen Inhalts oder durch entsprechende Reden einwirkt.

(4) Der Versuch ist strafbar; dies gilt nicht für Taten nach Absatz 3 Nr. 3.

§ 176a. Schwerer sexueller Missbrauch von Kindern.

(1) Der sexuelle Missbrauch von Kindern wird in den Fällen des § 176 Abs. 1 und 2 mit Freiheitsstrafe nicht unter einem Jahr bestraft, wenn

1. eine Person über achtzehn Jahren mit dem Kind den Beischlaf vollzieht oder ähnliche sexuelle Handlungen an ihm vornimmt oder an sich von ihm vornehmen lässt, die mit einem Eindringen in den Körper verbunden sind,
2. die Tat von mehreren gemeinschaftlich begangen wird,
3. der Täter das Kind durch die Tat in die Gefahr einer schweren Gesundheitsschädigung oder einer erheblichen Schädigung der körperlichen oder seelischen Entwicklung bringt oder
4. der Täter innerhalb der letzten fünf Jahre wegen einer solchen Straftat rechtskräftig verurteilt worden ist.

(2) Mit Freiheitsstrafe nicht unter zwei Jahren wird bestraft, wer in den Fällen des § 176 Abs. 1 bis 4 als Täter oder anderer Beteiligter in der Absicht handelt, die Tat zum Gegenstand einer pornographischen Schrift (§ 11 Abs. 3) zu machen, die nach § 184 Abs. 3 oder 4 verbreitet werden soll.

(3) In minder schweren Fällen des Absatzes 1 ist auf Freiheitsstrafe von drei Monaten bis zu fünf Jahren, in minder schweren Fällen des Absatzes 2 auf Freiheitsstrafe von einem Jahr bis zu zehn Jahren zu erkennen.

(4) Mit Freiheitsstrafe nicht unter fünf Jahren wird bestraft, wer das Kind in den Fällen des § 176 Abs. 1 und 2

1. bei der Tat körperlich schwer misshandelt oder
2. durch die Tat in die Gefahr des Todes bringt.

(5) In die in Absatz 1 Nr. 4 bezeichnete Frist wird die Zeit nicht eingerechnet, in welcher der Täter auf behördliche Anordnung in einer Anstalt verwahrt worden ist. Eine Tat, die im Ausland abgeurteilt worden ist, steht in den Fällen des Absatzes 1 Nr. 4 einer im Inland abgeurteilten Tat gleich, wenn sie nach deutschem Strafrecht eine solche nach § 176 Abs. 1 oder 2 wäre.

§ 176b. Sexueller Missbrauch von Kindern mit Todesfolge.

Verursacht der Täter durch den sexuellen Missbrauch (§§ 176 und 176a) wenigstens leichtfertig den Tod des Kindes, so ist die Strafe lebenslange Freiheitsstrafe oder Freiheitsstrafe nicht unter zehn Jahren.

§ 177. Sexuelle Nötigung; Vergewaltigung.

(1) Wer eine andere Person

1. mit Gewalt,
2. durch Drohung mit gegenwärtiger Gefahr für Leib oder Leben oder
3. unter Ausnutzung einer Lage, in der das Opfer der Einwirkung des Täters schutzlos ausgeliefert ist,

nötigt, sexuelle Handlungen des Täters oder eines Dritten an sich zu dulden oder an dem Täter oder einem Dritten vorzunehmen, wird mit Freiheitsstrafe nicht unter einem Jahr bestraft.

(2) In besonders schweren Fällen ist die Strafe Freiheitsstrafe nicht unter zwei Jahren. Ein besonders schwerer Fall liegt in der Regel vor, wenn

1. der Täter mit dem Opfer den Beischlaf vollzieht oder ähnliche sexuelle Handlungen an dem Opfer vornimmt oder an sich von ihm vornehmen lässt, die dieses besonders erniedrigen, insbesondere, wenn sie mit einem Eindringen in den Körper verbunden sind (Vergewaltigung), oder
2. die Tat von mehreren gemeinschaftlich begangen wird.

(3) Auf Freiheitsstrafe nicht unter drei Jahren ist zu erkennen, wenn der Täter

1. eine Waffe oder ein anderes gefährliches Werkzeug bei sich führt,
2. sonst ein Werkzeug oder Mittel bei sich führt, um den Widerstand einer anderen Person durch Gewalt oder Drohung mit Gewalt zu verhindern oder zu überwinden, oder
3. das Opfer durch die Tat in die Gefahr einer schweren Gesundheitsschädigung bringt.

(4) Auf Freiheitsstrafe nicht unter fünf Jahren ist zu erkennen, wenn der Täter

1. bei der Tat eine Waffe oder ein anderes gefährliches Werkzeug verwendet oder
2. das Opfer
   a) bei der Tat körperlich schwer misshandelt oder
   b) durch die Tat in die Gefahr des Todes bringt.

(5) In minder schweren Fällen des Absatzes 1 ist auf Freiheitsstrafe von sechs Monaten bis zu fünf Jahren, in minder schweren Fällen der Absätze 3 und 4 auf Freiheitsstrafe von einem Jahr bis zu zehn Jahren zu erkennen.

§ 178. Sexuelle Nötigung und Vergewaltigung mit Todesfolge.

Verursacht der Täter durch die sexuelle Nötigung oder Vergewaltigung (§ 177) wenigstens leichtfertig den Tod des Opfers, so ist die Strafe lebenslange Freiheitsstrafe oder Freiheitsstrafe nicht unter zehn Jahren.

§ 179. Sexueller Missbrauch widerstandsunfähiger Personen.

(1) Wer eine andere Person, die

1. wegen einer geistigen oder seelischen Krankheit oder Behinderung einschließlich einer Suchtkrankheit oder wegen einer tief greifenden Bewusstseinsstörung oder

2. körperlich

zum Widerstand unfähig ist, dadurch missbraucht, dass er unter Ausnutzung der Widerstandsunfähigkeit sexuelle Handlungen an ihr vornimmt oder an sich von ihr vornehmen lässt, wird mit Freiheitsstrafe von sechs Monaten bis zu zehn Jahren bestraft.

(2) Ebenso wird bestraft, wer eine widerstandsunfähige Person (Absatz 1) dadurch missbraucht, dass er sie unter Ausnutzung der Widerstandsunfähigkeit dazu bestimmt, sexuelle Handlungen an einem Dritten vorzunehmen oder von einem Dritten an sich vornehmen zu lassen.

(3) Der Versuch ist strafbar.

(4) Auf Freiheitsstrafe nicht unter einem Jahr ist zu erkennen, wenn

1. der Täter mit dem Opfer den Beischlaf vollzieht oder ähnliche sexuelle Handlungen an ihm vornimmt oder an sich von ihm vornehmen lässt, die mit einem Eindringen in den Körper verbunden sind,

2. die Tat von mehreren gemeinschaftlich begangen wird oder

3. der Täter das Opfer durch die Tat in die Gefahr einer schweren Gesundheitsschädigung oder einer erheblichen Schädigung der körperlichen oder seelischen Entwicklung bringt.

(5) In minder schweren Fällen der Absätze 1, 2 und 4 ist auf Freiheitsstrafe von drei Monaten bis zu fünf Jahren zu erkennen.

(6) § 176a Abs. 4 und § 176b gelten entsprechend.

§ 180. Förderung sexueller Handlungen Minderjähriger.

(1) Wer sexuellen Handlungen einer Person unter sechzehn Jahren an oder vor einem Dritten oder sexuellen Handlungen eines Dritten an einer Person unter sechzehn Jahren

1. durch seine Vermittlung oder

2. durch Gewähren oder Verschaffen von Gelegenheit

Vorschub leistet, wird mit Freiheitsstrafe bis zu drei Jahren oder mit Geldstrafe bestraft. Satz 1 Nr. 2 ist nicht anzuwenden, wenn der zur Sorge für die Person Berechtigte handelt; dies gilt nicht, wenn der Sorgeberechtigte durch das Vorschubleisten seine Erziehungspflicht gröblich verletzt.

(2) Wer eine Person unter achtzehn Jahren bestimmt, sexuelle Handlungen gegen Entgelt an oder vor einem Dritten vorzunehmen oder von einem Dritten an sich vornehmen zu lassen, oder wer solchen Handlungen durch seine Vermittlung Vorschub leistet, wird mit Freiheitsstrafe bis zu fünf Jahren oder mit Geldstrafe bestraft.

(3) Wer eine Person unter achtzehn Jahren, die ihm zur Erziehung, zur Ausbildung oder zur Betreuung in der Lebensführung anvertraut oder im Rahmen eines Dienst- oder Arbeitsverhältnisses untergeordnet ist, unter Missbrauch einer mit

dem Erziehungs-, Ausbildungs-, Betreuungs-, Dienst- oder Arbeitsverhältnis verbundenen Abhängigkeit bestimmt, sexuelle Handlungen an oder vor einem Dritten vorzunehmen oder von einem Dritten an sich vornehmen zu lassen, wird mit Freiheitsstrafe bis zu fünf Jahren oder mit Geldstrafe bestraft.

(4) In den Fällen der Absätze 2 und 3 ist der Versuch strafbar.

§ 180a. Förderung der Prostitution.

(1) Wer gewerbsmäßig einen Betrieb unterhält oder leitet, in dem Personen der Prostitution nachgehen und in dem

1. diese in persönlicher oder wirtschaftlicher Abhängigkeit gehalten werden oder
2. die Prostitutionsausübung durch Maßnahmen gefördert wird, welche über das bloße Gewähren von Wohnung, Unterkunft oder Aufenthalt und die damit üblicherweise verbundenen Nebenleistungen hinausgehen,

wird mit Freiheitsstrafe bis zu drei Jahren oder mit Geldstrafe bestraft.

(2) Ebenso wird bestraft, wer

1. einer Person unter achtzehn Jahren zur Ausübung der Prostitution Wohnung, gewerbsmäßig Unterkunft oder gewerbsmäßig Aufenthalt gewährt oder
2. eine andere Person, der er zur Ausübung der Prostitution Wohnung gewährt, zur Prostitution anhält oder im Hinblick auf sie ausbeutet.

§ 180b. Menschenhandel.

(1) Wer auf eine andere Person seines Vermögensvorteils wegen einwirkt, um sie in Kenntnis einer Zwangslage zur Aufnahme oder Fortsetzung der Prostitution zu bestimmen, wird mit Freiheitsstrafe bis zu fünf Jahren oder mit Geldstrafe bestraft. Ebenso wird bestraft, wer auf eine andere Person seines Vermögensvorteils wegen einwirkt, um sie in Kenntnis der Hilflosigkeit, die mit ihrem Aufenthalt in einem fremden Land verbunden ist, zu sexuellen Handlungen zu bringen, die sie an oder vor einer dritten Person vornehmen oder von einer dritten Person an sich vornehmen lassen soll.

(2) Mit Freiheitsstrafe von sechs Monaten bis zu zehn Jahren wird bestraft, wer

1. auf eine andere Person in Kenntnis der Hilflosigkeit, die mit ihrem Aufenthalt in einem fremden Land verbunden ist, oder
2. auf eine Person unter einundzwanzig Jahren

einwirkt, um sie zur Aufnahme oder Fortsetzung der Prostitution zu bestimmen, oder sie dazu bringt, diese aufzunehmen oder fortzusetzen.

(3) In den Fällen des Absatzes 2 ist der Versuch strafbar.

§ 181. Schwerer Menschenhandel.

(1) Wer eine andere Person

1. mit Gewalt, durch Drohung mit einem empfindlichen Übel oder durch List zur Aufnahme oder Fortsetzung der Prostitution bestimmt,
2. durch List anwirbt oder gegen ihren Willen mit Gewalt, durch Drohung mit einem empfindlichen Übel oder durch List entführt, um sie in Kenntnis der Hilflosigkeit, die mit ihrem Aufenthalt in einem fremden Land verbunden ist,

zu sexuellen Handlungen zu bringen, die sie an oder vor einer dritten Person vornehmen oder von einer dritten Person an sich vornehmen lassen soll, oder

3. gewerbsmäßig anwirbt, um sie in Kenntnis der Hilflosigkeit, die mit ihrem Aufenthalt in einem fremden Land verbunden ist, zur Aufnahme oder Fortsetzung der Prostitution zu bestimmen,

wird mit Freiheitsstrafe von einem Jahr bis zu zehn Jahren bestraft.

(2) In minder schweren Fällen ist die Strafe Freiheitsstrafe von sechs Monaten bis zu fünf Jahren.

§ 181a. Zuhälterei.

(1) Mit Freiheitsstrafe von sechs Monaten bis zu fünf Jahren wird bestraft, wer

1. eine andere Person, die der Prostitution nachgeht, ausbeutet oder

2. seines Vermögensvorteils wegen eine andere Person bei der Ausübung der Prostitution überwacht, Ort, Zeit, Ausmaß oder andere Umstände der Prostitutionsausübung bestimmt oder Maßnahmen trifft, die sie davon abhalten sollen, die Prostitution aufzugeben,

und im Hinblick darauf Beziehungen zu ihr unterhält, die über den Einzelfall hinausgehen.

(2) Mit Freiheitsstrafe bis zu drei Jahren oder mit Geldstrafe wird bestraft, wer gewerbsmäßig die Prostitutionsausübung einer anderen Person durch Vermittlung sexuellen Verkehrs fördert und im Hinblick darauf Beziehungen zu ihr unterhält, die über den Einzelfall hinausgehen.

(3) Nach den Absätzen 1 und 2 wird auch bestraft, wer die in Absatz 1 Nr. 1 und 2 genannten Handlungen oder die in Absatz 2 bezeichnete Förderung gegenüber seinem Ehegatten vornimmt.

§ 181b. Führungsaufsicht.

In den Fällen der §§ 174 bis 174c, 176 bis 180, 180b bis 181a und 182 kann das Gericht Führungsaufsicht anordnen (§ 68 Abs. 1).

§ 181c. Vermögensstrafe und Erweiterter Verfall.

In den Fällen der §§ 181 und 181a Abs. 1 Nr. 2 sind die §§ 43a, 73d anzuwenden, wenn der Täter als Mitglied einer Bande handelt, die sich zur fortgesetzten Begehung solcher Taten verbunden hat. § 73d ist auch dann anzuwenden, wenn der Täter gewerbsmäßig handelt.

§ 182. Sexueller Missbrauch von Jugendlichen.

(1) Eine Person über achtzehn Jahre, die eine Person unter sechzehn Jahren dadurch missbraucht, dass sie

1. unter Ausnutzung einer Zwangslage oder gegen Entgelt sexuelle Handlungen an ihr vornimmt oder an sich von ihr vornehmen lässt oder

2. diese unter Ausnutzung einer Zwangslage dazu bestimmt, sexuelle Handlungen an einem Dritten vorzunehmen oder von einem Dritten an sich vornehmen zu lassen,

wird mit Freiheitsstrafe bis zu fünf Jahren oder mit Geldstrafe bestraft.

(2) Eine Person über einundzwanzig Jahre, die eine Person unter sechzehn Jahren dadurch missbraucht, dass sie

1. sexuelle Handlungen an ihr vornimmt oder an sich von ihr vornehmen lässt oder

2. diese dazu bestimmt, sexuelle Handlungen an einem Dritten vorzunehmen oder von einem Dritten an sich vornehmen zu lassen,

und dabei die fehlende Fähigkeit des Opfers zur sexuellen Selbstbestimmung ausnutzt, wird mit Freiheitsstrafe bis zu drei Jahren oder mit Geldstrafe bestraft.

(3) In den Fällen des Absatzes 2 wird die Tat nur auf Antrag verfolgt, es sei denn, dass die Strafverfolgungsbehörde wegen des besonderen öffentlichen Interesses an der Strafverfolgung ein Einschreiten von Amts wegen für geboten hält.

(4) In den Fällen der Absätze 1 und 2 kann das Gericht von Strafe nach diesen Vorschriften absehen, wenn bei Berücksichtigung des Verhaltens der Person, gegen die sich die Tat richtet, das Unrecht der Tat gering ist.

§ 183. Exhibitionistische Handlungen.

(1) Ein Mann, der eine andere Person durch eine exhibitionistische Handlung belästigt, wird mit Freiheitsstrafe bis zu einem Jahr oder mit Geldstrafe bestraft.

(2) Die Tat wird nur auf Antrag verfolgt, es sei denn, dass die Strafverfolgungsbehörde wegen des besonderen öffentlichen Interesses an der Strafverfolgung ein Einschreiten von Amts wegen für geboten hält.

(3) Das Gericht kann die Vollstreckung einer Freiheitsstrafe auch dann zur Bewährung aussetzen, wenn zu erwarten ist, dass der Täter erst nach einer längeren Heilbehandlung keine exhibitionistischen Handlungen mehr vornehmen wird.

(4) Absatz 3 gilt auch, wenn ein Mann oder eine Frau wegen einer exhibitionistischen Handlung

1. nach einer anderen Vorschrift, die im Höchstmaß Freiheitsstrafe bis zu einem Jahr oder Geldstrafe androht, oder

2. nach § 174 Abs. 2 Nr. 1 oder § 176 Abs. 3 Nr. 1

bestraft wird.

§ 183a. Erregung öffentlichen Ärgernisses.

Wer öffentlich sexuelle Handlungen vornimmt und dadurch absichtlich oder wissentlich ein Ärgernis erregt, wird mit Freiheitsstrafe bis zu einem Jahr oder mit Geldstrafe bestraft, wenn die Tat nicht in § 183 mit Strafe bedroht ist.

§ 184. Verbreitung pornographischer Schriften.

(1) Wer pornographische Schriften (§ 11 Abs. 3)

1. einer Person unter achtzehn Jahren anbietet, überlässt oder zugänglich macht,

2. an einem Ort, der Personen unter achtzehn Jahren zugänglich ist oder von ihnen eingesehen werden kann, ausstellt, anschlägt, vorführt oder sonst zugänglich macht,

3. im Einzelhandel außerhalb von Geschäftsräumen, in Kiosken oder anderen Verkaufsstellen, die der Kunde nicht zu betreten pflegt, im Versandhandel oder

in gewerblichen Leihbüchereien oder Lesezirkeln einem anderen anbietet oder überlässt,

3a. im Wege gewerblicher Vermietung oder vergleichbarer gewerblicher Gewährung des Gebrauchs, ausgenommen in Ladengeschäften, die Personen unter achtzehn Jahren nicht zugänglich sind und von ihnen nicht eingesehen werden können, einem anderen anbietet oder überlässt,

4. im Wege des Versandhandels einzuführen unternimmt,

5. öffentlich an einem Ort, der Personen unter achtzehn Jahren zugänglich ist oder von ihnen eingesehen werden kann, oder durch Verbreiten von Schriften außerhalb des Geschäftsverkehrs mit dem einschlägigen Handel anbietet, ankündigt oder anpreist,

6. an einen anderen gelangen lässt, ohne von diesem hierzu aufgefordert zu sein,

7. in einer öffentlichen Filmvorführung gegen ein Entgelt zeigt, das ganz oder überwiegend für diese Vorführung verlangt wird,

8. herstellt, bezieht, liefert, vorrätig hält oder einzuführen unternimmt, um sie oder aus ihnen gewonnene Stücke im Sinne der Nummern 1 bis 7 zu verwenden oder einem anderen eine solche Verwendung zu ermöglichen, oder

9. auszuführen unternimmt, um sie oder aus ihnen gewonnene Stücke im Ausland unter Verstoß gegen die dort geltenden Strafvorschriften zu verbreiten oder öffentlich zugänglich zu machen oder eine solche Verwendung zu ermöglichen,

wird mit Freiheitsstrafe bis zu einem Jahr oder mit Geldstrafe bestraft.

(2) Ebenso wird bestraft, wer eine pornographische Darbietung durch Rundfunk verbreitet.

(3) Wer pornographische Schriften (§ 11 Abs. 3), die Gewalttätigkeiten, den sexuellen Missbrauch von Kindern oder sexuelle Handlungen von Menschen mit Tieren zum Gegenstand haben,

1. verbreitet,

2. öffentlich ausstellt, anschlägt, vorführt oder sonst zugänglich macht oder

3. herstellt, bezieht, liefert, vorrätig hält, anbietet, ankündigt, anpreist, einzuführen oder auszuführen unternimmt, um sie oder aus ihnen gewonnene Stücke im Sinne der Nummern 1 oder 2 zu verwenden oder einem anderen eine solche Verwendung zu ermöglichen,

wird, wenn die pornographischen Schriften den sexuellen Missbrauch von Kindern zum Gegenstand haben, mit Freiheitsstrafe von drei Monaten bis zu fünf Jahren, sonst mit Freiheitsstrafe bis zu drei Jahren oder mit Geldstrafe bestraft.

(4) Haben die pornographischen Schriften (§ 11 Abs. 3) in den Fällen des Absatzes 3 den sexuellen Missbrauch von Kindern zum Gegenstand und geben sie ein tatsächliches oder wirklichkeitsnahes Geschehen wieder, so ist die Strafe Freiheitsstrafe von sechs Monaten bis zu zehn Jahren, wenn der Täter gewerbsmäßig oder als Mitglied einer Bande handelt, die sich zur fortgesetzten Begehung solcher Taten verbunden hat.

(5) Wer es unternimmt, sich oder einem Dritten den Besitz von pornographischen Schriften (§ 11 Abs. 3) zu verschaffen, die den sexuellen Missbrauch von Kindern zum Gegenstand haben, wird, wenn die Schriften ein tatsächliches oder wirklichkeitsnahes Geschehen wiedergeben, mit Freiheitsstrafe bis zu einem Jahr

oder mit Geldstrafe bestraft. Ebenso wird bestraft, wer die in Satz 1 bezeichneten Schriften besitzt.

(6) Absatz 1 Nr. 1 ist nicht anzuwenden, wenn der zur Sorge für die Person Berechtigte handelt. Absatz 1 Nr. 3a gilt nicht, wenn die Handlung im Geschäftsverkehr mit gewerblichen Entleihern erfolgt. Absatz 5 gilt nicht für Handlungen, die ausschließlich der Erfüllung rechtmäßiger dienstlicher oder beruflicher Pflichten dienen.

(7) In den Fällen des Absatzes 4 ist § 73d anzuwenden. Gegenstände, auf die sich eine Straftat nach Absatz 5 bezieht, werden eingezogen. § 74a ist anzuwenden.

§ 184a. Ausübung der verbotenen Prostitution.

Wer einem durch Rechtsverordnung erlassenen Verbot, der Prostitution an bestimmten Orten überhaupt oder zu bestimmten Tageszeiten nachzugehen, beharrlich zuwiderhandelt, wird mit Freiheitsstrafe bis zu sechs Monaten oder mit Geldstrafe bis zu einhundertachtzig Tagessätzen bestraft.

§ 184b. Jugendgefährdende Prostitution.

Wer der Prostitution
1. in der Nähe einer Schule oder anderen Örtlichkeit, die zum Besuch durch Personen unter achtzehn Jahren bestimmt ist, oder
2. in einem Haus, in dem Personen unter achtzehn Jahren wohnen,
in einer Weise nachgeht, die diese Personen sittlich gefährdet, wird mit Freiheitsstrafe bis zu einem Jahr oder mit Geldstrafe bestraft.

§ 184c. Begriffsbestimmungen.

Im Sinne dieses Gesetzes sind
1. sexuelle Handlungen
   nur solche, die im Hinblick auf das jeweils geschützte Rechtsgut von einiger Erheblichkeit sind,
2. sexuelle Handlungen vor einem anderen
   nur solche, die vor einem anderen vorgenommen werden, der den Vorgang wahrnimmt.